幸福人生

寫在書前

我為什麼寫文章

有人問我，為什麼要如此勤奮的書寫文章？我都會回答：「因為我要記錄我自己的人生。」其實，除了這個理由，我還有一個不為人知的原因，就是想留下一些東西給別人。

每一個人在活著的時候，總會追求某些理想。有人在追求金錢；有人在追求權力；有人在追求知識；有人在追求名譽；有人在追求感情；有人在追求創造。每一個人都會擁有一些東西；都會留下一些東西。

退休之前，我曾經追求過專業的知識，也追求過金錢的賺取。知識是教學的工具；金錢是生活的必需，兩者皆是維持幸福人生的必要條件。我曾經努力過，也曾經擁有過。

退休之後，我不再需要專業知識，也不再需要金錢的賺取。我需要的是健康的身體以及悠閒的生活。於是，我開始關心健康問題和學習醫學的常識。同時，也開始關注旅遊景點和籌劃旅遊行程。在過去的日子裏，我確實享有生活的樂趣與人生的意義。

七十歲之後，在一次定期健康檢查中，發現身體有點小狀況，而入院觀察。這是我生平第一次住院，也是第一次感受到生命的無常。心想，如果就這樣子離開了，雖然無法帶走任何東西，但是，能留下什麼東西？我該如何向自己證明，我曾經擁有過什麼？我能夠留下些什麼？

我看到有許多人，留下豐功偉績；留下億萬財富；留下豐富著作；留下經典名曲；留下藝術作品；留下美好名聲。然而，平凡的自己到底能留下什麼呢？如果就這樣悄悄地走了，自己不就白來了此世，白活了此生？

我開始清點自己能夠留下的東西。除了曾經出版過 7 本書籍之外，還有 2 本尚未出版的書籍。但是，這些書籍都是為大學生和專業人士所寫，一般人不會有興趣閱讀，即便有興趣閱讀，也不會有所感動或是留下記憶，也無法從書中獲得實質的幫助。

在我過去的人生中，有過豐富的經歷；有過跨學科的教育；有過整合性的思想；有過寫作的訓練。如果能夠將這些體驗好好整理，並用文字記錄下來，應該可以留給後人參考。這可能就是我唯一能夠留下的東西吧。

四年前，我終於鼓起勇氣，開始書寫文章。在我的思想體系中，有人生、社群、經濟與政治四個領域。我可以就這四個領域，分別介紹自己的理念與思想。為了方便人們閱讀和記憶，我將文章分為短篇文章、人生雋語和詩文三種類型。這些文章都是簡單易懂，而且都與現實生活息息相關。一般人應該都能了解，也能分享我的思想。

這四年來，我每天都努力在寫作，已經寫了千篇以上的文章。我想這就是我此生唯一可以留下的東西。若有一天，我離開了人世，就請你留住我的一篇文章；請你留住我的一則短句；請你再度憶起我這個人；請你再度思索這個人的思想。

我如何寫文章

我寫文章真的很簡單又很開心。我只是把心中所想的東西，用文字表達出來而已，既不汲汲探索，也不咬文嚼字。基本上，我寫的文章有三個基本結構：第一是在一個主題下，設定定義與原理；第二是在基本原理下，構思文章的要點；第三是在邏輯推理下，建構文章的內容。

每天早上，我都會從報紙的報導和副刊的文章中找主題。譬如說，看到疫苗的報導，我就想寫一篇以疫苗為主題的文章；看到關於愛情或婚姻

的文章，我就想寫一篇以愛情或婚姻為主題的文章。報紙每天都有各種新奇的報導和文章，我就會用各種不同的主題寫文章。我只有寫不完的文章，沒有寫不出的文章。

文章主題的定義必須明確，才能進行內容的構思。我常採用文義性的定義，比較不會引起爭議。我偶爾也會採用操作性定義，方便我構思獨特的想法。主題的定義是文章的基礎，若不界定清楚，讀者就無法了解文章的意境和作者的心境。

我常在走路的時候、搭車的時候、泡湯的時候、睡前醒後的時候，構思文章的內容。我會以主題為核心，一圈圈地思索，一層層地建構。我會鎖定相關的問題，不會離題太遠，以免浪費我的思緒。在開始寫作之前，我會用學術性的演繹邏輯，將文章內容有順序的排列，好讓內容前後一致，沒有矛盾或衝突。一開始寫作，我就會按照順序的內容，用文字將想法寫出來。

我寫文章會重視文字的音韻之美，不太在意文字的美文麗詞。我會注意每一個句子字尾的押韻，好讓讀者唸得順暢。我會使用簡單的文字，好讓讀者一目瞭然。

我寫文章，會將文章的核心想法放在結論。讀者只要讀到結論，就可以了解我的主要想法。我會提出一些呼籲或是建議，讓讀者有所借鏡。

四年前，在我的第一篇文章中，就揭櫫相對論、調和論和最適論的核心思想以及人生、社群、經濟與政治四個體系的價值原理。這些思想原理就是我思索和撰寫文章的基本依據。我的思路偶爾會偏離這些思想原理，但是，我總會立刻走回正軌。

我有我自己的核心思想；我有我自己的寫作風格；我有我自己的文字偏愛。我知道我的文章有獨特性與難懂性。除非讀者懂得我的思想原理，否則，就容易誤解我的文意。除非讀者認同我的寫作風格，否則，就難以了解我的心意。

我的文章只有三種格式：第一是千字以下的短文；第二是百字以下的雋語；第三是規則性的詩文。在過去四年裡，我寫了五百多篇的文章和五百多則的雋語以及近百首的詩文。除了部分文章沒有公開之外，大部分文章都有與我指導過的同學分享。

自始迄今，我堅守自己的核心思想與價值原理，每天孜孜不倦的寫作。我寫的文章雖然很少被認同或是被讚美，但是，我依然肯定自己，絕不放棄。有時候，我會仰望夜空裏的星辰，感受那遙遠的孤寂與冷落。畢竟太少人會觀測星星的存在；太少人會欣賞星星的璀璨。這或許就是自然；這或許就是宿命；這或許就是永遠解不開的謎。

如何閱讀我的文章

寫作的樂趣在於表達自己的想法；閱讀的樂趣在於分享作者的思想。作者希望自己的作品能被肯定和接受；讀者希望能從作者的作品中得到知識和道理。我們都會要求作者要寫出好作品，卻很少要求讀者要懂得欣賞好作品。如果讀者缺乏閱讀的素質，再好的作品也難以獲得肯定。因此，讀者的閱讀和作者的寫作一樣重要。

每一個人都依據自己的思想原理或核心價值，去判斷人事物或社會國家的是非善惡或正不正義。當我們在閱讀一本書或一篇文章時，如果作者對人生問題或社會現象的想法，符合自己的思想原理或核心價值，就會認同、就會支持、就會讚美，否則，就會不爽、就會反對、就會批評。思想原理或核心價值都是人的道理，不是神的真理；都有欠缺，沒有完美；都可以被批判，不能不被檢驗。問題是，要批判別人的思想，就必須了解別人的思想，也要具有自己的思想，並以理性的態度，去批判別人的思想。讀者必須仔細閱讀別人的文章，才能了解別人的思想；必須思索和建構自己的思想，才能批判別人的思想。

文章的作者有義務告知讀者自己的思想原理；讀者也有責任了解作者的思想原理。如果不了解作者的思想原理，只從作者的文章內容中去理

解，可能會產生不當的誤解。譬如說，如果不知道作者的生命觀，只從他贊成或反對墮胎或死刑的文章去解讀，就可能產生偏頗的批判。這樣對自己的閱讀沒有幫助；對作者的用心卻有傷害。

如果你有興趣閱讀我的書籍，就請先閱讀我的思想原理。在了解我的思想原理之後，才去閱讀各篇的文章。這樣你才能了解，我為什麼會那樣書寫；這樣你才能懂得我的文意與心意；這樣你才能得到閱讀的樂趣。

當你在閱讀《幸福人生》這本書時，請先閱讀我對生命、人性、生活與人生的基本想法以及我對幸福原理的詮釋。然後，再閱讀我對健康生活、經濟生活、文化生活、信仰生活、社群生活、以及老年生活的各種觀點。

當你在閱讀《愛情 · 婚姻 · 家庭》這本書時，請先閱讀我對愛情與婚姻的基本想法以及我對家庭原理的詮釋。然後，再閱讀有關愛情、婚姻與家庭的各篇文章。

當你在閱讀《社會正義與社會評論》這本書時，請先閱讀我對思索與思想的詮釋以及個人道德與社會正義的思想原理與核心價值，然後，再去閱讀社群評論、經濟評論與政治評論的各篇文章。

每一本書的每一個章節都有個別的主題，你可以依照自己的喜好挑選閱讀，不必按順序閱讀。你可以一次讀一篇文章或數篇文章，也可以一口氣閱讀一個章節。由於文章源自相同的思想原理，你可以在不同主題的文章中，發現相同思想的影子。例如，在幸福的相關文章中，讀到生活美學的思想；在經濟相關的文章中，讀到自由主義的思想；在社會相關的文章中，讀到道德正義的思想。

我是用簡單易懂的文詞，表達自己的想法和意見。雖然我不精於寫作技巧，也不善長美麗詞藻，但是，還是會要求自己盡量簡潔和通順，相信讀者應該不會有閱讀上的困難。

閱讀我的文章，要想想我的想法與一般人的想法有什麼不同；要想想為什麼我會有這種想法；要想想這種想法有什麼正面的意義？當你完

全了解我的思想之後，再去思索自己的想法；再去評論我的想法；再去修正自己的思想。

《幸福人生》、《愛情‧婚姻‧家庭》、《社會正義與社會評論》這三本書是我第一次書寫的非專業性書籍。不管成功還是失敗，都是我人生中重要的挑戰。如果你能耐心的讀完這三本書，相信可以了解我對人生、情愛與社會的思想原理以及我寫這些文章所依據的道理。我的思想原理只是我個人的道理，不是普世的價值。你可以認同，也可以反對；可以沉默以對，也可以大肆批判。如果你願意與我一起討論、一起分享、一起成長，那將是我最大的福氣與感謝。

或許你會將我的文章視為冬天裡殘枝敗葉的疏離；或許你會將我的文章視為春天裡盛開玫瑰的親近。或許你會敞開大門，迎接我進門；或許你會開一扇小窗，讓我悄悄進入；或許你會緊閉門窗，把我排拒在外。不管你如何看待我的文章，我都希望，你能在忙碌和迷惑的生活中，留下一些時間，把自己深鎖在獨自一人的世界裡，靜靜地閱讀、思索、自問與了悟，直到完全明澈。

開心出書

我通常都在手機上寫文章，然後，將文章儲存在 Keep 中。有一天，手機竟然無法充電，必須送修，而且需要一兩個禮拜的修理期間。更扯的是他們無法保證 Keep 裡的文章一定可以保存。我驚訝之餘，趕緊買一個新手機，把文章轉到新手機，才放了心。

這件事引發我趕緊出版這些文章的動機。如果這幾年辛苦書寫的文章，在瞬間化為烏有，將會讓我心痛欲絕。於是，在去年底就決定將這些文章出版，而在今年初開始著手整理。

我決定出版這三本書的另一個動機，就是要把文章修正得更好些。最初，我寫文章的目的，只是想與我指導過的研究所同學分享，一起思索，共同

成長。當我寫完一篇文章，就會迫不急待 PO 給同學參考。有時候，在匆忙中，還會有錯字誤詞，甚至詞不達意。但是，我只想抒發自己的想法，也就不在意了。如果不出書，我就不會修正，文章就會永遠留下瑕疵。

此外，我還有一個出書的動機，就是想與不認識我的人分享我的思想。我原本只是想與同學分享思想，沒有要與其他人分享。剛開始的時候，同學的反應很好，回饋很多，而我也很熱心的回答各種質疑。可是，日子久了，同學們漸漸失去耐心，慢慢冷卻不回饋了。後來，我也逐漸不將每篇文章都 PO 到群組上。有時候，我只能獨自欣賞自己的文章。

我曾經寫過一篇《無人欣賞就沒有價值》的文章，說明無人欣賞的文章，對作者雖有意義，對讀者則不一定有價值。如果要讓自己的文章變得有意義和有價值，就必須與別人分享，並取得別人的認同與支持。於是，我決定出版這三本書，拿到社會上，讓不認識我的人評論或分享。

我知道，如果為了獲得別人的掌聲而寫作，就會顧慮別人的感受和反應，而喪失自己的本體性，使文章偏離自己的原意。因此，我在寫作時，完全不考慮別人的想法或感受，而只憑著自己的思索和思想撰寫文章。我開心寫作；開心出書；開心提供給別人參考。

對我來說，這三本書的出版是我第一階段寫作人生的結束。接著，就要邁入第二階段的寫作人生。我希望自己能夠成為一個不斷追求理想的作者 (author)，而不是一個追求名聲的作家 (writer)。作者是作品的創作者；作家是以寫作為職業的人。作者屬於自己的世界；作家屬於別人的世界。

寫作是我的樂趣。我在快樂中寫作；在寫作中快樂。我喜愛自己的生活；我慶幸自己的人生。只要生命存在一天，我都會做一個自信高雅的人。只要大腦還能思索，手指還能書寫，我就會做一個有思想的作者。

出書是一件快樂的事，讀書也是一件快樂的事。作者要快樂寫好書，讀者要快樂讀好書。有快樂的作者，才有快樂的讀者；有快樂的讀者，才有快樂的作者。希望這三本書能幫助讀者成長；希望這三本書能帶給讀者快樂。

人生開心就好。不管是做人做事；不管是說話寫文；不管是成功失敗；不管是富貴貧窮，只要自己開心就好。

我開心的寫文；我開心的出書。此時此刻，我擁有了自己；我肯定了自己。我終於體會了無求無憂，怡然自得的道理。

感謝有你

出書是長期努力的成果。不管能否獲得讀者的認同或肯定，出書都是一種喜悅；一種自我的滿足。自己所寫的文章就像自己所生的孩子一樣，父母永遠不會嫌棄自己的兒子笨，或是自己的女兒醜。如果自己的文章能夠獲得一點掌聲，就會像有人讚美自己的子女一樣，令人安慰，也讓人開心。

出版這三本書的目的，是要證明自己在退休之後，還有思索和寫作的能力，也要為自己的人生留下一點紀錄與回憶。當然，我也希望別人能夠分享我的思想，並給我一些回饋或批判。如果這三本書能夠獲得讀者的共鳴，或是社會的評價，我未來的寫作之路就能走得更順利、更快樂。

我知道，一般人對這三本書，可能不會有多大的興趣。即使有興趣閱讀，可能也不太能理解文中的意義。即便能夠理解文中的意義，可能也難以認同或接受。但是，我還是衷心期盼，有人願意購買我的書籍，閱讀我的文章，甚至還會回饋或是批判我的思想。若能如此，將是我一生中，最值得感謝的人和最值得欣慰的事。如果沒有這樣的人，也沒有這樣的事，我也會默默承受，繼續努力，撰寫更好的作品。

我早期的文章都曾經在同學群組裡分享，也獲得許多回饋。張燕紅、曾志文、韓敬富、王偉庸、姜淑芸、李翠齡、呂芬芳、周珮綺、陳玉玫等同學都曾經回饋過我的文章，也給我很多不同的意見。雖然我常會護衛自己的思想，批評同學的想法，但是，我常在反思之後，修正自己的思維。我的確受益良多，也心存感激。

珮綺同學在我寫作的過程中，幫我的文章編印成兩大冊和一小冊，方便我查閱。此外，她也經常坦誠的告訴我，她讀完文章之後的感想，並給我意見，對我幫助很大，也讓我由衷感謝。

玉玟同學不僅幫我與出版社接洽，也幫我整理文章，編輯成冊，還悉心幫我修正錯別字，再交由出版社付梓。這三本書的問世，都要歸功玉玟同學的熱心協助與無怨的付出。如果沒有她的協助，這三本書將無法如期出版。玉玟自己也有出書的經驗，所以能夠有效而順利地完成這三本書的出版。我除了感謝，還是感謝。

內人楊淑鈺一直默默支持我寫作，幫我打點家庭大小事，讓我有時間寫作。她偶爾也會給我一些點子，讓我能夠深入思索，寫出較周延的文章。我也要說一句：謝謝老婆。

我最要感謝的就是神的恩賜，讓我擁有一顆思索的心靈和與眾不同的靈感。如果這三本書能夠得到些許的共鳴或讚美，這份榮耀就完全歸於神的恩典。

其實，我每天都在感謝人。當大樓管理員對我說早安；當超市店員對我說謝謝；當朋友傳來一則祝福的訊息；當好友對我說有你真好，我都充滿感激。你聽不到我的感謝，但是，我真的把對你的愛，藏在自己的心裡；寫在自己的文章裡。

相遇是緣分，相知是心意。相遇不一定能相知，相知不一定能相遇。若能相遇相知，就是人際關係的最高境界。藉由思想的交流與分享，可以將相遇的人變成相知；可以將相知的人變成相遇。在你的閱讀中，無形的拉近了你與我之間的距離。因為有你，讓我的思想不再孤單，也讓我感到人間的溫馨。感謝有你的相遇；感謝有你的相知。我在思想的交會處，深深地感謝你。

目次

第 1 章

生命

01 生命、生活與人生

2022/7/25

我相信一定有人會質疑，生命從哪裏來往哪裏去？生活的意義和方式是什麼？人生的價值和目標是什麼？在回答這三個問題之前，必須先思考生命、生活與人生的定義。依我個人的定義，生命就是有活力的存在；生活就是維持生命的活動；人生就是串聯生活的生命歷程。

生命從哪裏來往哪裏去？我引用「來從遍滿虛空來；去從遍滿虛空去」的佛學觀點，認為生命是從沒有時間的空間來，往沒有時間的空間去，而生命就存在有時間的空間裏。易言之，凡能意識到時間的存在，就具有生命；不能感受時間的存在，就是死亡。人只能控制有時間的生命，無法知悉無時間的空間，所以只要知道人是從空來往空去就可以，不必再深入探討。

生活的意義是什麼？該如何生活？依我看來，生活的意義是在追求幸福，而幸福的意義是對自己生活條件與生活狀況的滿意度。每個人都在追求好的生活，若不追求好生活，就是不善盡生命賦予的責任。如果滿意自己的生活，就是有意義的生活，也就是幸福的生活。由於每個人對幸福的評價不同，生活的意義和生活的方式也因人而異，所以，沒有一定的準則或定律。

人生的價值和目標是什麼？我認為，凡是值得追求和擁有的人事物，就是有價值；凡是擁有有價值的人事物，就是有價值的人生。如果自己認為，人生的價值是無慾無求、心靜心寬、怡然自得，那麼，就去追求那種目標的人生。如果自己認為，人生的價值是成大功、立大業、賺大錢，那麼，就去追求那種目標的人生。如果懂得自己的人生價值，就會知道自己的人生目標。如果不懂得自己的人生價值，或是懂得卻不追求，就是沒有人生目標的人。

生命、生活與人生三位一體。有好的生命（健康的身體、聰明的才智、樂觀的個性等），就能有好的生活；有好的生活，就能有好的人生。生

活是實踐生命意義的手段，也是實現人生價值的條件。有人有良好的生命；有人有普通的生命；有人有不良的生命。有人過著優渥的生活；有人過著普通的生活；有人過著貧窮的生活。不管擁有什麼樣的生命；不管過著什麼樣的生活，只要認真過自己的生活，就有生命的意義；就有人生的價值。

生活有個人生活與社會生活。個人生活有健康、經濟和精神三種生活；社會生活則有社群、經濟與政治三種的生活。社群生活則有家庭、人際與團體三個領域的生活。一般人是從社會生活中獲得必要的生活資源，例如感情、物資、財富、權力、地位等。社會生活愈豐富和愈成功，個人生活的條件和狀況就愈富足；就愈幸福。

所謂幸福，就是對自己的生活條件和生活狀況的滿意程度。如果對自己的健康、經濟和精神狀況都很滿意，就是幸福的人，否則，就是不幸福的人。每個人都希望自己是個幸福的人；都不希望自己是個不幸福的人。但是，只有少數人認為自己很幸福，因為人的慾望無窮，不管生活條件多優；生活狀況多好，總是不滿意；總希望更好。尤其是與生活條件比自己更好的人比較，就不覺得自己很幸福。當然，也有生活條件不是很好，卻能怡然自得，自覺幸福的人。

雖然每個人對生活的評價不同，但是，一般來說，生活條件和生活狀況愈好，就愈滿意；就愈幸福，相反地，就愈不幸福。雖然有人說：我很窮但很幸福。但是，會自覺幸福的窮人，可能不是真正的幸福，而是不得已的自我解嘲，或是苦中作樂。或許有人說：有錢不一定快樂；富人不一定幸福。其實，沒有人能夠知道，別人是否快樂或幸福。猜測別人是否幸福，既不科學，也無邏輯，可能 只是酸葡萄的心態，或是見不得人好的說詞。

對於自己的生活狀況，有人重視健康；有人重視經濟；有人重視精神。重視健康的人對健康生活的要求比較高；滿意度比較低。重視經濟的人對經濟生活的要求比較高；滿意度比較低。重視精神的人對精神生活的要求比較高；滿意度比較低。這三種生活狀況的平均滿意度，就是幸福

生活的係數。幸福係數愈高，生活素質愈高；人生價值愈高。因此，改善自己的生活，享受生活的樂趣，就是幸福的人生。

生命的起源是科學家的事；死後的世界是宗教家的事；生活的幸福與人生的價值才是一般人的事。每天，只要能夠看到白晝與黑夜，感到時間的過去，就有生命的存在。每天，只要能夠擁有生活的資源，享受生活的樂趣，生活就有幸福。每天，只要能夠快樂且幸福地過日子，人生就有價值。你可以說自己的生活不如意，但是，不能說自己的生命無意義，或是自己的人生無價值。你要維護自己生命的健康；要提升自己生活的品質；要創造自己人生的價值；要成為自己生命、生活與人生的主人。

02　生命　　　　　　　2018/9/1

生存 (existence) 是實際的存在或持續的存活 (to have actual being or to continue to live)。生命 (life) 是有活力的存在 (the animate existence of individual)。生活 (living) 是維持生命的條件或手段 (the condition or means of maintaining life)。

人的身體是由物質性結構的軀體 (body) 和非物質性實體的靈魂 (soul) 所構成。軀體是由肉體 (corporeality) 和器官 (organ) 所組成；靈魂是由心意 (mind) 和精神 (spirits) 所組成。所謂心意是指意識的結構（理智、理解、意志、情緒等）；所謂精神是指價值意識或主宰心意活動的原則。肉體和器官的結合，產生身體活力或活動 (physical vigor or activity)；心意和精神的結合產生心智的活力或活動 (mental vigor or activity)。身體和心智的活動產生了社會行為。

軀體有與生俱來的各種慾望，例如，食慾、物慾、性慾、財慾、權慾、情慾等。靈魂的價值意識是後天形成的，例如，是非、善惡、道德、正義等。人是用靈魂去支配軀體，用心智活力去支配身體活力，去實現生命價值。

軀體源自父母；靈魂來自靈界。軀體屬於人；靈魂屬於神。軀體會死亡；靈魂永不滅。我們無法阻止軀體的老化，但是，可以阻止靈魂的萎縮。隨著年齡的增長，身體活力會從成長，老化，而至死亡，但是，心智活力只會成長或萎縮，不會死亡。

軀體是具體的存在；靈魂是無形的存在。軀體用知覺去感受；靈魂用心智去瞭悟。軀體是實的世界；靈魂是空的世界。我們無法在實的世界裏完全的空，也無法在空的世界裏完全的實。生命需要在實的世界裏追求一點空，也需要在空的世界裏追求一點實。

軀體的慾望控制身體的活動；靈魂的價值支配心智的活動。當軀體的慾望與靈魂的價值一致時，身心就會平衡，就會產生自信和快樂；當軀體的慾望與靈魂的價值衝突時，身心就會失衡，就會產生矛盾和痛苦。如果靈魂的價值無法控制軀體慾望時，就會產生罪惡感。

靈魂為純性，既非性善，也非性惡。隨著後天的經驗與學習，有些人多了一些善，少了一些惡；有些人則是多了一些惡，少了一些善。靈魂需要薰陶與修行，才能近善排惡。

當軀體的慾望超越靈魂的價值或身體的活力超越心智的活力時，就是不成熟；當靈魂的價值超越軀體的慾望或心智的活力超越身體的活力時，就是成熟。

生命有兩個基本元素：體（軀體）與靈（靈魂）或動（活動）與思（思考）形成生活力與創造力。低於天生能力的活力謂之生活力；超越天生能力的活力就是創造力。追求平凡的生活就是生活力；追求卓越的生活就是創造力。生活力與創造力合稱為生命力。生命力的完整展現就是生命價值。

我們必須把軀體塑造成靈魂的忠實僕人，將身體的活力順從心智的活力。當軀體無法執行心智的指令，生命就失去了意義。當靈魂或心智無法承受軀體或身體的折磨，生命就失去了價值。

03 心與命

最近有一句「同島一命」的流行語。語意是要住在臺灣這個島嶼的人們要同舟共濟，同生共死。這是一句鼓舞人心，共同抗疫的共同體概念。問題在於要如何實踐這個理想呢？如果只用這個名詞當成一句口號，或是用來當作對抗異己的工具，就失去了實質的意義。

人命重要，人心更是重要。沒有心那有命？沒有心靈的思想，那有身體的行動？沒有一心那能一命？因此，同島一命的前提就是同島一心。若能一心就能一命；若不能一心就無法一命。如果不能一心，就會有異心的人；就會有反對的人；就會有背叛的人；就會有出賣的人。如果不能一心，就無法同理；就無法和諧；就無法一命。

有人把心看得比命重要；有人把命看得比心重要。心重於命的人可以為道德正義而捨命；命重於心的人會為了活命而捨棄道德正義。

有人心邪口蜜；有人口蜜行惡。有人心在他鄉，口說愛鄉；有人口說愛鄉，實則亂鄉。我們不能只聽人的語言，而要看人的行為；我們不能只看人的行為，而要思索人的真心。

人心難測。要懂得人心，必須要有思想，若無思想，就難懂人心。許多人分不清人心的真假與善惡，只會聽人言，觀人行，而不思人心。因而只會相信虛假的言行，不會了解真實的人心。

這是一個充滿虛假的社會。許多人都從虛假的言行中去攻防；很少人會從真實的思想中去探討。於是，信者恆信；不信者恆不信。認同者與反對者各持己見，誰都不讓誰。於是，社會就充滿著對立與衝突。

道德正義的心與學歷、專業、財富、權力或名氣無關。有人學富五車；有人學術專精；有人富甲一方；有人位高權重；有人名震天下。這些人卻有邪惡的心；會說邪惡的話；會寫邪惡的文；會做邪惡的事。

在社會的舞台上，有人是演員，有人是觀眾；有人扮演好人的角色，有人扮演壞人的角色；有人是智者的觀眾，有人是愚者的觀眾。舞台沒有劇本，都是活生生的演出。智者的觀眾會給好人的角色掌聲；會給壞人的角色噓聲。愚者的觀眾會給壞人掌聲；會給好人噓聲。如果愚者的觀眾占多數，壞人的角色會因愚者的掌聲而囂張跋扈；好人的角色會因愚者的噓聲或是無聲而韜光養晦。

我們可以從一個人的思想原理中，發掘心靈的真與假；善與惡。如果有人說話、寫文或是做事沒有思想的原理，我們就可以不理他；如果有人說的話、寫的文或做的事不基於道德或正義的思想原理，我們就可以批判他。

心有善有惡；命有長有短。如果為了長命而心存邪惡，不僅有損自己的生命價值，更會傷害別人的生命尊嚴。每一個人都要知道自己的心，也要懂得別人的心；都要保護自己的生命，也要尊重別人的生命。

04 靈體二元論　　　　　　　　　　　　　　　　　2021/3/5

無人知道生命的起源；無人知道生命的奧祕。生命論只是個人的想像與詮釋，不是真假的問題，也不是科學的問題。每一個人的生命觀都不盡相同，只能相互參考、相互理解、相互認同。

生命是有活力的存在。生活是維持生命的條件或手段。人生是生活的過程或紀錄。基於這些定義，人從出生起就具有生命，然後用生活去追求人生的目標與價值。

人的生命是由靈魂與軀體所組成，並由靈魂操縱軀體，從事各種活動。靈魂是精神，軀體是物質；靈魂是主動，軀體是被動；靈魂來自靈界，軀體來自父母。

在母體內，精子與卵子結合成受精卵，並進行繁殖成為胚胎，就是胎兒的種子。然後，慢慢分裂繁殖成為胎兒。母體的體質、營養和活動都會影響胎兒的發育。有些胎兒無法正常發育，甚至會夭折。

胎兒成熟後，母體必須將它排出體外，否則，會胎死腹中。胎兒附生於母體，依靠母體的營養發育，是母體的一部分。當胎兒離開母體的那剎那，重生的靈魂會進入胎兒體內，成為完形人的嬰兒。

嬰兒開始展開自己的人生之旅。從嬰兒、幼兒、兒童、少年、青年到壯年，靈魂會逐漸發達；軀體會不斷增長。到了老年，靈魂還會繼續發展，但是，軀體則會日漸衰弱，直到死亡。

每一個人的人生都不一樣。有人扮演英雄角色；有人扮演喜劇角色；有人扮演悲劇角色。有些人的人生是輝煌騰達；有些人的人生是平平凡凡；有些人的人生是窮途潦倒。

當死亡之日到來，生命就會結束，靈魂就會回到靈界，軀體就會逐漸腐爛或被燒成骨灰。重回靈界的靈魂會在淨修場接受考驗，等待轉世。靈界沒有天堂與地獄，但有邪惡，也有爭紛。

靈魂獲得轉世，重回人間，會再度進入新生嬰兒的體內，成為一個新的人，開始新的人生。靈魂就是如此循環，生生不息。

科學家把靈魂視為「素粒子」。人死亡之後，素粒子會從人體中跑出來，進入靈魂的世界。但是，科學家無法證明靈界的現象，也無法證明靈魂是否能轉世。我的靈體二元論只供大家閒來思索，或是莞爾一笑。

05 身心均衡 2020/12/5

所謂均衡 (equilibrium or balance)，就是相對力量的自然調和。易言之，就是兩股勢力在沒有人為干預下，由一雙看不見的手調節，所形成的最適狀態。

我們的身體來自父母；心靈來自靈界。死後身回歸塵土；心靈返回靈界。身心本非一體，無法合一。身體的慾望與心靈的聖潔是相對的存在，必須維持均衡的最適狀態，才能享有美好的人生。

以身制心是為俗：以心制身謂之聖。人不會完全以身替心，也無法完全以心替身。有人是身體的慾望高於心靈的聖潔；有人是心靈的聖潔高過身體的慾望。

身體與心靈是相對的存在，必須互相調和，以達成最適的狀態。人若要快樂，就必須維持身心的均衡。身心一旦失衡，就會產生矛盾，困擾和痛苦。

現代人在物質主義的催化下，身心逐漸失衡。身體的慾望不斷增加；心靈的聖潔卻日漸墮落；身心的差距逐漸拉大；身心的調和日益失衡。因此，現代人內心的矛盾與苦悶就日趨嚴重。

除非是心靈邪惡的人，一般人的心靈都是善良的。可是，善良的人常會受到侵犯與傷害，導致善良的心靈逐漸退化；善良的力量逐漸弱化。於是，心靈的聖潔常無法制衡身體的慾望，而產生失衡的現象。

如果我們能夠用思想去灌溉和培育心靈，讓它成長和茁壯，就能夠有效控制身體的慾望，維護身心的均衡。思想是心靈的主宰，也是精神的原理。有道德正義的思想，就有聖潔的心靈；有聖潔的心靈，就有調和身體慾望的力量。

我們常因身心的失衡，而憂鬱或痛苦；我們常因原理與現實的衝突，而矛盾或迷惘。我們無法降低身體的慾望，只能加強心靈的聖潔。我們無法無視現實的殘酷，只能加強原理的建構與充實。

一般人都知道藝術上的均衡美，或是營養上的均衡飲食，但是，很少人重視身體與心靈的均衡。如果能夠貫徹身心均衡的道理，相信苦惱自會減少；快樂自會增加。

若要與別人維持良好的人際關係，就必須與別人維持均衡的利害關係。同樣的道理，若要維護人格的正常發展，就必須維持身心的均衡狀態。身心的均衡是現代人必修的課程，也是現代人必須實踐的原理。

06 心與物的調和 2021/11/10

證嚴法師的〈心與物的調和〉一文可歸納成三個要點。1. 心（精神）物（物質）合一，不能分離。2. 不能偏重物質，否則，就成了物質的奴隸；不能偏重精神，否則，生命就有問題。3. 從儒家、佛教和道教的觀點，心靈或精神就是仁道，就是善良，沒有邪惡。

此篇文章點出心與物的合一與精神與物質的調和，頗有參考價值。只是它忽略了精神與物質以及靈魂中神性與魔性的相對存在，也忽略了如何調和精神與物質以及神性與魔性之間的矛盾與對立。

宇宙萬事萬物都有相對的存在。有身體就有靈魂；有物質就有精神；有神性就有魔性；有善良就有邪惡。人性就是精神與物質以及神性與魔性的裁決或協調的力量。

人性是由神性與魔性所構成。人藉由後天的學習與修練，逐漸形成後天的人性。每一個人都有自己的人性；每一個人都依照自己的人性認知現象，判斷是非，並以人性做為個人行動和社會行為的依據。

如果人性偏重神性，就會重視精神生活。如果人性偏重魔性，就會重視物質生活。人若重視精神生活，就會追求文化、信仰和美學。人若重視物質，就會追求金錢、物質和勞務。

在神性與魔性的角力下，人性常有矛盾和對立的情況。當人偏向神性時，魔性就會把人拉向魔性；當人偏向魔性時，神性就會把人拉向神性。因此，人性常在神性與魔性之間擺盪。

人無法純粹神性，也不會完全魔性。如何在神性與魔性之間取得最適的調和，就是每一個人必須努力的課題。佛家要人們心向佛法；禪師要人們修身養性；專家要人們重視精神。他們的觀念就是要人們接近神性，遠離魔性；重視精神，忽視物質。

但是，人畢竟是有七情六慾的魔性，也是靠著這些魔性，追求幸福。人無法完全仁道或善良，有時也需要些許的霸道和邪惡。人需要物質生活，無法完全活在精神生活裏，因此，最適的調和應是以神性為主，魔性為輔；以物質為主，精神為輔的調和之道。

人是用思想去改變人性。所謂思想，就是價值的原理，也是行為的準則。個人的價值原理或行為準則改變了，人性就會改變；人性改變了，心與物的選擇就會改變；心與物的選擇改變了，行為就會改變；行為改變了，生活就會改變；生活改變了，人生就會改變。

環境在改變；人類在改變；人性也在改變。或許有一天，人類不再站在神性的這一邊；不再選擇精神的仁道。那個時候，神性、魔性和人性，就不再合一，也不再相對；心與物或是神與魔的調和，就不再重要。如果我們不希望有這麼一天，就必須強化自己的思索；建構神性的思想；對抗魔性的挑戰；達成心物的調和。

07 正能量

2020/8/16

所謂正能量，就是能夠引發人生鬥志的心靈力量。心如何想，身就會怎麼做。思想是行為的指針，有正向的思想，就有正向的行為；有正向的行為，就有幸福的人生。

正能量的思想千百種，有些是生活的正能量；有些是工作的正能量；有些是愛情的正能量；有些是社會的正能量。正能量通常是以短句的形式呈現，方便人們記憶，也容易讓人實踐。以下是我想到的幾句正能量的

短句，提供給讀者參考：

1. 要多想正面的事，少想負面的事。
2. 要多想美好的事，少想醜陋的事。
3. 要多想善良的事，少想邪惡的事。
4. 要多想現實的事，少想虛幻的事。
5. 要多想擁有的事，少想欠缺的事。
6. 要多想現在的事，少想過去的事。
7. 要多想快樂的事，少想痛苦的事。
8. 要多想積極的事，少想消極的事。
9. 要多想有利的事，少想吃虧的事。
10. 要多想成功的事，少想失敗的事。
11. 要多想喜歡的事，少想討厭的事。
12. 要多想得到的事，少想失去的事。
13. 要多想希望的事，少想失望的事。
14. 要多想讚美的事，少想譴責的事。
15. 要多想不同的事，少想相同的事。
16. 要多想愛人的事，少想恨人的事。
17. 要多想活著的事，少想死後的事。
18. 要多想別人的優點，少想別人的缺點。
19. 要多想自己的缺點，少想自己的優點。
20. 要多想別人的立場，少想自己的立場。
21. 要多想自己的錯誤，少想別人的錯誤。
22. 要多想自己能做的事，少想自己不能做的事。
23. 要多想自己能為別人做的事，少想別人能為自己做的事。
24. 要多想個人道德與社會正義，少想推卸責任與逃避法律。
25. 要多想如何促進世界和平，少想如何掀起戰爭。

人因有正能量而改變，而適應，而迴避，而放棄，不是因改變、適應、迴避或放棄，而有正能量。對能接受教誨的人要改變他；對無法反抗的人要適應他；對是非不分的人要迴避他；對無法掌控的人要放棄他。

如果你是完美的人，也要從缺陷者的眼睛看世界；如果你是有智慧的人，也要從無知者的眼睛看世界；如果你是謙卑的人，也要從傲慢者的眼睛看世界。你不能從單一的角度看世界。

正能量與負能量是相對的存在。當你產生正能量的時候，負能量也會出現。就好像當你看到世界的美的同時，也會看到世界的醜。你要看清世界的真相；你要懂得世間的原理；你要戰勝自我的負能量。唯有如此，你才能建立自己的正能量。

08 我活在這一瞬　　　　2020/4/20

生命從出生的那一瞬開始，在死亡的那一瞬結束。人生是是每一個瞬間的串聯。每一個瞬間都是一個變動。人生就是生命的變動史。人若不動就無生命；人若不變動就無人生。

過去的一瞬已不存在；未來的一瞬尚未存在。只有此時此刻的一瞬才是真正的存在。過去的一切非現在的一切；未來的一切非現在的一切。只有現在的一切才是真正的一切。

昨日已不存在；明日尚未存在。只有今日才是真正的存在。昨日的我非今日的我；明日的我非今日的我。只有今日的我才是真正的我。

我昨日的思想非我今日的思想；我明日的思想非我今日的思想。只有我今日的思想才是我真正的思想。

我昨日的財富非我今日的財富；我明日的財富非我今日的財富。只有我今日的財富才是我真正的財富。

我昨日的愛非我今日的愛；我明日的愛非我今日的愛。只有我今日的愛才是我真正的愛。

我昨日的快樂非我今日的快樂；我明日的快樂非我今日的快樂。只有我今日的快樂才是我真正的快樂。

不要用昨日的我論斷今日的我；不要用今日的我論斷明日的我；要用今日的我論斷今日的我。

不要用我昨日的思想批判我今日的思想；不要用我今日的思想批判我明日的思想；要用我今日的思想批判我今日的思想。

永遠不動的那一瞬就是死亡；就是存在的終止；就是生命的結束。這一瞬決定了生與死。我活在這一瞬；我死在這一瞬。活的這一瞬我會珍惜；死的這一瞬我會放手。

09 有生命才有價值   2021/10/15

生命 (life) 是有活力的存在。價值 (value) 是評量意義性、可用性或重要性的尺度。有生命才有價值；無生命就無價值。

身體是有生命的，如果身體沒有活力，就無生命。靈魂是有生命的，如果靈魂沒有活力，就無生命。思想是有生命的，如果思想沒有活力，就無生命。藝術是有生命的，如果藝術沒有活力，就無生命。

長在土裏的花是有生命的；插在花瓶裏的花是無生命的。但是，把花瓶裏的花插成有思想的藝術品，就有生命。長在樹上的葉子是有生命的；落在地上的葉子是無生命的。但是，把地上的落葉做成有思想的藝術品，就有生命。文字是無生命的。但是，把文字寫成有思想的文章就有生命。

價值是人認定的。凡是對人有意義的東西就有價值；凡是人可以使用的東西就有價值；凡是人認為重要的東西就有價值。相反地，沒有意義的東西就無價值；不能使用的東西就無價值；不重要的東西就無價值。

每一個人對價值的評價都不相同。同一個人對不同的東西有不同的價值；不同的人對同一種東西有不同的價值；相同的東西對不同的人有不同的價值；不同的東西對不同的人有不同的價值。你認為有價值的東西，別人可能不認為有價值；你認為無價值的東西，別人可能認為有價值；你認為高價值的東西，別人可能認為低價值；你認為低價值的東西，別人可能認為高價值。

有生命的東西才有價值；無生命的東西就無價值。把無生命的東西注入生命力，就成為有價值的東西。鑽石之所以有價值，是因為它是有生命。如果你不把鑽石視為有生命的東西，它就沒有價值。思索是靈魂的活力，也是生命力的展現。能夠思索就有生命；不能思索就無生命。用思索塑造的東西，就有生命，就有價值。

人可以創造生命，除了可以創造嬰兒，也可以創造各種有生命的東西。人可以將無生命的東西改造成有生命的東西，也可以把有生命的東西變成無生命的東西。另一方面，人可以把一個有生命的東西看成無生命，也可以將一個無生命的東西看成有生命。如果把東西看成有生命，這個東西就有價值。如果將東西看成無生命，這個東西就無價值。

當我們看到一幅畫或是讀到一篇文，覺得它有生命，就是有價值。如果看到一幅畫或是讀到一篇文，不覺得它有生命，就是無價值。對於有生命的東西，你就會關心它、欣賞它，就可以獲得心靈的喜悅，就有價值；否則，你就會無視它、捨棄它，就無法獲得任何好處，就無價值。

生命存在東西裏；價值則由人認定。我們必須看到東西的生命，才能賦予人的價值。我們欣賞藝術，是因為我們看到了作品裏的生命，才能感受到作品的價值。我們欣賞一篇文章，是因為我們看到了文章裏的生命，才能感受到文章的價值。

你若能將世上的東西賦予生命與價值，就可以享受更多人生的美妙與樂趣。你若將世上的東西都視為無生命和無價值，就會錯過許多人生的美好與快樂。你可以把一粒細沙看成有生命和有價值的東西；你可以將一

塊巨石當成無生命和無價值的東西。你可以享受世界的美麗；你可以活在醜陋的世界。

10 愛、生活與生命

2020/7/4

人支配生活；神支配生命。人無法支配生命；神無法支配生活。

科學能理解生活，無法理解生命。如果科學能完全理解生命，神就會宣告死亡；人就會獲得永生。

愛有男女愛、親人愛、友人愛、社會群愛、家鄉愛、國家愛以及世界愛等。不管是什麼愛，都是生活的一部分；都是生活的必需品。尤其是男女愛與親人愛，更是日常生活的重中之重。

愛可以改變生活。深愛可以添增生活的樂趣；淺愛會減少生活的樂趣；無愛會讓生活變得無趣。愛無法改變生命。有愛無法讓人更長壽；無愛不會縮短人的壽命；有愛無愛與長壽短命沒有直接關係。

我們可以實證愛與生活的關係，無法實證愛與生命的關係。我們可以說：愛可以使生活更美滿，不能說：愛可以使生命更長久。

有愛的人會比無愛的人心情更快樂；生活更如意。有人會因得到愛而欣喜若狂；有人會因失去愛，而痛不欲生。

有人認為，有愛的人不容易生病，或是有愛能治癒癌症。依此推論，沒有愛的人就容易生病，或是癌症過世的人就是沒有愛。這樣的結論一定沒有人會接受。

愛是生活的核心，不是生命的主宰。我們可以用愛美化生活；無法用愛治癒病痛。愛是用來添增幸福，不是用來延長生命。愛可以改變生活，無法改變生命。

愛是十分重要的精神食糧。在我們的生活中，不能缺少愛，更不能沒有愛。如果已經擁有愛，就要珍惜愛。如果尚未擁有愛，就要努力追求愛。

用愛充滿生活；用愛改變生活。當自己的生活中充滿愛，就會懂得如何改變生活。心中有愛，世界就會變得美麗；生活有愛，人生就會幸福美滿。

11 生與死 　　　　　　　　　　　　　　　　　2020/12/3

人人都知道生；無人會知道死。人人都知道活著的世界；無人會知道死後的世界。

我寫過數百篇人生雋語，卻鮮少提及死亡與死後的世界。我只能揣測死亡的模樣以及死後的世界。我無法驗證死亡的模樣或死後的世界。

生由人決定；死由神注定。雖然人可以用自殺的方式結束生命；可以用醫療的方式提早死亡或延後死亡，但是，大部分的人都會順從命運的安排，無奈地死去。

對於死亡，人人都會害怕死後的去處；人人都會眷戀世間的情愫。有人會不甘心；有人會捨不得；有人會放不下。只有極少數的人能欣然接受，從容以赴。

其實，人無法拒絕死神，也無法逃避死亡，只能接受，只能順從。你害怕也好，你憤怒也罷，你都必須面對死亡。

依我想來，死後的世界，既非極樂的天堂，也不是恐怖的地獄，而是一個平靜的淨靈場。人人在這裏默默地，等待召喚。

在靈的世界，人人都沒有實體；沒有影子；沒有愛恨；沒有苦樂；沒有病老；沒有窮富；沒有幸福或是不幸。

在靈的世界裏，人人都有機會轉世。有人早些投胎；有人晚些重生。高德行的人轉世得早；低德行的人轉世得晚。

走過忘川，靈的所有記憶都會消逝。一個潔淨無垢的新靈，將重新進入一個新生的身體，成為一個新生的人。

新生的人將展開一場新的人生。由生而死；由死而重生。如此重複輪迴，生生不息。

如果你能認同生與死的自然輪迴；如果你能預知死後世界的情形，你就會無懼死亡。出生不必歡喜；死亡不必悲傷。活著要快樂；死時要安然。

人就是要好好的活；就是要安心的死。活著就要追求幸福；死後就要早日重生。

12 把身心交給自己；把生命交給上帝　　　2021/3/18

每一個人都希望長壽；每一個人都希望健康。但是，生命是上帝決定的；身心是自己決定的。我們無法決定生命的長短；我們可以決定身心的健康。

身心的健康就是要有生命的活力，不必依靠醫藥的治療，也不要依賴別人的照護。自己能夠掌握自己的生命與生活，就是健康。

養生之道有四個面向：飲食、活動、作息和情緒。每一天的生活都與這四件事息息相關，只是有人重視；有人忽略。

飲食要清淡；活動要勤快；作息要正常；情緒要控制。這是老生常談，人人皆知的常識。可是，就是有人會貫徹；有人不實踐。

身體和心靈都是自己的，必須保護；必須珍惜。但是，就是有人會暴飲暴食；有人會久坐不動；有人會熬夜工作；有人會亂發脾氣。於是，身體受到傷害；心靈受到創傷。

醫生和藥物都只能治療身體的病痛，無法療癒心靈的脆弱。情緒的管控只能維持心靈的穩定，無法促進心靈的成長。只有思想才是心靈的養分，才能培育心靈的成長。

思想無價。你可以將它視為寶物；你可以把它當做廢物。你若將思想視成寶物，靈魂就會充滿智慧；你若把思想當成廢物，靈魂就會空無一物。

身體有時盡，靈魂無絕期，若為永恆故，思想不可無。擁有思想，才能穩定情緒；穩定情緒，才能維護身心的健康；身心健康，才能享受生活的樂趣。

請把自己的身心交還給自己；請把自己的身心好好照顧。總有一天，你的靈魂會離開你的身體，回到靈的世界。你要認同這種生命的循環；你要善盡這個生命的責任。

凡事都要盡人事聽天命。你要把身心交給自己；要把生命交給上帝。你要用思想充實靈魂；要用靈魂支配身心。你要帶著充實的靈魂回到上帝的身邊。

13 死亡　　　　　　　　　　2018/12/2

死亡是靈魂脫離肉體的瞬間；是生與死的轉換；是由人間走向靈界的分界；是人生的結束和靈生的開始；是肉體的腐化與靈魂的再造。

每一個人都從靈界中得到一張生命卡，去搭乘生命的列車。生命卡只有單程，沒有回程，只能下車，不能再上車。有些人英年早逝，並非作惡多端，而是命中註定。有些人大難不死，並非善行可嘉，而是命運安

排。在下車的車站，必須向自己的肉體道謝，也要向周邊的親友道別，然後，向靈界的站務員報到。有些人沒去報到，而徘徊在人間，成了鬼魂作弄人。

在死亡的那一刻，你的生命在親友的心中成了永久的記憶，一個無法再真實出現的記憶。你要讓他們留下你微笑的記憶，不要讓他們留下你眼淚的回憶。

有人用美學去詮釋死亡；有人用恐怖去醜化死亡。其實，死亡既非美亦非醜，只是一種對未知世界的幻想、疑慮與不安。如果把靈界想成天國，死亡就是美；如果把靈界想成地獄，死亡就是醜。

如果你認為死亡是美的，就沒有理由害怕死亡，求美得美，何怕之有。如果你認為死亡是醜的，也沒有必要害怕死亡，因為已成醜鬼的你已無所害怕。如果你的親友認為死亡是美的，就會為你的死亡祝福。如果你的親友認為死亡是醜的，就會為你的死亡悲傷。

有些人並非害怕死亡，只是不忍太多的遺憾與不捨。為未完了的心願而遺憾；為離開親友而不捨。如果能夠在死亡之前，對人生沒有遺憾，對親友沒有虧欠，就可以欣然下車。

如果你害怕死亡，就必須珍惜人生，因為死後就不再有精彩的生活了。如果你不珍惜人生，就不必害怕死亡，因為死後就可以獲得解脫，尋求重生。你不能一面害怕死亡，一面糟蹋人生；否則，就會生不如死，死不如生。

如果你認為死後靈魂會脫離肉體，那麼，死亡的肉體就是腐爛的物質，可以把它火化，裝入骨灰罈，放在靈骨塔，埋在樹底下，或拋灑大海中。如果你認為死後肉體與靈魂是一體，永不分離，那麼，就必須選擇一處好福地，蓋一座好福宅，享受安寧與尊榮。

靈界沒有天堂與地獄，只有白晝與黑夜。有些人被分發到白晝裏，有些人被分發到黑夜裏。每一個人都在等待審判與轉世。靈界只有無形的靈魂，沒有有形的實體；只有靈性的強與弱，沒有力量的大與小，也沒有外貌的美與醜。如果你有較強的靈性，就可以優先審判，早日轉世。如果你只有一般的靈性，就要慢慢等待審判與轉世。如果你毫無靈性，就有可能轉世成動植物。

每一個人都必須面對死亡，不能逃避。我們都知道生命，卻不知道死亡；我們都知道人間事，卻不知道靈界事。我們不要把死亡與靈界想像得太美好，也不必把死亡和靈界想像得太恐怖。有一天當你親臨死亡，就會知道死亡是什麼。有一天當你進入靈界，就會知道什麼是靈界。你不必期待，也不要恐懼，只要你的靈性夠堅強，就會出人頭地，享受優惠待遇。

第 2 章

人性

01 人的類型

人可以依照不同的屬性,而有不同的類型。例如,依人種分,有白種人、黃種人、黑種人……等;依性別分,有男人、女人和同性人;依年齡分,有年輕人、壯年人、老年人……等;依洲別分,有歐洲人、亞洲人、非洲人……等。

若從道德的觀點分,人可以分為四種:
1. 道德而能抗拒邪惡的人。
2. 道德但不能抗拒邪惡的人。
3. 邪惡又會傷害道德的人。
4. 邪惡但不會傷害道德的人。

若從原理的觀點分,人可以分為為四種:
1. 懂得原理且能運用原理的人。
2. 懂得原理不能運用原理的人。
3. 不懂原理但能運用原理的人。
4. 不懂原理也不能運用原理的人。

若從戰鬥的觀點分,人可以分為四種:
1. 戰勝自己的人。
2. 被自己擊敗的人。
3. 戰勝別人的人。
4. 被別人擊敗的人。

若從自主性的觀點分,人可以分為四種:
1. 做自己也做別人的人,或是能保護自己也能保護別人的人。
2. 只做自己不做別人的人,或是只保護自己不保護別人的人。
3. 只做別人不做自己的人,或是能保護別人不能保護自己的人。
4. 不做自己也不做別人的人,或是不保護自己也不保護別人的人。

人有千萬種，人人各不同。每一個人都有自己的特質；都有自己的人生。人不一定要做什麼樣的人才幸福。人只要自己覺得自在，且能承擔責任，人生就有意義。

02 神性、魔性與人性

2019/9/30

神性 (deity) 是超存在（上帝）的本質或本性 (the character or nature of the Supreme Being =God)。魔性 (devilry) 是邪惡行為（撒旦）的本質或本性 (the character or nature of wicked behavior=Satan)。人性 (humanity) 是做為一個人的條件或品質 (the condition or quality of being human)。本文將神性定義為上帝的精神或道德感召；魔性為撒旦的物質或慾望誘惑；人性為個人心智 (mentality) 的裁決力量。

上帝創造了宇宙萬物，並以道德情操規範人類的行為，塑造人間樂園。但是，人類的祖先卻經不起撒旦的誘惑，背叛上帝的禁令，而被逐出樂園。從此，在人的靈魂中就存在著上帝的神性與撒旦的魔性，前者代表精神道德；後者代表物質慾望。人的靈魂就成了神性與魔性的共生場與爭戰場。神性要人誠實、勤勞、負責、愛人如己以淨化人類的原罪。魔性則要人好奇、貪婪、嫉妒、掠奪、自私自利，以追求更好的物質生活。在神性與魔性的衝突中，人性扮演了仲裁或協調的角色，並做出心智的裁決。每個人的人性都不一樣，有人偏向神性；有人偏向魔性；有人則採取中立態度。人性不能完全神性，否則，就成了神仙。人性不能完全魔性，否則，就成了魔鬼。

由於物質慾望的誘惑力強過精神道德的感召力；撒旦的說服力大過上帝的勸導力，神性往往不敵魔性；人性常常偏向魔性。即使你的人性偏向神性，撒旦也會告訴你：你會蒙受損失或遭受傷害，使你猶豫不決，或轉向魔性。自從人類的知識逐漸增長，科技逐漸進步，慾望逐漸提高，上帝的存在逐漸受到懷疑。現代人更進一步將上帝解構，將神性瓦解。人性終於一步步地偏離神性，走向魔性。

撒旦深知人性的弱點，也善於利用人性的弱點。撒旦會給個人短期的利益，卻會給社會長期的損失。例如，一個惡德商人以 5,000 元賣給你一個仿冒的名牌包。你發現了，也生氣了，但是，你不會向他提告求償，因為提告要花費高額的律師費以及長期的訴訟期。惡德商人因而獲得了不當的利益；你蒙受不當的損失；努力研發的人得不到正當的報償；社會充斥了仿冒品；經濟遭受了嚴重的傷害。

如果人性由神性主導，就會帶給你長期性的利益。如果人性由魔性主導，就會帶給你長期性的損失。我們可用「囚犯理論」(prisoner's dilemma) 來說明。如果兩個神性主導的人性合夥開餐廳。一個善於料理；一個善於理財。兩人誠信合作的結果，會使生意興隆，利潤增加，兩人都可獲得豐富的所得。相反地，如果兩個魔性主導的人性合夥，就會一個貪食材；一個做假帳。結果會使成本增加，利潤減少，終於關門大吉，兩人都無法獲得實質的利益。

我們無法用科學的方法去了解人性，只能以神學或哲學的方法去探索人性。科學的實證只能從人的言行中去了解人的認知，無法觸及人性的部分。只有自己才能真正了解自己；只有藉著神學才能了解自己的人性。人必須再度認清上帝與撒旦的真正面目；再度理解神性與魔性的真正本質；再度衡量人性對自己的真正價值。我們必須重建以神性主導的最適人性。最適人性不是神性與魔性的並行，也不是神性與魔性的折半，而是神性與魔性的均衡。簡言之，最適人性是在上帝雖不滿意但能接受的條件下，所達成的沒有矛盾和長期穩定的均衡狀態。

大多數的人都不了解人性；少數人則是誤解人性。有人認為人性是善良；有人認為人性是邪惡。甚至有人認為：人性是說話讓人喜歡；做事讓人感動；做人讓人想念。把人性曲解成讓人喜歡、感動或想念，是認知與行為的倒置，也是把人性當鄉愿的錯誤。人性是內在驅力，不是外顯行為。人性是自我意志，不是他人反應。人性是判斷是非的依據與社會行為的指針。扭曲人性會造成判斷的誤差與行為的偏差。為了避免矛盾的心靈或後悔的行為，人必須在人性的裁決中，做最適的調和，堅定自己的信念，肯定自己的行為。

A. Smith 主張，人類應該以神性的道德情操從事各種經濟活動。在自由放任 (Laissez-faire) 的市場機制下，會有一隻看不見的手 (invisible hand) 會讓市場達成均衡的狀態，形成公正的價格與交易量，產生自生的經濟秩序。在市場交易中，如果供給者所訂的價格太高，需求就會少於供給，價格就會下跌。相反地，如果供給者的訂價太低，需求就會多於供給，價格就會上漲。在這種市場機制下，市場均衡與自生秩序就自然形成。人們在自生的秩序中進行交易，獲取正當利益，累積正當財富。個人正當財富的總和就是國富。

A. Smith 的均衡市場與自生秩序始終無法實現，因為他忽略了人性根本無法依照神性的道德情操從事各種經濟活動。他更沒有料到，人性已由神性主導轉向魔性主導。經濟正義已偏離了完全競爭、公平交易與合理分配的正軌。市場機制已無法維護均衡的狀態和穩定的秩序。在弱肉強食的競爭市場中，剝削者獲得了不當的利益，累積了不當的財富。相反地，被剝削者則陷入了永續的貧窮，得不到翻身的機會。貧富懸殊造成了社會的不平等；社會的不平等造成了社會的排除；社會的排除造成了階級的對立與社會的動盪。

人性決定經濟行為；眾多的經濟行為決定市場機制；市場機制決定市場均衡與市場秩序。如果人性繼續魔性化，人類的偽裝技巧與欺騙手段將會日益高明，剝削與掠奪的現象將會日趨嚴重。我們必須重視人性的影響力，把即將失去的神性再度找回，用神性的道德情操與經濟正義建構市場機制，達成市場均衡。

 理性、感性與最適性　2019/10/5

理性 (rationality) 是以合理性為基礎的條件 (the condition of basing upon reason)。感性 (sensation) 是感覺器官受刺激產生知覺的運用 (the use of perception associated with stimulation of a sense organ)。

最適性 (optimum) 是獲得某種結果最有幫助的條件 (the most favorable conditions for obtaining a given result)。簡言之，理性是以理論或數據做意思決定的條件；感性是以知覺或情感做意思決定的條件；最適性是以理性與感性的調和做意思決定的條件。

理性的人依理行事。凡是合理就接受；凡是不合理就不接受。易言之，凡是接受就是合理；凡是不接受就是不合理。理性的人依市場規則，成敗機率或迴歸預測從事各種經濟活動。他們會在一定的產出或收益下，尋求最少的投入或付出；會在一定的投入或付出下，尋求最大的產出或收益。他們對市場的認知與判斷是精確的；在市場的活動是有效率的。理性的人為未來的大利，可以犧牲目前的小利；為了目標的達成，可以不計辛勞。理性的人要看你的提議有沒有道理，再決定要不要接受。理性的人知道，利益愈大風險愈高。例如，投資的利益愈高，損失的風險也愈高；結婚對象的條件愈好，離婚的風險也愈高。

感性的人依情行事。凡是喜歡的就接受；凡是不喜歡的就不接受，易言之，凡是接受的就是喜歡；凡是不接受的就是不喜歡。感性的人依自己的偏好或偏見從事各種經濟活動。他們會受商業廣告或親友誘導從事各種投資或消費。他們會因情誼而犧牲自己的利益。他們會用直覺做判斷，用嘗試錯誤做行動。他們會隨時間與環境的不同而改變。感性的人只貪求眼前的小利，忽視未來的損失。感性的人先看喜不喜歡，再決定要不要接受。感性的人不認為利益愈大風險愈高。例如，投資基金要比存在定存更有利，不會吃虧；結婚對象的條件愈好，愈不會離婚。

如果你的知友對你說：有一種投資只要 100 萬元，每年可以獲得 30 萬元的利息。感性的人會接受，因為他相信知友的話，而且可以獲得高利益。但是，理性的人不會接受，因為那是不合理的投資，損失的風險也極高。理性的人不會因知友的緣故而接受，也不會因高利而心動。因此，感性的人受騙的機率較高；受損的程度也較大。理性的人先理解再行動；感性的人先行動再理解。以愛情和婚姻為例，理性的人會先了解愛情再去戀愛；先了解婚姻再去結婚。相反地，感性的人會先戀愛再去

了解愛情；先結婚再去了解婚姻。因此，感性的人談錯愛和結錯婚的機率比理性的人為高。

其實，人無法完全理性，也不會完全感性。人常在理性與感性之間做選擇。人有時會偏向理性；有時會偏向感性。因此，人常在理性與感性之間矛盾著。即使做了決定，還是會猶豫不決，無法完全滿意。經濟學家常以純粹理性做為經濟活動的基本原理。唯有純粹理性，經濟正義才能實現，市場均衡才能達成，經濟秩序才能隱定。但是，市場參與者不僅不按市場規則進行交易，有時還會逆向操作。依理性交易者常在交易中失利；不依理性交易者常在交易中得利。因此，經濟原理常遭破壞，無法充分運用。如何能以理性為主感性為輔的最適性去建構新的經濟原理，應是值得思考的課題。

由於理性的決策過程需要充分的資訊和長久的思考時間，不如感性憑著直覺就可以快速形成意思決定，所以一般人都以感性主導理性。此外，由於市場資訊的不充分以及不實資訊的氾濫，即使以理性做決策，也常會產生失誤。尤其網路市場的盛行，更使人不易掌握資訊，做正確判斷。在市場交易中，小至餐廳點菜，大至不動產交易，大都需要憑著直覺快速決定，無法理性思考。因此，在現代的經濟活動中，仍以感性主導理性。

以理性主導的最適性就是要以理性做評估，再用感性去調和。易言之，就是要把感性理性化和數量化，再做理論的分析。例如，當你買一杯咖啡時，就必須先將咖啡的效用或慾望的滿足數量化，然後，再把支付費用的負效用數量化。如果一杯咖啡可以滿足你 5 個單位的效用，而支付100 元會讓你損失 3 個單位的效用，那麼，就值得你購買。在市場交易中，沒有吃虧的交易者，買賣雙方都是利得者。

我們常說：幸福是個人主觀的感受。但是，沒有人可以告訴你，為什麼他會感到幸福以及他有多幸福。如果採用最適性原理去解釋幸福，就必須把知覺的幸福數量化。你要先設定幸福指標和量表，再依量化的知覺評定各項指標，最後，再計算出幸福係數。這樣就可以清楚地告訴別

人，你為什麼幸福以及有多幸福。我們不能只用知覺做判斷，也不能只用情感做決定。我們必須以理性主導感性；用最適性做判斷。

要做一個最適性的人並非易事。除了要有理性的人格特質，也要有理性的思考能力。理性人與感性人的最大差異，就是前者懂得思考；後者不善思考。如果你是一個感性的人，就必須學習思考。不管你喜不喜歡，都必須思考值不值得。要做一個最適性的人也需要自己的克制與外力的協助。例如，理性告訴你要存錢，卻改不了愛花錢的習性，就要強迫自己把錢存在長期性的定存或保險。你若要戒菸，卻改不了菸癮，就要請家人監視或處罰。

請做個最適性的人。你若要喜歡或討厭某個人，就必須說出事實與原因；你若要讚美或批判某種思想，就必須講出道理與理由。你不能沒有理由或道理去指責人或謾罵人。如果有人沒有理由指責人或亂罵人，你就必須加以譴責，社會就必須加以制裁。請做一個最適性的經濟人。你必須懂得思考；你必須掌握市場資訊；你必須理性分析；你必須肯定自己的判斷。在市場活動中，你必須懂得理財的技巧與運用。你不能亂投資，亂消費，亂儲蓄。在市場競爭中，純粹感性的人註定會失敗；純粹理性的人不一定會成功；只有最適性的人才能獲得勝利。

04 利己、利人與互利　　　　　2019/10/22

利己 (self-interest) 是只關心自己的利益 (concerned only with one's own interests)。利人 (altruism) 是關心他人的利益 (concerned with the interests of others)。互利 (reciprocity) 是商業交易關係中被彼此接受的相對利益 (the relation in commercial dealing by which corresponding advantage are granted by each other)。

上帝創造人類的本意是要我們愛己愛人（愛人如己）和利己利人（人利己利）。互愛與互利深藏在我們的基因中，成為人類行為的依據。

但是，自從人類的祖先接受撒旦的誘惑，背離上帝的旨意，愛己不愛人和利己不利人的魔性就逐漸展露。人類為了追求更多的資源和更好的生活，在市場的交易活動中，貪婪地追求私利，不顧他人的利益；在社群的人際關係中，無情地只愛自己，不愛他人。從此，市場逐漸失衡，社群逐漸疏離。

在以物易物的初期市場裏，人們以自己的生產物進行交換，在雙方都能接受的條件下，完成公平合理的交易。例如，A 和 B 在市場交易，A 希望以一頭牛換取六隻羊，而 B 則希望以三隻羊換取一頭牛。雙方討價還價的結果，終以一頭牛與五隻羊的交換條件成交。雙方雖不滿意但能接受。這就是公平的交易。在公平的市場交易中，雙方都是得利者，沒有不利者；雙方都是贏家，沒有輸家。

產業迅速發展，市場日益擴張的結果，以貨幣作為交易工具的市場形態逐漸取代以物易物的單純交易。每種商品都必須訂出一個價格，在這個價格下進行交易。需求者如果認為價格合理，有利自己，就會購買，而且愈有利買愈多。另一方面，供給者如果認為價格合理，有利自己，就會出售，而且愈有利賣愈多。如果市場的需求大於供給，價格就會上升；如果市場的供給大於需求，價格就會下跌。這就是自然均衡的市場機制。

在自然均衡的市場機制下，每個人都會以自己的最大利益進行交易；每個人都可以自由進入或退出；每個人都可以自由接受或拒絕。只要自己認為有利就是合理；只要合理就會接受；只要雙方都願意接受就是公平。在均衡的市場中，你要獲得他人的利益，就必須犧牲自己的利益；他人要獲得你的利益，就必須付出他的利益。你要求他人給你利益，必須他人願意接受；他人要求你給他利益，必須你願意接受。你不能強制他人接受；他人也不能強制你接受。你不能用欺騙的手段引誘人接受；他人也不能用欺騙的手段引誘你接受。這就是公平合理的交易。

利己是天性，沒有人可以放棄，沒有人可以禁止。個人在均衡市場中所獲得的正當利益都是個人應得的，沒有人可以剝奪。每個人都不會少賺一分正當的利益；每個人都不會少賺一分不正當的利益。你不能羨慕他

人的高所得；你不能嫉妒企業的高利潤。如果你因能力不足，努力不夠或運氣不佳而無法獲得充分的所得；如果你因市場資訊不足，理財能力不好或錯誤的投資而損失財富或血本無歸，你能怪誰？

由於人性的貪婪愈演愈烈，用不道德或不正義的手段破壞市場均衡，奪取不當利益的現象日益猖獗。有人用欺騙、壟斷或操控的手段榨取他人的利益；有人用違反市場規則或經濟法規的手段剝削他人的利益；有人用取得多給得少的不公平手手段強制他人接受；有人則利用立法權力制定有利企業或強者的法律，而使勞動者、消費者、儲蓄者或投資者蒙受損失。市場失衡似已成為市場經濟的常態。

由於企業規模不斷擴大，經濟犯罪的技術不斷翻新，企業集團的犯罪案件日趨嚴重。企業集團的員工逐漸成為集團犯罪的打手。他們在企業的操控與私人的利益下從事不法的行為，形成共犯結構。此外，政治人物常與企業集團掛勾，在國會立法上給予支持；在行政執行上給予縱容。政商攜手破壞市場均衡，奪取不當利益。現代的市場經濟不僅失衡，也失去了自由競爭，公平交易與合理分配的經濟正義。市場經濟似已成為弱肉強食，損人利己的野性世界。

互愛與互利是維護人際和諧與市場均衡的基礎。在人類與自然之間；在個人與他人之間；在供給者與需求者之間；在政府與國民之間；在本國與他國之間都需要以互愛和互利的心相對待，才能維護自然生態，社群系統，經濟系統，政治系統與國際關係的和諧，穩定與發展。有愛人之心，就會回饋自然、他人、社會與他國；有利人之心，就不會傷害自然、他人、社會與他國。在互愛互利的經濟倫理下，自然就不會反撲，社會就不會對立，世界就不會衝突。

科學無法了解真正的人性；數據無法反映真正的事實；法律無法解決經濟的問題。維護市場均衡，重建市場秩序必須回歸哲學的思考，人性的探討以及原理的建構。要在互利互惠的原理下，加強市場資訊的透明化，不當競爭的禁止，違規取締的強化以及受損者或受害者的補償。唯有如此，市場均衡才能實現，市場福利才能實踐。

05 人品
2021/4/12

一般人都喜歡當一個淑女或是紳士。所謂淑女或是紳士，不是高血統，不是高教育，不是高階級，不是高權位，不是高資產，不是高技能，不是高成就，而是高尚的人品。

人品 (character) 是個人或是團體道德倫理的混合結構 (the combined moral or ethical structure of a person or group)。易言之，就是結合個人道德與社會正義的特質，也就是個人行為要符合道德的原理；社會行為要遵守正義的規範。

雖然每一個人的道德原理都不一樣；每一個社會的正義規範也不盡相同，但是，世界上確實存有道德正義的普世價值。例如，真實、責任、尊嚴的道德原理；信賴、贈與、互助的社群正義；自由、公平、合理的經濟正義；人權、民主、法治的政治正義。

人類為了貪圖生存的機會，一時的方便、感情的占有、責任的逃避、法律的挑戰、經濟的利益或是政治的野心等原因，而有罔顧道德正義或是違反道德正義的行為。這些行為有些是外顯性的；有些是隱藏性的；有些是看得到的；有些是看不到的。

人類常會以外表、財富、地位、學術、技術、名氣、成就等偽裝技巧，掩蓋不道德或不正義的人品。一般人也會以外表、財富、地位等有形標準，去判定一個人的人品。一般人常會把行為與人品劃上等號，總以為有好行為的人，就是有好人品。

其實，好人品的人一定會有好行為；好行為的人則不一定會有好人品。有些人做了一件好事，卻做了許多壞事；有些人做了許多好事，卻做了一件壞事；有些人做了許多壞事，卻做了一件大好事；有些人做了許多好事，卻做了一件大壞事。

人品隱藏在人的心靈裏，無法用知覺去察覺，必須用心思去思索。好事或壞事是可以觀察到的；好人品或壞人品是觀測不到的。一般人只知道

別人是否有做好事或做壞事，卻不清楚別人是否有好人品或壞人品，甚至會將壞人品的人視為好人品。

我們經常讚美社會上的淑女或紳士，也會希望自己成為一個淑女或紳士。我們不會讚美社會上高尚人品的人；甚至不希望自己成為高尚人品的人。因為我們誤將淑女紳士當成高尚人品的人，卻不把高尚人品的人視為淑女紳士。

高尚人品的人懂得道德正義的原理，也會勵行道德正義的行為。他會自我約束；會自我激勵；會自我檢討。他不會在人們看不到的時候，做出違反道德正義的事，更不會在眾目睽睽下，做出違反道德正義的事。

多少人藉著光鮮亮麗的外表，豐功偉績的成就，捐款出力的善行，護衛弱勢的慈善，展現自己的高尚人品。但是，卻在其他的部分，做出不道德和不正義的行為。好人品的人能夠懂得人品的真與假，能夠看清人品的實與虛。如果不能分辨人品的真實與虛假，就不是一個有人品的人。人可以當一個淑女或是紳士；人可以不當一個淑女或是紳士；人不能當一個無人品的人。

06 年輕人與老年人 2018/10/20

人生有低齡、中齡與高齡三個階段。低齡有幼兒、兒童和少年三個階段；中齡有青年、壯年、熟年和中高年四個階段；高齡有老年、高年和瑞年三個階段。一般把低齡者稱為少年人，把中齡者稱為中年人，把高齡者稱為老年人。老年人是年齡的老 (aged people)，不是身心的老 (old people)。

每一個人都會歷經相同的人生階段。每一個人生階段都有不同的生活模式與生命價值。老年人有過青春；年輕人也會年老。年輕人不可以說：老年人倚老賣老；老年人不可以說：年輕人年幼無知。老年人別忘了，

年輕人正在走你曾經走過的路；年輕人別忘了，總有一天你也會走老年人的路。

年輕人是天然品；老年人是藝術品。老年人必須把天然品雕塑成藝術品。老年人是設計家；年輕人是營造家。年輕人必須按設計圖建造出理想的建築物。

年輕人有力無心（能做事卻不知做什麼事），有眼無思（看得到卻想不到）；老年人有心無力（想做事卻無力做事），有思無眼（想得到卻看不到）。年輕人和老年人必須心手相連，截長補短，相互尊重，相互學習，才能使社會更進步。

年輕人要為未來而活；老年人要為當下而活。年輕人要為別人而活；老年人要為自己而活。年輕人要為金錢而活；老年人要為健康而活。年輕人要為擁有而活；老年人要為享有而活。年輕人要為希望而活；老年人要為快樂而活。

年輕人重視物質；老年人重視精神。年輕人重視所得；老年人重視資產。年輕人重視數量；老年人重視品質。年輕人重視愛情；老年人重視親情。年輕人重視科技；老年人重視哲理。

這是一個青年震盪 (youth quake) 的時代，是一個以貌取人，以名取利，以學歷代表能力，以財富代表尊貴的時代，也是一個科技、虛擬、快速、數量和變化的時代。年輕人已取代老年人，成為社會的主導者。年輕人批評時政，被認為是可取；老年人批評時政，則被指責是可恥。社會沒有權利用年齡作理由，去歧視或排除老年人。

這是老年人爭取尊嚴的時候。老年人必須用實力向社會證明，自己是一個有價值和有尊嚴的人。如果你認為自己應該無慾、無為、無爭、無求、無憂，那麼，你就是自甘沉淪的人。如果你認為敬老卡、敬老座和敬老金是老年人當然的權益，那麼，你就是自毀形象的人。

如果你敢與眾不同，而不怕被取笑；如果你敢展現自己的風格，而不怕被蔑視；如果你敢挑戰傳統，而不怕被攻擊；如果你敢說真話，而不怕被傷害；如果你敢一個人去旅行，而不怕孤單；如果你敢愛人，而不怕害羞；如果你敢面對病痛，而不怕死亡，那麼，你就是一個有尊嚴的老年人。

有些老機器會比新機器好用；有些老酒會比新酒好喝；有些老友會比新友可靠；有些老年人會比年輕人有價值。你必須大聲說出：這個社會也有我的一份，不是年輕人說的算。

 07 智者與不智者 2020/1/31

智慧 (wisdom) 是能了解什麼是真實，正確與恆久的判斷與行為 (judgment and behavior of understanding what is true, right, or lasting)。

智者（有智慧的人）會以真心對待人，會用善良幫助人。智者樂於順從真實的人與正確的事。智者會接受真實與正確的指責，且歡心去改進。智者不知邪惡，也沒有怨恨。智者有終生之樂。

不智者（無智慧的人）會以虛假欺騙人，會用劣行欺負人。不智者易於接近邪惡的人與錯誤的事。不智者不接受任何指責與勸告，且會有懷恨與報復的心。不智者有終生之苦。

智者不知不智者的邪惡，也會寬恕不智者的邪惡。不智者不知智者的善良，也不會感動智者的善良。智者因人的快樂而喜悅；因人的悲傷而憐憫。不智者喜歡看到人的眼淚；討厭看到人的歡笑。當智者碰到不智者，前者肯定會被後者霸凌。

不智者會結合不智者共組不智者集團對付孤單的智者，使智者無法對抗，任由其擺佈。智者永遠不是不智者的對手。

我們不能用慈悲去包容不智者的邪惡。我們不能用不煩惱去逃避不智者的傷害。我們不能期待不智者會有苦惱或受到天譴。

我們要用教育的力量去陶冶他們。我們要用宗教的力量去感化他們。我們要用社會制裁的力量去糾正他們。我們要用國家法律的力量去懲罰他們。我們要以卓越的實力和堅定的信念去對抗他們。

我們要從智者中得到好心情，不該從不智者中得到好心情。我們要以慈悲對待智者，要以道理對抗不智者。我們不能以善待不智者去傷害智者。

要讓自己成為智者，用智慧解決問題，用智慧淨化心靈，用智慧美化這個世界。

智慧不一定會帶給人幸福。有時，智慧會帶給人更多苦惱。智慧是要我們有勇氣去對抗無知。

08 智者、凡人與愚者 　　　　　　　　　　2018/10/22

智慧是聰明或判斷真假對錯的性質或狀態 (the quality or state of being wise, knowledge of what is true or right compiled with good judgment)。智者是有知識、有道德和有勇氣的人；愚者是無知識、無道德和無勇氣的人；凡人是少知識，少道德和少勇氣的人。智者與愚者是心智 (mentality) 上區別，不是知識 (knowledge) 上的區別。有知識者不一定是智者，因為他可能無道德或無勇氣；無知識者不一定是愚者，因為他可能有道德或有勇氣。

智者重視無形的意涵；凡人重視有形的意義；愚者重視情緒的動作。智者重視合理性；凡人重視事實性；愚者重視情緒性。智者重視思想；凡人重視行為；愚者重視話語。

智者創造原理；凡人實踐原理；愚者踐踏原理。智者談理；凡人談法；愚者談情。智者談成因；凡人談事實；愚者談是非。智者終止謠言；凡人傳遞謠言；愚者渲染謠言。智者用文字表達想法；凡人用語言表達想法；愚者用圖案表達想法。

智者從先驗的原理中去實踐；凡人從經驗的實務中去實踐；愚者從慾望的渲洩中去實踐。

智者了解自己，也了解別人；凡人了解自己，不了解別人；愚者不了解別人，也不了解自己。

智者讀書；凡人買書；愚者棄書。智者愛文章；凡人愛報導；愚者愛八卦。智者創作藝術；凡人欣賞藝術；愚者褻瀆藝術。

智者用思想教化人；凡人用行動教育人；愚者用嘴巴教壞人。智者用原理評論人；凡人用事實評論人；愚者用情緒評論人。智者被思想感動；凡人被行為感動；愚者被眼淚感動。

智者留知識給下一代；凡人留財產給下一代；愚者留債務給下一代。

當智者不容易；當愚者不願意；當凡人最隨意。凡人可以成為智者；智者不會成為凡人。凡人可以成為愚者；愚者不會成為凡人。凡人若無法成為智者，千萬別成為愚者。

智者與愚者分屬不同的世界。智者不必與愚者比智慧；老鷹不必與小鳥比飛高。被智者讚美是榮耀；被愚者讚美是恥辱。被智者批判當學習；被愚者批判當瘋語。

09　強者與弱者

2020/6/3

強者與弱者是行動上的區別，不是力量上的區別。強者是挑戰自我能力上限的人；弱者是貶低自我能力下限的人。強者是挑戰困難的人；弱者是逃避困難的人。強者是積極樂觀的人；弱者是消極悲觀的人。強者是創造奇蹟的人；弱者是等待奇蹟的人。強者是解決問題的人；弱者是製造問題的人。強者是抓住機會的人；弱者是錯失機會的人。強者是把不可能變成可能的人；弱者是把可能變成不可能的人。

強者敢想別人不敢想的事，敢說別人不敢說的事，敢做別人不敢做的事。弱者不敢想別人敢想的事，不敢說別人敢說的事，不敢做別人敢做的事。強者從小事做起；弱者大事不做，小事不屑。

強者知道自己想做什麼，能做什麼，如何做好什麼；弱者不知道自己想做什麼，能做什麼，如何做好什麼。強者做事的態度是：我會想辦法；弱者做事的態度是：我沒有辦法。強者會即刻去做；弱者會稍後去做。

強者為自己而活；弱者為別人而活。強者為自己設計的人生而活；弱者為別人設計的人生而活。強者選擇自己喜歡的人事物；弱者選擇別人喜歡的人事物。強者自我肯定，在乎自己的評價；弱者被人肯定，在乎別人的評價。

強者改變環境，轉移風險；弱者順從環境，承受風險。強者在變動中取勝；弱者在變動中被淘汰，強者經得起暴風；弱者禁不住微風。

強者在逆境中找出路；弱者在順境中找歪路。強者承認失敗，並尋求東山再起；弱者拒絕失敗，並自甘墮落。強者遭遇失敗會怪自己，找生路；弱者遭遇失敗會怪別人，找藉口。強者尋求自我安慰；弱者尋求別人的安慰。

強者面對工作，把工作當樂趣；弱者逃避工作，把工作當苦役。強者事多心不煩；弱者事少心好煩。強者重視如何賺錢；弱者重視如何省錢。強者同情弱者；弱者嫉妒強者。

強者為一時的幸運而戒慎恐懼；弱者為一時的幸運而沾沾自喜。強者把成功歸於幸運；弱者把成功歸功自己。強者把失敗歸咎自己的錯誤；弱者把失敗歸咎上帝的安排。

強者看不到自己的高度，只看到自己的卑微；弱者看不到自己的卑微，只看到自己的高度。強者在低頭中壯大自己；弱者在低頭中作賤自己。

你可以選擇當強者，也可以選擇當弱者。你若選擇當強者，就必須忍受別人的攻擊；你若選擇當弱者，就必須忍受別人的歧視。

10 淑者與不淑者　　　　　2021/12/3

具有個人道德，護衛社會正義，遵守國家法律者，謂之淑者或是好人。不具個人道德，破壞社會正義，違反國家法律者，謂之不淑者或是壞人。

人以類聚。淑者會與淑者意氣相投而相聚，不會與不淑者相聚。不淑者會與不淑者情投意合而相聚，不會與淑者相聚。淑者與淑者相聚，能夠彼此受益。淑者與不淑者相聚，會蒙受損失或是遭受傷害。

淑者會懂得也能實踐道德正義，也會以這個標準，去衡量一個人的淑或不淑。淑者不會與不淑者交往，更不會與其相愛。如果淑者認同或包容不淑者的壞，就不是真正的淑者，而是不淑者或是不淑者的共犯。

赤者近朱，不是近朱者赤；黑者近墨，不是近墨者黑。自己不是淑者，才會接近和接受不淑者，不是因為接近和接受不淑者，自己才變成不淑者。或許有人因一時不察或識人不明，而接受不淑者。這種人無法辨別淑與不淑，若非不淑，就是愚蠢。

男女之間，因相遇而相聚；因相聚而相愛。在相遇與相聚之間，有一段考驗的期間；在相聚與相愛之間，也有一段檢驗的期間。戀人之間，因認同彼此的好，包容彼此的壞，才會相聚；才會相愛。如果不適合，就

不會相聚；如果不接受，就不會相愛。如果不適合，卻要接受或愛戀，就會蒙受損失或是受到傷害。

遇人不淑是天意；識人不明是人意。人無法選擇相遇的人，但是，可以選擇相聚的人，更可以選擇相愛的人。每一個人都會選擇自己喜歡的人，拒絕自己不喜歡的人；都會選擇淑者，拒絕不淑者；都會選擇淑者當自己喜歡的人，拒絕不淑者當自己喜歡的人。如果要選擇不淑者當喜歡的人，那麼，他一定也是不淑者，至少是不淑者的同路人。

有因必有果；有果必有因。有好的因，才有好的果；有壞的果，必有壞的因。與淑者相聚相愛，就有好的結果；與不淑者相聚相愛，必有壞的結果。當人接受了不淑者；當人愛上了不淑者，就踏上壞結果的道路。

一般人常忽略原因，只重視結果；常不責怪自己的錯，只責怪別人的錯。當自己遇人不淑時；蒙受損失時；遭到傷害時，只會針對結果加以譴責，不會反省造成結果的原因；只會責怪別人的不淑，不會承認自己的不淑。

我們的社會也會以結果論斷人。不管原因如何，只要有人被傷害，社會就會同情受害者，制裁加害者，也會把受害者當淑者；把加害者當不淑者。當然，加害者肯定是不淑者，可是，被害者不一定是淑者。

為什麼有人會接近，認同或喜歡不淑者？依我看來，有兩個主要因素。第一是缺乏道德正義的思想；第二是追求利益的貪婪。缺乏道德正義的思想，就無法判斷人的淑或不淑。追求利益的貪婪，就容易陷入不淑的境地。當追求利益的貪婪凌駕道德正義的思想時，就會接近、認同或喜歡不淑者。

人的淑與不淑，與教育水準、經濟能力、社會地位或政治權力無關。社會上充斥著不淑的專家學者、企業富豪、社會名流和政治人物，可是，一般人還是常把這些人當做淑者，甚至視為崇拜的對象。直到自己或社會受損或受害時，才會知道原來他們都是不淑者。

我們無法要求別人當淑者，不當不淑者。我們只能要求自己要當淑者，不要當不淑者。我們只能要求自己不要與不淑者相聚或是相愛。我們必須要有道德正義的思想，才能要求自己當淑者；才能拒絕不淑者。

正當社會上對不淑者一片撻伐之際，我們是否能夠反躬自省，自己是否有足夠的道德正義思想與克制貪利的意志？自己是否有拒絕不淑者與反抗不淑者的決心？我們的社會是否能夠凡事先探討原因，再追究責任？我們的社會是否能夠倡導道德正義的思想；幫助人們抗拒和遠離不淑者？

每一個人都有可能遇人不淑；每一個人都有可能判斷錯誤；每一個人都有可能遭到傷害。我們必須以同理心看待受害的人；必須用國家法律制裁加害的人。但是，這些都是事後的補救，而非事前的防範。為了避免識人不明或是遭受傷害，必須強化自己的道德正義思想，並努力做一個淑者，不要做一個不淑者。若能如此，即便遇人不淑，也能正確認識人，遠離不淑者，不會被傷害。

 11 成熟的人與不成熟的人 2021/3/15

所謂成熟，就是心智的活力超過身體的活力的身心狀態。成熟的人就是懂得人生的道理，而且能夠實踐幸福生活的人。不成熟的人就是不懂人生的道理，又無法實踐幸福生活的人。

人生之道就是身心健康、人際關係、經濟活動、教育文化與政治立場的一般道理。幸福生活就是健康生活、經濟生活、精神生活以及社群生活等的滿意度很高的生活。

成熟與年齡無關。有人年紀輕，卻很成熟；有人年紀大，卻不成熟。成熟與教育無關。有人低學歷，卻很成熟；有人高學歷，卻不成熟。成熟與貧富無關。有人貧窮，卻很成熟；有人富裕，卻不成熟。

成熟由心造。華嚴經云：「心如工畫師，能畫諸世間，五蘊悉從生，無法而不造。」就是這個道理。若想當個成熟的人，就必須在自己的心靈中，刻劃出人生的理想藍圖，再全心全力的去實踐和實現它。

一般人都認為自己是成熟的人；否認自己是不成熟的人。其實，依我看來，大部分的人都是不成熟的人，而不是成熟的人。試想，有多少人懂得人生的道理和幸福的意義？有多少人能夠實踐人生的理想和幸福的生活？如果不懂得也不能夠，怎能說自己是一個成熟的人呢？

要做一個成熟的人，必須具備三個條件：第一是要能照護自己的身體健康；第二要能維護自己的經濟生活；第三要能享受自己的精神生活。如果需要別人照護健康；需要別人提供金錢；需要受制於人或是取悅別人，就不是成熟的人。

成熟的人要靠自己的力量，做一個完全自立的人。如果有能力照顧別人，才去結婚生子。如果自己不是一個自立的人，卻要結婚生子，就是不成熟的人，也是不道德的人。

成熟的人必須具有思想。有思想才有美感，才能領悟生命的美妙；才能看到美好的人事物；才能享受生活的樂趣。不成熟的人沒有思想，也沒有美感，只是有空虛的心靈。

思想是後天培養的，不是與生俱來的。人是靠著教育，學習思索；藉著思索，建構思想；依照思想，追求幸福。成熟是緩慢形成的，不是快速成長的。人必須一步一腳印地學習、思索、改變、進化，才能逐漸成熟。

不成熟的人不僅難以追求自己的幸福，也難以與別人理性溝通，而難有良好的人際關係。每一個人都應該自認自己不成熟，而努力學習，讓自己成為一個成熟的人。如果自認成熟，而不求長進，就永遠成不了成熟的人。

12 好人與壞人

能夠遵守個人道德、社會正義與國家法律的規範,就是好人;違反個人道德,社會正義與國家法律的規範,就是壞人。

做好人不僅要做好事,也要對抗壞人,不做壞事。你不能只做個好人,卻包容或放縱壞人。如果你包容或放縱壞人,你的好就蕩然無存,你就不是好人。

每個人都說自己是好人;都在做好事,絕對不會承認自己是壞人;在做壞事。其實,好人偶爾也會做壞事,也會傷害人。壞人偶爾也會做好事,也會幫助人。

我們必須把人與事分開,就人論人;就事論事,不要就事論人;就人論事。我們不能說,好人做的事都是好事;壞人做的事都是壞事。我們不能說,做了好事就是好人;做了壞事就是壞人。

好人與壞人都是別人認定的,不是自己認定的。你認為自己是好人,不一定是好人。別人認為你是好人,你才是好人。別人認為你是壞人,你就是壞人。

但是,在一個不正義的社會裏,邪惡者說你是好人,你就不是好人;邪惡者說你是壞人,你就不是壞人。邪惡者說你做好事,你就是做壞事;邪惡者說你做壞事,你就是做好事。

好人做好事一定有人會知道,你不必為善不欲人知。壞人做壞事也一定有人知道,你不必欲蓋彌彰。在一個開放的社會裏,好人不會孤獨;壞人無法逃避。

你不能只顧自己的善良;你必須對抗世界的邪惡。世界的邪惡會讓人無法平安喜樂。你對邪惡的慈悲,就是對善良的傷害。你若要做好事,就要讓壞事不要發生;讓壞人不要得逞。

好人或許會一時失意或失敗，但是，不會永遠失意或失敗。壞人或許會一時得意或得勝，但是，不會永遠得意或得勝。當神的審判日到來，好人必會蒙受恩賜；壞人必會受到懲罰。

好人做一件壞事，別人就不認為他的好；壞人做了一件好事，別人就不認為他的壞。因為如此，好人才愈來愈少；壞人才愈來愈多。你務必認清好人與壞人；好事與壞事。不要辜負好人與好事；不要縱容壞人與壞事。

13 好人

2020/10/8

所謂好人是具有個人道德，富有社會正義與遵守國家法律的人。要做一個好人，就不能違反個人道德，社會正義與國家法律，否則，就是壞人。

依我個人的想法，個人道德的基本原則是真實、責任與尊嚴。社群正義的基本原則是連帶、平等與包容。經濟正義的基本原則是自由、公平與合理。政治正義的基本原則是人權、民主與法治。國家法律的基本原則是民意、公正與保障。

理論上，有個人道德的人，也會有社會正義；有社會正義的人，也會遵守國家法律。事實上，有個人道德的人，往往沒有社會正義；有社會正義的人常常不遵守國家法律。

每個人都自認是有道德正義的好人，也是遵守法律的好人。即便是違反法律的壞人，也自稱自己是有道德正義的好人。他們會辯稱，違法是出於不得已，被別人陷害或是被政治迫害。他們都不會承認自己是壞人；他們都堅持自己是好人。

人人都說自己是好人，卻常說好人難當，因為好人常會被欺騙或被欺負；好人往往會被傷害或被剝削。好人在吃虧幾次之後，就會不想再當

好人，只想當個只管自己門前雪，不管他人瓦上霜的人。有些人在受到傷害之後，甚至會把自己變成壞人。

有些人有個人道德（會說真話；會負責任；會有尊嚴），卻缺乏社會正義。有些人有社會正義，卻不敢對抗社會不正義。有些人敢對抗社會不正義，卻姑息犯法的人。

你要做個好人，也要對抗壞人。你不能只做個好人，卻包容或放縱壞人。如果你包容或放縱壞人，你的好就蕩然無存。不能只顧自己的善良。你必須對抗世界的邪惡。世界的邪惡會使你無法平安喜樂。

這個世界有許多道地的壞人，也有不少虛偽的好人。有人打著好人的形象做壞事；有人做好人卻包容壞人。因此，做壞事的人愈來愈多；做好事的人愈來愈少；社會愈來愈混亂；世界愈來愈沉淪。

你要懂得自己的善良，也要認清別人的邪惡；你要堅持自己的善良。你要對抗世界的邪惡。你不能只顧自己的善良，不管別人的邪惡。你不能對邪惡的人慈悲，也不能包容邪惡者對善良者的傷害。

你可以做好人；可以做壞人，但是，不要做虛偽的好人。你可以讚美別人做的好事；不能讚美別人是好人。你可以譴責別人做的壞事；不能譴責別人是壞人。好人能明辨是非；好人敢護守正義；好人會無所懼怕。你若是一個真正的好人，就會懂得這個道理；就能勇往直前。

14 壞人 2021/7/7

壞人就是不道德、不正義和不守法的人。壞人會做壞事；會傷害別人；會破壞社會；會出賣國家；會危害世界。

壞人會認為別人都是壞人；都是敵人；都是應該被剝削、被侵犯、被霸凌、被奴役的人。壞人不會愧疚自己的行為；不會同情別人的處境。

壞人貪得無厭，得寸進尺。壞人要的是屈服不是讓步；要的是全部不是部分。壞人不會因別人的讓步而罷手；不會因得到利益而滿足。

壞人不會停止做壞事。他們認為只要做一件好事，人們就會忘記他曾經做過的壞事；就不會認為他是壞人。

你可以成為壞人；你可以成為好人。如果你想當好人，就不能做壞事；如果你想當壞人，就不必做好事。你不能把壞人當成好人；你不能把好人當成壞人。

壞人遲早會有報應，只是時候未到。你或許看不到壞人的報應，一定會有人看得到。好人總會有回報，只是時候未到。你或許看不到好人的回報，一定會有人看得到。

當你起了做壞事的念頭，就要立刻打消它。千萬別開始做壞事，現在不要；未來不要；永遠不要。

15 天才與笨蛋 I
2019/9/9

人有四種：第一是天才；第二是凡人；第三是笨蛋；第四是白痴。所謂天才 (genius) 是智力上有獨特自然能力的人 (an exceptional natural capacity of intellect)。所謂凡人 (ordinary person) 或俗人 (commonplace person) 是一般性沒有獨特性的人 (a person of the usual kind or not exceptional)。所謂笨蛋 (booby) 是缺乏正常行動與敏銳心智的人 (a person lacking ordinary activity and keenness of mentality)。所謂白痴 (idiot) 是完全愚蠢或無感的人 (an utterly foolish or senseless)。簡單的說：天才是有創造力和偉大成就的人；凡人是有執行力和平凡成就的人；笨蛋是心智平庸和言行怪異的人；白痴是完全愚蠢和心理異常的人。

天才有公認的天才與自認的天才。公認的天才是人們認為有創造能力和偉大成就的人；自認的天才是自己認為有創造能力但無偉大成就的

人。人們只能看到天才的成就，看不到天才的能力，所以有許多天才都在長期的奮鬥中被埋沒。天才有科學的天才、哲學的天才、藝術的天才、政治的天才、軍事的天才、經營的天才等等。天才無法比較，也無法定名次。雖然有人依人格分析歸納出各種天才的特質，但是，天才的人格特質是神秘不可解的，是來自先天的靈性，是難用科學方法去實證和解析的。如果天才有共同的特質，那麼，人們就容易成為天才，天才就不再是天才。天才就是天才，沒有排行或名次。我們不能說，誰是第一名的天才；誰是最後一名的天才。即使在同一領域，我們也不能說，誰是第一名的天才；誰是最後一名的天才。天才沒有高低之分，也沒有名次之別。

笨蛋也有公認的笨蛋和自認的笨蛋。公認的笨蛋是人們認為心智平庸和言行怪異的人。自認的笨蛋是自己認為心智平庸和言行正常的人。人們只會看到言行的怪異，看不到心智的平庸，所以沒有怪異的言行，就不會被認為是笨蛋。自己若知心智平庸，雖無怪異言行，也會認為自己是笨蛋。一般說來，笨蛋都不會承認自己是笨蛋。自認的笨蛋其實只是凡人的謙虛。有些笨蛋的怪異言行是偶然性的；有些則是經常性的。經常性的怪異言行才是笨蛋；永久性的怪異言行則是白痴。

天才用心智想世界，可以看得遠、看得廣、看得細。天才可以從一粒細沙看到一個世界。天才可以從一句話中看出真假與善惡。天才可以預見未來，可以掌握現在。天才閉上眼睛也能看到藍天碧海；天才站在低處也能看到美景。天才知道自己的優點與缺點。天才能從別人的眼中看到自己，能從別人的反應中看到自己的缺點。笨蛋用知覺看世界，只能看得近、看得窄、看得粗，笨蛋從一個世界中看不到一粒細沙。笨蛋聽了千句話也無法分辨真假與善惡。笨蛋只能看到現在，無法預見未來，笨蛋睜開雙眼只能看到一片烏雲。笨蛋站在高處只能看到垃圾。笨蛋看不到別人的優點，只看到自己的優點。笨蛋看不到自己的缺點，只看到別人的缺點。

天才說實話，做大事。天才說話算話，說到做到。天才把任何事都當大事，且會做驚天動地的大事。天才心中有對錯，對即堅持，錯則改之。

笨蛋說大話，做小事。笨蛋說話不算話，說到做不到。笨蛋把任何都當成小事，只做雞毛蒜皮的小事。笨蛋心中無是非，積非成是，積是成非。笨蛋不會承認自己的錯，有錯都是別人的錯。如果真正犯了錯，就是情緒蓋過理性，也不是自己的錯。

天才常因生不逢時或運氣不佳而被埋沒。天才往往被人排拒，被天才打壓；被凡人奚落；被笨蛋霸凌。天才常因被埋沒和被排拒，而孤獨，而痛苦，而自我放棄。笨蛋常因一時得道或笨蛋簇擁而被接受。笨蛋的脫軌言行往往被解讀成純真，率性，接地氣。笨蛋常因被寬恕和被推崇，而不可一世，盛氣凌人，作威作福。天才與笨蛋都在走跟別人不一樣的路，做不一樣的事。天才在走艱難的路，做創造的事。笨蛋在走脫軌的路，做愚蠢的事。

天才不是人人都善良，也有邪惡的天才。邪惡的科學天才製造了毀滅人類的武器；邪惡的軍事天才引領人類走向戰爭；邪惡的哲學天才造就人類道德的墮落。邪惡的天才標榜撥亂世反諸正，卻把別人的正當成惡，把自己的惡當成正，然後帶領人們走向邪惡。笨蛋不是人人皆溫順，也有傲慢的笨蛋，傲慢的笨蛋高調行事，口無遮攔，強詞奪理，硬拗強辯。傲慢的笨蛋自視非凡，看不到比自己高的人，瞧不起比自己低的人。

天才與笨蛋都是大多數的凡人所認定。邪惡的天才與傲慢的笨蛋也是由大多數的凡人所造成。有人把高學歷當天才，把低學歷當笨蛋；有人把成績好當天才，把成績差當笨蛋。這就是無知的凡人。是無知的凡人把邪惡的天才當成聖人；是無知的凡人把傲慢的笨蛋當成菁英。你可以崇拜天才；你可以譏笑笨蛋；你不可以當一個無知的凡人。你若不是無知的凡人，就不會排拒天才，接受笨蛋。你若不是無知的凡人，就不會崇拜邪惡的天才，追隨傲慢的笨蛋。

有天才就有笨蛋，兩者是相對的存在。天才因笨蛋的存在而偉大；笨蛋因天才的存在而愚蠢。我們要發掘天才，杜絕笨蛋。我們需要更多的天才，需要更少的笨蛋。我們需要善良的天才，不需要邪惡的天才。我們要包容溫順的笨蛋，要抗拒傲慢的笨蛋。如果社會由善良的天才治理，

就會走向繁榮。如果社會由邪惡的天才所統治，就會走向奴隸。如果社會由傲慢的笨蛋支配，就會走向滅亡。

我們的社會有許多天才被埋沒。他們天天在創造科技，創造藝術，創造思想卻未能得到凡人的認同與掌聲。我們的社會有不少傲慢的笨蛋。有人說：「講了就講了；做了就做了，就是這樣，不然你能怎樣。」有人把移工當成雞；把爬樹當視察，還會對反對者嗆說：「他奶奶的，恁爸等你。」可是，依然有大批的粉絲支持他、讚美他、崇拜他。是凡人的無知，還是笨蛋的霸道，才將我們的社會塑造成如此低賤。此時此刻，有良知的知識份子不應該沉默不語；不應該眼睜睜地看著這個社會沉淪。你必須勇敢站出來；你必須為自己的良知發聲；你必須以行動對抗傲慢的笨蛋。

16　天才與笨蛋 II　　2019/10/9

天才是智力高超，又有卓越創造力的人。笨蛋是心智不靈活，又有拙劣行動力的人。智力高就會有創意；就能成就大事。智力低就會反應遲鈍，就難成就大事。

天才與笨蛋都是人，本沒有高貴與低賤。但是，一般人都崇拜天才，歧視笨蛋。理論上，天才創造原理；笨蛋實踐原理。天才因創造而成功；笨蛋因實踐而快樂。

如果要做天才，就要盡力讓自己成功；如果要做笨蛋，就要盡力讓自己快樂。成功的天才與快樂的笨蛋同等價值；如果要做一個失敗的天才，不如做個快樂的笨蛋。如果要做一個痛苦的笨蛋，不如死了算。

天才低調行事，能備受尊敬；高調行事，會遭受非議。笨蛋低調行事，能被人幫助；高調行事，會遭受譏笑。天才少受一分非議，會多一分成功；笨蛋少受一分譏笑，會多一分快樂。

天才有善良的人，也有邪惡的人；笨蛋有善良的人，也有邪惡的人。善良的天才可以造福人類；邪惡的天才可以毀滅世界。善良的笨蛋可以保護自己；邪惡的笨蛋會傷害別人，也會傷害自己。

善良的天才會做有利人類社會的事；會創造提升人類文明的產物。他們的新思想或新發明，都對人類社會有幫助，不會傷害，也不會破壞。如果有人惡用他們的新思想或新發明，也不是他們的錯，而是邪惡天才的錯。

邪惡的天才會憑著卓越的能力，作出傷天害理或禍國殃民的事。邪惡的天才只會肯定自己，而否定別人；只知道自己的實力，不知道別人的實力；只承認自己的成功，不承認自己的失敗。

善良的笨蛋無法分辨是非善惡，會做有益別人或社會的事，也會做有害別人或社會的事。善良的笨蛋往往會相信邪惡的人，而成為邪惡行為的共犯。

邪惡的笨蛋不會承認自己是笨蛋，甚至自認自己是天才，而做邪惡的事。但是，邪惡的笨蛋能力不足，只能幫助邪惡的天才做壞事。他們會搖旗吶喊，支持邪惡的天才，幫助邪惡的天才成就邪惡的壞事。

天才就是天才；笨蛋就是笨蛋。天才不可能成為笨蛋；笨蛋不可能成為天才。人可以做天才；可以做笨蛋。如果你是天才，就要讓自己成為善良的天才；如果你是笨蛋，就要讓自己成為善良的笨蛋。如果你不是天才，也不是笨蛋，就讓自己成為善良的平凡人。

第 3 章

生活

 **生活**　　　　　　　　　　　　　　　　　　　2020/8/27

生活有三個意涵：什麼是生活 (what) ？為何生活 (why) ？以及如何生活 (how) ？人類除了為維持生命而生活之外，也為生命價值而生活。生活不僅要富裕，也要有品味；不僅需要物質的食糧，也需要要精神的食糧。生活可以知足，不能無求；可以簡單；不能缺乏；可以貧窮，不能墮落。

生活有個人生與社會生活。個人生活有健康生活、經濟生活與精神生活；社會生活有人際關係、社會參與與社會服務等生活。個人生活就是食、衣、住、行、育、樂、醫等的活動。除了柴米油鹽醬醋茶的物質生活之外，也要有文化、信仰、藝術等的精神生活。有些人的生活範圍比較小，生活內涵比較簡單；有些人的生活範圍比較廣，生活內涵比較複雜。不管是什麼生活方式，只要自己滿意，就是幸福的生活。

生活素質 (quality of life) 是衡量生活美好度 (grade of excellence) 的指標，有數量（豐富度）和品質（美好度）兩個面向。個人和社會都會先追求數量的擴增，再追求品質的提升。數量會不斷擴增，品質會不斷提升，永遠沒有終點。就如人類文明無限發展一樣，生活素質的進步也沒有極限。每一個人和每一個社會都在努力追求生活素質的提升。一般認為，高度的個人生活素質就是個人幸福；高度的社會生活就是國民福祉。

每一個人的每一天都在生活，但是，很少人懂得生活和如何生活。人只知道自己的生活好不好，無法知道別人的生活好不好。但是，很多人都在抱怨自己的生活；都在羨慕別人的生活。懂得生活不一定會過好日子；過好日子不一定懂得生活，只有懂得生活又能過好日子，才是有意義的生活。

生活有三種形態：第一是卓越的生活；第二是平凡的生活；第三是墮落的生活。敢於挑戰自我能力的極限，就是卓越的生活；與眾相同就是平凡的生活；自我放棄就是墮落的生活。生活有三個部分：第一是工作；第二是休閒；第三是睡眠。我們要把工作當樂趣，別把工作當

壓力；要把休閒當旅遊，別把休閒當睡覺；要把睡眠當淨心，別把睡眠當閉眼。

生活不僅是維持生命的手段，也是創造生命價值的工具。什麼是生命價值呢？依我看來，應該是人生中最值得追求的目標。一般人可能認為，健康、財富、文化、權力或名氣是生命價值，而我則認為，這些都是追求生命價值的手段，而不是目標。人生所追求的目標，應該是自主、尊嚴、道德、創造和自我實現等。我從個人的經驗中學習到，我的生命價值第一是善 (virtue)，包括個人的善和社會的德；第二是美 (beauty)，包括本體的美和表象的美；第三是愛 (love)，包括心靈的愛和行為的愛。

在生活中，要將精神融入物質；要將道德融入利益；要將氣質融入美麗；要將真實融入慈愛；要將美學融入現實；要將忠誠融入榮耀。在生活中，要納入一些新元素；認識一些新人物；接觸一些新事務；享受一些新物質，生活就會變得更美好。

每一個日子，都要留一些時間與自己的靈魂相處，讓靈魂分享你的快樂，撫慰你的痛苦；讓自己的心靈得到寧靜與清淨。每一個日子，都要珍惜自己遇到的人們；自己從事的工作；自己得到的東西，讓自己的生活得到溫馨與快樂；讓自己的人生過得精彩與幸福。

有人說，生活要過得清淡悠閒，不要忙忙碌碌，也不要轟轟烈烈，只要能夠怡然自得就好了。這種話只適合退休的老年人，不適合勞動的年輕人。每一個人的人生都有準備期（受教育）、勞動期和退休期。不同的人生階段，必須有不同的生活方式。在需要努力打拼，累積財富的勞動期，必須竭盡所能，累積財富，才能在退休期享受幸福的生活。

有人說生活容易；有人說生活不易。有人說生活快樂；有人說生活痛苦。其實，生活是自己決定和安排的，不是別人或環境決定和安排的。除非有身心的障礙，或是其他不可抗力的因素，每一個人都必須為自己或家人的幸福生活而努力；每一個人都必須有效率的安排自己的生活。如果把自己對生活的不如意，歸咎於別人或社會，就是一個不負責任的人，也是一個不幸福的人。

02 好好過生活　　　　　　　　　　　　　　　2021/1/31

人生是生命的循環。從靈魂進入人體開始,到靈魂脫離人體結束。人生的起點就是終點,繞了一圈回到原點。

常常有人質問:人生的意義是什麼?人該如何生活?人值不值得活?如果你知道人生的意義是什麼,就懂得如何過生活;如果你懂得如何過生活,就值得你活。

其實,人生的意義就是好好的過生活和好好的活下去,別無其他的涵義。

每一天早上起床,就要思考如何好好過一天的生活。如果你要工作,就快快樂樂去工作;如果你要休閒,就歡歡喜喜去享受;如果你要睡覺,就安安心心去休息。

如果你覺得自己的生活不好過,就要改變生活的模式和內涵;改變自己的個性和人際;改變時間的安排和運用。

如果你覺得金錢不夠用,就努力去賺錢;如果你覺得工作不如意,就努力去找新工作;如果你覺得伴侶不夠好,就努力去改變他;如果你覺得社會不正義,就努力去批判它。如果你覺得敵人好可怕,就努力充實自己的實力。

人生所以會不快樂,不是生活太艱辛,也不是人際太複雜,而是把自己看得太大;把慾望提得太高;把追求的想得太難;把失去的覺得太苦。

改變自己的觀念與生活,就可以改變人生的意義與價值。總之,就是要好好的過生活,人生就有意義,就值得活下去。

03　為生活而活；為理想而活

2021/2/2

生命是有活力的存在；生活是維持生命的方式；人生是從出生到死亡的中間過程；幸福是對生活的滿意度。

人生的意義有兩種：第一是能過好的生活；第二是能實現自己的理想。前者是為生活而活的人；後者是為理想而活的人。

為生活而活的人是為了享受生活而付出心力的人。生活的滿意度減去付出的心力，就是「淨幸福」。如果生活的滿意度高於付出的心力，就有正幸福；如果付出的心力高於生活的滿意度，就有負幸福。幾乎所有人都在追求正幸福的極大化。如果有負幸福，人生就沒有價值。

為生活而活的人會一面努力賺錢，一面享受人生，也會累積財富，供退休之後使用。累積的財富愈多，老後的生活就愈好。如果在離世之後，能夠留下一些遺產，造福子孫或社會，也可以計入人生的價值。易言之，留下的遺產愈多，人生的價值愈高。

為理想而活的人是為自己的理想而奮鬥的人，也是為理想的實現度而評定幸福的人。他們只會在乎理想的實現，不會在乎生活的好壞。他們大都能忍受貧苦的生活，甚至可以犧牲自己的生命。

為理想而活的人會從研究、創新、製造、倡議或領導的活動中，諦造人生的價值。有些人是為文化的理想而活；有些人是為科技的理想而活，有些人是為經濟的理想而活；有些人是為政治的理想而活；有些人是為感情的理想而活。他們可以在各個領域創造奇蹟，留下功不可沒的遺產。但是，也有不少人終其一生，都無法達成理想。

為生活而活的人常常無法為理想而活；為理想而活的人往往無法為生活而活。為生活而活的人常常會抱怨無法為理想而活；為理想而活的人往往會抱怨無法為生活而活。因此，很多人都會覺得自己不幸福。如果能夠肯定和堅持自己的選擇，就能提升自己的人生價值。

人生可以分為三個階段：第一是兒少期的準備階段；第二是青壯期的勞動階段；第三是老年期的退休階段。就像果樹的生命一樣，兒少期的努力，造成青壯期的成長；青壯期的成長，奠定退休期的成果。人生的總價值，要在老年期做清算。有價值的人生，就是要在年老時，享受幸福的生活或是理想的尊榮。

雖然人無法決定出生，也無法決定死亡，但是，可以決定人生。雖然人生有長有短；有樂有苦，但是，可以選擇自己喜歡的生活模式。不管你是為生活而活，還是為理想而活，都要好好走完自己的人生。

人生無法走回頭路，只能往前看，向前走。你若是在準備期，就好好充實自己；你若是在勞動期，就好好創造成就；你若是在退休期，就好好享受生活與尊榮。你要肯定自己人生的價值，不要留下任何人生的遺憾。

 04　為未來的理想而活　　　　　　　　2021/3/30

金剛經云：「過去心不可得；現在心不可得；未來心不可得。」時間裏的心是每個過程的當下，原來就不可得。因此，不要緬懷過去的榮光；不要沉迷現在的快樂；不要期待未來的美景。

愚意認為：智者活在未來的理想；凡人活在現在的生活；愚者活在過去的回憶。有人為明日而活；有人為今日而活；有人為昨日而活。眾生云云，未來之心，現在之心，過去之心皆是可得。

人生的路是自己選擇，自己行走，自己克服的，不是神的安排，不是每條路都有機會，不是順路走就會成功。人因有理想，才有目標；因有目標，才有努力的方向。

今日是在為明日做準備；現在是在為未來做準備。明天要開會，今天就要準備開會的資料。如果明天不開會，今天就不必準備資料。明年要考大學，今年就要準備考試。如果明年不考大學，今年就不必努力讀書。

如果在結婚之前，能夠預設一個理想的家庭藍圖，而在結婚之後，努力去實踐那個理想，就會一步步地走向幸福的家庭。如果在結婚之前，沒有任何理想，只是為了愛情而結婚，婚後就會無所適從，不知如何建立一個理想的家庭，就會造成婚姻的危機。

理想是具體的目標，不是虛幻的夢想；實踐是要身體力行，不是隨便說說。有了理想就要實踐；有了實踐才能實現理想。現在的實踐是為了達成未來的理想。活在未來的理想，才有實踐的動力；才有幸福的可能。

年輕人因為有理想，才會努力去追求，才能成大事立大功。老年人常因無理想，才會無所事事，才會一事無成。如果老年人也能像年輕人一樣，活在未來的理想裏，就會像年輕人一樣有活力，有幸福。

人即使在死亡之前，也要有理想。要想像死後的世界；要想像靈界的美好。今生是為來世做準備；死前是在為死後做準備。為了實踐死後的理想，就要在死前充實自己的靈性，做好進入靈界的準備。要多思索靈界的美麗；少想像靈界的恐怖。要為死後的理想而活；要勇於面對死亡。

未來可能比現在更好；可能比現在更差；可能與現在一樣。如果未來能比現在更好，才有活在現在的意義，否則，就沒有活在現在的價值。有夢最美，希望相隨；有理想追求，美夢才成真。即使美夢不成真，現在的奮鬥也實現了生命的意義與人生的價值。

人若要成為智者，就要為未來的理想而活，不要為現在的生活而活，更不要為過去的回憶而活。現在的生活只是為了生存；過去的回憶都已成空；未來的理想才有價值。

05 平凡就是一如往常 2021/11/25

在人的一生中，每天人來人往、事來事往、錢進錢出、物進物出。這就是一如往常；這就是平凡。

所謂往常，就是最近的過去，也就是與現在連貫的過去。往常可以是過去的一天；可以是過去的一周；可以是過去的一月；可以是過去的一年。

每天，一如往常的工作、休息、吃飯、睡覺。每天，一如往常的學習、聊天、旅遊。每天，一如往常的帶小孩、教小孩、照顧父母。每天，一如往常的愛戀、歡樂、爭吵、痛苦。

每一個人的平凡都不相同。有人忙碌，有人空閒；有人賺錢，有人虧錢；有人成功，有人失敗；有人愛人，有人被愛；有人結婚，有人離婚；有人出生，有人死亡。

平凡就是一如往常。每天起床後，吃完早餐，外出工作，傍晚回家，吃完晚餐，看個電視，然後洗澡睡覺。周末，則外出購物或帶家人外出旅遊。每周都過這樣的生活，沒有多大的變化，就是平凡。

不平凡就是不同往常，與往常不同的生活；與往常不同的心情；與往常不同的想法；與往常不同的環境；與往常不同的接觸；與往常不同的工作；與往常不同的驚喜；與往常不同的遭遇。

平凡不是與眾相同；不平凡不是與眾不同。每一個人的每一天都與別人的每一天不同，不可能與別人有相同的一天。如果有相同的一天，只是巧合，不是平凡。自己的每一天不同於別人的每一天，是理所當然，不是不平凡。

除非從職場退休，可以安排自己的生活，否則，很難能有平凡的生活。大多數人的每一天都不盡相同，都不平凡。因為不平凡，所以有變化；因為有變化，所以有樂趣；因為有樂趣，所以有意義。

每天過著不平凡生活的人，久而久之，就想過平凡的生活。每天過著平凡生活的人，日子久了，就想過不平凡的生活。你可以過平凡的日子；你可以過不平凡的日子。你要懂得人生的意義；你要享受生活的樂趣。

有一天，當你踏入與過去迥然不同的不平凡生活，不管是好的或壞的，你都要理性的觀察自己，堅強的做好自己，微笑的面對每一天。平凡不一定幸福，也不一定不幸福。不平凡不一定不幸福，也不一定幸福。在平凡的生活裏，你要幸福；在不平凡的生活裏，你也要幸福。

06　生活可以簡單，不能寒酸　　　　2021/5/29

簡單 (simple) 是沒有多餘，不加修飾或裝飾或是不精巧 (without additions, modification, embellishment, or elaborate)。寒酸 (shabby) 是破爛的，退化的，卑劣的或是無價值的 (dilapidated, deteriorate, despicable, or paltry)。

生活可以簡單不能寒酸。你可以有少量的食物，不能有垃圾的食物；你可以有少件的服飾，不能有破爛的服飾；你可以有不大的房子，不能有髒亂的房子；你可以有小型的車子，不能有故障的車子；你可以有不高的學歷，不能有造假的學歷；你可以有很少的娛樂，不能有墮落的娛樂。

簡單的生活可以活得很惬意；寒酸的生活會活得很痛苦。別人看不到你的簡單，別人看得到你的寒酸。你可以過簡單的生活，不能過寒酸的生活。

錢多錢少無關生活的簡單或寒酸。家財萬貫的人，有人生活奢華，有人生活簡單，但是，無人會寒酸。錢財不多的人，有人生活簡單，有人生活寒酸，但是，無人能奢華。如果家財萬貫，卻生活寒酸；如果錢財不多，卻生活奢華，就是自我糟蹋。

你的東西可以不精緻，不能粗劣；你的思想可以不豐富，不能邪惡；你的生活可以簡單，不能寒酸。若能把寒酸的生活做成簡單；把簡單的生活做成不簡單，就能夠擁有快樂的生活；就能夠享受幸福的人生。

07 擁有與享有 2020/10/6

擁有 (possession) 是使成為個人的所有物 (to have one's property)。享有 (enjoyment) 是發覺或經驗喜悅或滿足 (to find or experience with pleasure or satisfaction)。擁有是表象和可供他人評價的；享有是本體和只供自己評價的。擁有不一定能享有；享有不一定要擁有。人人都想要擁有，只有很少人懂得享有。擁有必須付出代價；享有只需坐享其成。擁有是有限的；享有是無限的。人無法無盡的擁有，但是，可以無限的享有。

人生有五個階段：學習、追求、擁有、享有和放棄。學習愈多，追求愈多；追求愈多，擁有愈多；擁有愈多，享有愈多。當無法享有，就必須放棄。在人的一生中，人人都在追求擁有，總以為擁有愈多愈快樂，也愈幸福。其實，人生的價值是在享有，而不在擁有。有人擁有很多，卻享有很少；有人享有很多，但擁有很少。因此，富人不能對窮人說：你擁有少就是享有少，就是不幸福。窮人也不可對富人說：你擁有多卻是享有少，就是不幸福。擁有多少是別人可以知道的；享有多少只有自己才知道。

健康、知識、財物、情感、權利等都是人人都想擁有的東西。但是，每一個人對想要擁有的東西和慾望的強度都不一樣。有人認為健康最重要；有人認為知識最重要；有人認為金錢最重要。有人多擁有健康少擁有金錢；有人多擁有金錢少擁有健康；有人多擁有知識少擁有金錢；有人多擁有金錢少擁有知識。一個人的擁有量是所有擁有物的總和，不是財物的總量。一個健康的富人要比一個健康的窮人擁有更多；一個不健康的富人要比一個健康的窮人擁有更少。

享有是自我的感受，可以用單位數加以量化。經濟學上稱為效用 (utility)。每增加一個單位的享有就是邊際效用 (marginal utility)；邊際效用的總和就是總效用。邊際效用可以遞增，也可以遞減。例如，書讀得愈多效用愈高；酒喝得愈多效用愈低。當邊際效用等於零時，就沒有

效用，但是，總效用最大。只要邊際效用為正數，就是享有，就值得繼續享有，總效用或總享有就會增加。

擁有必須享有才值得擁有；擁有卻不享有就不值得擁有。擁有健康就必須享有健康；擁有知識就必須享有知識；擁有財物就必須享有財物；擁有情感就必須享有情感；擁有權利就必須享有權利。擁有健康卻要糟踏健康；擁有知識卻要惡用知識；擁有財物卻要浪費財物；擁有情感卻要破壞情感；擁有權利卻要濫用權利，就喪失了擁有的價值。擁有且能享有要比享有卻無擁有好；享有不擁有要比擁有不享有好。

人人都想要擁有金錢，因為金錢可以買到擁有。但是，金錢只是獲得擁有的工具，不是享有的標的。我們是在享有用金錢買到的擁有，不是在享有金錢。金錢不使用，就無法擁有，也無法享有。把金錢存放在銀行，只是數目的紀錄，沒有享有的好處。或許有人會把金錢視為擁有和享有，只要看到金錢的數目增加，就會有擁有和享有的感覺。於是，就會拼命賺錢；拼命存錢，而不加以使用。直到有一天要離開人世時，才會恍然大悟，自己想錯了，也做錯了。

懂得享有並非易事。人必須懂得擁有物的美好，才能享有心靈的快樂。快樂不是憑空的想像，而是具體的感受。要懂得享有，才會有快樂；不懂得享有，就不會有快樂。人必須具有美學的素養，才能享有世界的美好。要懂得人事物的美，才能享有人事物的好。在面對同一種景象；閱讀同一本書籍；對待同一個人時，每一個人都有不相同的感受和不一樣的享有。有人會有很多享有；有人會有很少的享有；有人則沒有任何享有。不是擁有物使人快樂，而是你的美感使擁有物變成快樂。

有些擁有只能享有一次，例如，食物或旅遊。有些擁有可以享有多次，例如，家電或汽車。有些擁有則能終身享有，例如，書籍或藝術品。如果擁有物不再能享有，就必須放棄。以免成為垃圾。如果擁有新物能夠產生的總效用高於放棄舊物的負效用和支付新物的代價總和，就值得汰舊換新。擁有物不是舊了就必須丟棄，而是舊物不再能享有，或是值得擁有新物時才可以丟棄。

有一天，你會不能再享有任何東西；無法帶走任何東西；必須放棄所有東西。這些東西都是你一生辛苦累積下來的擁有。你必須將這些東西全部留給子孫或是捐給社會。你曾經為了這些多餘的和不屬於自己的東西，犧牲了自己的健康與快樂。現在卻要完全放棄這些東西。你是多麼的不捨，多麼的後悔。其實，你在擁有這些東西的時候，就享有了這些東西。當你看一看，玩一玩，用一用的時候，就享有了這些東西的快樂。這些東西不是多餘的，而是必要的。這些東西不是無用的，而是值得的。這些東西造就了你的快樂與幸福。現在，你不再享有，而留下所有的擁有給後代或社會，不就是你一生的成就和值得你引以為傲的事嗎？

人事物的價值是在享有，不在擁有。不管你擁有多少，都要充分享有。請檢核一下自己的擁有：擁有的金錢是否不再使用；擁有的書籍是否不再閱讀；擁有的家人是否不再疼愛；擁有的自由民主是否不再珍惜？你必須再度享有能夠享有的擁有；必須享有你所有的擁有。你要勸人多享有；不要勸人少擁有。你要勸人享有剩餘的擁有；不要勸人放棄剩餘的擁有。

08 按部就班　　　　　　　　　　　　　2021/4/13

所謂按部就班，就是按照一定規矩、程序、品質、時間、數量等規則做事。大家熟知的「標準作業系統」就是最好的範例。

凡事按部就班，就能順利完成，達到預期的目標。如果不按部就班去做，就可能會出差錯，甚至會出大事。

在日常生活中，有些事會我們按部就班；有些事我們不會按部就班；有些人會按部就班生活；有些人不會按部就班生活。按部就班做事，才能做好事情；按部就班生活，才能維持健康。不按部就班做事，就做不好事情；不按部就班生活，就會傷害健康。

在社會生活中，有些人就是不按部就班做事。走路不按部就班；開車不按部就班；學習不按部就班；工作不按部就班；經營不按部就班；施工不按部就班；買賣不按部就班，林林總總，真是罄竹難書。

按部就班像是容易，卻難實踐。有人為了貪圖方便；有人為了節省時間；有人為了增加收益；有人為了交差了事，往往會不按部就班。有人心存僥倖，而不按部就班；有人寧願冒險，而不按部就班；有人挑戰極限，而不按部就班。

按部就班就不會出事；不按部就班也不一定會出事，但是，一旦出事，就會有麻煩；就會全功盡棄，甚至釀成大禍。每一次的重大事故，其實都是不按部就班所造成。

臺灣人最好的特質是人情味；最壞的特質是不按部就班。社會大眾草率做事；公務人員便宜行事。每年，政府花了多少經費，在不切實際的研究計劃以及偷工減料的公共工程上？年復一年，弊端叢生，事故頻傳，而無法改革。

這次台鐵太魯閣號的事故，其實與台鐵經營，工程品質或行車安全都無關聯。造成事故的唯一因素，就是不按部就班做事的國民性。只要國人不徹底去除不按部就班的習性，重大事故還是會層出不窮的發生。

當我們在批判別人和撻伐別人的同時，是否能捫心自問：自己是否是一個按部就班的人？如果自己在日常生活或在社會生活中，不能按部就班做事，那有什麼資格去怪罪別人？這次的事故應由法律去處理，不該由名嘴去置喙。

其實，我們這個社會仍有許多按部就班，切實做事的人。是這些人支撐著臺灣的經濟與社會；是這些人創造了臺灣的奇蹟。我們千萬不能妄自菲薄；我們千萬不要失去信心。臺灣的改革要從人出發；人的改變要從自己開始。

第 4 章

人生

01 人生 I

2019/1/20

生命是在生活中尋找意義和價值；生活是生命的手段；生命是生活的目的。生活資源決定生活條件；生命價值決定幸福水準。生活在追求有形的價值；生命在追求無形的價值。生活在追求資源的擁有；生命在追求價值的享有。生活條件在追求資源的數量與品質；生命價值在追求生活的意義與價值。生活在問：好不好；生命在問：值不值。

人生是個人的生命史，也是生活的紀錄。人生是單程的旅行，只能向前行，無法回頭走。人生是不斷的追求、擁有、享有，直到一無所有。人生是在栽種生命之樹，享受生命之果。栽種生命之樹是人的責任；享受生命之果是人的權利。

人生有三種必然：(1) 不全知、(2) 不完美、(3) 不確定。人生有三種責任：(1) 追求自己的幸福、(2) 履行社會的責任、(3) 維護自然的均衡。人生有三種形態：(1) 卓越的人生、(2) 平凡的人生、(3) 墮落的人生。人生有三個重要的人物：(1) 好父母、(2) 好配偶、(3) 好老闆。人生有三個重要的態度：(1) 要積極、(2) 要幽默、(3) 不抱怨。人生有三個重要的選擇：(1) 要選對職業、(2) 要選對配偶、(3) 要選對生幾個孩子。

人生有三個階段：(1) 過去、(2) 現在、(3) 未來。過去的人生是回憶；未來的人生是想像，只有現在的人生才是真實。每一個人都要為現在的人生而活。每一個階段的人生都有不同的生活模式與生命價值。我們不能用現在的人生觀去評價過去的人生。老年人不能用自己的人生觀去評論年輕人；年輕人也不能用自己的人生觀去評論老年人。

人生成敗有三個主要因素：(1) 能力、(2) 努力、(3) 機運。機運 (luck) 是由自己、他人或上帝造成。命運 (destiny) 是由上帝安排。我們無法逃避命運，只能面對命運。我們可改變命運，可順從命運，也可以不理命運。如果你不想改變命運，就必須順從命運；如果你不想順從命運，就必須不理命運。命運是用來面對的，不是用來責怪的。

在人生的舞台上，我們負責表演；上帝負責評審；觀眾負責掌聲或噓聲。在人生的舞台上，沒有事前的編劇，都是現場直播。在人生的舞台上，別錯過任何可以表演的機會，一旦錯過就永遠失去表演的機會。

在一般的旅行中，我們只用 10% 的時間去欣賞美景，其餘的 90% 時間都在忙著生活的瑣事，例如，搭車、吃飯、購物、睡覺等。在人生的旅行中，我們也只用 10% 的時間去享受人生，其餘 90% 的時間都在忙著生活的瑣事，例如，工作、交際、照顧人等。如果我們認為，用 10% 的時間去享受旅行是值得的，那麼，用 10% 的時間去享受人生也是值得的。

人生無常，一切都會改變。在成功時，不要志得意滿或目空一切，也不要忘掉自己的溫柔，要想想比你更成功的人的嘴臉。在失敗時，不要怨天尤人或垂頭喪氣，也不要渴求別人的溫柔，要想想比你更失敗的人的眼淚。如果你碰到黑夜，一定會有白天在等待著你；如果你碰到失敗，一定會有成功在等待著你；如果你碰到不愛你的人，一定會有愛你的人在等待著你；如果你碰到拋棄你的人，一定會有接納你的人在等待著你；如果你碰到痛苦，一定會有快樂在等待著你。

人生有五大需求：健康、財物、情感、權力與知識技術。每一個人對生活需求的優先順序和熱衷程度不盡相同。大部分的人都認為健康最重要，但是，有些人為了財物可以犧牲健康；有些人為了情感可以傷害身體；有些人為了權力可以喪失生命。你不可以用自己的人生觀去評論別人的生命價值；別人也不可以用他的人生觀來評論你的生命價值。只要自己肯定自己的生命價值，並為自己的生命價值而活，你的人生就值得了。

人生有六種不幸：身體病痛、經濟貧窮、精神壓力、無事可做、無人可愛、無家可歸。大部分的不幸是可以克服和改變的，千萬別心灰意冷，要以塞翁失馬的心去面對不幸，尋求解決之道。如果你要放棄這條路，就必須改走另條路，千萬別讓自己無路可走。

02 人生 II

生命是自己的;生命價值是自己界定的;幸福人生是自己評量的。過高的自我評價是傲慢;過低的自我評價是卑微,只有最適的自我評價才是自信。千萬別小看自己。獅子可以殺死水牛,蚊子也可以困擾獅子。天下沒有最強的東西。

人生而不完美,所以需要追求完美。你若設定 100 分的完美,至少可以獲得 10 分的結果;你若設定 10 分的完美,最多只能獲得 10 分的結果。追求完美不是好高騖遠,而是讓自己有較高的人生目標。

人生是在挑戰自己,不是在戰勝別人。自我挑戰成功,即使被別人打敗也是光榮;自我挑戰失敗,即使戰勝別人也非光彩。

健康、財物、情感、權力都有可能離開你,只有知識技術會陪伴你終生。人生必須活到老學到老,千萬別放棄學習。

樂觀會健身,也會帶來好運;悲觀會傷身,也會帶來厄運。要帶著感恩的心面對如意的事;要以挑戰的心面對不如意的事。如果有克服不了的事,就樂觀的放下它。

我們無法改變別人,只能改變自己。承認錯誤需要智慧;改變錯誤需要勇氣。知錯不認錯是愚蠢;知錯不改錯是懦弱。要讓自己去改變自己,不要讓別人或時間去改變自己。

人生中所遇到的每一個人都是緣分;所做的每一件事都是必然;所擁有的每一種物都是珍貴。要珍惜你所相遇的人、所從事的事以及所擁有的物。

人生要歷經挫折和不幸,才能體會成功和幸福的滋味。歷經貧窮才知富裕的好;歷經病痛才知健康的好;歷經失戀才知愛情的好;歷經離婚才知婚姻的好;歷經親友的死亡才知生命的可貴。

人生必須不斷追求自己所要的，放棄自己不要的。別在生命中堆放太多雜物。有些雜物反會拖垮你的人生。人生是在得與失之間輪轉，直到一無所有。

幸福人生是要活得精彩，也要活得長久。如果不能活得精彩，就要活得長久。如果不能活得長久，就要活得精彩。如果不能活得精彩，又不能活得長久，就是最不幸的人生。

03 人生 III 　　　　2019/3/1

1. 健康是用來生存的，不是用來勞動的。
2. 財物是用來享有的，不是用來擁有的。
3. 文化是用來欣賞的，不是用來營利的。
4. 信仰是用來贖罪的，不是用來祈福的，
5. 知己是用來談心的，不是用來利用的。
6. 愛情是用來歡愉的，不是用來結婚的。
7. 婚姻是用來談理的，不是用來談情的。
8. 子女是用來負責的，不是用來養老的。
9. 工作是用來發揮的，不是用來賺錢的。
10. 消費是用來生活的，不是用來炫耀的。
11. 儲蓄是用來保障的，不是用來高利的。
12. 權力是用來造福的，不是用來剝奪的。
13. 權利是用來爭取的，不是用來施捨的。
14. 法律是用來保護的，不是用來迫害的。
15. 知識是用來倡導的，不是用來出名的。
16. 科技是用來創造的，不是用來侵略的。
17. 自然是用來保護的，不是用來開發的。
18. 動物 / 植物是用來共存的，不是用來被擄的 / 被砍的。

19. 生活是用來實踐的，不是用來想像的。
20. 幸福是用來追求的，不是用來等待的。

你若懂得這些原理，也能實踐這些原理，就能擁有美好的人生。

04 人生 IV

2020/5/26

1. 世間大都只能在失去之後才能懂得。
2. 快樂其實很簡單，只要努力幹活，努力生活就是痛快。
3. 每一個人都在無奈中長大。人生一下子就過了，必須學會告別。
4. 太急、太忙、等不及會使你一無所得。
5. 可愛不是優點而是正義。在可愛之前，會無條件投降，無條件淪陷。
6. 愛是相互的吸引；死心是失望的累積。
7. 愛是為完成緣份的約定，成全美麗的際遇。
8. 愛要為某一個人忘了自己，不求結果，不求同行，不求擁有，不求相愛，只求與他相遇。
9. 有愛時，不說話也可以相互理解；愛到盡頭，任何話都是多餘。
10. 傷你最深的是最得你心的人。
11. 年紀愈大愈難愛，因為傷心過。
12. 我努力是為了避免「我本可以」的遺憾。
13. 你必須努力，因為你想要的東西都很貴；你想去的地方都很遠。
14. 要努力，不要猶豫，不要畏懼，不要放棄，要跨過極限，衝出難關。
15. 努力使你成為更好的自己，並與更好的別人同行。
16. 在不同的時間相遇，會有不同的結局。與對的人相遇不會太晚。
17. 在錯的時間與錯的人相遇是荒唐；在錯的時間與對的人相遇是遺憾；在對的時間與錯的人相遇是傷痛；在對的時間與對的人相遇是幸福。
18. 如果在生命結束之前，還不懂得人生的意義，這一生就白過了。
19. 人的一生有樂有苦，只要樂多過苦，就沒有白費。
20. 人生沒有你想像的那麼好，也沒有你想像的那麼壞，只要活得自在，就是好的人生。

05　人生的路 I   2019/12/11

人生是一條生命的路，是從出生到死亡之間的路。有很長的路，也是有很短的路。有美麗的路，也有醜陋的路。有平緩的路，也有坎坷的路。有直行的路，也有彎曲的路。

人人都有自己的人生路。有人走自己選擇的路，有人走別人走過的路。有人走輕鬆的路，有人走艱辛的路。有人有伴隨行，有人孤單行走。

走在人生的路上，你會遇到許多人；做了許多事；買了許多物。每一天，你都在為這些人事物在忙碌、煩惱、爭奪和享受。人只要活著，就必須走路，不能停止走路，更不能無路可走。

走在人生的路上，常會錯過許多人事物；常會在事過境遷之後後悔。巧遇的人、從事的事和擁有的物都是神安排的，錯過是人放棄的。有時候，神會再給你一次機會。如果你再度錯過，就會永遠失去。

走在人生的路上，會有許多石頭擋住你的去路。當你碰到小石頭，就要踏過它。當你碰到大石頭，就要移開它。當你碰到巨石頭，就要繞道而行。

人生的路只能往前走，無法往後走。你不能停滯不前，否則，就無法走到預計的目的地。你只要停頓一下，人生的路就會縮短一公分。

在成功的路上，也會有陷阱；在失敗的路上也會有機會。你要在成功的時候小心陷阱；在失敗的時候抓住機會。你不能在成功時得意忘形；在失敗時灰心喪志。

如果你覺得自己的路好走，就繼續走下去。如果你覺得自己的路難走，就改走另條路。如果你不能走另條路，就在自己的路上另闢一條小路。如果你無法另闢一條小路，就在自己的路上挖一個大洞，把自己埋進去。從此，你就可以不再走痛苦的路。

人生的路總有終點，必須停止腳步，無法繼續前進。那個時候，你必須放下所有的人事物，獨自走靈界的路。你要捨得，不要眷戀。靈界用靈魂走飄渺的路；用靈魂接觸無體的靈。你要帶著愉悅的心走上靈界的路。

人各有志；人各有路。沒有人能傷害你的志；沒有人能阻擋你的路。你要堅定自己的志；你要走自己的路。在人生的路上，沒有一定的走法。你只要走得有自信；走得有樂趣，你的人生就有幸福。

06 人生的路 II

2020/4/29

每個人都有自己的人生路。路有許多種，有直路、彎路、平路、顛簸路、崎嶇路、陡峭路、荒野路、冰雪路、上坡路、下坡路等等。

直路與彎路是人生最普遍的路。你可以選擇直路，也可以選擇彎路。你若選擇直路，就要直直地走；你若選擇彎路，就要彎彎地走。你若要直路彎走，就會浪費光陰；你若要彎路直走，就會遭遇風險。

人無法一生都走平順的路。有時會走顛簸路、崎嶇路或是陡峭路。當你在走平順路的時候，要保留一些力氣，走不平順的路。

當你遇到不平順的路，要沉住氣；要克服困難；要繼續往前走。你可以走慢一點；你可以稍作休息；你不能往後行走；你不能停止走路。

有時候，你們或許會覺得很累，不想再走。但是，請你想一想，如果你放棄走路，就再也看不到美麗的景色；愛不到想愛的人；做不到想做的事；得不到想要的物。

走在人生的路上，每天都可以看到不同的景色；遇到不同的人；做不同的事；買不同的物，吃不同的食物，這就是生活的樂趣，也是人生的幸福。

在人生的路上，你會偶然邂逅一個人，而成為你的伴侶；你會偶然遇到一些人，而成為你的知己；你會偶然碰見一群人，而成為朋友。你可以一個人獨走；你可以兩個人伴行；你可以數個人同行。

人生的路有些是自己選擇的；有些是別人安排的。不管是自己選擇的，還是別人安排的，都必須走正路，不要走迷路；不要走歪路；不要走歧路。你不必回首走過的路；你不必遙望未走的路。你必須專心一意地走現在的路。

人生的終點是墳墓，愈接近路的終點，愈要放慢腳步，珍愛陪在你身邊的人事物，享受人生最後的美好。你不必急著走；不必抄捷徑；不必爭勝負。你要留下自己的人生智慧，帶走別人對你的臻愛。

形形色色的人；各式各樣的路。你可以做自己喜歡的人；你可以走自己喜歡的路。你要自信地做自己的人；你要快樂地走自己的路。你不要做屬於別人的人；你不要走別人走過的路。你要在人生的路上建立自己的價值；你要在人生的路上找尋自己的幸福。

07　人生的意義　　　　　　　　　2020/11/23

人生的意義是什麼？每一個人都有不同的解讀。每一個人都有不同的奮鬥歷程。成大功、立大業、賺大錢都是有意義的人生；自由自在、淡泊平凡、無憂無慮也是有意義的人生。

人生是自己的，不是配偶的；不是父母的；不是子女的。你是為自己而奮鬥，不是為配偶，父母或子女而奮鬥。

你給朋友機會；你給父母榮耀；你給子女榜樣，是因為你愛他們，不是你的能力強大，也不是你的成就非凡。

有意義的人生就是愛。愛自己接觸的人們；愛自己從事的工作；愛自己使用的財物；愛自己所屬的社會；愛自己認同的國家；愛大家共有的世界，都是有意義的人生。如果能獲得他人、社會、國家或世界的愛，就是更有意義的人生。

無意義的人生就是恨。恨自己接觸的人們；恨自己從事的工作；恨自己使用的財物；恨自己所屬的社會；恨自己認同的國家；恨大家共有的世界，都是無意義的人生。如果遭受他人、社會、國家或世界的的恨，就是更無意義的人生。

愛的總量減去恨的總量，就是人生的實質價值量。價值量高的人生就是高意義；價值量低的人生就是低意義。人生的意義不是有無的問題，而是程度的問題。

當人要離開世間時、財物、權力、名氣都不再有意義。只有愛才能被帶走；只有愛才有真正的意義。

你的遭遇不是世上最悲慘的遭遇；你的奮鬥不是世上最偉大的奮鬥。你不要用自己的遭遇博取同情；你不要用自己的成就獲得掌聲。

你可以選擇當律師；你可以選擇當作家。不管你選擇當什麼，只要有愛，你就做了最佳的選擇。不管你給了人什麼，只要有愛，你就給了最好的禮物。

你最值得被讚美的，不是能力有多強大，而是蘊藏在自己心中真實的愛。

08 人生的意義與價值　　　　　　　　　　2022/3/20

意義 (meaning) 是事物的特性或重要性 (significance or importance of something)。價值 (value) 是值得的或有用的屬性 (attribution of worth or usefulness)。依個人的詮釋，人生的意義是自己認定的；人生的價值是社會評定的。

自己認定的人生意義不一定與社會認定的人生價值一致。有些人自己認定的人生意義甚至與社會認定的人生價值完全相反。你可以做自己覺得有意義的事，也可以做社會公認有價值的事。你不該做自己認為沒有意義的事，更不能做違反社會價值的事。

有些人為自己的意義而活，不為社會的價值而活；有些人為社會的價值而活，不為自己的意義而活；有些人為自己的意義而活，也為社會的意義而活；有些人不為自己的意義而活，也不為社會的價值而活。

為自己的意義而活不一定快樂，也不一定不快樂。為社會價值而活不一定快樂，也不一定不快樂。如果你因自己的意義而快樂，就依照自己的意義。如果你因社會價值而快樂，就選擇社會的價值。如果你因自己的意義而快樂，比因社會的價值而快樂更快樂，就依自己的意義而活。如果你因社會的價值而快樂，比因自己的意義而快樂更快樂，就為價值而活。

如果你要為自己的意義而活，就必須了解自己的人生意義。你至少必須了解，什麼是人生；什麼是生活；什麼是幸福；如何追求幸福；自己是否幸福？

如果你要為社會的價值而活，就必須了解和認同社會的價值。你至少必須了解，自己認同的社會價值是什麼？自己為什麼要認同這種價值？自己能否實現這種價值？

為自己而活很容易；為社會而活很困難。為自己的意義而活，你可以不在乎別人的眼光與想法，隨心所欲或悠遊自在地生活。為社會的價值而活，你必須克制自己的想法與做法，配合社會的價值觀，取得別人的認同與讚許。

大多數的人都在為社會的價值而活，只有少數人能為自己的意義而活。你去讀書，要為學校的價值而活；你去工作，要為公司的價值而活；你去戀愛，要為對方的價值而活；你去結婚，要為家庭的價值而活；你去參政，要為選民的價值而活；你去寫文章，要為讀者的價值而活。

為社會的價值而活，就必須受制於別人或社會，無法完全自由。你必須順從別人；取悅別人；忍受別人；犧牲自己。因此，大多數的人都活得不自在；活得不快樂；活得不幸福。但是，社會上也有不少人活得自在；活得快樂；活得幸福。他們為什麼可以做到？如何能做到？

你若想擁有幸福的人生，就必須把自己的人生意義與社會的人生價值做有效的調和。你要在自己設定的人生意義上，加上社會認定的人生價值，一一檢定自己能夠實踐的項目，再整合成自己的人生哲理。你要為自己的人生哲理而活，不要為社會的人生價值而活。這樣，你就可以享有快樂的生活和幸福的人生。

09 人生是一場表演　　　　　　　2019/12/6

在人生的舞台上，舞台是自己搭建的，劇本是自己撰寫的，主角是自己扮演的。

在每一個時刻，你都在為自己表演，不是在為別人表演。

不要抱怨劇本壞，不要責怪表演差，只要盡力演出，你就是出色的演員。

在舞台上，你無法表演過去，也無法表演未來，你只能表演現在。

請讓陽光燦爛你的微笑，請讓雨水沖走你的眼淚。

只有你自己知道表演的好壞，只有你自己能感動你的表演。

表演不能中斷，也無法重來，但是，你可以修改劇本，改變表演。

在謝幕時刻，有人會給你掌聲，有人會給你噓聲，有人會給你訕笑。但是，請別氣餒，因為那都是別人的，不是你自己的。

有人因恭維而給你掌聲，有人因嫉妒給你噓聲，有人因無知給你訕笑。

只要自己清楚地知道曾經精彩地表演過，你的人生就不虛此行。

10　真實的自己 I　　　　2021/5/23

真實的自己是依照自己的本性生活的人。他是為自己喜愛的方式而活，不為別人喜愛的方式而活；為自己的快樂而活，不為自己的痛苦而活。每一個人都想做真實的自己；都認為做真實的自己才會快樂，才是幸福。古今中外的名人也都鼓勵人們，要做真實的自己，不要做虛假的自己。

事實上，世界上沒有一個人能做真實的自己。大部分的人都在違反自己的本性；都戴著假面具在對待人；都在為履行對別人的責任或社會的義務而活。即使是修行的和尚或神父，也都在為神和眾生而活，不為自己而活。要做一個真實的自己，不僅不容易，也不可能。

真實的自己會說自己想說的話，不說別人愛聽的話；會做自己想做的事，不做別人要求的事；會結交自己想結交的人，不結交自己討厭的人；會買自己需要的物，不買別人需要的物；會自我感覺良好，不在乎別人的眼光或評價。

真實的自己會追求自己的幸福，不會依靠別人給予的幸福；真實的會製造自己的快樂，不會期待別人給予的快樂。真實的自己會走自己選擇的道，不會走別人指定的道路。真實的自己會忍受自己的痛苦，不會要求別人分擔自己的痛苦。真實的自己會對自己的人生負責，不會怪罪別人或社會。

除非一個人獨自生活在一個孤島上，否則，要做一個真實的自己是不可能的。如果你需要一個友誼，你可以不說別人愛聽的話嗎？如果你需要學習，你可以不接受老師的指導嗎？如果你需要一份工作，你可以不聽別人的指令嗎？如果你需要結婚，你可以不聽伴侶的意見嗎？你可以不保護伴侶嗎？如果你有孩子，可以不犧牲自己，養育他們嗎？如果國家要你納稅和服兵役，你可以反抗嗎？

如果你的周圍沒有別人，能自己製造快樂嗎？如果你無法獨自完成一件事，能不要求別人幫忙嗎？如果你有快樂，不會想與別人分享嗎？如果你有痛苦，不會要求別人的慰藉嗎？你可以短暫一個人獨處；可以短暫享受一個人的生活；可以短暫做一個真實的自己，但是，你無法永遠為自己而活；無法永遠做一個真實的自己。

人性有神性（善良）與魔性（邪惡）之分；有理性與感性之別。真實的自己有善良的自己，也有邪惡的自己；有理性的自己，也有感性的自己。善良的自己會喜愛善良的人，做善良的事，且會以做善良的事而快樂。邪惡的自己會喜愛邪惡的人，做邪惡的事，且會以做邪惡的事而快樂。理性的自己會喜愛理性的人，做理性的事，且會追求理性的快樂。感性的自己會喜愛感性的人，做感性的事，且會尋求感性的快樂。

有些人喜歡為別人而活。他們會以別人的價值觀，作為自己的價值觀；以別人的做法，作為自己的做法；以別人的品味，作為自己的品味。他們需要別人的掌聲；他們需要名人的加持；他們需要名貴的華服；他們需要社會的頭銜；他們需要美麗的謊言。他們都認為在做真實的自己；都因擁有這些虛假而快樂。

人不一定要做真實的自己，但是，一定要做一個善良、理性和快樂的自己。你的理性要依據善良；你的快樂要依據理性。你不能做一個任性的自己；你不能怎麼開心怎麼活；你不能怎麼舒坦怎麼過。你的開心要有道德正義；你的舒坦要能問心無愧。

或許你已經不再需要工作；不再需要賺錢；不再需要朋友；不再需要依靠別人，而可以完全依自己的本性生活，做一個真實的自己。但是，這樣真實的自己是否真能快樂？是否真有幸福？你要自己親自去體驗；親自去感受；親自去肯定，然後，你才能告訴別人，要做一個真實的自己。

11 真實的自己 II

2022/5/10

每一個人都想做真實的自己，卻很少人能做真實的自己。大部分的人都戴著假面具在對待人。我們看到的人都不是真實的自己。

真實的自己會說自己想說的話；會做自己想做的事；會見自己想見的人；會買自己想買的物；會寫自己想寫的文；會唱自己想唱的歌。

真實的自己會製造自己的快樂，不會期待別人贈送的快樂。真實的自己會走自己選擇的道，不會走別人指定的道路。真實的自己會忍受自己的痛苦，不會要求別人分擔自己的痛苦。

如果我們需要美麗的謊言；如果我們需要名貴的服飾；如果我們需要名片的頭銜；如果我們需要名人的加持；如果我們需要別人的掌聲，我們就不是真實的自己。

在人的一生中，很少機會做自己。小時候，要做父母的乖孩子；要做老師的好學生。長大了，要做老闆的好員工；要做男友的好女友或是女友的好男友。結婚了，要做老公的好老婆或是老婆的好老公；要做孩子的好父母。年老了，要做子孫的好祖母或好祖父；要做社會的資深好公民。我們的一生都獻給了別人，很少能做真實的自己。

其實，人來到世間，並不是為了做真實的自己，而是為了某種目的而來。有人為了完成前世未了的心願；有人為了繼續前世未了的情愛；有人為了報某人的恩；有人為了某人的仇；有人為了討某人的債；有人為了保護某人而來；有人為了社會國家而來。前世今生似乎是無縫接軌的連續劇。自己為別人而來；別人也為自己而來，彼此都有因緣。彼此都有牽連。

我們都是為別人而活，很少為自己而活。我們累積了許多財富，大都留給別人受惠；我們發明了許多科技，大都留給別人應用；我們創造了許多藝術，大都留給別人欣賞。我們一切的努力都是為了別人的利益，自己只享受到部分的成果。

最可悲的是，我們都必須偽裝是為自己而活，不是為別人而活。我們會說：是為自己讀書；是為自己工作；是為自己結婚；是為自己生兒育女；是為自己奉獻社會國家。我們的所做所為都是為了自己，不是為了別人。因此，自己就會無怨無悔；自己就會覺得幸福。

人究竟是什麼？真實的自己到底是什麼？我想很少人會知道；沒有人會懂得。如果我們都不知道人是什麼；自己是什麼，怎能做一個真實的自己？因此，真實的自己是一個抽象的概念，不是具體的存在。我們只要做一個表裏一致；不作假；不欺騙；肯負責；有尊嚴的人，就是一個真實的自己。

只有在神的國度裏有真正的真實。如果我們無法做一個真實的自己，就必須仰賴神的力量，在神的面前，做一個真實的自己。不做邪惡不義的事，比做道德正義的事重要；不做虛假的事，比做真實的事重要。若要做一個真實的自己，就不要說虛假的話；不要做虛假的事；不要欺騙自己；不要欺騙別人。

12 做自己喜愛的人

人人都有喜愛的人;都有討厭的人。但是,只有少數的人懂得做自己喜愛的人;不做自己討厭的人。

人人都有一雙眼睛,只能看到別人,無法看見自己。只能看到別人的善或惡;好或壞;美或醜,無法看見自己的善或惡;好或壞;美或醜。

有人懂得自己;有人不懂自己;有人喜愛自己;有人討厭自己;有人喜愛自己的某一種特質;有人討厭自己的某一種特質。有很多人都不知道自己是什麼樣的人;不知道為什麼喜愛自己;不知道為什麼討厭自己?

人有外在或有形的狀態以及內在或無形的狀態。前者如外貌、動作、行為、財富、教育、社會地位等;後者有道德感、正義感、感情、才能、價值觀、人生觀等。這些都構成了人的存在價值。

將這些指標作成量表,進行自我評估,就可以算出對自己的喜愛度。喜愛度的尺度在 0 與 1 之間,愈接近 1,喜愛度就愈高;愈接近 0,喜愛度就愈低。

喜愛自己的人是喜愛自己的好,不是喜愛自己的壞。他會喜愛自己的善良、美貌、智慧、才能、道德、正義、美感,不會喜愛自己的邪惡、醜陋、愚蠢或是暴力。

喜愛自己,不是討厭別人。喜愛自己的人通常會喜愛別人,因為既然懂得自己的好,就會懂得別人的好;會喜愛自己的好,就會喜愛別人的好。好的人都有共同的特質,都會獲得自己和別人的喜愛。

喜愛自己,不是自私自利。喜愛自己的人會懂得取之有道,不會剝削別人,也不會剝奪別人。他會在道德的底線上追求私利,不會有違背道德的貪婪或是損害別人的私利。

喜愛自己，不是狂妄自大。喜愛自己的人知道自己的好，也知道別人的好；知道世界上有許多好人，也懂得尊重其他的好人。他不會狂妄，也不會自大，更不會歧視別人。

你要發掘自己的好；你要喜愛自己的好；你要做一個喜愛自己的人。當你開始喜愛自己時，就會發現，自己被別人喜愛。你不要做一個討厭自己的人，否則，就會被別人討厭；就會被社會遺棄。

 ## 13　做自己與做別人

做自己就是做自己身體與心靈的主人；愛自己就是愛護自己的身體和充實自己的心靈；為自己而活就是為自己身體的需求和心靈的意志而生活。

人可以做自己，也可以做別人；可以愛自己，也可以愛別人；可以為自己而活，也可以為別人而活。人無法完全做自己，不做別人；無法完全愛自己，不愛別人；無法完全為自己而活，不為別人而活。人只能多做自己，少做別人；多愛自己，少愛別人；多為自己而活，少為別人而活。

做別人也可以做自己；愛別人也可以愛自己；為別人而活也可以為自己而活。你做老伴，也是做你自己；你愛老伴，也是愛你自己；你為老伴而活，也是為自己而活。

你要懂得做自己，才能懂得做別人；要懂得愛自己，才能懂得愛別人；要懂得為自己而活，才能為別人而活。你若不會做別人，就不會做自己；若不會愛別人，就不會愛自己；若不會為別人而活，就不會為自己而活。

你要把做別人轉化成做自己；把愛別人轉化成愛自己；把為別人而活轉化成為自己而活。

做自己與做別人；愛自己與愛別人；為自己而活與為別人而活，其實，都是自己的觀念問題，不是人我的對立問題。

事實上，我們每一天都在做別人；都在愛別人；都在為別人而活。如果你能轉化成做自己，愛自己和為自己而活，你就會快樂似神仙。如果你認為自己是在做別人，愛別人和為別人而活，就會痛苦一輩子。

14　如何做自己　　2021/7/24

除非獨居在一個與世隔絕的地方；除非是統治世界的君王；除非沒有家庭的牽絆；人難以做自己，更無法做完全的自己。

大部分人都無法做自己，只有少數人能夠做部分的自己。做部分的自己不一定比不做自己好；不做自己不一定比做部分的自己好。只要自己認為自己的人生有意義，做不做自己都無關緊要。你不必為不能做自己而感傷；你不必為能做自己而驕傲。

在每一個日子裏，如果你能從事自己喜歡的工作；如果你能滿意自己的生活品質；如果你能擁有自己的專屬時間；如果你能享有短暫的獨處；如果你能自由地與好友談個心，通個話，寫個文，你就是做了自己。

對大部分人而言，要做一個小確幸的自己，也不是一件容易的事。在職場，要做老闆的人；在家裏，要做家人的人；在社群，要做好友的人。每一天，都有人干預你的活動；都有人需要你的協助；都有人要求你為他而活，你就是難以做你自己。

有些人習慣做別人；有些人渴望做自己；有些人不知道自己在做誰。每一個人都是順著自己的條件和環境在過自己的生活；在過自己的人生。每一個人都在抱怨自己沒有擁有的；都在糟蹋自己所擁有的。

如果你想做自己，就要懂得自己的意義是什麼；自己要追求的是什麼；自己要如何做自己。如果你想做自己，就要善用時間做自己。即使是短暫的時間，也不能放過；即使有太多的困難，也要盡力克服。

有人說：退休之後才能做自己；退休之後就要做自己。其實，退休之後不一定能夠做自己；退休之後不一定要做自己。從職場進入家庭；從老闆的人變成家人的人，你還是難以做自己。你要時時刻刻找機會做自己，不要等到退休之後再做自己。

如果你有心做自己，就要主動做自己，不要期待別人給你機會做自己。別人不知道你心裏的需求；你也不必告訴別人你心裏的需求。只有你懂得自己，也只有自己能夠做真正的自己。

做自己要有三個條件：第一是自信；第二是勇氣；第三是效率。要有自信，才知道自己要做一個什麼樣的自己。要有勇氣，才能克服種種的限制與困難。要有效率，才能善用時間做好自己。

如果你做累了別人，厭煩了生活，就請你找個機會，與自己獨處。想想生命是什麼；人生是什麼；自己想要過什麼樣的生活；自己想要追求什麼樣的人生？當你想清楚了，你就會懂得如何做自己。

15 做好自己 2020/2/26

1. 做好自己才能學習別人的好。學習最好的別人才能做最好的自己。
2. 聰慧的人不會和愚蠢的人在一起。愚蠢的人不會學習別人的聰慧。
3. 善良的人不會和邪惡的人在一起。邪惡的人不會學習別人的善良。
4. 美麗的人不和醜陋的人在一起。醜陋的人不會學習別人的美麗。
5. 快樂的人不會和痛苦的人在一起。痛苦的人不會學習別人的快樂。
6. 大方的人不會和小氣的人在一起。小氣的人不會學習別人的大方。
7. 自己要有聰慧，才會學習別人的聰慧，才能做聰慧的自己。
8. 自己要是善良，才會學習別人的善良，才能做善良的自己。

9. 自己要懂美麗，才會學習別人的美麗，才能做美麗的自己。
10. 自己要能快樂，才會學習別人的快樂，才能做快樂的自己。
11. 自己要能大方，才會學習別人的大方，才能做大方的自己。
12. 是你造就了自己的聰慧，不是別人造就了你的聰慧。
13. 是你造就了自己的善良，不是別人造就了你的善良。
14. 是你造就了自己的美麗，不是別人造就了你的美麗。
15. 是你造就了自己的快樂，不是別人造就了你的快樂。
16. 是你造就了自己的大方，不是別人造就了你的大方。
17. 不要因為聰慧不被肯定，而放棄聰慧。
18. 不要因為善良總被欺騙，而放棄善良。
19. 不要因為美麗無法長存，而放棄美麗。
20. 不要因為快樂只是一時，而放棄快樂。
21. 不要因為大方老是吃虧，而放棄大方。

只要一心做好自己；只要一心做最好的自己，總有一天，你會是一個聰慧、善良、美麗、快樂和大方的人。

 ## 16　人生的相對性

2020/2/18

深交與陌生；認真與痛苦；信任與利用；溫柔與冷漠；理解與誤解都是人生中相對的存在，無法避免。你只要懂得調和，就無需害怕。

不要猜測因果；不要感歎無常，因為是神決定因果與無常。你永遠無法知道真正的因果是什麼；你永遠無法知道為什麼會無常。你只要面對眼前的人事物，處理它；解決它；得到它；放手它。

神決定緣份的好壞；人決定生活的精彩。緣份不一定有精彩的生活；精彩的生活不一定有好的緣份。

慾望是人的天性，沒有慾望無法成大事。慾望不僅能造就個人的成就，也能造成世界的進步。不是慾望打亂你的心，而是邪念製造你的苦。

如果你喜歡做，你認真做，就不會感到累。你會感到累，是因為你想做卻不認真做。

沒有相見如何懷念？你必須珍惜相見，擁抱懷念。相見讓你歡心；懷念使你窩心。

有智慧的人懂得如何取捨與得失。他會取該得的；捨不該得的。無智慧的人會取不該得的；捨該得的。愚蠢的人會該取的不取；該得的不得；該捨和該失的卻不放手。

人不是和尚尼姑，不能一個人生活，必須與他人共存活。有愛使你的生活更精彩；無愛使你的生活更無聊。你必須愛人與被愛，你不能獨自愛自己。

在不同的人生階段有不同的重要事。少年重愛情；中年重財富；老年重健康。死前最重要的事就是要帶著愛人與被愛的心離開。

神是精神的主宰；人是物質的主宰。你必須在神與人之間；在精神與物質之間取得均衡。在人生的旅途上，你必須在相對的存在中，取得最適的調和。

 17　不一定與一定　　　　　　　　　　　2020/3/24

不一定是在有與沒有；會與不會；能與不能；好與不好之間的存在。一定是有或沒有；會或不會；能或不能；好或不好的存在。不一定好有可能好，也有可能不好。一定好只有好，沒有不好。一定不好則只有不好，沒有好。你要選擇一定好；不要選擇不一定好。你要選擇不一定好；不要選擇一定不好。

1. 幸福（生活滿意度）不一定快樂（喜悅的情緒）；不幸福一定不快樂。你若要快樂就要幸福。

2. 正向認知不一定快樂；負面認知一定不快樂。你若要快樂就要正向認知。

3. 健康不一定幸福；不健康一定不幸福。你若要幸福就要健康。

4. 富裕不一定幸福；貧窮一定不幸福。你若要幸福就要富裕。

5. 活動不一定健康；不活動一定不健康。你若要健康一定要活動。

6. 有錢不一定會享受；沒錢一定不能享受。你若要享受就要有錢。

7. 購買高價高級品不一定有錢；購買低價低級品一定沒錢。你若是有錢就要購買高價高級品。

8. 改變不一定會更好；不改變一定不會更好。你若要更好就要改變。

9. 嘗試不一定會成功；不嘗試一定不會成功。你若要成功一定要嘗試。

10. 學習不一定會進步；不學習一定不會進步。你若要進步就要學習。

11. 說真話不一定被相信；說謊話一定被拆穿。你若要被相信就要說真話。

12. 做善事不一定有好報；做壞事一定有惡報。你若要有好報就要做善事。

13. 好人不一定好相處；壞人一定難相處。你若要好相處就要做好人。

14. 尊重人不一定會被尊重；不尊重人一定不被尊重。你若要被尊重就要尊重人。

15. 快樂時不一定能安慰人；痛苦時一定不能安慰人。你若要安慰人就要讓自己快樂。

16. 常相聚不一定能相知；不相聚一定不相知。你若要相知就要常相聚。

17. 常約會不一定能相愛；不約會一定不相愛。你若要相愛就要常約會。

18. 有知識不一定有思想；無知識一定無思想。你若要有思想就要有知識。

19. 有思想不一定能寫文章；無思想一定不能寫文章。你若要寫文章就要有思想。

20. 能知不一定能行；不知一定不能行。你若要能行就要能知。

18 強者的人生哲學

在我看過的電影中,只有少數的影片會常留我的腦海。其中,有一部由馬克 · 培林頓導演;由亞曼達 · 塞佛瑞主演的〈她其實沒有那麼壞〉(The Last Word),就深深烙印在我的心中。

這部電影給我的啟示,就是強者的人生哲學。這個哲學有三個基本原理:要善用時間;要堅持率真;要勇敢面對死亡。

這種人生哲學與我的人生思想不謀而合,也因而吸引了我的關注,也引發了我更深入的思索。我發現,這個世界原來有很多人,抱持強者的人生哲學,走在強者的人生路上。

所謂強者,不是成大功或立大業的人;不是優於人或擊敗人的人;不是處高位或掌大權的人;不是有名氣或受崇拜的人。所謂強者,是有擁有自己思想和貫徹自己思想的人;是能夠打敗自己的脆弱或自己的安逸的人;是能夠把每一天變成每一個有意義的日子的人。

其實,有意義的事不是什麼了不起的事,而是對自己的人生有意義的事。例如,能夠有益身心健康的事;能夠賺取金錢財富的事;能夠增廣知識見聞的事;能夠有助社會利益的事;能夠創造社會價值的事;能夠發明科學技術的事等等。

強者常會使用犀利的語言;採取激烈的處事態度;做出傷人尊嚴的行為。因此,強者極易被誤解、被厭惡、被攻擊、被遺棄。即使是自己的伴侶或子女,也都會因受不了強者的作為,而結束婚姻或是斷絕關係。勇者必須承擔這些後果,也必須忍受這種痛苦。但是,強者絕不會妥協,因為妥協會讓自己更痛苦。

強者不怕風險,也不怕失敗。失望和失敗都是人生必須學習的過程。如果沒有失望或失敗,就沒有真正的活過。一般人都嚮往平靜無波或是舒適安逸的生活;都不希望波濤洶湧或是千辛萬苦的生活,所以都無法成為真正的強者。

在面對死亡時，強者會順從神的旨意；會欣然接受；會勇敢面對。即使知道自己的生命來日不多，還是會照常工作；照常生活；照常享樂。強者會在生命結束的那一剎那，帶著愛與微笑離開。

每一個人都有自己的人生。人可以選擇當強者，也可以選擇當弱者。人若要當強者，就必須學習強者的人生哲學，實踐強者的人生原理，至少要向自己證明，自己不是一個弱者。

對大多數的人來說，或許都沒有真正的活過。要為自己而活，不是一件容易的事。在現實的生活裏，每一個人都必須妥協；都必須忍受；都必須委屈自己；都很難成為一個真正的強者。在遲暮之年，我再度思索自己的人生，毫無疑問地，我並非真正的強者；我只是一個不是弱者的人。但是，我依然不放棄做一個強者的理想。

19 改變　　　　　　　　　　　　　　　2022/3/26

改變 (change) 就是更新或更改現在的狀態，包括心理的改變、環境的改變以及行為的改變。改變是一種進步，但是，不一定會更好。

世上的萬事萬物都在改變。每一個人每分每秒都在改變。你的環境在改變；你的身體在改變；你的心在改變；你的行為在改變。你看得到別人與世界在改變，卻看不到自己在改變。你若說自己永不改變，其實只是看不到自己的改變。

不是命運改變了你，而是你改變了自己的命運。你不能責怪命運不好；你要責怪自己沒有往好的方向去改變。你不必感謝命運的好，你要慶幸是自己改變了自己的人生。你改變得多，命運就改變得多；你改變得少，命運就改變得少；你改變得好，命運就改變得好；你改變得差，命運就改變得差。

人是因自己的情況以及環境的改變而改變，而適應，而迴避，而放棄。人不是因能幹而改變，也不是因改變而能幹；人不是因懶惰而適應，也不是因適應而懶惰；人不是因懦弱而迴避，也不是因迴避而懦弱；人不是因勇敢而放棄，也不是因放棄而勇敢。

不管是能幹、懶惰、懦弱或勇敢，你的改變、適應、迴避或放棄，都是自己的選擇；都要自己去承擔。人生就是一連串改變的歷程。你是因為身處的環境較單純；人生的歷練較缺乏，所以改變得較少。你不是因為聰明才智較低或人格特質較差，才改變得較少。

改變不一定會更好，但是，一般來說，人因有改變而能改善；因能改善而能更好。如果因改變而變差，就不值得改變。你若不改變，只能維持現狀，甚至會變得更差。你若不改變，將無法適應社會的變化；將會被社會的潮流所淘汰。

改變不需要心理的信心，也不需要行動的勇氣。你不必下定決心去改變；你不必勇敢去面對。只要你想改變，你就會改變。改變既不麻煩，也不痛苦。你是在不知不覺中，或是在快樂的心情裏，改變了自己。

你只能改變自己，無法改變別人。或許別人因你而改變，其實，是他改變了他自己，不是因你而改變。你不能要求別人不改變。你自己都在改變，你有什麼權利要求別人不改變？如果你會向別人保證，自己不會改變；如果你會要求別人不能改變，你就是沒有思想的人。

如果你想改變，卻無法改變，就不要改變。如果你不想改變，卻必須改變，就要改變。如果你盡了力，也努了力，還是無法改變，就心甘情願安於現狀。如果你一定要改變，就快快樂樂面對挑戰。你千萬不要踏進矛盾與痛苦的深淵裏。

如果你發現自己說錯話或做錯事；如果你發現自己愛錯人或結錯婚；如果你發現自己的生活不滿意或自己的人生不如意，就要改變自己。請切記一句話：成功屬於能改變的人；失敗歸於不改變的人。

20 我變故我在

2021/2/22

人類是由物理性的身體與精神性的心靈所構成。身體的細胞分分秒秒都在新陳代謝；心靈的思想時時刻刻都在汰舊換新。細胞若不代謝，生命就會死亡；思想若不改變，心靈就會停滯。人生是身體不斷變化與心靈連續改變的過程。沒有變化就沒有生命；沒有改變就沒有人生。

身體的新陳代謝是先天的自然現象；心靈的汰舊換新是後天的人為操縱。人無法控制身體的變化，但是，可以造就心靈的改變。改變思想可以改變心靈；改變心靈就可以改變人生。身體的變化與心靈的改變會使生命更為完整；會使人生更具價值。

思想是心靈的主宰；行動的指針。沒有思想就沒有自己的主見；就沒有行動的依據。如果不改變思想，就沒有新生的精神活力；就沒有新創的人生價值。思想上頑固不靈或食古不化的人，不會進步也不會成長，只會停留在固定不動的時空裏。

在人生的每一個階段，都有不同的處境、想法、做法和感受。我們不能用過去的思想去面對現在的問題；我們也不能用現在的思想去評斷過去的問題。我們必須用新的思想去解決當前的問題。同理，老年人不能用老年人的思想去批評年輕人；年輕人也不能用年輕人的思想去批評老年人。

新思想是在彌補舊思想的缺失。如果舊思想沒有缺失，就沒有改變的必要。因此，我們要用新的思想取代舊的思想。我們要肯定自己的新思想，否定自己的舊思想。我們也要重視別人的新思想，無視別人的舊思想。我們不能用別人的舊思想去批判他們的新思想。

昨日之我非今日之我；今日之我非昨日之我。過去的思想非我現在的思想；現在的思想非我過去的思想。我以今日的我為榮，不以過去的我為傲。我以現在的思想去思索，不以過去的思想去思考。我用此時此刻的思想去開拓人生的價值；我不用過去主張的思想去評論人間的是非。

我用文字記錄思想的改變。每一個字，每一首詩，每一篇文都是我自己
思想的點滴與片段。我會將這些紀錄串聯成冊，留下思想的脈絡與軌
跡。我要留下自己的回憶；我要留給別人的記憶。

每一天，我都在為自己劃下一個小小的逗點。隔天，我會再劃下另一個
逗點。在逗點與逗點之間，我會悄悄地寫下當天的思想。我不知道，何
時會劃下最後的句點。但是，只要還能思索，還能寫作，我會堅持到最
後一刻。

我非常認同 R. Descartes 的「我思故我在」的哲學命題。人必須懂得思
索，才有存在的意義。我則進一步提出「我變故我在」的思想命題。如
果沒有改變，思想就不會進步；生命就沒有價值。人類必須不斷思索和
不斷改變，才能建構更完整的思想體系；才能推動人類文明的發展。

我改變所以我存在。只要生命存在一天，我的身體就會變化；我的思想
就會改變；我的心靈就會改變；我的人生就會改變。不管如何改變，我
都是因改變而存在；我都是因存在而擁有人生的價值。

21 平凡的勇者 2021/10/4

2021/9/26，屏東縣高樹鄉的一家超商，有一位潘姓女店員慘遭一個思
覺失調症患者的楊姓男子挖眼狠打，造成嚴重的傷害，也引起了社會的
關注。對於外界的關心，她說：「謝謝大家的關心。我會好好休養身體，
不要擔心，我會好起來，我想回去上班。」

一般人在遭受無辜的傷害時，通常都會怪罪加害人；怪罪社會；怪罪政
府。同時，還會誇大受害的程度，要求高額的賠償、社會的捐款或是政
府的補助。此外，也會因身心的傷害，而自怨自艾或是自暴自棄。

潘小姐年紀輕輕就有超乎常人的勇氣和勇敢，不僅不抱怨、不怪罪、不
要求，還能夠安慰關心她的人們，不要擔心。她還說會堅強地站起來，

再度回到工作崗位。這種勇於面對現實的勇氣和勇敢實在難能可貴，更是一般年輕人難以做到的事。

潘小姐是一位平凡的女孩；她的遭遇是一件平凡的事件。但是，潘小姐在這個事件上所展現的高度勇氣與勇敢，確是令人讚佩，也值得我們學習。

所謂勇氣 (courage)，就是以意志力克服生理上的痛與心理上的苦以及堅持道德正義的無形力量。所謂勇敢 (brave)，就是敢做別人不敢做或是無法做的事。勇氣是心靈的力量；勇敢是行動的力量。勇氣是自己認定的；勇敢是別人認定的。勇氣是明知不可為而欲為之；勇敢是明知不可為而敢於為之。

有勇氣的人不一定能做出勇敢的事；勇敢的人不一定有勇氣。有些人有勇氣，卻不敢做別人不敢的事；有些人敢做別人不敢做的事，卻沒有勇氣。有勇氣又勇敢的人才是真正的勇者。

一般說來，我們只能看到別人的勇敢，很難知道別人的勇氣。我們只能看到士兵勇敢作戰，很難知道士兵是否有勇氣。我們只能看到挑戰者的勇敢，很難知道挑戰者是否有勇氣。

但是，在我看來，潘小姐是一位既有勇氣又勇敢的勇者，因為她忍得住生理上的痛和心理上的苦，也能勇敢面對眼前的挑戰，做出一般人無法做到的事。她或許沒有我想像的那般勇氣，但是，我肯定她有一般人做不到的勇敢。

在許多平凡人的平凡事蹟中，常有不平凡的勇氣和勇敢。例如，身心障礙者排除萬難，成就自己的事業；單親母親歷盡艱辛，栽培子女長大；捨棄自己的工作，陪伴臥病在床的父母；遭受重大打擊，而能沉著應對和解決。

要做一個勇氣與勇敢兼備的勇者，必須有堅強的心靈力量與超人的行動力量。真正的勇者不一定要有身心的折磨，也不一定要有非凡的成就。只要有堅強的意志力和行動力，就可以成為一個平凡的勇者。

22 評王丹的《木心的三句話》 2021/7/18

王丹是我非常欣賞的作家。只要我看到有王丹兩個字,不管是長篇或是短文,我都會細心閱讀。他的思想很有啟發性和療癒性。從他的文章中,我獲得不少的知識來源和思索的空間。

今天,自由時報的王丹專欄刊登一篇《木心的三句話》。木心是一位藝術家,也是一位文學家。王丹引用三句話,表達木心的人生哲理,也從這三句話得到啟發。我把這三句話簡化成三個重點。第一是讀書要從淺的書開始;第二是克服缺點的辦法就是發揚優點;第三是要享受眼睛看得到的快樂。

關於第一句話,讀書是否應該從淺而深或是從難而易,是見仁見智的問題。除了正規教育是由淺入深之外,一般人讀書,都是依自己的興趣閱讀。凡是自己能讀懂的就是適合自己的書,並沒有深淺難易的問題。

其實,任何文章或是書籍都值得閱讀。作者好不容易才寫出一篇文章;千辛萬苦才出版一本書籍,一定有閱讀的價值。讀者選擇了文章或書籍,不是文章或書籍選擇了讀者。讀者評定文章或書籍的價值,不是文章或書籍本身擁有價值。同一篇文章或是同一本書籍,有人覺得易懂,有人覺得難懂;有人認為有價值,有人認為無價值。

關於第二句話,到底該發揚優點去克服缺點,還是該克服缺點去發揚優點,也是沒有定論的問題。要知道,所謂優點或是缺席都是已經被發揚出來的個性或是行為。優點與缺點是相對的概念,但是,多一些優點,並不意味少一些缺點;少一些缺點,也不表示多一些優點。因此,發揚優點不會克服缺點;克服缺點也不會發揚優點。

其實,人天生就俱有優缺點,隨著不斷的學習和領悟,逐漸克服缺點和發揚優點,慢慢成為成熟的人。王丹認為,缺點是人性,不容易克服,要克服缺點是很虛妄的事,所以只能發揚優點,才能克服缺點。但是,發揚優點,缺點依然存在,只有克服缺點才能消除缺點。

譬如說，某人有努力工作的優點，但是，有對人刻薄的缺點。他即使發揚努力工作的優點，也無法克服對人刻薄的缺點。發揚優點並無法克服缺點。相反地，只有克服缺點，讓缺點消失，才能讓自己更為成熟。

關於第三句話，快樂是用眼睛看的，還是用心想的，也是一個有爭議的問題。王丹說：你到鄉村，看到風吹得落葉紛飛；河水在靜謐地流淌，就是快樂。王丹認為，快樂是感受與思考的結晶，也就是知覺與心覺的結合。易言之，就是沒有知覺，就沒有心覺，就沒有快樂。

其實，快樂是由心覺產生的，不是由知覺造成的。看得到的不一定會快樂；看不到的不一定不會快樂。有人看到美景或是聽到美樂，不一定會快樂；有人用心去幻想美景或是聆聽美樂，也能得到快樂。在人的心中，自有一幅美景或是一首美樂，只要細心思索，就能得到快樂。

在思想的世界裏，有許多想法或是觀點，都值得進一步探討；都有待進一步釐清。沒有一個人的道理是真理；沒有一個人的想法不能被批判。如果你真心欣賞一個作家，就必須理解他的思想；批判他的思想，而不只是學習他的思想，或是恭維他的思想。

23　我敢，因為我不害怕　　2020/6/16

人因害怕而不敢；因不敢而無成。人若想成就非凡，就必須敢想人之所不思；敢聽人之所不聞；敢看人之所不視；敢說人之所不言；敢做人之所不為。只要不害怕，就敢做，就能成。

1. 我敢做自己，因為不害怕被孤立。
2. 我敢說真話，因為不害怕得罪人。
3. 我敢寫文章，因為不害怕被冷落。
4. 我敢去愛人，因為不害怕被分手

5. 我敢去結婚，因為不害怕被離婚。

6. 我敢批判人，因為不害怕被批判。

7. 我敢與眾不同，因為不害怕被排擠。

8. 我敢對抗邪惡，因為不害怕被報復。

9. 我敢冒風險，因為不害怕失敗。

10. 我敢挑戰極限，因為不害怕死亡。

不要說「我曾經」；不要說「我將會」；要說「我敢做」；要說「我就做」。

不要害怕自己的能力；不要害怕別人的評語；只要相信自己；只要敢做自己，你就屬於自己。

 24 你後悔因為你不理性 2018/9/13

理性 (rationality) 是有理由 (having reason)；好的見識 (good sense)；健全的判斷 (sound judgment)。

理性建立在認識論與選擇論的基礎上。有理性的人會對自己的目的和選擇的對象有正確和清楚的認識，並以適合度做最適的選擇。

不理性的人會說：我選錯了結婚對象，我後悔，我要離婚。不理性的人會說：我投錯了市長人選，我後悔，我要罷免。不理性的人會說：我加錯了政治團體，我後悔，我要退黨。

如果你要結婚，就必須認清婚姻的本質與對象的特質，並做適合度的評估。最後，再從數個對象中選出一個最適的配偶。

如果你要投票，就必須認清政治的本質和候選人的特質，並做適合度的評估。最後，再從數個候選人中選出一個最適的市長。

如果你要入黨，就必須認清政黨的本質和政黨的特質，並做適合度的評估。最後，再從數個政黨中選出一個最適的政黨。

會選錯人是因為你不夠理性；會後悔是因為你不依理行事；會放棄是因為你不負責任。

不理性不是罪過。但是，你必須對自己的不理性負責。你不能怪罪別人。你不能逃避責任。

你可以後悔；你可以離婚；你可以罷免；你可以退黨。但是，你不能再度不理性。你不能再度選擇一個不理想的配偶；你不能再度選擇一個不理想的市長；你不能再度選擇一個不理想的政黨。

不理性的人不會知道，也不會承認自己的不理性。不理性的人會一而再，再而三的不理性。不理性的人會一而再，再而三的做錯誤的選擇。不理性的人會永遠後悔！

25　時間

2021/9/14

時間 (time) 是非空間的存在 (nonspatial being)，是看不見的 (invisible)，移動性的 (moving)，不能恢復的 (irreversible)，連續性的 (continuum) 的存在。

自古迄今，時間一直都是哲學家熱烈探討的問題。大家對時間的定義，分析與理論各不相同。本文只想思索一些時間與人生的關係，不涉及其他深奧的時間哲學。

我喜歡將時間比喻成生命運行的軌道。人一出生，就踏上這條軌道，直到死亡時才會離開。在有生之年，不管是樂還是苦，任何人都無法脫離時間的軌道；都必須與時間共存。

人類將時間分為秒、分、時、日、周、月、年等刻度，方便人們測定和使用。每一個人都會用各種不同的時間刻度，測定和使用生活中的種種事務以及人生中的點點滴滴。

世界上最平等的事就是時間。不管是皇帝或是賤民，每一個人每一天都有 24 個小時。不管是皇帝或是賤民，沒有一個人可以決定自己可以擁有多少時間。

在人生的不同階段，有不同的需求、想法和做法，甚至會在瞬間改變需求、想法和做法。在不同的時間裏，我們會想不同的事和做不同的事。即使在相同的時間裏，我們也會想不同的事和做不同的事。

我們可以利用時間賺取金錢、購買物資、獲得知識、創造科技、從事藝術、表演技能、爭奪權力或是找尋快樂。相反地，有人則因不當使用時間，而損失財物、喪失權力、無所事事或是製造痛苦。

有些人重視過去的時間（回憶過去）；有些人重視現在的時間（專注現在）；有些人重視未來的時間（期待未來）。過去不可復；未來不可知；只有此時此刻才值得珍惜。

有些人只會在乎自己的時間，而不在意別人的時間。在約定的時間裏，有人會遵守時間；有人會刻意遲到。不遵守時間的人不僅浪費了別人的時間，也踐踏別人的尊嚴，是最不可信賴和最值得唾棄的人。

時間是看不見的。我們常會在不知不覺中浪費時間。時間是移動的。如果不抓住這個時間點，就會永遠錯過。時間是無法恢復的。過去就過去了，不可能再回來了。在永恆的時間軌道上，人生是短暫的；是珍貴的；是無法重來的。讓我們緊緊抓住每秒每分的時間，充分利用時間；讓我們有效利用時間，創造人生的價值。

26 選擇

人生是一條選擇的路。每一天，我們都在做各式各樣的選擇。有些是人的選擇；有些是事的選擇；有些物的選擇；有些是立場的選擇。有些是正確的選擇；有些是錯誤的選擇；有些是無關緊要的選擇。正確的選擇讓你的人生一帆風順；錯誤的選擇讓你的人生窒礙難行。

選擇就是從兩個選項中決定一個較好或較有利的選擇，或是從三個以上的選項中決定一個最好或最有利的選擇。有一個選擇比沒有選擇好；有兩個選擇比一個選擇好；有多個選擇比兩個選擇好。

由於價值觀和利益評估的不同，每一個人都有不一樣的選擇。有人選擇真實，有人選擇虛假；有人選擇善良，有人選擇邪惡；有人選擇金錢，有人選擇工作；有人選擇結婚，有人選擇不婚；有人選擇冒險，有人選擇平安；有人選擇數量，有人選擇品質；有人選擇快樂，有人選擇痛苦。

能力強或條件好的人有較多的選擇；能力弱或條件差的人有較少的選擇，甚至沒有選擇。你要為自己有較多的選擇而慶幸；要為自己有較少的選擇而反省。每個人都必須充實自己的能力，為自己創造更多的選擇。如果你有很強的職業技能，就會有較多的工作機會。相反地，你若沒有任何工作機會，就是自己缺乏職業技能。

面對選擇，有些人能夠迅速決定；有些人無法迅速決定。例如，到餐廳用餐，有些人能夠能迅速點餐；有些無法迅速點餐。依我個人的看法，能夠迅速選擇的人比較理性和有決策力，無法迅速選擇的人比較不理性和缺乏決策力。我們可以從一個人的選擇速度，看出他的理性決策力。

有智慧或有思想的人比較能夠做出正確的選擇，因為他懂得什麼是好的或是有利的。會猶豫不決的人常會做出錯誤的選擇，因為他們無法判斷什麼是好的或是有利的。有些人認為，凡是宜緩不宜急，甚至要退一步或幾步思考後，再做決定。其實，無法當機立斷做選擇的人，通常是優柔寡斷的人。

你的選擇就是較好或最好的人事物。你會愛較愛或最愛的人;你會做較好或最好的事;你會買較優或最優物;你會站在自己認為對的一邊。你必須珍惜自己的選擇,不能選擇了他/它,卻糟蹋他/它。你若選錯了,就必須承擔後果的責任。你若要改變自己的選擇,就必須付出代價。

伴侶是你挑的;孩子是你生的;東西是你買的;工作是你找的;股票是你賣的;金錢是你花的;政黨是你加的;國家是你選的,你有什麼理由抱怨;你有什麼資格反對?每一個人都必須為自己的選擇負責,並為自己的選擇盡力。

當你面對選擇時,可以選擇;可以不選擇。如果你要選擇,就只能擁有一個選擇,不能同時擁有兩個選擇。你可以拋棄舊選擇,重新選擇;你不能拋棄舊選擇,卻不重新選擇;你不能重新選擇,卻不拋棄舊選擇。

你的選擇代表你的智慧;你的選擇決定你的命運。你必須重視,也必須謹慎。你要選擇一個懂得你,也認同你的人,不要選擇一個不懂你,也不認同你的人。如果你選擇一個人,他也選擇你,而你的各種選擇與他的各種選擇都很相近,那麼,你們就是知心好友或是幸福的一對。

27 風險 2021/6/2

做任何事都會有風險。小至走路開車,大至結婚生子,都有風險。

有些風險可以預期;有些風險無法預期。可以預期的風險,需要事先預防;無法預期的風險必須事先評估。

違規開車,就有車禍的風險;違法做事,就有被判刑的風險;投資股票,就有虧損的風險;多生子女,就有貧窮的風險;與人接觸,就有染疫的風險。

努力讀書，也有落榜的可能；辛苦經營，也有倒閉的可能；歡欣結婚，也有離婚的可能；誠心待人，也有被出賣的可能；購買疫苗，也有被阻擋的可能。

一般來說，風險愈高利潤愈大。風險與利潤的效用比，就是決定是否進行的指標。效用比率愈低，愈值得去做；效用比率愈高，愈不值得去做。

不管風險是否會發生，都要預設底線。如果風險真的發生了，自己是否能夠承擔。能夠承擔才去做，否則，就別冒險。

大家都知道，開快車的風險很高。理性的人絕對不會開快車或是違規開車。想想，開快車可以早點抵達目的地。但是，若是發生車禍，可能會賠掉一條命。

結婚前，沒有人知道是否會幸福。但是，可以事先做好幸福婚姻的規劃，避免發生婚姻的不幸福。婚後也必須做好萬一要離婚的準備，例如，財產的分配和子女的扶養。

說一句話；寫一篇文；做一件事都可能有風險。說話、寫文或做事都有可能會得罪人或傷害人；都有可能會不利或損及自己。因此，在說話、寫文或做事之前，都必須深思熟慮，做好風險管控。

強者挑戰風險；弱者逃避風險。人不能不思考風險而為之；不能因有風險而不為。只要事前有妥善規劃；事後能勇於面對，任何有風險的事都值得嘗試。

28 等待

2021/11/8

所謂等待，就是期待某種情況的出現，尤其是某種理想情況的出現。一般人都認為，等待是漫長而痛苦的。有人在等待中失去信心；有人在等待中失去機會；有人在等待中失去一切。

許多箴言或名言都告誡我們，人生要抓住現在，不要等待未來。該愛的人現在就去愛，不要等到有機會時才去愛。該做的事現在就去做，不要等到有時間時才去做。該買的物現在就去買，不要等到錢多時才去買。

可是，在人生的旅途上，有些人必須等待才能愛到；有些事必須等待才能做到；有些物必須等待才能買到。有時候，等待才是實現理想的良方。有時候，等待的樂趣還遠超過結果的喜悅。

當你愛上某個人，對方不一定會同時愛上你，必須等時機成熟時，才能開口求愛。當你要挑戰某件事，不可能一蹴而幾，必須等待實力足夠時，才能達成目標。當你購買某種物，可能有新款即將推出，必須等待一段時間，才能買得到。

有一次，我們從塔塔加開車前往東埔，不久即濃霧迷漫，完全看不到前方的路。於是，我們把車開回服務中心，等到濃霧稍為散開後，才再上路。如果當時不等待，而勉強開下去，不知道會發生什麼危險的事。因此，我認為應該等待時還需等待，莫要勉強冒風險。

除非有絕對的自信，否則，太早掀牌或是太早攤牌，往往會造成巨大損失或是徹底失敗。有時候，人必須按捺住自己的性子，學會耐心等待。在等待中，充實自己的實力，塑造有利的條件，等待時機成熟時，才採取行動。

等待不是原地踏步，也不是無所作為，而是要積極作為，也要努力不懈。在做重大決策之前，必須理性思考利弊得失，等待最佳的時機才去進行，才有成功的機會。

等待不一定是痛苦，也不一定是無奈；等待不一定是時間的浪費，也不一定會錯過良機；等待不一定會落空，也不一定會絕望。有時候，等待是培養實力，達成目標的最佳策略。有時候，等待才有希望；有希望才有快樂。

有些事必須當機立斷；有些事必須等待觀察。有人因等待而成功；有人因等待而失敗。等待沒有絕對的對，也沒有絕對的錯。該不該等待，有賴自己的理性判斷。

如果你依然愛著某個人，就請你告訴她：你還會在老地方等待她。如果你曾經錯過孝順的機會，就請你告訴父母：你隨時都會在夢中等待他們。如果你後悔沒有購買某件物，就請你告訴自己：你會等待下一次購買這件物的機會。你要把等待化作成功的助力，不要用等待阻礙成功的道路。你要把等待當作人生的試煉，不要在等待中浪費生命。

29 有無與正負　2020/7/30

有是正，無是負，負的負就是正。快樂是正，痛苦是負，無痛苦就是有快樂。富裕是正，貧窮是負，無貧窮就是有富裕。健康是正；病痛是負，無病痛就是有健康。安全是正，危險是負，無危險就是有安全。

幸福是對有的評量，不是對無的感受。有即實；實即福。無即空；空即亡。人是因為有才有幸福，不是因為無而有幸福。

有是自己追求的，是說給自己聽的。無是安慰別人的，是說給別人聽的。會說「無是幸福」的人都是有的人；會相信「無是幸福」的人都是無的人。你可以做個有的人；你可以做個無的人，但是，你不能相信「無就是幸福」的謊話。

看得到的不一定真正的有；看不到的不一定真正的無。你看到的或許是假的；你看不到的或許是真的。你要用知覺和心靈一起去感知，不能全憑知覺去感知。

你要確實檢驗真正的有無與正負。你花一百元去買一個東西，你擁有這個東西的有（例如，100 個單位的正效用），但是，你失去了一百元的無（例如 60 個單位的負效用）。因此，你只得到了 40 個單位的有。

在人的一生中，有得有失；有正有負。在每天結束之前，可以計算當天的得與失，正與負，作為當天真正的有。把每一天、每一周、每一月、每一年的有加總，就是一生的有。

聰明人會追求有或正，不會追求無或負。如果昨天有無或負，就要在今天變成有或正。他會將自己的人生累積成許多的有或正，不會讓自己的人生變成無或負。

你要用有或正去詮釋人生，不要用無或負去解釋幸福。你必須將有或正植入自己的心中，把無或負移出自己的心中。這樣你才能得到真正的幸福。

第 5 章

幸福

01 幸福 I

2018/9/15

幸福 (well-being) 是指好的生存 (good existence) 或滿意的生活 (satisfied living)。好生存或好生活有兩個意涵：(1) 好的生活條件或充足的生活資源、(2) 好的生命價值或有價值的生命。易言之，幸福就是對生活條件所賦予的生命價值或對生活條件主觀價值的評定。幸福的定義也可以說是：生活條件的滿意程度或生命價值的實現程度。

人生三件事 (1) 追求生活資源（財物、感情、權力）、(2) 運用生活資源、(3) 享受生命價值。每一個人對相同的生活資源都有不同的能力與技巧，就是所謂的潛能 (capability)。潛能較高的人運用生活資源的自由度就比較高。高度發展的社會運用生活資源的方式就比較多。生活資源的有效運用決定生活享受和生命價值的程度。

每一個人對幸福都有不同的詮釋。有人用生活條件好壞或生活資源的多寡評定幸福；有人用快樂與痛苦的感受評定幸福；有人用金錢或財物評定幸福；有人用愛或情評定幸福。這些詮釋都不盡完整，必須要有更周延的原理。

每一個人的生活條件或擁有的生活資源都不相同，但是，大概可以歸納成三項大指標 (1) 健康生活、(2) 財物生活、(3) 精神生活。健康生活可以分為生理和心理兩項中指標；財物生活可以分為財富和物質兩項中指標；精神生活可以分為文化與信仰兩項中指標。在每項中指標下，又可以分為多項小指標，生活指標分得愈細，幸福評定就愈精準。

生活條件或生活資源對自己的生命具有何種意義或重要性，就是生命價值。每一個人對生命價值都有不同的原理依據，例如，自主性、尊嚴性、道德性、創造性、自我實現等。有人認為生活必須能自主或自我實現才有價值；有人認為生活必須有尊嚴、有愛、有創造才有價值。

我以效用原理、卓越原理和美學原理作為評定生命價值或幸福人生的依據。所謂效用原理就是生活條件滿足了多少物質和精神的慾望；所謂卓越原理就是生活條件實現了多少成長和創造的成就；所謂美學原理就是生活條件享受了多少表象與本體的美感。

幸福係數 (well-being coefficient) 是指個人對生活量表的評定值，也就是主觀感受的實際值與尺度量表的總數值的比率。如果以 10 分位（0 到 +5）和六項指標（如健康、財務、工作、休閒、文化和人際關係）去測定幸福，那麼，尺度量表的總數值為 30。如果整體主觀感受的實際值為 18，則幸福係數為 0.6。幸福係數也可以是負的，也就是不幸福。尺度可用 0 到 -5，如果尺度值總數值為 -30，而主觀感受值為 -18，則幸福係數為 -0.6。如果主觀感受的實際值為 0，則幸福係數為 0。

幸福係數大於 0 是幸福；等於 0 是沒有不幸福；小於 0 是不幸福。幸福係數大於 0，小於 0.3（自己設定）是低度幸福；大於 0.3，小於 0.7（自己設定）是中度幸福；大於 0.7，小於 1 是高度幸福。幸福係數小於 0，大於 -0.3 是低度不幸福；小於 -0.3，大於 -0.7 是中度不幸福；小於 -0.7，大於 -1 是高度不幸福。

幸福指數 (well-being index) 是以某時點的幸福係數作為基期 (100) 的增減度。譬如說，以 2022 年 1 月的幸福係數 0.6 為 100，而 2022 年 1 月的幸福係數為 0.7，那麼，該月的幸福指數為 117。如果 2022 年 1 月的幸福係數為 0.5，那麼，該月的幸福指數為 83。

幸福是可以比較的（雖非絕對與客觀）。如果上個月的幸福係數是 0.6，這個月的幸福係數是 0.7，那麼，這個月就比上個月幸福。如果我的幸福係數是 0.6，而你的幸福係數是 0.7，那麼，你就比我幸福。

幸福 II

幸福只有過去與現在沒有未來。你可以說：過去或現在我有高度幸福，你不能說：將來會有高度幸福。你可以說：我希望現在可以讓你感到幸福，你不能說：我希望將來可以讓你感到幸福。

幸福是主觀的感受，不是客觀的評量。你可以說：自己有高度或低度的幸福，你不能說：別人有高度或低度的幸福。千萬別看到恩愛夫妻，就說：他們很幸福。幸福是自己才能評定的。你不能評定別人的幸福；別人也不能評定你的幸福。如果有人對你說：他可以給幸福，那麼，他不是無知，就是欺騙。

幸福是程度的問題，不是有無的問題。你必須說：我的幸福係數是多少或我有高度，中度，低度的幸福，或有高度，中度，低度的不幸福。你不要只說：我很幸福或不幸福，因為人家會再追問你：你有多幸福或多不幸福。

幸福是生命價值的實現，不是生活資源的多寡。較多財富的人不一定有較高幸福；較少財富的人不一定有較低幸福。但是，一般而言，富人比較有較高的幸福，因為生活資源愈多，愈能實現生命價值。因此，窮人不要以「富人不一定幸福」自我解嘲。

幸福是生活資源的享有，不是生活資源的擁有。生活資源必須使用才有價值，才能享受，不使用的資源就沒有價值，也不能享受。用痛苦去賺到的金錢必須用快樂補償回來，而且要用比痛苦更高的實質效用補償回來。

人因快樂而幸福，不是因幸福而快樂。一般人會用快樂替代幸福，就是這個道理。但是，快樂是情緒性的反應，而幸福則是理性的評量。兩者在意義和實質上是不同的，必須加以區別才好。

如果短暫的享受比長期的擁有好，那麼，短暫享受的財物就比長期擁有的財物好。如果短暫的快樂比長期的不快樂好，那麼，短暫快樂的愛情就比長期不快樂的婚姻好。如果短暫的幸福比長期的不幸福好，那麼，短暫幸福的人生就比長期不幸福的人生好。

幸福不在是否擁有財物，而在財物對你是否有意義；幸福不在是否擁有知識，而在知識對你是否有幫助；幸福不在是否擁有朋友，而在朋友對你是否知心；幸福不在是否擁有婚姻，而在婚姻對你是否幸福；幸福不在是否擁有生命，而在生命對你是否有價值。

擁有富足的生活資源與享有幸福的生命價值同等重要。生活資源是生命價值的充分條件；生命價值是生活資源的評量。或許有人會以放棄生活資源和看淡生命價值作為尋求幸福的途徑。他們以為捨比得更值得；平淡比精彩更幸福。果真如此，世界就不會有今日的文明；人類就不會有今日的幸福。在這短短的人生歲月中，我們沒有理由放棄對生活資源的追求和擁有；我們沒有理由放棄對生命價值的肯定和實踐。

多少人曾為了一時的困頓而否定幸福；多少人曾為了一時的痛苦而否定人生。雖然，我們無法選擇生命，但是，我們可以選擇生活。雖然，我們無法改變現實，但是，我們可以改變心態。雖然，我們無法逃避痛苦，但是，我們可以創造快樂。請再一次建構你的生命價值原理；請再一次克服你對生活和生命的恐懼；請再一次有效運用你的潛能和才能；請再一次評量你的幸福人生。你將會發現，其實自己就是一個幸福的人。

03　幸福與美好　　　　　　　　　　2022/3/28

幸福是此時此刻對自己生活的滿意度。幸福是自己理想的實現。幸福屬於自己，不屬於別人。幸福是自己認定，不是別人認定。幸福是享受美好，不是追求美好。幸福是變動的，不是固定的。在不同的時間裏，同一個人對同一個生活狀況，會有不同的幸福感。

幸福是用自己心中的尺度去衡量，不是用社會公認的標準去評估。你不能用自己的價值觀去評論別人的幸福；別人也不能用他的價值觀來評論你的幸福。你只能說自己幸不幸福；你不能說別人幸不幸福。

理想較高的人，對幸福的評價比較嚴格；理想較低的人，對幸福的評價比較寬鬆。有些人認為，要有億元以上的財富，才有滿意的經濟生活；有些人只要有千萬元的財富，就很滿足。一般來說，對生活要求較高的人，比較不容易滿足自己的生活，而覺得自己不夠幸福。相反地，對生活要求較低的人，就比較容易覺得自己幸福。

有些人喜歡勸別人要知足常樂，因為知足就是要降低自己對生活的要求，而這樣才能讓自己感到幸福。這種說法就好像是對一個考試成績只有60分的學生說，不要緊，你要知足常樂。知足常樂雖能快樂或幸福，卻不能進步，也無法提升生活品質。

其實，人因自認不幸福，而會努力追求美好；因自認幸福，而放棄追求美好。就好像一個學生，如果不滿意自己的考試成績，就會更加用功，追求更好的成績。如果滿意自己的考試成績，就不會再努力用功，成績就不會進步。

追求美好是一件事；享受美好是另一件事。世上沒有百分百的完美。美好是無止盡的，是永遠值得追求的。即便辛辛苦苦追求美好，並把一切變得美好，也不一定會感到幸福，因為還想追求更加美好。你擁有美好，不一定能享受美好，也不一定會感到幸福。

追求美好是幸福的手段；享受美好是幸福的目的。人若要幸福，就必須追求美好。追求美好必須付出代價，無法平白得到。要追求美好，必須要有一顆美好的心和一雙行動的腳。心是用來思索的；腳是用來實踐的。堅強的人不怕累壞心；不怕走痛腳。如果停止思索，放下腳步，就無法得到美好，就享受不到幸福。

美好可以自己認定；可以別人、社會或世界認定。你可以追求自己認定的有意義的美好；你可以追求別人、社會或世界認定的有價值的美好。

你可以把自己的世界變得美好；你可以把外在的世界變得美好。追求美好，不一定能有幸福，但是，不追求美好，得到的幸福只是自我安慰的幸福感。

美好是用來追求的，幸福是用來享受的。真正幸福的人，是能夠追求美好，也能夠享受美好的人。你要努力賺錢，把金錢用在美好的人事物上，然後，享受你所擁有的美好的一切。你努力創造，用創造造福別人與社會，然後，享受你所擁有的美好的一切。

人人都想要幸福，但是，只有少數人懂得什麼是幸福。人人都希望有美好的一切，但是，只有少數人能夠追求美好。你若要幸福，就必須追求美好；你若要美好，就必須實踐美好。如果你看不到世界的美好，就享受不到人生的幸福。

04 小確幸

2022/8/26

自從村上春樹在《尋找漩渦貓的方法》一書中，提出《小確幸》這個名詞之後，就逐漸在臺灣流行起來，成為我們生活中的流行語。許多人都喜歡用這個名詞，表達自己的幸福感。這個名詞的確會讓人產生溫柔的感覺，也具有療癒的作用。如果經常把這句話掛在嘴邊，不知不覺就會覺得自己真的很幸福。

小確幸的定義，一般是指微小而確實的幸福。但是，從小確幸的內涵來看，小確幸應該是小的快樂或滿足，而不是幸福。我對幸福與快樂的定義十分明確。幸福是對生活滿意度的評估；快樂是心理上的喜悅情緒。兩者有相關（因為有快樂而有幸福感），但是，不是同一件事。小確幸只是針對生活上的某件小事或巧遇，感到瞬間或一時的快樂或愉悅，而不是幸福。因此，將小確幸改成小確樂，或許更能凸顯名詞的確切含義。

快樂有大快樂、微快樂和無快樂。當我們期待已久的美夢成真，或是得到意外的巨大收獲，就會有大快樂。當我們遇到喜歡的人、做好喜歡的事，或是得到喜歡的物，就會有微快樂。當我們每天過著一成不變的乏味生活，就會無快樂，或是沒有不快樂。如果我們遭逢不幸或不如意的事，就會有痛苦。痛苦也有大痛苦、微痛苦和無痛苦。無快樂是快樂的，只是自己不覺得；無痛苦是痛苦的，只是自己沒意識。

小確幸常是突如其來的快樂或驚喜。我們常在沒有預期下，發現或發生了一些事。例如，邂逅某一個人物；巧遇某一件事務；偶見某一種景物。有一天遇到了多年不見的好友；有一天發票中了小獎；有一天警察找回了被偷走的東西；有一天看到了一道美麗的彩虹，這些都是意外的小確幸。

小確幸也可以是自己事先安排的。就如村上春樹所說：在一場激烈的運動後，來一杯冰涼啤酒的感覺。在日常的生活中，我們都可以自己安排一些小確幸。例如，在寫作時，聽聽抒情歌曲或激情音樂的小確幸；在晚餐時，享受一杯香醇紅酒的小確幸；在泡完澡後，踏進冷氣房間的小確幸。

生活中有一些新的緣份、新的體驗和新的嘗試，都可以成為小確幸。認識一個新的朋友；造訪一個新的地方；嘗試一種新的料理；閱讀一本新的書籍；撰寫一篇新的文章；挑戰一種新的運動等等都是小確幸。我最常感到的小確幸，就是剛剛寫完一篇文章之後的感覺，就好像運動過後喝了一杯冰啤酒一樣。

有些人是每天都在見的人；有些事是每天都在做的事；有些物是每天都在買的物。這些人事物無時無刻都有小確幸的存在。每天早上，老伴對你說一聲早安，就是小確幸；每天上班，工作做得很順利，就是小確幸；每天購物，買到一些新鮮的食物，就是小確幸。只要有美學的修養和感恩的心靈，就能夠將生活中的小細節，化作成小確幸。

我們常會忽略小確幸，甚至刻意不重視小確幸。當我們每天在家吃飯時，常會忽略菜餚的美味或烹飪者的辛勞，甚至還會抱怨不好吃，好

像吃飯只是填飽肚子而已。當我們看到一個很美的女人或很帥的男人，常會刻意迴避自己的眼睛，以為多看一眼就是不道德，甚至是邪惡。有一個日本的電視節目《孤獨的美食家》，就把吃飯的美學表達得淋漓盡致。原來吃一餐飯也可以享受這麼美好的小確幸。

生活中有一些人事物是我們喜歡的；有些人事物是我們不喜歡的。我們喜歡的人事物才能產生小確幸；我們不喜歡的人事物就不會產生小確幸。但是，如果能夠反向思考，發掘出不喜歡的人事物的正向面，或許也可以得到一些小確幸。如果得不到一些小確幸，就要將它當作無快樂，不要把它當成痛苦。

對人事物的感動是引發小確幸的源泉。有感動的心，即使是一個陌生的人、一件無關的事，或是一種常見的物，都能引起小確幸。如果清晨醒來，看到窗外的陽光，能夠感受到生命之美的小確幸，就是一個真正快樂的人。如果能夠帶著感動的心，從生活的日常中尋找小確幸，就是一個擁有快樂生活的人。如果能夠將生活的小確幸串聯成大確幸，就是一個享有幸福人生的人。

05 健康、快樂與富裕　　　　　　　2022/3/22

幸福是自己對生活的感受與評價，不是自己渴望的理想。幸福是今天的事，不是昨天的事，也不是明天的事。

曾經只是回憶。那些曾經握過的手；唱過的歌；流過的淚；愛過的人都是過去的回憶，不是現在的感受，也不是真正的幸福。

未來只是想像，不是真實。你的未來肯定就是夢，不一定就會幸福。幸福要用心想，不能用雙眼眺望，無法用雙耳聆聽。

幸福就是要健康、快樂與富裕。身體的健康比精神的快樂重要；精神的快樂比經濟的富裕重要。不健康無法讓人快樂；不快樂再富裕也沒有意義。

反過來說，富裕可以幫助人快樂；快樂可以幫助人健康。富裕無法直接換取健康，只能間接助長健康。富而不樂，不如樂而不富。

人無法掌控健康，也無法掌控富裕，但是，可以掌控快樂。針對某個人、某件事或某種物，自己可以決定是否要快樂。

追求健康和富裕都需要付出代價；追求快樂只需要調整心態。快樂是最廉價和最有益的幸福。心情愉悅就可以看到美麗的世界；就可以享受美好的人生。

今日的健康是過去的維護；今日的富裕是過去的努力；今日的快樂是現在的享受。時時刻刻，你都要讓自己快樂；都要讓自己活在快樂裏。

你可以期待明日的健康與富裕；你不能期待明日的快樂。快樂屬於當下，不屬於未來。你可以留下今日的健康與富裕；你無法留下今日的快樂。

健康、快樂和富裕都很重要；都值得追求。但是，有些人只重視健康；有人些只重視快樂；有些人只重視富裕。健康是重要的，因為沒有健康，就失去了生命的價值。富裕也是重要的，因為沒有金錢，就失去了生活的樂趣。快樂更是重要的，因為沒有快樂，就失去了人生的幸福。

06 快樂與痛苦 2019/7/18

每一個人都有不同的人格特質。所謂人格 (personality) 是適應環境所顯示的性格或心理特質。人格包括認知，態度，情緒與動機。所謂認知 (cognition) 是對人事物的理解；所謂態度 (attitude) 是由認知所引發的評價性反應；所謂情緒 (emotion) 是由態度所引發的激烈情感；所謂動機 (motive) 是引起行為的內在驅力。

快樂是由正向態度引發的愉悅情緒；痛苦是由負向態度引發的不悅情緒。由於價值觀和推理方法的不同，每一個人對相同的人事物都有不同

的認知，態度和情緒。一般說來，樂觀的人比較容易產生正向的態度和快樂的情緒；悲觀的人則比較容易產生負向的態度和痛苦的情緒。

快樂的心產生快樂的動機與行為；痛苦的心產生痛苦的動機和行為。用快樂的心去看世界，世界就是美麗；用痛苦的心去看世界，世界就是醜陋。人因快樂而感幸福，不是因幸福而感快樂。人因痛苦而感不幸，不是因不幸而感痛苦。

快樂不是你獲得了什麼；痛苦不是你失去了什麼。快樂與痛苦是什麼對你有什麼意義或價值。快樂是自己給自己的獎賞，不是上帝的賜予；痛苦是自己給自己的折磨，不是上帝的懲罰。

快樂如糖；痛苦如鹽，兩者都是人生必備的調味品。得到快樂，必有痛苦的付出；遭受痛苦，必有快樂的回報。

快樂與痛苦都無法儲存。現在不快樂，快樂就不回來了；現在不痛苦，痛苦就遠離了。

等量痛苦的負效用高於等量快樂的正效用；沒有痛苦的效用高於有快樂的效用；不使別人痛苦的效用高於帶給別人快樂的效用；虐待別人精神的負效用高於剝奪別人財物的負效用。

若想追求快樂，就必須忘掉痛苦。每天多想一些快樂的事，生活就會快樂些；每天多想一些痛苦的事，生活就會痛苦些。

快樂與痛苦只有自己知道，只能自己享受或承擔。別人不會因你的快樂而快樂，也不會因你的痛苦而痛苦。快樂時多說話會討人厭；痛苦時多說話會討人煩。為了增加自己的快樂而找人分享，為了減少自己的痛苦而找人宣洩都是不道德。

如果沒有一顆快樂的心，就找一個快樂的人來愛；如果沒有一件快樂的事，就找一首快樂的歌來聽；如果沒有一個快樂的人，就找一隻快樂的狗來養。我們必須在痛苦中尋回快樂；在失望中尋回信心；在醜陋中尋回美麗；在不幸中尋回幸福。

07 關於快樂

2019/9/20

靈魂是上帝與撒旦的共生地和征戰場。在我們的靈魂中存在著神性與魔性。神性與魔性的共識就是人性。

我們無法完全去除神性，否則，就成了聖人。我們無法完全去除魔性，否則，就成了惡魔。

我們必須在神性和魔性之間，做一個中立的裁判者。我們可以偏向神性，也可以偏向魔性。我們的裁決就是自己的人性。

只要有神性與魔性的存在與爭戰，我們就無法做出正確的判定，也無法獲得真正的快樂。

當我們偏向神性，撒旦會說：你會蒙受損失，也會遭受傷害。當我們偏向魔性，上帝會說：你會蒙受譴責，也會遭受詛咒。

我們的靈魂永遠在神性和魔性之間對立著、矛盾著、掙扎著、痛苦著。我們無法得到真正的快樂。

當我們改變靈魂的裁決，就會把快樂變成不快樂，或把不快樂變成快樂。我們都在快樂與不快樂之間轉換與循環。

人人都在追求快樂，卻得不到真正的快樂。人人都在逃避不快樂，卻無法擺脫不快樂。

追求快樂是目的；避免矛盾是手段，我們若要追求快樂，就必須先去除靈魂中的矛盾。

請在黑暗中讓自己的靈魂淨空。讓上帝與撒旦再一度碰頭。讓神性與魔性再一度協調。讓自己的人性再一度做出正確的裁決。若能如此，或許我們才會發現真正的快樂。

08 快樂的鑰匙 2022/7/29

快樂是喜悅的情緒,有知覺的快樂(由外部環境引起的快樂)與心靈的快樂(由內在想像引起的快樂)。當我們知覺(視覺、聽覺、味覺、嗅覺和觸覺)到外部人事物的美好,就會引發知覺的快樂。當我們想像到自己處境的美好,就會引發心靈的快樂。

相反地,不快樂就是不愉快的情緒。當我們知覺到外部人事物的醜惡,就會引起不快樂。當我們想像到自己處境的不悅或是不幸,就會引起不快樂。強烈的不快樂就是生氣;強烈的生氣就是憤怒。感性者知覺的不快樂會引發心靈的不快樂;情性者知覺的不快樂不一定能引發心靈的不快樂;理性者知覺的不快樂則與心靈的不快樂沒有關係。

快樂的鑰匙有兩把,一把是知覺快樂的鑰匙,另一把是心靈快樂的鑰匙。打開開知覺快樂的鑰匙,只能開啟知覺的快樂;打開心靈的鑰匙,只能開啟心靈的快樂。我們必須打開知覺的鑰匙和心靈的鑰匙,才能得到真正的快樂。當我們看到一個不喜歡的人;遇到一件不愉快的事;買到一種不滿意的物,就必須將其轉換成美好的人事物,才能打開知覺的快樂,然後,經過感性、情性或理性的思索過程,才能開啟心靈的快樂。

除非是修行的高僧、邪惡的人或是看破紅塵的人,否則,很難將醜惡的人事物視為美好的人事物。如果不將醜惡的人事物視為美好的人事物,就無法產生知覺的快樂,就無法引發心靈的快樂。如果把醜惡的人事物視若無睹或充耳不聞,就沒有美好或醜惡的存在,就不會產生知覺或心靈的快樂或不快樂。如果把自己的不快樂強說成快樂,那就是自欺欺人的虛偽快樂。

配偶不疼愛;小孩愛叛逆;子女不孝順;上司不賞識;老闆態度差,有人會認為是好人一個或是好事一樁嗎?當我們碰到可惡的人或傷心的事;吃到難吃的餐飲;聞到惡臭的味道、看到髒亂的景象;聽到吵雜的聲音;摸到可怕的東西,有人會覺得美好的人事物嗎?我們可以充耳不

聞或視而不見，也可以無感或不生氣，但是，不能說那是美好的人事物，也不能說自己有快樂，只能說自己沒有不快樂。

快樂有益身心；不快樂有損身心；生氣或憤怒對身心的危害更大。人人都希望快樂，不希望不快樂，更不希望生氣或憤怒，但是，當自己深受打擊或傷害時，往往無法不生氣或不憤怒。有些人就是喜歡挑釁別人，讓別人不快樂或生氣。我們雖然不必掉進其陷阱而生氣，但是，也不能用虛假的快樂蒙蔽自己。如果我們不要讓自己生氣或憤怒，就要讓自己沒有不快樂，不能讓自己快樂。

如果自己的不快樂、生氣或憤怒，可使配偶更疼愛；小孩更聽話；子女更孝順；老闆更客氣，就值得自己不快樂、生氣或憤怒。如果因自己的快樂或沒有不快樂，而使配偶更加不疼愛；小孩更加不聽話；子女更加不孝順；上司更加不賞識；老闆更加不客氣，就不值得自己快樂。值得的不快樂比不值得的快樂更有意義。

社會上有一些不道德或不正義的人。他們不僅會傷害別人，也會傷害社會國家。對於這種人的言行，我們是否會感到快樂或無動於衷，還是會生氣憤怒？如果我們默不吭聲或自求快樂，就會姑息養奸，助紂為虐。有一天，這些人會傷害整個社會，也會傷害每一個人。因此，要不要開啟快樂的鑰匙，還是需要自己的理性判斷。有時候，開啟憤怒的鑰匙，或許能減少一個危害社會的人，增加一分社會的穩定與繁榮。

快樂的鑰匙只屬於自己，不屬於別人。快樂的鑰匙只能開啟自己的知覺與心靈，無法開啟別人的知覺與心靈。是我們讓自己快樂或不快樂，不是別人讓我們快樂或不快樂；是別人讓自己快樂或不快樂，不是我們讓別人快樂或不快樂。不要依賴別人會給我們快樂；不要允諾自己能給別人快樂。從另一個角度來看，我們可能會讓別人不快樂；別人也可能會讓我們不快樂。當我們對別人不快樂時，就要尋求解決的辦法，勇敢面對，不要讓自己沉溺在不快樂的無奈裏，傷害自己的身心。

快樂的鑰匙就在自己的手中，不在別人的身上。你不必也不能從別人的手中拿回快樂的鑰匙。你可以決定是否快樂或不快樂；生氣或憤怒。你

可以用感性得到的快樂；可以用情性得到快樂；可以用理性得到快樂。快樂或不快樂沒有絕對的好，也沒有絕對的壞。為道德或正義而不快樂，要比因不道德和不正義而快樂，更有意義，更有價值。

許多勵志的文章都在教導我們，對於任何不愉快的人事物，都要開啟快樂的鑰匙，讓自己永遠快樂。但是，世上存在許多壞人、惡事與醜物，不時在招惹我們不快樂。除非是聖賢或愚蠢，否則，很難完全不生氣或不憤怒。一般人只有兩種選擇：第一是做一個不分是非善惡，不管世間瑣事，自得其樂的人；第二是做一個是非分明，擇善固執，疾惡如仇，時時不樂的人。

依我個人的想法，我們可以把人事物分成個人領域和社會領域，前者屬於自己的利害關係；後者屬於社會的道德正義。在個人領域裏，只要自己不受傷害，就要開啟快樂的鑰匙，讓自己快樂。在社會領域裏，只要社會會受到傷害，就要開啟不快樂的鑰匙，讓自己生氣或憤怒，並採取必要的行動。你是在決定自己的快樂或不快樂，不是別人在決定你的情緒或行為。你永遠握著自己快樂或不快樂的鑰匙，用自己的智慧決定快樂或不快樂。

09 平淡的快樂　　　　　　　　　　　　　2021/7/29

快樂是心靈的喜悅。快樂有激情的快樂，平淡的快樂，短暫的快樂和長久的快樂。

激情的快樂是被別人肯定的快樂。當你辛苦努力而得到成功；當你擊敗對手取得勝利；當你獲知自己的作品得獎；當你的美夢成真，那一剎那，就是激情的快樂。

平淡的快樂是自己感覺的快樂。當你看到一個美景；當你聽到一首美樂；當你吃到一份美食；當你讀到一篇美文，當你自我感覺良好，就能享有平淡的快樂。

激情的快樂是瞬間爆發的；平淡的快樂是緩慢形成的。激情的快樂會漸趨平淡；平淡的快樂能維持長久。你可以用一次的激情快樂換取無數的平淡快樂；你可以以無數的平淡快樂換取一次的激情快樂，你不能不追求快樂。

快樂是自己造成的，不是別人贈與的。你可以祝福別人快樂；你無法帶給別人快樂。如果有人說他會帶給你快樂，不是謊話，就是不負責任。

你若相信別人可以帶給你快樂，不是無知，就是脆弱。

每一個人都在追求快樂，但是，只有少數人能享有快樂。每一個時刻都有快樂的機會，但是，大部分的人都會錯失快樂的機會。如果能夠敞開心胸，接納別人的好；如果能夠以美感的心，欣賞世事的好，就會得到快樂。

激情的快樂很困難，平淡的快樂很容易。你若無法得到激情的快樂，就要尋求平淡的快樂。把平淡的快樂累積成成串的快樂；把每日的快樂生活連結成快樂的人生。

人人都知道，要以快樂的心情去看世界。但是，要如何培養快樂的心情呢？許多專家都提供很多的技巧，都值得我們學習。就我個人的想法，要培養快樂的心情，就要有世間不完美的心態以及用笑容面對人事物。

在一個不完美世界裏，根本沒有完美的存在。如果你堅持完美，就無法有快樂的心情，就難有笑容的言行。如果你所碰到的人事物不是太差，甚至還有一點好，就應該慶幸和感謝。帶著這樣的心情與笑容，去對待人，面對事和使用物，就會有快樂。

快樂是因；幸福是果。人因為快樂而滿意自己的生活；因為滿意自己的生活而感到幸福。有些人生活富裕卻不幸福，就是因為不快樂。有些人生活平淡卻有幸福，就是因為有快樂。人若要追求幸福，就要先讓自己成為一個快樂的人。

10　讓自己快樂

快樂來自正向的態度；正向的態度來自正確的認知。你的快樂不是因為你做了什麼或得到什麼，而是因為你有正確的認知和正向的態度。

心理的快樂會促進生理的健康，這是毋庸置疑的事。人人都知道快樂的重要，也都在追求快樂的人生。

每個人對人事物的認知都不一樣；對追求快樂的方式也不相同。有人因獲得財物、權力、知識、情愛而快樂；有人因健康、美食、美酒、美景、華服而快樂。

每個人都有追求快樂的能力。你可以花大錢去環遊世界而快樂；你可以不花錢去讀一本書或去聽一句話而快樂。快樂無所不在，只要有心追求，就可以得到快樂。

有些快樂需要靠體力，金錢或時間。如果你的體力不佳，就選擇不需要的快樂；如果你的財力不足，就選擇不需要金錢的快樂。

如果你的體力，金錢和時間都足夠，就可以一路玩到掛 (the Bucket List)。

當你的體力已無法隨心所欲，萬事萬物都引不起你的快樂，你就必須回歸心靈的世界，尋求心靈的快樂。

當你走到了生命的盡頭，你已無法享受人間的快樂。你只能靜靜地聆聽親人愛的呼喚；你只能靜靜地等待天使的到來。

每個人都有不同的方式去追求快樂。不同階段的人生也有不同的方式去追求快樂。我們不能說那種方式最能帶給人快樂。我們不能說那種方式最值得人效仿。

不管你碰到什麼樣的人事物；不管你用什麼樣的方式去追求快樂，只要快樂的正效用高於不快樂的負效用，你就已經享受了自己的快樂。

 11　知足常樂：財富與掌聲　　　　　2022/2/25

曾經讀到一則箴言：做人要像茶壺一樣樂觀。屁股都燒紅了，還有心情吹口哨。這則箴言是要人們知足常樂或知足感恩。即使赤貧如洗，也要樂觀；也要唱歌；也要快樂。

其實，茶壺要有水，才會有哨聲。人要有錢，生活才會富足；生活富足，才會樂觀；能樂觀，才會快樂；能快樂才會唱歌。沒有水的茶壺燒紅了屁股，就不會有哨聲。窮途末路的人不會有歌聲。人要有錢才能知足常樂或知足感恩。

有人說，人最大的福報是過得平安，不是擁有多少財富。但是，如果能夠過得平安，又能夠擁有財富，不是更有福報嗎？有人說，人最大的成就是活得安心，不是贏得多少掌聲。但是，如果能夠活得安心，又能夠贏得掌聲，不是更有成就嗎？

財富在滿足物質生活；掌聲在滿足精神生活，兩者同等重要。財富不是不好，而是要取之有道；掌聲不是不好，而是要受之無愧。取之有道的財富愈多愈好，除非沒有能力取得。受之無愧的掌聲愈響愈好，除非沒有人讚美。

財富有多有少；有足夠有不足。過多的財富就是富裕；足夠的財富就是小康；不足的財富就是貧窮。除了少數富裕和貧窮的人之外，大多數的人都是生活足夠但不富裕的人。掌聲有高有低；有掌聲有噓聲。大部分的人都沒有掌聲，也沒有噓聲，只有少數人有掌聲或噓聲。

樂觀是個性，與財富的多寡或掌聲的有無無關。有些人生性樂觀，能夠坦然面對，即便生活不富裕，或是沒有別人的掌聲，也能夠樂觀看

待。有人生性悲觀，無法正向思考，即使生活富裕，或掌聲不斷，也不會順心愉快。但是，如果生活貧困或是遭受噓聲，即便生性樂觀，也無法快樂。

知足常樂或知足感恩是屬於富裕或足夠的人，不屬於貧窮的人。知足常樂或知足感恩是屬於有掌聲或無掌聲的人，不屬於有噓聲的人。如果要知足常樂或知足感恩，就要做一個富裕或足夠的人，或是有掌聲至少沒有噓聲的人。財富和掌聲都值得追求，不能放棄。人必須有足夠的財富和些許的掌聲，才有資格說，自己知足常樂或知足感恩。

有人不想富裕，不是富裕不好，而是自己無法富裕。有人不要掌聲，不是掌聲不好，而是自己無法獲得掌聲。如果自己無法富裕或是無法獲得掌聲，就要自己忍受，不要把自己美化成知足常樂或知足感恩。

追求富裕，不一定能富裕，但是，至少可以不貧窮。追求掌聲，不一定能有掌聲，但是，至少不會有噓聲。追求快樂，不一定能快樂，但是，至少不會有痛苦。

知足常樂是富足的人說的，不是貧窮的人說的。不屑掌聲是失敗的人說的，不是成功的人說的。追求快樂是痛苦的人說的，不是快樂的人說的。如果你是一個富足的人；如果你是一個有掌聲的人；如果你是一個快樂的人，你根本不需要知足常樂，也不需要知足感恩。

12　富貴如浮雲

子曰：「不義而富且貴，於我如浮雲。」所謂富 (riches) 就是經濟上的富裕；貴 (noble) 就是道德上的高尚。所謂浮雲 (floating clouds) 就是浮動的雲彩。富貴如浮雲，就是富貴如浮雲般的美麗和短暫，只能欣賞，不能擁有。

孔子可能將「貴」解釋成社會地位的高上，而不是道德正義的高尚，所以才會說不義的富貴，也就是不道德的富與貴。如果貴是指道德正義上的高尚，就不會有不義的貴。如果依照孔子的定義，不義的富貴如浮雲，那麼，正義的富貴要如何看待？

孔子將不義的富貴視為浮雲，似有美化不義之嫌。如果把不義看成糞土，可能更有嫉惡如仇的正義感。我不知道孔子如何界定正義的富貴，也不明白孔子如何看待正義的富貴，但是，我猜想孔子應該不會反對，甚至會讚美正義的富貴。

我認為，富貴就是正義的富裕，也就是既有道德正義，又有經濟富裕。在這個定義下，富貴應該就是人生必須追求的目標，也是創造生命價值的手段。

有些人富而不貴；有些人貴而不富；有些人既不富也不貴；只有極少數的人能富且貴。要做一個富貴的人是極為困難的，不僅要有創造財富的能力，也要有高尚的道德情操。

富貴的人不會把富貴當浮雲。如果把富貴當浮雲，就永遠不會富貴。一般人常把富貴如浮雲這句話，作為自己無法富貴的藉口，所以永遠無法富貴。

如果自己不想追求富貴，就不要羨慕別人富貴。如果自己不是一個富貴的人，就不要說：富貴如浮雲這種話。富貴不是天空上的浮雲，而是生活裏的寶物。

13 苦從私心起；福從利他生   2021/9/3

「苦從私心起；福從利他生」是佛經上的話。意思是私心是苦惱的源頭；利他是幸福的根源。

人人都有私心（自私自利）。因為有私心，才有追求幸福的動力；才能享受人生的樂趣。如果沒有私心，則人人都為別人而活，就沒有自己的幸福；就沒有快樂可言。心靈的苦是因為私心無法達成或是不能滿足才產生的，不是因為私心所引發的。私心無法達成，是自己的能力不足或是努力不夠；私心不能滿足，是自己的過度貪婪或是過大野心所造成。如果能夠努力不懈，且能克制貪婪，就不會有心靈的苦。因此，「苦從私心起」這句話是值得商榷的。

人人都在追求自己的幸福（生活的滿足）。有了健康的身體，富裕的經濟和快樂的心情，才是幸福的人生。人是要有自己的幸福，才能幫助別人，做利他的事。人不是因為做利他的事，才能有幸福。如果自己都需要別人幫助，如何能夠幫助別人呢？如果有人因為做利他的事，而讓自己的生活困頓或是不幸福，難道是值得的事嗎？難道不幫助別人或不做利他事的人就沒有幸福嗎？因此，「福從利他生」這句話是值得質疑的。

經書上的指點或是教導不一定合乎邏輯，也不一定能夠實踐。我們必須領悟經文上的真理，並將它轉換成可行的道理，再依這些道理，去追求自己的幸福人生。

 14　無求皆悠；無執無憂　　　　　　　　2021/9/9

幸福人生要有活力的生命與富足的生活。人若無求，無法有得；人若無執，無法有成。無得無成就難有幸福的人生。

如果不求取健康，如何擁有活力的生命；如果不求取財富，如何享有富足的生活；如果不求取情誼，如何獲得心靈的慰藉？

如果不執著理想，如何獲得理想的實現；如果不執著工作，如何獲得工作的成就；如不執著研究，如何獲得卓越的成果？

人若無求，將會一無所得，不會悠然自得；人若無執，將會一無所成，不會無煩無憂。

人必須有求有執，才能有得有成；人必須有得有捨，有成有施，才會怡然自在。

人要有求，但是，不能貪得無厭。人要有執，但是，不要頑固不靈。貪得無厭必會一無所有；頑固不靈必會自食惡果。

人一旦有求，就會愈陷愈深，無法自拔；人一旦有執，就會剛愎自用，永不悔改。因此，才有「無求皆悠；無執無憂」的箴言。其意就是要人放棄求取之心與執著之念，這樣才能無憂無慮，怡然自得。

求與捨；執與改都是相對的觀念。追求就難捨；執著就難改。兩者之間，必須理性調和，做出最適的選擇。求而不貪；執而能改，就是最適之道。

有些人有求有執；有些人無求無執，都不是最適的人生。聰明的人必須有節制的追求；有理性的執著，也就是取該得的；捨該棄的。

人一生辛勞就是要取得一些東西，並利用這些東西享受生活。要取得東西，就必須付出代價。如果不需付出代價而取得東西，或是以極小的代價取得極大的東西，就是不該取得的東西。

每一個人都有自己的想法與做法；都會堅持自己的想法與做法是對的好的，但是，如果自己的想法或做法是錯的壞的，就必須放棄；就必須留該的，捨該棄的。人要擇善而固執；擇不善而改之，不能不擇善惡而執著。

「無求皆悠；無執無憂」是說給貪求無度和執著過度的人聽的，不是說給一般人聽的。一般人若聽信這句話，而放棄追求與執著，可能會一事無成；可能會喪失自我。

樂由心生；苦由心造 2021/2/8

大家都知道，健康是樂，病痛是苦；富貴是樂，貧窮是苦；有愛是樂，無愛是苦；涅槃是樂，輪迴是苦。其實，樂由心生；苦由心造。是自己的心決定人生的樂與苦。

不管在人間或在靈界；不管身處何處；不管口食何物；不管眼見何人；不管耳聽何言，心中有樂，人就有樂；心中有苦，人就有苦。

人是用心中的快樂去過生活，不是用生活去追求快樂。

人要在自己的心中，播種快樂的種子，培養它長大茂盛，結實纍纍。若能如此，人將永不匱乏；將永享快樂。

快樂是自己製造的，不是物質或環境形成的。若無快樂的心，再多再好的物質；再大再美的環境，都無法讓人快樂。

快樂是自己製造的，不是別人給予的。若無快樂的心，別人有多愛你；別人給你多大的利益，別人給你多大的掌聲，都不會讓你快樂。

苦惱是自己製造的，不是別人造成的。心中有苦惱，不管看什麼人，做什麼事；買什麼物都不會快樂。苦惱的人看到的世界是暗黑的；想到的人生是悲觀的。

心中有苦惱，表情就不開朗；態度就不和善，別人就難接近。愈苦惱的人，朋友愈少，人際關係愈差，自己愈不快樂。

有人因得到金錢、權力、愛情或名譽而快樂；有人因失去金錢、權力、愛情或名譽而苦惱。如果沒有快樂的心，即使得到金錢、權力、愛情或名譽，也不會快樂。如果有快樂的心，即便失去金錢、權力、愛情或名譽，也不會苦惱。

樂由心生；苦由心造。快樂與苦惱都是來自己的心，由自己的心決定是否快樂或苦惱。生活的好壞、環境的好壞或別人的好壞，都無法讓自己快樂或苦惱。只有自己的心才能決定是否快樂或苦惱。

請靜下心來，好好地檢視自己心是否快樂或苦惱？如果自己的心是快樂的，就繼續過快樂的日子；如果自己的心是苦惱的，就將它換成一顆快樂的心。

第 **6** 章

幸福原理

01 卓越原理 I

2019/5/2

所謂卓越 (perfection) 就是最高等級的成就 (the highest degree of achievement)。所謂成就就是用超越的能力,特殊的努力或偉大的勇氣所完成的事 (something accomplished, as by superior ability, special effect, or great vigor)。簡單的說,卓越就是把自己的能力,努力和勇氣發揮到極致,去完成某種理想的人生態度。

追求卓越有四個基本條件:(1) 悟力,(2) 能力 (知識和技術),(3) 創造力,(4) 毅力。所謂悟力就是了解 what, why 和 how 的能力;所謂知識能力就是了解一般事物的能力;所謂技術能力就是製造事物的能力;所謂創造力就是對新事物的製造能力;所謂毅力就是達成理想的勇氣。

追求卓越必須具備三項知識:(1) 心理學的知識,是在了解自己與別人。(2) 經濟學的知識,是在發展自己,追求財富與成就。(3) 法律學的知識,是在保護自己免受攻擊與處罰。追求卓越必須知道自己想做什麼,能做什麼以及如何做好什麼。

追求卓越是在追求理想,不在追求夢想。理想是有具體規劃和實際行動的行為;夢想是沒有具體規劃,也沒有實際行動的空想。卓越的人會活在理想中,不會活在夢想中。

追求卓越是在追求成長,不在追求安定。成長不僅在追求財富的增加或知識的提升,也要追求心靈的成長。年輕人要追求有形的成長,老年人要追求無形的成長。你可以與世無爭,不可以放棄成長。你可以安於現狀,不能無事可做。

追求卓越是在挑戰自己,不是在戰勝別人;是在追求自我的成就,不是在超越別人;是在展現自己的能力,不是在尋求別人的讚美。卓越的球員是在打好球,不在贏球賽。卓越的作者是在寫好書,不在賣好書。卓越的人生是在過好日子,不在剝削別人的生活。

追求卓越要有自信，不要自大。自信是對自己的肯定；自大是對別人的否定。別把自己看得太高或膨脹自己。沒有你，世界依然運轉。別把自己看得太低或妄自菲薄，沒有你，世界將會失去一些光彩。

追求卓越要克服自我的障礙與內心的恐懼。不要讓脆弱的心阻礙勇敢的行動；不要讓雜草在心中蔓延。要在心中種植一棵不畏風寒的壯樹；要勇敢面對困難的挑戰。成功的人所以會成功，是因為無畏失敗；失敗的人所以會失敗，是因為害怕失敗。

追求卓越要有衝勁和毅力。只有衝勁沒有毅力或只有毅力沒有衝激都無法追求卓越。人生是漫長的旅途，要能走得快，也要能走得遠。如果你設定 100 公尺，至少可以走 50 公尺；如果你設定 50 公尺，就很難走完 50 公尺。

追求卓越要把握時機，不要錯過任何機會。只要抓住一個機會，就會有許多機會跟著來；只要放棄一個機會，就會有許多機會跟著走。

 ## 02　卓越原理 II　　　　　　　　　　　　2019/5/5

追求卓越要做自己，不要做別人；要依自己的意志去做決定，不要依別人的意志去做決定；要活在自己的生命價值裏，不要活在別人的生命價值中；要為自己開創幸福人生，不要享受別人開創的幸福人生。

追求卓越要有飢餓感，不能有貪婪心。渴望工作的人不會沒有工作做；渴望金錢的人不會沒有金錢賺；渴望知識的人不會沒有知識求。貪婪是用不正當的手段剝奪別人的資源。貪婪的人只有追求資源的心，沒有追求美德的心。你必須追求美德的富足 (wealthy)，不可追求邪惡的富裕 (rich)。

追求卓越要自我反省，不要死不認錯。世上沒有不犯錯的人，只有不認錯的人。要承認自己的錯誤，要反省自己的錯誤，要不再犯相同的錯

誤。第一次犯錯，情有可原；第二次犯錯，不可原諒；重複犯錯，天誅地滅。你要從別人的眼睛中看到自己的錯；要從社會的聲音中聽到自己的錯。

追求卓越要勇於改變自己，不要食古不化，墨守成規。萬事萬物時時刻刻都在改變中。人若不改變自己就無法成長。你可以緩慢改變，也可以急速改變。你可以小小改變，也可以大大改變。如果你要完全改變，就必須心靈與行為一起改變。

追求卓越要跟自己競爭，不要跟別人競爭。自己的目標是明確的，是可以預測的，是可以掌控的。別人的目標是變動的，是難測的，是難掌控的。戰勝別人是虛假的；贏得自己是真實的。

追求卓越要當風雨中的強者，不要當溫室中的弱者。你要當侏儒中的巨人，不要當巨人中的侏儒。你要當貧窮社會中的富人，不要當富裕社會中的窮人。你要當地獄中的皇帝，不要當天國中的奴隸。

追求卓越要珍惜所遭遇的人事物。如果你未曾遭遇過壞人，就不會珍惜好人。如果你未曾遭受過痛苦，就不會珍惜快樂。如果你未曾經歷貧窮，就不會珍惜富足。

追求卓越要有寬宏的心胸，善待別人，不要苛求別人，不要得理不饒人。你需要別人的關愛，協助與寬恕。別人也需要你的關愛，協助與寬恕。家和萬事興；人和萬事順。

追求卓越也要幫助別人追求卓越，不要害怕別人超越。你要追求知識，也要幫助別人追求知識。你要追求財富，也要幫助別人追求財富。你要自己有幸福，也要幫助別人有幸福。

追求卓越就是追求不平凡。你若不想追求不平凡，就必須追求平凡。你若不想追求平凡，就必須自我放棄。你若要追求卓越，就必須挑戰命運。你若要自我放棄，就必須乖乖認命。

03 效用原理 I

2019/5/21

效用 (utility) 是滿足人類慾望的有用或有利要素 (a useful or advantageous factor to satisfy some human want)。簡言之，效用就是人類慾望的滿足程度或實現程度。

效用必須具備三個條件：(1) 慾望的認知、(2) 資源的存在、(3) 享受的感覺。由於個人價值觀的差異，每一個人對不同資源的效用都有不同的認知。即使對相同資源的效用，在不同的時間點上，也有不同的認知。當然，不同的人對相同資源的效用也有不同的認知。每一個人都以效用的認知選擇資源，決定資源的擁有或放棄。在擁有或使用資源之後，便會產生享受的感覺或情緒的反應。

效用有直接效用和間接效用。直接效用有直接正效用和直接負效用。間接效用有間接正效用和間接負效用。直接效用和間接效用的加總就是實質效用。個人實質效用的加總就是社會的實質效用。個人依個人的實質效用作選擇；社會依社會的實質效用作決策。易言之，個人主觀效用的加總就是社會的客觀效用；個人主觀價值的加總就是社會的客觀價值。

每一種資源都有有形的利益和無形的價值。但是，有些利益或價值尚未被發現；有些人對資源的利益或價值仍未充分了解，甚至一無所知。因此，常會造成錯誤的判斷和錯誤的選擇。

效用是事前的評估；快樂與痛苦是事後的感受。正效用愈高愈快樂；負效用愈高愈痛苦。邊際快樂是遞減的；邊際痛苦是遞增的。邊際快樂高於邊際痛苦就會繼續進行。邊際痛苦高於邊際快樂就不會進行。當邊際快樂等於邊際痛苦時，就會停止進行。

有經驗過的效用認知比無經驗過的效用認知更準確。喝過美酒，才知美酒的真正效用；曾經愛過，才知愛情的真正效用；經歷自由，才知自由的真正效用。如果你未曾經驗過，就要從別人的經驗中去學習。自己親身經驗要比學習別人的經驗好；學習別人的經驗要比沒有經驗好。

失去或減少一個單位的負效用高於得到或增加一個單位的正效用。例如，失去 1,000 元的負效用高於得到 1,000 元的正效用。在相同條件下，退步的負效用高於進步的正效用；由奢入儉的負效用高於由儉入奢的正效用；由愛生恨的負效用高於由恨生愛的正效用；由希望轉失望的負效用高於由失望轉希望的正效用；由快樂變痛苦的負效用高於由痛苦變快樂的正效用；由成功變失敗的負效用高於由失敗變成功的正效用。

根據上述原理，追求不貧窮比追求富裕重要；追求不生病比追求健康重要；追求不痛苦比追求快樂重要；追求不醜比追求美麗重要；追求不失敗比追求成功重要；追求不傷害人比追求尊重人重要；追求不歧視人比追求幫助人重要。

在相等條件下，被強制的負效用（或痛苦）高於自願的正效用（或快樂）。被強制讀書的負效用高於自願讀書的正效用；被強制工作的負效用高於自願工作的正效用；被強制順從的負效用高於自願順從的正效用；被強制思考的負效用高於自願思考的正效用。不管做什麼事，都要依自己的意志去做，不要依別人的意志去做，更不要被別人強制去做。

不自由的負效用高於自由的正效用。不自由的負效用是即時的；自由的正效用是漸進的。不自由的負效用是急速的；自由的正效用是緩慢的。在自由的社會裏常感受不到自由的可貴，一旦踏進不自由的社會，就會強烈感受到不自由的可悲。

04 效用原理 II 　　　　　　　　　　　　　　　　　2019/5/27

依快樂轉痛苦的負效用高於由痛苦轉快樂的正效用原理，假設提早一個小時上班的負效用為 -10；提早一個小時下班的正效用為 8，則總效用為 -2。假設延遲一個小時上班的正效用為 10；延遲一個小時下班的負效用為 -8，則總效用為 2。因此，晚上班晚下班的總效用要比早上班早

下班的總效用為高。同樣地，晚上課晚下課的總效用也比早上課早下課
的總效用為高。

富人的貨幣效用低於窮人的貨幣效用。例如，1,000 元對富人的效用低
於 1,000 元對窮人的效用。富人損失 1,000 元的負效用低於窮人損失
1,000 元的負效用。富人捐 1,000 元做公益的負效用低於窮人捐 1,000
元做公益的負效用，因此，富人比窮人較容易做公益。富人捐 1,000 元
給窮人的負效用低於窮人獲得 1,000 元的正效用。因此，富人幫助窮人
會使社會利益極大化。

年所得 1 億元的人繳納 4,000 萬元的所得稅（稅率為 40%）的負效用低
於年所得 1,000 萬元的人繳納 400 萬元所得稅的負效用。課稅後，前者
仍有 6,000 萬元，而後者只有 600 萬元。擁有 6,000 萬元淨所得者的滿
意度高於擁有 600 萬元淨所得者的滿意度。因此，現行所得稅制度對超
高所得者較為有利。

根據邊際效用遞減原理，短暫擁有的效用高於長期擁有的效用；短期
旅遊的效用高於長期旅遊的效用；短時間說話的效用高於長時間說話
的效用；偶爾外食的效用高於經常外食的效用；偶發性獎金的效用高
於經常性薪資的效用；散文的效用高於小說的效用；雜誌的效用高於
書籍的效用。

關於「先吃後吃」的問題，假設有兩粒新鮮蘋果，先吃第一粒時有 10
個效用，後吃第二粒時有 7 個效用，總效用為 17。如果有一粒新鮮蘋果，
另一粒不新鮮蘋果，先吃新鮮蘋果有 10 個效用，後吃不新鮮蘋果有 4
個效用，總效用為 14。先吃不新鮮蘋果有 5 個效用，後吃新鮮蘋果有 7
個效用，總效用為 12。因此，先吃新鮮蘋果的效用比先吃不新鮮蘋果
的效用為高。

工作報酬的正效用是遞減的；工作壓力的負效用是遞增的。如果工作報
酬的正效用高於工作壓力的負效用，就值得工作。如果工作報酬的正效
用低於工作壓力的負效用，就不值得工作。當工作報酬的正效用等於工
作壓力的負效用時，就是最適工作量。

工作報酬邊際效用曲線的斜率愈大，工作滿意度愈高，工作量愈大。相反地，工作壓力邊際成本曲線斜率愈小，工作不滿意度愈高，工作量愈小。高斜率的工作報酬邊際效用曲線和低斜率的工作壓力邊際成本曲線的均衡，就是較高的滿意度和工作量。低斜率的工作報酬邊際效用曲線和高斜率的工作壓力邊際成本曲線的均衡，就是較低的滿意度和工作量。

效用可以計算，也可以比較。你必須根據自己的價值觀和偏好計算效用，然後，依不同人事物實質效用的高低去做選擇，如果 A 的實質效用高於 B 的實質效用，就必須選擇 A；如果 A 的實質效用高於 B，而 B 的實質效用高於 C，就必須選擇 A。如果無法計算效用，就無法比較，就無法做選擇。

如果只有一個選項，你就不必做選擇。如果有兩個以上的選項，你就必須做選擇。一般說來，有數個選項比有兩個選項好；有兩個選項比只有一個選項好。你能從數個選項中選出最好的選擇；能從兩個選項中選出較好的選擇。

如果能從許多跟自己有關的人事物中選出最好的選擇，你的人生必定是一帆風順；否則，就會一波三折。你若要追求幸福人生，就必須以理性的態度評估每一個必須選擇的人，每一件必須選擇的事和每一種必須選擇的物。

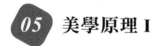 **05 美學原理 I** 2019/6/4

美 (beauty) 是引發強烈喜悅或極度滿意的感覺或心智的特質 (a quality that gives intense pleasure or deep satisfaction to the sense of the mind)。美學 (aesthetics) 是美的理論或理念 (theories or ideas pertaining to beauty)。美感 (sense of beauty) 是感受美的心智或情緒 (the mind or emotion in relation to beauty)。簡言之，美是引發心靈喜悅的動力；美學是美的價

值詮釋或原理原則；美感是美的感受或感動，一種喜悅，一種陶醉，一種激情。

美存在宇宙中、世界中、人事物的細節中。美存在浩瀚的星空中，也存在海邊的細沙中。美存在人事物的品質中，也存在人事物的價值中。美存在面中、線中、點中。美無所不在。如果你感受不到美的存在，不是世界沒有美，而是你心中沒有美。如果你要責怪世界的醜陋，就要先責怪自己的醜陋。

美有自然美或原創美與人為美或加工美。自然的產物和原創的作品都是自然或原創的美；加工的產物和仿製的作品都是人為或加工的美。自然美和人為美都是美，兩者合一的美就是完美的美。天生麗質就是美，化妝美容也是美。美中加美能使美更美。

美有本體美或無形美與表象美或有形美。本體美要用心靈去體會；表象美要用感覺去觀察。本體美可以彌補表象醜；表象美無法掩飾本體醜。本美與表象美合為一體，才是完美的美。如果你有表象美，就該充實本體美；如果你有本體美，就該加強表象美。

美有短暫美或瞬間美與長久美或永久美。短暫美常在瞬間消失，必須即時把握，不能錯過。長久美也必須珍惜與呵護，不能有想欣賞才珍惜的心態。美花不久開；美景不常在；美人常薄命，要珍惜短暫的美，短暫的幸福，短暫的人生。

有美學素養的人才有美感，才能創造美、欣賞美、享受美。有美學素養的人才能展現自己的美，才能欣賞世界的美，才能享受生活的美。沒有美學素養的人只會假裝懂美，只會膚淺欣賞，只會感性發洩。你可以沒有美學的專業訓練，你不能沒有美學的自我理念。

美感存在人們的心靈中、想像中、感覺中。有美感才能感受萬事萬物的美，才能用美感去對待人，處理事和使用物。有美感才能欣賞自然的美、藝術的美、思想的美、文字的美、語言的美。沒有美感就沒有氣質；沒有氣質的國民就會塑造沒有素質的社會。

我們隨時隨地都可以創造美。把醜陋變美麗；把晦暗變明亮；把破碎變完整；把痛苦變快樂；把眼淚變微笑；把夢想變真實；把失敗變成功；把不幸變幸福；對無生命的東西賦予新的生命。這些都是美的創造。

我們時時刻刻都可以享受生活的美。你可以享受蟲鳴鳥叫的美妙；你可以享受人間美味的樂趣；你可以享受戲劇電影的感動；你可以享受家人親情的溫馨；你可以享受分享思想的喜悅；你可以享受外出旅遊的興奮。這些都是美的享受。

人生就是美的創造、欣賞和享受。因為有美所以快樂；因為快樂所以幸福。在每一個日子裏，都要用美的心靈去實踐生活的美；用美的聯想去欣賞生活的美；用美的感動去享受生活的美。你因美麗而生活；生活因你而美麗。

06 美學原理 II

2019/6/19

美的生活就是品味的生活。所謂品味 (taste) 就是享受美麗的或和諧的事物 (to enjoy certain things what are beautiful or harmonious)。品味生活是對生活美學的判斷、講究、欣賞、韻味或樂趣。易言之，品味生活就是生活的美化與精緻化。

如果你購買一件物品，不是為了品牌或價格，而是因為懂得它的價值；如果你吃了一頓晚餐，不是為填飽肚子，而是因為要享受美食；如果你參加一個婚宴，不為了人情世故，而是因為要真心祝福；如果你做了一次旅行，不是為了到此一遊，而是因為要美好回憶；如果你閱讀一篇文章，不是為了有此一說，而是因為要深被感動，那麼，你就有了品味生活。

享受美食是品味生活。美食不僅要有有形的食材和無形的美學，也要有美景，美盤，美酒的附帶條件，更要有知友的陪伴，才能真正享受美食

的樂趣。美酒是用來製造快樂的，不是用來交際應酬或麻醉自己的。微醺最美；酒醉最醜。享受美食是人生一大樂事。

享受品味服飾是美的生活。服飾象徵一個人的美學素養，也是給人第一印象的魅力。品味服飾是美學的展現，不是華麗或高價。如果你喜歡把妝化在自己的臉上，你就應該把美穿在自己的身上。

享受品味旅行是美的生活。旅行是在欣賞和享受美景和人文。你要在自然美景中發現自然的美；在歷史古蹟中發現文明的美；在都市建設中發現藝術的美；要在人際的互動中發現人性的美。美景和人文的整合才是真正的美。你無法在一個髒亂的地方享受美景；你無法在一個被監控的社會裏享受人文。

分享思想是美的生活。思想是美學的結晶；分享思想是美學的享受。表達思想的文字和語言也是美學。用文字表達的思想是永久的享受；用語言表達的思想是短暫的享受。你可以從一個人的思想，文字和語言中發現美、欣賞美、享受美。如果你不能享受思想的美，就別糟蹋思想的美。

欣賞藝術是美的生活。藝術是物質與精神的結合，科學與美學的融合，技術與思想的整合。創造藝術品比欣賞藝術品有價值；欣賞藝術品比收藏藝術品有價值。

欣賞音樂和歌唱是美的生活。音樂是敲響心靈喜悅的鐘聲，是撫慰空虛心靈的糧食。作曲作詞是音樂美學的創造；唱歌演歌是音樂美學的詮釋。單曲是在訴說某件事；專輯是在訴說整件事。唱歌是在娛樂人；聽歌是在娛樂自己。音樂是最廉價的美學，享受音樂就是享受人生。

自我表演和欣賞表演是美的生活。人生如戲；人如戲子。人生就是一場長久的表演；人就是生活美學的表演者。你可以表演自己觀賞，也可以表演給別人觀賞。你可以觀賞別人的表演，也可以觀賞人間百態的表演。你必須用生活美學去表演自己的人生。

有美感的人才能享受有品味的生活；沒有美感就無法享受有品味的生活。有些人富裕且有品味；有些人富裕卻無品味；有些人不富裕但有品味；有些人不富裕也無品味。有品味不一定富裕；有品味不一定活得長久，但是，有品味肯定活得快樂。

 **信賴原理** 2019/6/25

信賴 (trust) 是對一個人的品德，廉正和能力的堅定信任與依賴 (firm confidence or reliance on the character, integrity, or ability of a person)。所謂信任 (confidence) 是確實和確定的感覺 (a feeling of assurance and certainty)。所謂依賴 (reliance) 是沒有其他人的協助，就無法運作 (unable to function satisfactorily without the aid of another)。

在個人道德，社會正義與國家法律的規範下，社群成員會建立彼此的信賴關係，彼此和諧互動，這就是社群的信賴機制 (trust mechanism)。如果社群缺乏信賴機制，人們就會付出各種費用去約束和維護彼此的信賴關係，這就是信賴成本 (trust cost)。由於現代人愈趨自私自利，現代社會愈趨惡性競爭，人與人之間的可信任性和可依賴性愈趨薄弱，信賴機制愈趨弱化，信賴成本愈趨高漲。不信賴的社群不僅會浪費鉅額的社會成本（如徵信，法律，甚至黑道等的費用），也會製造嚴重的社會問題（如人際關係的惡化，家庭的危機或社會的衝突）。

社群認同是建立信賴機制的重要因素。如果社群成員都具有共存共榮，共同價值，共同利益，共同責任的情誼，並認同這種情誼，彼就能相互信任，相互依賴，相互幫助，相互成長。如果你不認同自己所屬的社群，就應該離開這個社群；如果你不離開這個社群，也不應該傷害這個社群，否則，就會成為社群的孤兒。

道德情操是建立信賴機制的重要因素。如果社群成員都具有真實，責任和尊嚴的個人道德以及社群，經濟與政治的社會正義，就能相互信任，

相互依賴，相互幫助，相互成長。如果社群成員缺乏這些道德情操，就會互相欺騙，互相防範，互相傷害，互相背叛。如果大多數的人都具有道德情操，少數沒有道德情操的人就會受到制裁與與處罰。如果大多數的人都缺乏道德情操，少數有道德情操的人就會受到排擠與傷害。社群中只要多一個有道德情操的人，就會少一個沒有道德情操的人，就會多一分社群的信賴關係。

理性溝通是建立信賴機制的重要因素。成員間的溝通要依理性，講事實、講邏輯、講詮釋、講道理（哲學）、講理論（科學）。溝通的結果，若有人無言以對，就必須承認理虧。如果用感性的直覺，情性的偏見，權力的傲慢，多數的暴力，揭人隱私或倚老賣老的態度去溝通，絕難服人也無法獲得真正的共識。

不守約定是破壞信賴機制的重要因素。誠信是信賴的基礎。信守約定，信守承諾，信守合約，信守條約都是信賴關係的基本條件。如果你不遵守時間的約定，如何取得別人的信賴；如果政治人物不兌現選前的承諾，如何獲得選民的信賴；如果政府不遵照合約的規定，如何獲得國民的信賴；如果國家不履行國際的公約，如何獲得國際的信賴。

歧視與嫉妒是破壞信賴機制的重要因素。強者或富人對弱者或窮人的歧視以及弱者或窮人對強者或富人的嫉妒會破壞雙方的信賴關係。有人是明目張膽的歧視人；有人是自我矛盾的歧視人（明知不對仍然歧視）；有人是不知所以然的歧視人（不知歧視是不對的）。相反地，有人會嫉妒強者；有人會嫉妒富人；有人會嫉妒名人；有人會嫉妒幸福的人。你可以對自己驕傲，你不可以對別人歧視。你可以羨慕別人，你不可以嫉妒別人。

虛假與欺騙是破壞信賴機制的重要因素。有人會以禮儀為由，虛假恭維或稱讚，以獲得他人的接納或幫助；有人會以言論自由為名，製造或傳遞虛假的資訊或新聞，以擾亂社會或圖利自己；有人會以善意的謊言為由，隱瞞或蒙蔽事實，以合理化自己的不道德或不正義；有人會以法律的漏洞，惡意欺騙或詐騙他人，以獲得不當的利益或勝利。一個虛假或

欺騙的人會傷害無數的人，也會破壞整個社群的信賴關係。一個虛假或欺騙的國家會傷害無數的國家，也會破壞整個世界的信賴關係。

社群信賴是社群福利的基礎。社群成員若不能彼此信賴，就會彼此傷害，就無法實現社群福利的理想。夫妻若不能彼此信賴，就會有婚姻的危機；族群若不能彼此信賴，就會有衝突的危機；國際若不能彼此信賴，就會有戰爭的危機。社群需要信賴的和音，不要對立的噪音。我們需要在信賴的原理上，實踐社群的福利與人類的福祉。

試問：你是否認同這個社群，還是背叛這個社群？你是否有道德與正義的情操，還是不分是非善惡？你是否用理性與人溝通，還是用感性和情性與人溝通？你是否遵守約定和承諾，還是不遵守約定和承諾？你是否尊重人，還是歧視人或嫉妒人？你是否對人誠實，還是會欺騙人？想想自己和這個社群，你是個值得信賴的人嗎？這個社群是值得信賴的社群嗎？

08 贈與原理 2019/6/12

贈與 (donation) 是提供禮物給值得幫助的個人，團體，或基金 (to present as a gift to a cause it fund)。慈善 (charity) 是提供幫助或救助給需要的人 (to provide help or relief to the needy)。利他 (altruism) 是對他人福利的無私關懷或奉獻 (unselfish concern for or devotion to welfare of others)。

贈與有兩種形態：第一是為了實現自己的愛心而提供的慈善性贈與；第二是滿足他人的利益而提供的利他性贈與。贈與有兩個條件：第一是贈與者必須有能力提供；第二是贈與者必須認為值得贈與。贈與是基於人性的愛心 (benevolence)，善心 (good will) 和情感 (affection)，透過同理 (empathy)，同情 (sympathy) 和憐憫 (commiseration) 的操作，而提供的幫助 (help)，援助 (aid)，協助 (assistance) 或救助 (relief)。

贈與是情感的連帶，不是社會的義務。贈與是無償的提供，不是債務的償還。贈與是單向的給與，不是雙向的交換。贈與是愛心的展現，不是歧視的施捨。強制的贈與是課稅，不是贈與。相互的贈與是互助，不是贈與。贈與是心甘情願，不相虧欠。贈與不是施捨。被贈與是有尊嚴；被施捨是無尊嚴。我們要贈與人，不可施捨人。

贈與不限財物與勞務。你可以贈與知識與技術，也可以贈與情感與愛。你可以把快樂帶給別人，也可以幫助別人減少痛苦。你可以分享別人的快樂，也可以分攤別人的痛苦。你可以說一句問候的話語，也可以給一個善意的微笑。你可以親切的關心別人，也可以溫柔的對待別人。這些都是廉價的贈與。只要你願意，隨時隨地都可以贈與。

贈與必須有所犧牲或是效用的減少。所謂效用 (utility) 是慾望的滿足程度，一般有正效用，無效用和負效用三種。負效用的財物（如破爛的鞋子）必須丟棄；無效用的財物（如單隻鞋子）可以回收；正效用的財物才有擁有或贈與的價值。你不能把負效用的財物（如毒品或槍支）贈與別人；也不能把無效用的財物（如舊衣或舊物）贈與別人。你必須把正效用的財物贈與別人。損失負效用或無效用的東西，不會損及你的效用，也無關你的愛心與善心。贈與必須為有效用的損失，並依損失的程度，測定愛心與善心。

依據邊際效用遞減法則，擁有財物愈多，財物的邊際效用愈低；擁有財物愈少，財物的邊際效用愈高。例如，擁有 1,000 萬元的人贈與 10 萬元所損失的總效用低於擁有 100 萬元的人贈與 1 萬元所損失的總效用。依此原理，擁有 100 萬元而贈與 1 萬元的人要比擁有 1,000 萬元而贈與 10 萬元的人更有愛心與善心。我們必須以贈與者所損失的總效用，而不是用贈與數量的多寡，作為測定愛心與善心的依據。

富裕的人比較會贈與財物，比較不會贈與勞務，因為贈與勞務所損失的總效用高於贈與財物所損失的總效用。相反的，不富裕的人比較會贈與勞務，比較不會贈與財物，因為贈與財物所損失的總效用高於贈與勞務所損失的總效用。同樣的道理，在其他條件相同的前題下，有宗教信仰

的人會比無宗教信仰的人更會贈與，因為有神的加持，贈與損失的總效用比較低，就會樂於贈與。

親子關係是互助還是贈與，是一個值得探討的問題。傳統觀念和現行法律是採互助論，也就是現在父母養育子女，將來子女扶養父母，兩者是互助關係。如果父母不養育子女或子女不扶養父母，都是不道德，也是違反法律。父母養育子女是責任，也是義務，因為子女是父母生的。但是，子女扶養父母並非責任或義務，而是贈與。如果子女沒有愛心和善心贈與父母，是否應該受到社會的制裁和法律的處罰，值得學界進一步討論。

遺產是父母對子女的贈與，應由父母決定分配方式。父母可以平均分配給所有子女；可以全部贈與最孝順旳子女；可以全部贈與最窮困的子女；可以全部贈與最有成就的子女；可以依父母的偏好採不同比例分配；可以完全不分配，而贈與社會基金。父母的遺產是父母的，不是子女的，也不是社會的。子女無權要求父母的遺產；法律也無權干涉父母的遺產。

有人把贈與當作義務，把被贈與當作權利。有人把贈與當作施捨，把被贈與當作乞憐。有人把贈與當作出名的手段或炫耀的花招。有人把贈與當作利益的交換或逃稅的策略。很多人知道，要贈與財物或勞務；很少人知道，要贈與知能或情感。很多人會感謝財物或勞務的贈與；很少人會感謝知能或情感的贈與。很多人會感動財物或勞務的贈與；很少人會感動知能或情感的贈與。這個社會只有極少的人會贈與思想；只有極少的人會為思想的贈與而感動；只有極少的人會為思想的贈與而感謝。

09　互助原理

互助 (mutual aid) 有兩個意涵：第一是互相；第二是幫助。所謂互相 (mutuality) 是彼此間的平等對待 (equal treatment each other)。所謂幫助 (help) 是給需要的人某物的行動 (actions of giving something to persons in need)。以提供服務為例，幫助有實際完成某件事的完整幫助 (help)；有參與某件事或負責部分工作的援助 (aid)；有附加做某件事或負責做周邊工作的協助 (assist)；有對弱者，貧者或受災者提供的救助 (relief)。

平等對待是互助的基礎。社群的每一個成員都是平等，必須平等相對待。如果沒有平等對待，就沒有互相幫助，只有互相利用，甚至互相剝削。市場上，互相利用會產生利益；社群中，互相利用則會產生傷害。互相利用的夫妻關係一旦失衡，就有家庭解體的危機；互相利用的親子關係一旦失衡，就有親子關係的斷絕；互相利用的人際關係一旦失衡，就有人際關係的衝突。

互助有三個條件：第一是雙方都有需要；第二是互助有相對的等價關係；第三是不在同一時間進行。例如，現在父母養育子女，將來子女扶養父母，雙方在不同時間內，各有類似的需要，彼此的幫助具有相對的等價關係。又如年金保險，現在你繳納保險費，幫助退休人員領取年金給付，將來別人繳納保險費，幫助你領取年金給付。這些都是代間的垂直互助。此外，如健康保險是由被保險人一起繳納保險費，幫助需要者支付醫療費用。每一個人幾乎都有醫療需要，隨時都可以接受醫療給付，這就是同代的水平互助。

互助與贈與不同，後者沒有共同的需要，沒有等價的關係，也沒有互相回饋的機制。互助與交易不同，後者是在同一時間以等價關係進行交換。你購買一杯咖啡是交易；你請朋友喝一杯咖啡是贈與；今天你請朋友喝一杯咖啡，改天朋友請你吃一塊蛋糕是互助。互助不限財物與勞

務，知識，技術與情感都可以互助。現在你養我，將來我養你；現在你幫我，將來我幫你；現在你教我，將來我教你；現在你安慰我，將來我安慰你，這些都是互助。

互助可以使雙方都得到好處。你的左手幫助你的右手，使雙手發揮更大的功能。子女因父母的養育而成長，父母因子女的扶養而終老。鳥為牛除蟲而獲得蟲吃，牛給鳥蟲吃而獲得除蟲。夫妻因互助而得到幸福；朋友因互助而得到情誼；勞資因互助而得到利益；地域因互助而得到便利；國家因互助而得到和平。

夫妻互助有兩種模式：第一是替代型互助；第二是互補型互助。夫妻可以一人主外，一人主內，主外者不幫助做家事，主內者不幫助賺錢，這就是替代型互助。夫妻可以兩人都外出工作，兩人一起做家事，這就是互補型互助。以前的家庭大都採取替代型互助；現代家庭大都採取互補型互助。由於幼兒照顧常由女性負責，而男性則不善家事，所以女性常要內外兩頭忙。因此，男性必須學習家事，也要分擔家事，才是好丈夫。

由於每一個人對生活風險的認知不同，因應方式互異，互助的意願也不一樣，所以互助必須是自願參與，不能強制加入。在社群意識發達的時代，民間有許多自願性的互助團體，如互助會，互助基金等，都發揮了良好的互助功能。現在，由於社群意識薄弱，互助組織缺乏健全的管理，而引發了許多社會問題。公共保險制度因而產生，由政府強制國民參與。公共保險制度不僅造成道德的危害，也產生了財政的危機。如果政府能制定有效的管理監督制度，社群的互助基金應是可以獎勵的措施。

善待別人也會被善待；寬恕別人也會被寬恕；幫助別人也會被幫助。如果你不在順境時幫助別人，就別期待在逆境時被幫助；如果你不在快樂時安慰別人，就別期待在痛苦時被安慰；如果你不想給別人好處，就別期待別人給你好處。幫助過人，才知助人的可貴；被幫助過，才知感恩的重要。請在別人需要你幫助的時候伸出援手；請在你需要別人幫助的時候接受援助。

我們投入了許多人力，財力和物力從事社群福利，但是，我們的社群依然充滿人際的冷漠，利益的衝突以及相對的剝奪。我們必須重視社群福利的原理，不能只重視社群福利的資源。我們必須重視互助型的福利，不能只重視贈與型的福利。我們必須重視知識，技能與情感的福利，不能只重視財物與勞務的福利。

如果把地球視為一個社群，把國家視為一個地域，把民族視為一個集團，把個人視為一個居民，那麼，互助原理就顯得十分重要。若能如此，每一個民族都能共存共榮；每一個國家都能濟弱扶傾。我們必須以世界一家親取代兩岸一家親的狹隘觀念。我們必須終止民族間互相仇視的衝突。我們必須終止國際間強欺弱的霸凌。

第 7 章

健康生活

01 健康生活 I

2019/8/15

健康 (health) 是健全和有活力的一般性身心條件 (the general condition of the body or mind with reference to soundness and vigor)。健康有生理的健康和心理的健康，而兩者必須同時存在才是真正的健康。

生理結構除了五官和四肢之外，身體內有循環、呼吸、消化、泌尿、內分泌代謝、免疫、關節、肌肉、感覺等系統。你必須了解各種人體組織與系統的基本功能和運作方式。當你感覺到身體不舒服時，必須知道是身體的那一個部分發生了失衡的現象，然後找專業的醫生治療。

身體的任何器官都要正常使用，否則，就會退化，就會喪失正常功能。如果長期不使用腳走路，不使用嘴吃東西和說話，不使用手拿東西和做事情，不使用腦思考和計算，不使用鼻呼吸和聞氣味，那麼，會變成什麼樣的人，什麼樣的生活。

健康是生命的主宰，生活的依靠。不健康就失去了生命的動力，生活的意義，人生的價值。健康是決定快樂與幸福的要素。健康但不富裕的人會有快樂和幸福；富裕但不健康的人就不會有快樂和幸福。有財富真好，有健康更好，有快樂最好。

健康靠自己，生病靠醫生，生死靠上帝。健康時要預防，生病時要治療，治不好時要認命。身體是自己的，必須自我維護。不要做對不起身體的事，不要糟蹋身體；要愛護身體，要滋養身體。

均衡飲食是生理健康的實踐。雜食型的飲食比養生型的飲食好；養生型的飲食比美食型的飲食好；美食型的飲食比亂食型的飲食好。均衡飲食不要偏食，也不必禁食。健康飲食要三多：多食物（少食品）、多蔬果、多水分；和三少：少鹽、少糖、少油。吃飯要七分飽；喝酒要三分醉才是健康的飲食。

正常運動是生理健康的實踐。運動是身體各個部分的整體活動，不是只

有手腳的活動，也不是比賽性的激烈運動。正常運動才有生命的活力，才能維持生命的運作。如果你不會忘掉要吃飯，就不該忘掉要運動。你可以到公園去運動，可以到操場去運動，可以到健身房去運動，也可以在自家裏運動，你就是不能不運動。

規律作息是生理健康的實踐。工作、休息和睡眠是生活的三部曲。日出而作，日落而息，夜深而眠乃是自然的規律。日夜顛倒的作息，晚睡早起，或晚睡晚起的惡習都違反自然的規律，也是造成不健康的因素。

良好的環境是生理健康的實踐。工作環境，居家環境和遊憩環境都要有良好的空氣、陽光和空間，不能有空污、噪音、臭氣、濕氣、陰暗等不良環境。高報酬壞環境的工作不如低報酬好環境的工作；住在環境不佳的城市不如住在好環境的鄉村。

疾病的預防和治療是生理健康的實踐。衛生習慣、預防接種和健康檢查等疾病的預防措施是最省錢的健康維護。一旦生病就要立即治療，不能拖延。急性病要看西醫；慢性病要看中醫。不管是什麼病，就是不能看乩童，更不能看密醫。

 健康生活 II　　　　　　　　　　　　　　　2019/8/23

心理的健康與生理的健康息息相關，兩者同等重要。心理不健康會造成生理的不健康；生理的不健康也會造成心理的不健康。你可以從認知，態度、情緒和動機四個層面去維護心理的健康。要讓自己有正確的認知，正向的態度，穩定的情緒和純正的動機。

造成心理不健康的因素很多，有由疾病或傷痛所引發的生理因素；有由失業或工作壓力所引發的勞動因素；有由失戀或家庭關係所引發的感情因素；有由所得或家計引發的經濟因素；有由交通事故或自然災難所引發的災變因素以及由環境污染，犯罪事件或政治問題所引發的社會因

素。引發心理不健康的因素無時無刻都在侵襲人們。如果沒有良好的對策和堅強的意志，就會被擊敗，被傷害。

心理不健康會引發憂鬱、易怒、冷漠、疏離、罪惡感等心理疾病。心理不健康會引發頭痛、心悸、肌肉酸痛、胃潰瘍等生理疾病。心理不健康也會造成退縮、酗酒、吸毒、犯罪、自殺等反社會行為。

自我肯定是心理健康的實踐。天生我材必有所用。每一個人對自己的能力要有自信；否則，就會一事無成。面對人事物要有正確的認知和判斷，不要誤解，也不要誤判。面對困難要勇於應付和克服，不要逃避，也不要畏懼。對於不如意的事要樂於接納和承擔，不要怨聲載道，也不要怪罪他人。對於無能為力的事要能看淡和放下，不要耿耿於懷，也不要自我折磨。

自我激勵是心理健康的實踐。人生在不同階段有不同的目標。每一個人都要清楚地設定自己的目標，激勵自己去達成。你必須確定有那些激勵的因子可以使用，再以最有效的因子去進行。如果效果好，就必須回饋，並增加自我的期望。如果沒有效果，就必須改變激勵因子和行為模式。要不斷自我激勵和自我期望，一步一步去達成目標。

自我管理是心理健康的實踐。管理自己比管理別人困難，因為知道自己的弱點就會放縱自己的弱點。你必須確認自己的壓力源，並調整和減少壓力源。你也必須改變生活的習慣和工作的態度，並進行自我效能的訓練。情緒管理是最重要，也是最困難的。人常因一時的失控，而說出不理性的話語，做出不理性的行為，導致失敗的結果。要學會控制自己的情緒，自己的嘴巴和自己的手腳。

自我放鬆是心理健康的實踐。紓壓的方法很多，也因人而異。有人用休閒旅遊的方式；有人用環境刺激的方式；有人用意念修行的方式；有人用尋求安慰的方式；有人用正向態度的方式；有人用酗酒或吸毒的方式。不管用什麼方式紓壓，你必須放鬆自己的心靈。你無法用身體的放鬆達到紓壓的目的。

社會支持是心理健康的實踐。每一個人都必須掌握社會支持系統的資訊，參與活動，建立情誼關係。例如，參加宗教活動，建立教友情誼，尋求必要協助。你也可以藉由網路系統，分享相關知識，相互支持。如果有心理障礙，就必須接受心理醫師的諮商。如果有精神障礙，就必須接受精神科醫師的診療。

快樂的心是心理健康的實踐。大家都渴望快樂，卻不知道如何獲得快樂。其實，快樂就存在自己的心靈中，你只是一心往外求，沒想往內找。你必須在自己的心田中，播種快樂的種子，讓它開花結果。當你出門時，要把家裏的快樂帶著走；當你進門時，要把外面的煩惱往外拋。要用笑臉去迎接人，不要用臭臉去面對人。

生理與心理的均衡發展是維護生命與追求幸福的基本條件。生理健康要鍛練；心理健康要修煉。身體的鍛練和心理的修煉必須持之以恆，不可半途而廢或朝三暮四。身心是人；健康是寶；快樂是福。你要用健康去賺金錢，不要用健康去換金錢。你要用金錢去買快樂，不要用金錢去找麻煩。

03　健康迷思　　　　　　　　　　　　　　2022/4/23

所謂迷思 (myth) 就是無法用科學驗證或用哲學推理的現象或觀念。在健康方面，也有許許多多的迷思，例如，穿太少容易感冒；喝水有益健康；吃魚會補腦等等。這些迷思大家都信以為真，卻很少人去驗證或推理。

人人都知道，健康是幸福之首，沒有健康，就沒有幸福。金錢誠可貴，快樂價更高，若為健康故，兩者皆可拋。關於健康，一般人有三種迷思：第一是健康比快樂重要；第二是健康比金錢重要；第三是長壽比健康重要。

健康比快樂重要，因為不健康就不會快樂，而且生理的疼痛比心理的苦悶更難受。有些人為快樂而犧牲健康，就不值得。譬如說，酗酒雖然快樂，卻有礙健康；飽食雖然快樂，也有損健康。

從另一個觀點來說，心理的快樂有助生理的健康；心理的苦悶有害生理的健康。有許多疾病都與心理的問題息息相關。如果能夠經常保持快樂的心情，相信可以增進生理的健康。即使在不健康時，若能保持快樂的心，也有助健康的恢復。因此，心理的健康或許比生理的健康更重要。

健康比金錢重要，因為不健康，不僅無法賺錢，還要花費更多的金錢。不健康往往成為貧窮的主要因素。有些人為了賺錢，而犧牲健康，而且為了賺更多的金錢，對健康造成更大的傷害。因此，有許多人認為，若有礙健康，就必須放棄賺錢。

從另一個角度來看，賺錢不一定會傷害健康，即便會傷害健康，如果賺錢的正效用高於不健康的負效用，賺錢就比較值得，也比健康重要。有時候，賺錢的快樂也能夠帶來健康。我們不要被健康重於金錢的迷思誤導，為了健康而放棄賺錢。

長壽比健康重要，因為留得青山在，不怕沒柴燒。健康還有復原的可能；死了就什麼都沒有了。因此，不健康的活比健康的死更有意義。易言之，痛苦的活比快樂的死好。有些主張，生命在面臨挑戰時，必須急救，要盡力存活，不要輕言放棄。即便不能恢復健康，也要活著，不能死亡。

其實，是否健康與長壽並無絕對的正相關。健康的人可能長壽，也可能短命；不健康的人可能短命，也可能長壽。人生的價值是在健康和快樂的活著，如果不健康也不快樂，就沒有活著的意義。因此，在自己認為適當的時候放棄生命，比行屍走肉或痛不欲生的活著更值得採行。

每一個人都希望活得健康、快樂、富裕和長壽，但是，只有少數人能夠活得如此愜意。人除了長壽無法決定之外，健康、快樂和富裕是可以努力追求的。只要能夠健康一些；快樂一些；富裕一些；長壽一些，就必須好好把握，不該放棄。

凡事都有正反兩面的意義，沒有絕對的對或錯，也沒有絕對的好或壞。你可以相信健康勝過一切；你可以相信有些事比健康更重要；你可以相信健康、快樂、金錢和長壽都同等重要；你不可以認為健康、快樂、金錢或長壽不重要。如果你認為健康、快樂、金錢和長壽都不重要，你的人生就已經結束。

04　健康的人

2021/1/20

人的身體來自父母，心靈來自上帝。人用物質豢養身體，用精神培養心靈。人需要好的身體，也需要好的心靈；需要物質，也需要精神。人不能只照顧身體，不照顧心靈；不能只照顧心靈，不照顧身體。

健康的人必須具備身體與健康心靈的活力；必須要有充裕的物品質與充沛的精神。但是，有些人有健康的身體，卻沒有健康的心靈；有豐富的物質，卻沒有豐富的精神。有些人有健康的心靈，卻沒有健康的身體；有豐富的精神，卻沒有豐富的物質。只有少數人能擁有健康的身體和心靈以及豐富的物質和精神。

人靠著食物維護身體的健康；用思想培養心靈的健康。食物是最重要的物質食糧；思想是最重要的精神食糧。健康的人必須具備豐富的食物與思想，不能只有食物，沒有思想；不能只有思想，沒有食物。

一般人大都重視身體，忽視心靈；重視物質，忽視精神；重視食物，忽視思想。但是，有些特殊的人，例如，修道者、藝術家、文學家等，則重視心靈，忽視身體；重視精神，忽視物質；重視思想，忽視食物。其實，兩者都不健康。身體與心靈的均衡、物質與精神的均衡和食物與思想的均衡，才是真正健康的人。

健康的人會重視身心的健康，也會重視思想，因為他知道，有思想才有精神的富足；才有愉悅的心情；才有快樂的生活。沒有思想的人不會懂

得生命的價值與人生的意義，也不會知道什麼值得快樂；什麼是幸福。因此，沒有思想的人就不是健康的人。

健康的人會重視身心的健康，也會重視金錢，不會忽視金錢，因為他懂得，有金錢才有食物和物質，才能滿足身心健康的需要。世界上有許多大富翁，即使身體不健康，也不會放棄賺錢。例如，人所共知的賈伯斯，到了生命的盡頭，還是繼續賺錢；還是鼓勵年輕人不要放棄賺錢。

健康的人會重視身心的健康，不會重視長壽，因為他知道，壽命是神安排的，不是人決定的。人可以維護自己身心的健康，但是，不管怎麼努力，也無法決定自己的壽命。健康是人的責任；長壽是神的旨意。長壽的人要感謝神的恩典；短命的人要順從神的安排。

你的健康是家人的幸福；你的不健康是家人的不幸。你要珍惜自己的健康；你要與家人分享健康的喜悅；你要趁著健康的時候，帶給家人快樂與幸福。你也必須照顧家人的健康；也要分享家人健康的快樂。如果一家人都健康快樂，就是一個幸福的家庭。

你萬一遭逢不健康，就不要讓家人分擔你的痛苦。病痛是人生最艱苦的挑戰，也是最艱難的考驗。在病痛中，你要把健康交給醫生；把生命交給上帝。你不能怨天尤人；你不能怪罪家人；你不能把痛苦轉移給家人。你無法控制身體的疼痛，但是，你可以控制心靈的痛苦。你要用精神的力量去克服身體的疼痛。

健康的人知道自己為什麼會健康；不健康的人不懂自己為什麼不健康。健康的人會身體與心靈同步成長；物質與精神共同充實；食物與思想同等重視。有些不健康的人只會重視身體、物質與食物；有些不健康的人只會重視物質了食物。你可以做一個健康的人，也可以做一個不健康的人，但是，你必須對自己的生命負全責！

05 我的健康維護

每一個人都希望健康長壽,但是,很少人能夠既健康又長壽。健康是自己可以維護的;長壽則由上帝決定的。有些人不重視健康,卻能長壽;有些人重視健康,卻無法長壽。因此,人只能盡人事聽天命,盡力維護自己的健康,而把壽命交給上帝。

每一個人都有自己的健康維護方式。有些人重視飲食;有些人重視運動;有些人重視心情。不管用什麼方式維持健康,每個人都有不同的健康狀況。有些人年紀輕就不健康;有些人年紀大還很健康。

我在退休之前,幾乎不重視健康的問題,也不在意健康的維護,甚至有點糟蹋自己的身體。退休之後,突然發現身體有些毛病;肝臟有些黑影。接著牙齒、眼睛和鼻子也有些問題。那個時候,我才意識到自己不再健康了。

於是,我開始關注自己的健康,也開始維護自己的健康。我完全不懂醫學,也沒有保健方面的常識。我是從哲學的思考,去了解健康維護的問題;去領悟健康維護的方法。

依我看來,人就像是宇宙與自然裏的一粒細沙,必須隨著自然的運作生活,日出而作,日入而息,吃自然的食物,開心工作,培養興趣,陶冶心性,自然能夠維持身心的健康。

規律生活是健康維護最重要的條件。如果生活不規律,晚睡晚起,經常熬夜,必會傷害健康。現在,我每天都在晚間 11:00 前上床睡覺;早上5:30 前起床。由於年紀大,不需要睡滿 8 小時,也不可以久臥床上。我堅持 6 小時的睡眠就已足夠。

人必須活動,才能維持生命的正常運作。除非臥病在床,否則,絕不能停止活動。我自從脊椎開刀之後,就不再能激烈運動,只能緩慢運動。

每天下午，我會在健身房慢跑約 30 分鐘，至少 3 公里。此外，晚上，我會去學校運動場慢走約 8,000 步。

飲食的品質和數量攸關健康維護至鉅。新鮮的食物和乾淨的飲水是維護健康不可缺少的條件。現代人的飲食有太多的有害物質和調味料，尤其是外食食品。現代人喜歡喝酒；喝汽水；喝加糖飲料，這些都有損健康。我除了與親友聚餐之外，會盡量在家作餐和用餐；盡量喝白開水；盡量食用自然和清淡的食物。

我認為，衛生習慣是維護健康的重要關鍵，而一般人常會忽略這個小細節。我特別重視衣服、毛巾、浴巾、踏墊等的換洗以及洗手、洗青菜水果、洗碗盤等的清潔。凡是有皮的水果，我都會削皮，即使芭樂也不例外。早上起床後，我會用鹽水漱口，再喝一小杯白開水。晚上睡覺前，我會泡澡至少 20 分鐘，直到冒汗為止。

身體的老化讓我不得不定期檢查身體，尤其是肝臟與腸胃的檢查。為了防範醫生的誤判，我會找兩位醫生診斷。每天我都會量血壓和血氧；每周都會量血糖。一發現有連續異常的現象，就會預約醫院看診。

寫作是我維護心理健康的手段。在寫作中，我會完全融入我的心靈世界，偶爾也會與神溫馨對話。在寫作時，我的心情會完全放鬆；我的精神會充滿活力。我不需要紓壓；不需要禪修；不需要上教堂，我只需要寫作。

這幾年來，我熱衷於山中步道和海邊小鎮的旅遊。在旅遊中，我讓自己的身體吸收新鮮的空氣；讓自己的心靈完全放空；讓自己接觸純樸的人們。每次從旅途回來，就有獲得重生般的感覺。

最近，我開始到度假處的 KTV 練習唱歌。我發現，唱歌可以讓自己開心，也可以強化自己的肺活量。不管歌喉好不好，唱音對不對，只要開懷唱歌，就有益身心。唱歌時，時間過得特別快，可見唱歌是不錯的娛樂，也是很好的健康維護方式。

我不知道自己的健康維護是否有效；我不知道自己是否能夠長壽，但是，我確信自己活得很健康，也很快樂，至少沒有病痛，也沒有煩憂。我只想健康的活著，不想還有多久的生命。我正踏踏實實地在過每一個日子。

每一個人都需要健康的身體與快樂的心情。人不能只有健康的身體，而沒有快樂的心情，也不能只有快樂的心情，而沒有健康的身體。我不知道自己的健康維護是否能夠提供別人參考，但是，我真的希望，能夠與別人分享健康的心得與樂趣。

06 心靈食糧　　　　　　　　　　　　　　　　2021/6/19

人的生命是由身體與心靈所構成。身體的健康與心靈的活力同等重要。大部分的人都知道身體健康的重要，只有少數人懂得心靈活力的重要。

身體的健康需要物質的食糧，也就是食物；心靈的活力需要精神的食糧，也就是思想。食物必須消化成養分，才會有助身體；知識必須轉化成思想，才會有益心靈。食物是有形的養分；思想是無形的養分，兩者都是維持生命的重要元素。

思想的培養，要靠知識的獲取、藝術的陶冶、宗教的信仰以及心靈的領悟。這些文化的涵養是藉由心靈的靜思，轉化成思想，再用思想去灌溉心靈，成為心靈的食糧。

知識的獲取，除了透過教育的管道學習之外，也要藉由自己的求知與閱讀，逐漸累積而成。閱讀是在學習別人的思想，也在塑造自己的思想。知識愈豐富，學習就愈有效，思想就愈充沛。

藝術的陶冶是美學思想的學習與實踐。藝術是一種美學；藝術創作是美學的實踐。有人懂得欣賞藝術；有人能夠創造藝術。不管是欣賞或是創造藝術，都要有美學的思想。

宗教的信仰是一種神秘的力量，能夠引領人了悟人生的真諦，塑造思想的原理。在神的面前，知識的高低，財富的多寡，權力的大小都無關重要。只有虔誠的心和專注的領悟，才能孕育心靈的食糧。

不管有多少的知識；多少的藝術；多少的信仰，如果沒有心靈的領悟，一切都是虛無。不管有多少的財富；多少的權力；多少的名氣，如果沒有心靈的領悟，心靈永遠空虛。心靈的領悟，需要用心思索；用心詮釋；用心建構。

思想是心靈的食糧，會讓人的心靈活躍；會讓人在意志上勇往直前；會讓人在行動上積極進取；會讓人在生活上力求平衡；會讓人的人生幸福快樂。人若是沒有思想，就會讓人的心靈枯竭；會讓人的意志消沉；會讓人的行為墮落；會讓人的生活失去均衡；會讓人的人生不幸痛苦。

身體或物質的食糧需要每天攝取；心靈或精神的食糧也需要每天吸收。缺乏物質食糧會飢餓，缺乏心靈食糧不會飢餓，所以人們只會重視物質食糧，不會重視心靈食糧。心靈食糧不會影響生命，也不會影響生活，但是，會影響心情，也會影響人生。

每一個人或多或少都有心靈的食糧，但是，只有很少人有豐富的心靈食糧。大多數的人都不承認自己缺乏心靈食糧的思想，只有極少數的人知道自己缺乏心靈食糧的思想。身體飢餓的人才有食慾；心靈飢餓的人才有知慾。如果有人不想接近思想；不想分享思想；不想創造思想，就是一個沒有心靈食糧的窮人。

07 心理諮商與思想改造 2021/5/30

生理醫師是在治療身體的病痛；心理諮商師是在處遇心靈的苦惱。身體有病痛要找醫師；心理有苦惱要找諮商師。

身體的病痛常常是外部造成的；心靈的苦惱往往是自己造成的。雖然心靈的苦惱常由外部的因素所引發，但是，根本的原因還是自己所造成。每一個人對相同的處境都有不同的感受，想法和做法。有些人會苦悶不堪；有些人則淡然處之。

每一個人都會有低潮；會有苦悶；會有憂慮；會有恐慌的時候。有人是短暫的;有人是長期的。但是,這些現象都不是心理障礙或是心理疾病,只是心靈的困擾。

人的心靈有種種不同的問題。有生活的問題；有婚姻的問題；有家人的問題；有朋友的問題；有經濟問題；有法律的問題；有政治的問題。有些人有單一的問題；有些人則有複數的問題。

心理諮商是透過語言和非語言的溝通方式，理解諮詢者的心理狀態以及形成心理問題的原因，而引導諮商者改變自己的認知，態度與行為的專業技術。

許多人都相信心理諮商師的角色與與功能。許多心理諮商師也都肯定自己的角色與功能。許多人會找心理諮商師療癒，並獲得良好的效果。許多心理諮商師也會有效處遇，幫助諮商者恢復正常。

其實，心靈的苦惱是可以自己克服的；是可以用思想療癒的。思想是心靈的主宰，也是行為的指針。如果有正能量的思想，就會有正向的想法與做法，就不會有心靈的苦惱。

改變思想就能改變心靈；改變心靈就可以改變行為；改變行為就可以改變人生。例如，如果有正確的婚姻思想，就會經營好自己的婚姻。若是遇到挫折，也能理性面對與解決，不會有心靈的苦惱。

身體的病痛要靠科學的技術，不能靠哲學的思想；心靈的苦惱要靠哲學的思想，不能靠科學的技術。心理諮商的理論再發達；心理諮商師的技術再優秀，都無法完全解決心靈的問題。

一切心靈的苦惱都來自思想的扭曲。解決心靈問題的最佳方法，就是思想改造。一旦遇到心靈的苦惱或是創傷，就要尋求思想的改造。靠人不如靠己；解鈴還需繫鈴人。如果無法改變自己的思想，光依賴心理諮商師的處遇，是難以徹底解決心理問題的。

08 情緒與行為　　　　　　　　　　　　　　　2021/11/13

情緒 (emotion) 是由刺激引發的身心激動狀態。喜、怒、哀、懼、惡、愛、恨、愁等均屬之。行為 (behavior) 是由動機引發的外顯動作。表情、聲音、姿態、言語、文字、行動等均屬之。動機 (motive) 是引起行為的內在驅力，也就是在內在情緒與外顯行為之間的調整狀態。

人非聖人，都會有心理與生理的情緒，尤其是負面情緒更為明顯。有些人能做好情緒的管控，會用各種方式或技巧，平穩自己的情緒。有些人則無法管控自己的情緒，而會將情緒直接反應到行為。

在情緒與行為之間，有一個動機的機制 (motive mechanism)，就是一般人所稱的情緒管理機制。如果能夠有效運用這個機制，就能控制行為的合理性。如果忽略了動機的機制，而讓情緒直接反應到行為，就容易產生錯誤的行為。

刺激愈大，情緒愈烈；情緒愈烈，動機愈強；動機愈強，就愈容易不考慮後果，而逕行付諸行動。負面性的刺激引發負面性的情緒；負面性的情緒引發負面性的動機；負面性的動機引發負面性的行為；負面性的行為引發負面性的後果。

我們無法避免負面性的刺激，也難以控制負面性的情緒。我們只能做好動機管理，調適情緒與行為之間的關係，不要引發負面性的行為。我們毋需壓抑情緒；我們必須控制動機。如果能夠有效控制動機，就能夠有效控制行為。

我們必須用理性的思考，去分析行為的利弊得失，尤其是負面性行為可能造成的影響。如果利大於弊，就可以採取行動，否則，就不能有所作為。理性思考不是輕易可以做到的，必須要有自己的思想與邏輯的訓練，才能運用自如，有效控制行為。

宗教大師要我們藉由禪修平靜情緒；專家學者要我們運用技巧管理情緒。在我看來，如果沒有思想，任何的方式或技巧都無法有效控制情緒。即使是修行之人或是博學之士，也常常無法控制自己的情緒，也難做出合理的行為。如果有堅定的思想，就比較容易控制情緒和行為。

由情緒直接反應的行為，第一是表情或姿態；第二是言語或文字；第三是動作或行為。對於強烈的情緒，有些人會直接以表情，聲音或言語表達，甚至會直接採取反應的行動。有些人則會在理性思考與調整策略之後，再以適當的言語、文字、動作，或其他方式對應。

有些人一旦引發負面的情緒，就會陷入苦惱的漩渦中，無法自拔。他們不會有動機，也不會有行為，只會浸泡在內在的情緒中，折磨自己。他會由負面情緒引發更多的負面情緒；由煩惱痛苦引發更多的煩惱痛苦。於是，產生了心理異常或是精神疾病的後遺症。

每一個人都有情緒，有好的情緒，有壞的情緒；有微弱的情緒，有激烈的情緒。有些人能夠控制情緒，有些人無法控制情緒。有些人因無法控制情緒，而蒙受打擊或損失；有些人因有效控制情緒，而且獲得讚美或利益。總之，在情緒與行為之間的動機管理，是有效控制情緒，採取適當行為的重要關鍵。當我們被情緒困擾的時候，就要靜下心來，以理性管理動機，調整行為，不要讓情緒直接發洩到行為上。唯有如此，才能讓自己的情緒平靜；才能讓自己的行為合理。

09 溝通與談心：理性與情性的矛盾　　2020/3/13

理性是依理論、原理、道理、推理、數理等去思考和行動的合理性。情性是以同理心、同情心、包容心、慈悲心、偏愛心等去思考和行動的情感。100% 理性的人就是純粹理性的人；50-99% 理性的人就是較理性的人。100% 情性的人就是純粹情性的人；50-99% 情性的人就是較情性的人。

人生而感性，隨著社會化逐漸趨向理性或情性。在真實的世界裏，幾乎沒有純粹理性的人，也沒有純粹情性的人。大部的人都是較理性的人或是較情性的人以及調和理性和情性的最適性的人。

溝通是差異想法的互換與選擇。談心是接近想法慰藉與鼓勵。溝通必須有主題，邏輯，比較和結論。談心則要有同理、同情、換位思考和將心比心。溝通是在建立普世的價值。談心是在建立深厚的情誼。

理論上，溝通是理性的的雙方依理性的方式互動，不能有絲毫情性的存在，否則，就無法建立絕對的價值。相反地，談心是情性的雙方依情性的方式互動，不能有點滴理性的存在，否則，就無法建立連帶的情感。

實際上，我們常會帶著部分的情性去溝通；帶著部分的理性去談心。帶著情性去溝通，常會扭曲想法的合理性；接受想法的不合理性。帶著理性去談心，常會以理逼人，而遭反彈。因此，理性的人很難與情性的人溝通或談心；情性的人也很難與理性的人溝通或談心。這就是理性與情性的矛盾；這就是溝通與談心的差異。

知識是用來溝通的；愛情是用來談心的。你必須用理性去溝通知識；用情性去談愛情。你若用情性去溝通知識，會一無所獲；你若用理性去談愛情，會嚇跑情人。

兒子與女兒是用來溝通的；老公與老婆是用來談心的。你必須用理性與兒子女兒溝通；你必須用情性與老公老婆談心。你若用情性與兒子女兒

溝通，他／她會爬到你的頭上；你若用理性與老公老婆談心，他／她會把你逐出家門。

人在快樂時，要與人溝通；在痛苦時，要找人談心。快樂時，不要找人談心；痛苦時，不要與人溝通。快樂能幫助你溝通；談心能減輕你痛苦。

不管是溝通還是談心，請務必把握一個原則：想法要堅定，態度要柔和。你會傷害人，不是你的想法太偏激，而是你的態度太激烈。你會被傷害，不是對方的想法太偏激，而是對方的態度太激烈。雙方若能採取溫柔的態度去溝通或談心，就不會彼此傷害。

我用理性與你們溝通：用情性與你們談心。我用溫和的文字與你們溝通；用溫柔的態度與你們談心。希望你們在與我溝通時，能多一些些的理性；在與我談心時，能多一點點的情性。若能如此，我們就可以獲得更大的進步和更多的溫馨。

⑩　分享物質與分享精神　2021/12/14

所謂分享 (sharing)，就是讓自己與別人一起享受快樂。你可以把快樂的事物與別人分享；別人也可以把快樂的事物與你分享。一個事物可以由一個人獨享；可以由兩個人分享；可以由許多人共享。

分享有兩種：第一是物質的分享；第二是精神的分享。前者如美食、美酒、服飾、日用品、交通工具等的分享；後者如知識、技術、思想、音樂、藝術等的分享。

分享物質要用生理的知覺去感受；分享精神要用心理的思索去感受。知覺可以不加思索；思索必須要有思想。分享物質是容易的；分享精神是困難的。一般人大都只能分享物質，無法分享精神。

分享物質有競合性，亦即多一人分享，就少一人分享。譬如說，兩個人分享一塊蛋糕，要比三個人分享一塊蛋糕，有更多的享受。如果十個人分享一塊蛋糕，則幾乎無法享受。又如三個人共乘一輛計程車，能夠享受共乘的樂趣，如果四個人以上共乘一輛計程車，不僅無法享受，更是一種痛苦。

分享精神則無競合性，亦即不管多少人分享，都不影響分享者的享受。譬如說，一個資訊或一篇文章可以分享兩個人，也可以分享千萬個人。分享精神不會因分享者的增加，而減少享受的程度，甚至會因分享者的增加，而提高分享的樂趣。

分享物質只能與少數人分享；分享精神可以與多數人分享。分享物質是情誼；分享精神是美德。分享物質是短暫；分享精神是長久。分享物質有利少數人；分享精神有利多數人，甚至有利社會、世界或全人類。凡人分享物質；智者分享精神。

把自己認為美好的事物與別人分享是美德；分享別人認為美好的事物是心境。你必須懂得事物的美好，才能與別人分享。你不能似懂非懂事物的美好，就與別人分享。別人必須懂得事物的美好，才能與你分享。別人若不懂事物的美好，就無法與你分享。

自己要懂得，才能讓別人懂得。自己要快樂，才能讓別人快樂。自己要能分享別人，才能讓別人分享你。我因懂得而寫文章，所以才讓別人分享我的文章。我因寫文章而快樂，所以才讓別人分享我的快樂。我因喜歡分享別人的文章，所以才讓別人分享我的文章。

不管是分享物質還是分享精神，分享總會帶來快樂。與別人分享快樂，會使自己的快樂更加快樂。與別人分享思想，會使自己的思想更有思想。你若想做一個快樂的人，就要與別人分享快樂；你若想做一個有思想的人，就要與別人分享思想。

你要帶著快樂的心，與別人分享物質或精神；你要帶著感謝的心，分享別人的物質或精神。你不要捨不得或難為情與別人分享；你不要無視或冷漠對待別人的分享。美好的事物因有你的分享，而更加美好；這個世界因有人的分享，而更加美麗。

11　把心收回　　　　　　　　2021/6/18

身體與心靈是相對的存在。身體是有形的存在；心靈是無形的存在。身體是動的；心靈是靜的。身動才能活；心靜才能思。身動心失；身靜心思。

這是一個「快轉人生」的時代。人人都在追求快速動作；快速學習；快速閱讀；快速完成；快速成長；快速成功。人人都重視身體的動；忽略心靈的靜；只重視知覺，忽略心覺；只知身的存在，忘了心的存在。

現代人已經將自己的心靈封鎖，失去用心思索的耐性。以閱讀為例，大部分的人都只看網路的訊息，不讀出版的書籍；只讀短文，不讀長文；只用眼睛看，不用心靈想；只重視有形的東西，不重視無形的思想。

其實，閱讀是視覺與心覺的連動。只用身體的視覺閱讀文字，不用心靈的思索了解文意，就無法真知真懂。要用視覺與心覺去閱讀，才能享受閱讀的樂趣與喜悅。

有些人讀了很多書，看了很多文，卻無法懂得核心的思想。有些人寫了很多文，出了很多書，卻無法表達核心的思想。文不在長而在精。讀文章要徹底了解作者的核心思想；寫文章要清楚表達自己的核心思想。

疫情期間，許多人的身體被囚禁在家裏，心靈卻飄出家門外，形成體中無心或心不附體的畸人 (freak)。身體不動；心靈不思。於是，開口亂罵人；寫文亂嗆人；轉傳假消息；製造社會動亂。

不管疫情多險峻；世界多混亂，都要讓自己的身靜定；都要把自己的心找回；都要使自己的心專注。既然活著，就應該思索生命，生活與人生的相關問題。例如，生命是什麼？要如何生活？人生的意義和價值是什麼？

在回答這個三個問題之前，必須清楚定義這三個名詞。依我個人的詮釋，生命就是有活力的存在；生活就是維持生命的條件；人生就是從出生到死亡的歷程。

生命是神（超自然的力量）決定的，無人了解生命從何處來，往那裏去。每一個人都必須盡力維護自己的生命，這是做為一個人必須承擔的責任。生命有身體的生命與心靈的生命。每一個人都必須維護自己的身體與心靈的活力。人就是為活而活，此外無他。

生活是自己創造的，每一個人都有自己的生活模式與生活條件。生活不僅在滿足身體的活力，也在滿足心靈的活力；不僅要有富裕的物質生活，也要有豐富的精神生活。要如何生活是自己決定的，不是別人決定的，沒有一定的生活法則。

人生的意義是自己認定的；人生的價值是別人認定的。只要自己認為有意義，人生就有意義；別人認為有價值，人生才有價值。你若要追求有意義的人生，就不必在乎別人的看法；你若要追求有價值的人生，就要在意別人的評價。

請你把自己的心收回，想想自己要追求什麼樣的人生。你可以愛自己、肯定自己、為自己而活，而享有有意義的人生。你可以愛別人、被認同、被欣賞，而享有有價值的人生。你可以追求有意義的人生；你可以追求有價值的人生；你可以追求有意義又有價值的人生。

12 旅途

當我感到心煩苦悶或是孤獨寂寞時，最想搭上遠程的列車，朝向未知的遠方。

在旅途中，我會遇到一些人；我會看到一些事；我會用到一些物。這些人事物對我都是陌生；都是新奇；都值得學習；都值得探索。

在旅途中，我會主動親近人群，不會孤獨；我會跟上腳步，不會落單；我會嘗試新鮮，不會厭膩；我會保持忙碌，不會懶散。

在旅途中，我會看到不同的街道；我會看到不同的山林；我會看到不同的海洋；我會看到不同的人群；我會聽到不同的語言；我會呼吸到不同的空氣；我會吃到不同的食物。

在旅途中，我會參觀各種博物館、美術館、紀念館、圖書館、展示館、水族館、音樂廳、遊樂園以及古老的教堂和歷史的遺跡。我會有各種不同的衝擊，也會有各種不同的收穫。

在旅途中，我會忘掉過去的痛苦，享受眼前的快樂；我會拋下過去的愛恨情仇，建立新的人際關係；我會從過去的絕望中，燃起希望的光芒。

在旅途中，我不僅會用身體去感觸，也會用心靈去思索；我不僅會經驗美麗的人事物，也會經驗醜陋的人事物；我不僅會學習新事物，也會創造新事物。

在每一天的旅途中，我會記錄或是拍攝接觸到的每一個人；看到的每一個景；聽到的每一件事；用到的每一件物；吃到的每一道菜。當旅遊結束後，我會加以整理，並編寫成冊。

當我結束旅程回到家裏，可以像走馬燈般地回憶旅途中的一切，包括美好與醜陋；愉悅與氣憤；所見所聞與所思所為。這些記憶將永遠留在我的心中，陪伴我走未來的路。

旅途是由陌生到熟悉的路途；旅途是一種感動、感發、探索與成長。不管是獨自一人旅行，還是與伴侶同遊，我都會在旅途中認真學習；都會在旅途中享受人生的美好。

13 旅遊與拍照
2021/10/2

我不是一個喜歡旅遊的人，即使退休之後，也不經常旅遊。但是，一年半前，為了療癒喪母之痛，而開始安排到處旅遊。由於疫情的緣故，無法出國旅遊，只能在臺灣各地旅遊。

我也不是一個喜愛拍照的人，即使用手機拍照十分方便，也不常拍照，尤其不喜歡拍個人照。但是，在旅遊途中，看到許多美景；吃到許多美食；走到許多步道，偶爾就順手拍了幾張照片。在不知不覺之中，慢慢養成拍照的習慣。

我更不是一個善於拍照的人，即使拍一個人像，也無法拍得很好，還會被人嫌棄。但是，拍久了，逐漸有了一些心得。拍景物時，要有意境；拍人物時，要有情境。

現在，我好像喜歡上旅遊和拍照。每一個月，我都會安排一次周日出發周五回來的六日之旅。這樣可以避免交通的阻塞和景點的擁擠，也比較容易訂到較好和較便宜的飯店。我喜愛走步道，通常都會選擇有步道的景點。

我喜歡住在有景觀的飯店，可以看山、看海、看樹林、看花草。走在林中的步道上，可以與自然為伍，聽到蟲鳴鳥叫，看到溪中的魚游，吸到新鮮的空氣。漫步在海邊的沙灘上，可以聽到海濤的聲音，欣賞落日的餘暉，看到作業的魚船。徜徉在街道上，可以遇到各種的人群，吃到新奇的美食，享受鄉間的純樸。

至於拍照，我會拍景物，很少拍人物。我不喜歡別人拍我，因為我不太會擺 Pose。當我為別人拍照時，我會依自己的美感，調整拍照的角度，而不會要別人擺姿勢。當我看到一個吸引我的景物，我會立刻想到有什麼意境，然後，選一個角度拍照。

每次旅遊回來，我會花些時間整理相片，刪除大部分的相片，只留下比較滿意的相片。此外，我會將這些相片編號，例如，「2021/9/26 屏東之旅」相片 1：勝利星村；相片 2：六堆客家文化園區。我要讓每一張相片都留有意境或是情境，供作日後的回憶。

在我現在的人生中，每一次旅遊和每一張相片都是一次生活的體驗，也是一個美好的回憶。我不知道，自己還能享有多少這種日子。但是，只要能多一次旅遊，我就會珍惜；只要能多拍一張相片，我就不會放棄。

臺灣是我的家鄉。我有責任認識它、了解它、發掘它。不管是美的、醜的、獨特的、平凡的，我都要以自己的思想去觀察它、詮釋它、愛護它。這塊土地與我息息相關，我生在此地；長在此地，長眠此地，也會轉世此地。除了愛它，我沒有其他的選擇。

在旅遊中拍照，就像在咖啡中加美酒，不僅能唇齒留香，也能留下美好回憶。如果人生像一趟漫長的旅行，那麼，旅遊就是一次短暫的旅途；拍照就是每一次旅行的點滴。我將這些旅遊的相片連結成人生的紀錄，讓自己的人生不要留白。

14　欣賞音樂

2021/5/2

雖然很少人懂得音樂，但是，大部分的人都喜歡欣賞音樂。欣賞音樂，有人在療癒心靈；有人在自我學習；有人在消磨時間。欣賞音樂，有人會感動；有人會領悟；有人會睡著。

如果懂得樂理，就更能欣賞樂曲的美妙；就更能享受音樂的樂趣。若懂得樂曲的創作背景與故事內容，再去聆聽音樂，就會有意想不到的感動與震撼。

欣賞音樂要閉著眼睛靜靜聆聽音樂，與曲調合為一體；分享創作者的心聲；紓發自己心中的感受。

不管是流行音樂還是古典音樂；不管是本土音樂還是外來音樂，音樂就是音樂，沒有高雅或俗氣。欣賞音樂可以聽樂曲；可以聽歌詞，兩者都具有心理療癒的效果。

有研究指出，欣賞音樂有增進認知、減低壓力、增強記憶、克服疼痛、幫助睡眠、提升動力、減輕憂鬱等功能。

我不懂音樂治療的理論，只從個人的體驗，可以感受到音樂的好處與樂趣。當我孤獨的時候，音樂可以陪伴我；當我失意的時候，音樂可以鼓勵我；當我傷心的時候，音樂可以安慰我；當我激動的時候，音樂可以舒緩我。

欣賞音樂有益身心的健康，也能豐富生活的內涵。欣賞音樂可以培養好的心情；好的心情可以增進生活的樂趣。有音樂陪伴，就可以看到美好的世界；就可以享有精彩的人生。

有人喜歡古典音樂；有人喜歡流行音樂；有人喜歡民謠音樂；有人喜歡爵士音樂；有人喜歡搖滾音樂；有人喜歡抒情音樂。喜歡的音樂跟年齡、個性、感情或情境有關，但是，除非是專業的音樂家，一般人只要自己喜歡的音樂，就有療癒的功效。

除了聆聽音樂，有些人也喜歡唱歌。唱歌有歌曲，也有歌詞，不僅有音韻之美，也有意境之美，可以同時享受音樂與詞句的樂趣。用自己的聲音將歌詞的感情紓發出來，即便是音痴，也能自得其樂。

思想是藝術的靈魂；音樂是藝術，也是思想。懂得欣賞音樂，就懂得欣賞思想；懂得欣賞思想，就懂得欣賞音樂。如果會用音樂美化人，就會用思想擁抱人生。

15 享受咖啡 2020/11/9

對現代人來說，咖啡已經是生活的必需品；喝咖啡已經是生活的日常。每一天，每一個人都在喝咖啡。有人喝名貴的咖啡；有人喝廉價的咖啡。有人懂得咖啡，也能享受咖啡；有人不懂咖啡，也不能享受咖啡。

我不知道咖啡對健康是否有幫助，但是，我確信咖啡可以提神。我也不太在意沖咖啡的技巧，只知道熱水要由中心往外圈繞，再繞回中心。我通常喝黑咖啡，偶爾加上一點白蘭地或威士忌。

由於每一個人的口味和美感不同，我認為，只要自己覺得好喝，就是一杯好咖啡。有許多專家告訴我們沖咖啡的技巧；有很多雅士告訴我們喝咖啡的美學。但是，我認為，只要自己喝得滿意；喝得愉悅，就享有喝咖啡的好處。

懂得咖啡技術和具有美學素養的達人，確實可以享受咖啡的美味與美感。不懂咖啡又無美感的人，再好的咖啡也只能喝出苦澀的味道。咖啡的好與壞，不在咖啡，而在喝者的素養。不管是優質或是劣質的咖啡，你若精於沖泡的技術，就能沖泡出一杯好咖啡。

享受咖啡，不僅是要品嚐咖啡的美味，也要加入你的思想，與咖啡一起對話；與咖啡一起融入快樂的時光。能夠讓你享受的咖啡，不是高價的咖啡；不是名人加持的咖啡，而是一顆懂得咖啡的心。

你可以在家裏喝咖啡；可以在簡陋的咖啡店喝咖啡；可以在華麗的咖啡館喝咖啡；可以在風光明媚的草地上喝咖啡。在不同的地方喝咖啡，會有不同的感覺；會有不同的心情。

在咖啡館中，你可以思索或幻想；可以讀書或寫作；可以凝視窗外的街景；可以低聲與人交談；可以癡癡的等人。你不能在咖啡館中，大聲說話、開會討論或是讓小孩亂跑或哭鬧。

你可以獨自喝咖啡；你可以與友人一起喝咖啡。如果你能找到一個懂得咖啡，又懂得你的人一起喝咖啡，更能享受喝咖啡的樂趣。

咖啡不僅是一種飲料，也是一種美食。沖咖啡不僅是一種技術，也是一種美學。喝咖啡不僅是在解渴，也是在享受。咖啡館不僅是喝咖啡的地方，也是心靈療癒的地方。

咖啡、咖啡館和喝咖啡的人三位一體。好的咖啡、好的咖啡館和懂咖啡的人三者必須結合，才能享受到喝咖啡的美好與樂趣。總之，享受咖啡是一種哲學；一種美學；一種激動的心。

16 早場電影 2021/3/27

看電影不僅是享受，也是學習。可以享受視覺與聽覺的樂趣；可以學習電影的哲理與美學。

電影有早場電影；有午場電影；晚場電影；有深夜場電影。各場電影有各特色；都可依自己喜好選擇。

我喜歡看早場電影。可以不要排隊買票；可以有優惠票價；可以選擇喜歡的坐位，而且觀眾少，染疫的機率比較小。

我喜歡看早場電影。前面無人阻擋我的視線；兩旁沒有討厭的人；後面沒有踢我後座的人。

我喜歡看早場電影。不必在乎別人；不怕擋住別人；不會打擾別人。

我喜歡看早場電影。電影好像只為我放映；我可以專心聽英語；我可以隨心做筆記。

我喜歡看早場電影。我有較佳的領悟力；我有較好的思索力；我有較強的創造力。

早場電影好處多。退休族不受時間限制，應該要多利用；應該要多珍惜。

最近，疫情十分嚴重，看電影成為危險的娛樂，尤其在周末假日，風險更高。但是，電影的放映期間有限，現在如果不看，就無法再欣賞了。因此，若能利用早場電影去觀賞，應是不錯的點子。有些電影院已經不再放映早場電影，實在可惜。

我家住中山區，到欣欣秀泰影城看電影很方便。我要看早場電影時，會先到附近的 Starbucks 吃早餐，再到林森公園繞幾圈，然後購票入場觀賞。

早場電影已經成為我生活中的小樂趣，不僅能夠享受電影美學，也能夠激發思想創意。我樂此不疲。

或許有人不知道早場電影的好處；或許有人無法享受早場電影的樂趣。但是，你不妨試試；你不妨看看；你不妨體驗自己的感受。

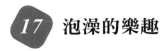 **17　泡澡的樂趣**　2021/2/25

泡澡有益生理的健康，也有助心理的健康。根據我查到的資料，泡澡有七大功效：第一是促進血液循環；第二是改善肌膚；第三是消除水腫；第四是放鬆身體；第五是釋放壓力；第六是促進免疫能力；第七是淨化血液。

我不懂醫學,不知道泡澡對健康有什麼好處。但是,我以自己的體驗,發現泡澡對身體的確有幫助。我通常都會在晚上休息前洗澡和泡澡,至少 30 分鐘。這是我一天中最愉快的時間,也是我很容易入睡的原因。我想藉這篇文章,分享我的對泡澡的感受。

有些人喜歡泡澡;有些人不喜歡泡澡;有些人能享受泡澡;有些人不能享受泡澡。有些人家有浴缸,也不泡澡;有些人不泡澡,而跑去泡湯。其實,家裏應該買個浴缸,如果喜歡泡湯,也可以加入泡澡劑或溫泉劑,泡起來會更加舒服。

其實,泡澡不只是洗滌身體,也在療癒身心的疲憊和享受短暫的愉悅。浸泡在滿水的浴缸中,可以檢視身體的變化;可以欣賞身體的美麗;可以想像夢中的情人;可以哼唱喜愛的歌曲;可以構思文章的內容;可以規劃隔天的活動;可以幻想未來的理想。

在不知不覺間,全身會發熱,汗水會不斷流出,好像把身體內部的髒東西完全排出體外。此時,人會感覺到,自己是健康而且有活力,好像換了一個新的生命。

泡完澡,擦乾身體,換上睡衣,躲進溫暖的被窩裏,可以感受到一身的舒暢,享受一夜的好眠。在夏天,泡完澡走進冷氣房間裏,更是舒服,更是享受。

如果為了節約用水,可以一家人共同享用浴缸的水,讓每一個家人都可以享受泡澡的樂趣。家人在泡澡前要先洗淨身體;在泡澡後也要洗淨身體,所以浴缸的水是不會弄髒的。

泡澡真的有許多益處。你只要在自家的浴室裏,裝個浴缸,就可以天天享受泡澡的樂趣。有一天,你或許也會愛上這種既方便,又健康的日常生活。

18 人體病毒與心靈病毒

2020/3/29

健康的身體、充實的心靈與富足的財物是評定幸福的三大指標。沒有健康的身體，就難有充實的心靈和富足的財物；沒有充實的心靈，就會影響身體的健康和財物的追求；沒有富足的財物，卻能有健康的身體和充實的心靈。因此，身體的健康和心靈的充實同等重要，兩者皆凌駕財物的富足。然而，科技的進步與經濟的發展卻將人類帶往一個重視財物忽視身心的世界。個人為了追求財物，可以不顧身體的健康與心靈的充實。國家為了經濟成長，可以犧牲國民的健康與精神。

病毒有兩種：人體的病毒與心靈的病毒，前者有各種不同的病毒；後者只有邪惡一種病毒。我們可以統稱人體病毒為病毒；簡稱心靈病毒為邪惡。病毒在腐蝕人體；邪惡在腐化心靈，前者可以觀察到；後者則無法觀察。病毒會平等傷害任何人，不管地位多高，名氣多大，財富多多，都平等的機會染病。邪惡則只會傷害特定的人，尤其是有道德良知的人（良知者），處於劣勢的人以及懵懂無知的人。邪惡者害怕病毒，無懼良知；良知者害怕邪惡，無懼病毒。病毒是後天的，可以用有效的疫苗和藥劑加以消滅；邪惡是先天的，沒有方法可以完全消除。

病毒只會停留一段期間，不會永久存在。人類曾經遭受無數次的疫情，都能安然度過，都能再創文明。人類不會被病毒擊敗，也不會被疫情擊垮。時至今日，人類已發展出更好的防疫和抗疫對策。除了疫苗和藥劑的研發之外，保健醫療人力、設施、設備和用品的充實、政府的嚴格管控、財政的有力支援以及社會的制裁力量等，都能有效對抗病毒、消弭疫情。

良知者都會保護自己的健康，履行社會的責任。當疫情發生時，良知者會誠實面對自己與社會；都會對自己與社會負責；都會尊重自己與社會；都會遵守社會正義與法律規範。有接觸感染者的人都會自主隔離和接受檢疫。有病狀或確診的人都會住院接受治療。如果社會成員都是良知者，不健康或是有風險的人都不會外出；會外出的人都是健

康和無風險的人。如此，所有的職場，商場，學校和景點都是健康的人，沒有不健康的人。人人都可工作照做，購物照買，課業照上，旅遊照去，日子照過。人們的生活不會受影響，經濟活動不會停頓，政府財政不會被拖垮。

當疫情發生時，邪惡者會乘機製造更多的邪惡。有人會隱瞞旅遊史或接觸的事實；有人會逃避居家隔離；有人會拒絕定期檢疫；有人會帶著病毒到處趴趴走；有人會製造假訊息；有人會違法發災難財；有人會掀起政治的風暴。有些國家會隱匿病情；有些國家會草菅人命；有些國家會發佈假數據；有些國家會怪罪他國；有些國家會藉機勒索；有些國家甚至會會發動戰爭，舒緩國內的壓力。在一個邪惡的社會裏，疫情愈嚴峻，邪惡就愈橫行。邪惡使人類的健康受到更大的威脅；使經濟的發展受更大的打擊；使世界的秩序陷入更大的混亂。

我無法猜測病毒是來自自然，動物或是人類，但是，人類必須負起最終的責任。如果人類不破壞自然環境；如果人類能重視衛生保健；如果人類不研發生化武器，相信病毒就不會產生，疫情就不會出現。是邪惡者蘊釀了病毒；是邪惡的國家製造了病毒。病毒與邪惡息息相關，環環相扣。如果人類無法摒棄邪惡，病毒將一次比一次可怕；疫情將一次比一次嚴重；禍害將一次比一次巨大。

每次疫情發生時，總會有人提出呼籲，要人類反省和改變。有人主張人人平等論；有人主張運命共同體；有人主張健康維護論；有人主張反物質主義；有人主張反經濟成長；有人主張家庭連帶。同時，也有人呼籲要感恩富足的生活；有人呼籲要人類在迷失中放下腳步，思考什麼是人類重要的事；有人呼籲要重新評估生命的價值；有人呼籲要改變習以為常的生活方式；有人呼籲要用愛擁抱世界，把世界帶回最初的原貌。

人類是否會從病毒的挑戰中得到教訓，反省與改變？我說不會，而且永遠不會。因為良知只會在悲劇中產生，不會在喜劇中出現。人類會很快忘記疫情的恐懼與痛苦以及在恐懼與痛苦中愛的呼喚。當疫情消失了，災難過去了，富足出現了，歡樂降臨了，邪惡的心意就會蠢蠢欲動；邪惡的行為就會躍躍欲試；邪惡將會取代良知；貪婪，剝削和掠奪將會再現；疫情、天災和戰爭將會重演。

人類的歷史是一種良知與邪惡的循環；繁榮與災難的循環；毀滅與再生的循環。人類因良知而創造繁榮；因邪惡而遭受災難；因毀滅而再造生機。每一個人都在這些循環中求生與自保。我們不必害怕，也無法逃避疫情，天災，戰爭或其他的災難。這些災難都與人類共存，不會分離。這些災難都在挑戰人類的智慧與良知；都在挑戰之後，給予人類反省和改變的機會。人類因災難而更有智慧與良知；因災難而更加進步與繁榮。如果人類的智慧與良知無法克服這些災難，就是世界末日的到來。

請不要爭購防疫用品與日用品；請不要在乎每日確診和死亡的人數；請不要轉傳防疫和疫情的假資訊；請不要批評或讚揚他國的防疫措施；請不要為了少數邪惡者，犧牲多數良知者的正常生活；請不要為了保護自己，禁止外人入境。如果不健康的人都不外出；如果入境的外人都強制隔離 14 天，就不必封城，禁止健康的人外出；就不必封境，禁止健康的外人入境。防疫是個人的事；抗疫是政府的事。我們應該藉這一次疫情，讓國人學習自我防疫之道；讓政府學習獨立抗疫之策。國人必須學習做個有良知的自己；政府必須學習做個有尊嚴的領導者。

第**8**章

經濟生活

01 經濟生活 I

經濟生活有四個層面：第一是所得的賺取；第二是資產的配置；第三是財物的購買；第四是勞務的購買。所得有勞動所得，事業所得，財產交易所得，移轉所得等。資產有動產（存款、保險等），不動產（土地、房屋等）和資本財（股票、投資等）。財物有耐久財、消費財、半耐久財、貴金屬、收藏品等。勞務有教育、醫療、休閒、通訊、美容、諮詢等。

所謂財產是指可以貨幣化的資產和財物的總值扣除稅金和借貸等負儲蓄所得的淨值。由於不動產、資本財、貴金屬、收藏品的價值和價格是變動的，所以財產淨值無法正確估計，只能粗算。你只能說大約有多少財產。你不能說有多少財產。財產只有自己知道，別人無法確知，政府也無法掌控。

富裕與貧窮應該以財產淨值作為判定的依據，不能以年度所得作為判定依據。高財產者不一定是高所得者；高所得者也不一定是高財產者。富裕與貧窮並無客觀的標準，只有主觀的認定。有人認為有 1 億元的淨財產就是富裕；有人認為要有 10 億的淨財產才是富裕；有人認為有 1,000 萬以下淨財產就是貧窮；有人認為沒有任何財產才算貧窮。如果你要說：某人很富裕，就必須先說：富裕的標準是多少。如果你要說：某人很貧窮，也必須先說：貧窮的標準是多少。

我們可以從實際生活的感受中擬定一個判斷貧富的標準。如果可以確定全國平均每戶的淨財產，那麼，就可以依此標準區分為富裕，普通和貧窮三個等級。假設全國平均每戶的淨財產是 3,000 萬元，那麼，低於此一標準者就是貧窮；高於此一標準者就是普通；超過此一標準 N 倍者就是富裕。如果淨財產超過 N 億元就是超級富裕。

金錢是投資和購物的工具，是享受生活和追求幸福的依據。「有錢不一定幸福」這句話是富人說給窮人聽的安慰話，也是窮人說給自己聽的安慰話。富人說：即使不幸福也要有錢；窮人說：既然不幸福何必有錢。於是，富人愈有錢；窮人愈沒錢。

金錢非萬能卻可依賴。如果沒有人可依賴，就必須依賴錢。錢不會背叛人；人會背叛錢。金錢是最好的朋友，能在你需要的時候幫助你，拯救你，也可以在別人需要的時候幫助人，拯救人。

金錢多寡與夠不夠用或滿不滿足無關。有人追求奢華生活，錢再多也不夠用，也不滿足；有人追求平凡生活，錢不多也夠用，也會滿足。你可以當個會賺錢也會花錢的富人；你可以當個會賺錢不會花錢的富人；你可以當個不會賺錢也不會花錢的普通人；你就是不可以當個會花錢不會賺錢的窮人。

金錢是用來使用的，不是用來存放的；財物是用來享受的，不是用來炫耀的。賺錢要重視數量；花錢要重視品質。富而吝嗇是不值；富而驕傲是不智。

要為工作而賺錢，不要為賺錢而工作。要讓金錢跟你來，不要讓你跟錢跑。金錢是自己努力的報酬。能賺到的錢不要放棄；不能賺到的錢不要強求。該賺的錢一分不漏；不該賺的錢一毛不取。該賺而不賺是偷懶；不該賺而賺是貪婪。

被人當富人比被人當窮人好；有錢臭屁比無錢乞憐好；會賺錢比會省錢好。如果你無法成為富人，就必須努力使自己不要成為窮人。

 ## 經濟生活 II

2019/10/22

購買財物和勞務有四個目的：擁有、使用、欣賞和享有。所謂擁有是金錢、財物、知識、技能等的所有權；所謂使用是有利的運用；所謂欣賞是美的喜悅；所謂享有是心理的滿足。有人擁有卻不享有；有人雖未擁有卻能享有。

大部分的財物和勞務是來使用的。從住宅、汽車、沙發，到服飾、食物、食品等財物以及教育、醫療、休閒、美容等勞務都是來使用的。有些財

物和勞務則是用來欣賞的,例如,貴金屬、藝術品、收藏品、裝飾品等財物以及參觀博物館、聽演唱會、欣賞藝術作品等都是用來欣賞的。使用財物和勞務可以滿足生理的需求,也可以滿足心理的需求;欣賞財物和勞務只能滿足心理的需求。

有些財物和勞務是多種功能,例如汽事可以用來上下班、上下學、做生意、運貨、旅遊等;旅遊可以用來參觀、教育、購物、美食等;育則具有知識、技能、人格、照顧等功能。有些勞務是無形的。購買醫療卻看不到醫療;購買教育卻看不到教育;購買諮詢卻看不到諮詢。但是看不到卻可享受到。看不到醫療卻有益身體的健康;看不到教育卻能增進知識和技能;看不到諮詢卻能獲得心理的健全。

在一定預算下,財物和勞務的價格若低於享有的效用,就有購買的動機。價格和效用的差距愈大,購買或不購買的意願就愈強烈。由於每一個人的慾望和價值觀不同,對於同一價格或不同價格的同種商品的購買意願都不一樣。高品質低價格的商品不一定賣得好;低品質高價格的商品不一定賣得差。

一般說來,高價格的商品不一定是高品質,但是,高品質的商品肯定是高價格。有些人重視品質;有些人重視價格。重視品質者較不在乎價格;重視價格者較不在乎品質。在一定預算下,對於多種功能和長期使用的財物要重視品質;單一功能和單次使用的財物則要重視價格。至於教育,醫療,休閒等勞務就必須重視品質。

購買財物和勞務不在價格貴不貴,而在於享有值不值。值得的財物和勞務再高價都應該購買;不值得的財物和勞務再便宜都不該購買。應該購買而不購買就是節省;不該購買而購買就是浪費。一般說來,多種功能的商品比單一功能的商品值得購買;長期使用的商品比短期使用的商品值得購買;經常使用的商品比偶爾使用的商品值得購買。

購買財物要懂得美化。購買住宅要懂得裝潢;購買汽車要懂得保養;購買服飾要懂得搭配;購買書籍要懂得閱讀;購買食物要懂得烹調。購買

勞務則要捨得。教育服務不能少；醫療服務不能省；休閒旅遊不能缺；化妝美容不能無；通訊諮詢不能免。

有人重視金錢；有人重視財物；有人重視勞務。擁有金錢只能擁有存款數字；擁有財物可以享有生理和心理的滿足；擁有勞務則可以享有知識，健康和良好的人際。該擁有而不擁有是節省；不該擁有而擁有是奢侈；擁有而不享有是浪費；享有而不擁有是聰慧。為了留給子女金錢而省吃儉用；為了不該的享有而借錢購物；為了擁有而不享有都不是理性行為，也不是幸福的人生。

要用財物和勞務製造快樂，不要用財物和勞務製造痛苦。擁有健康就要享有生命；擁有財富就要享有生活；擁有工作就要享有勞動；擁有知識就要享有文化；擁有婚姻就要享有家庭；擁有幸福就要享有快樂。你若不享有，就不必擁有；你若不擁有，就不必購買。

我們都在追求自己沒有的東西，都在毀滅自己擁有的東西。我們都在抱怨得到的東西，都在美化失去的東西。擁有而不珍惜；失去而不放棄，結果是擁有變失去；失去永不回。我們必須在得與失之間取得平衡，珍惜自己擁有的；放空自己失去的。

03　實質財富　　　　2021/5/21

物質是指動產、不動產、資本財以及生活必需品等。精神是指道德正義、宗教信仰、藝術文化以及人文思想等。金錢是物質財富的主要依據；思想是精神財富的重要指標。

人是由肉體與心靈所構成。肉體需要物質的滋養；心靈需要精神的培育。人生的目的就是在追求物質與精神的富足。物質財富與精神財富的總和，就是一個人的實質財富。

物質與金錢是有形的；精神與思想是無形的。一般人只看到物質與金錢的財富，看不到精神與思想的財富。大家都知道物質與金錢的重要性，只有少數人懂得精神與思想的必要性。大家都在累積物質與金錢的財富，只有少數人在累積精神與思想的財富。

有些人有很多的物質或金錢財富，卻有很少的精神或思想財富；有些人有很多的精神與思想的財富，卻有很少的物質與金錢財富；有些人有很多的物資與金錢財富，也有很多的精神與思想財富；有些人則有很少的物質與金錢財富，也有很少的精神與思想財富。

實質財富愈多，人生的價值就愈高；實質財富愈少，人生的價值就愈低。物質財富和精神財富同時增加，就能累積實質財富；就能提升人生的價值。有充足實質財富的人，必能保護自己安全；必能追求自己的幸福。

我們要增加物質財富，也要增加精神財富。我們不能只重視物質財富，忽略精神財富。我們不能只重視金錢；忽略思想。當我們無法增加物質財富時，就要增加精神財富。我們不能減少物質財富，又減少精神財富。

我們要多做些有益社會的事；我們要多參與宗教的活動；我們要多創作藝術的作品；我們要多撰寫思想的文章。只要我們想做；只要我們能做，就要立即做，不要錯過。我們要時時刻刻充實自己的精神財富；我們要不斷累積自己的精神財富。

物質財富與精神財富同等重要。我們不能只看重別人的物質財富；我們不能輕視別人的精神財富。物質與精神兼俱；金錢與思想兼備的人，才值得被尊重。只有物質財富，沒有精神財富的人就不值得被尊重。

社會的實質財富是國民物質財富與精神財富的總和，而不只是國民生產總值或是是國民所得淨額。社會的道德正義，宗教信仰，藝術文化以及人文思想的水準，都是重要的實質財富。一個只有物質財富沒有精神財富的社會，就不是一個進步文明的社會。

有實質財富的社會是由有實質財富的國民所構成。如果大部分的國民都有充足的實質財富，社會自然會有充足的實質財富。如果自己沒有充足的實質財富，就沒有資格要求社會有充足的實質財富。我們在批評社會之前，必須反躬自省，自己是否是有充足的實質財富。

04 關於金錢　　　　　　　　　　　　　　2021/3/13

人人都需要金錢；人人都關心金錢；人人都愛金錢；人人都想要賺錢。大家都知道，有錢真好；有錢才有幸福。但是，對於金錢的本質與價值，卻因人而異。有人拼命賺錢，拚命存錢；有人拼命賺錢，拼命花錢。到底哪種做法比較正確，沒有人說得準。關於金錢，每個人都有自己的想法與用法；每個人都認為自己的想法與用法是正確。

在這篇文章中，我要分享我的三個觀點，供讀者參考。第一是金錢與長壽；第二是金錢與知識；第三是金錢與正義。人人都希望自己既有錢又長壽；既有錢又有知識；既有錢又有正義。但是，在面對賺錢與長壽、賺錢與求知、賺錢與正義的選擇時，你會如何抉擇？這是一個值得思考的問題。

賺錢的多寡是人決定的；生命的長短是神安排的。人可以追求金錢，無法追求長壽。有些人是會賺錢但不長壽；有些人是長壽但不會賺錢，只有極少數的人既會賺錢又能長壽。就是人生的價值而言，靠自己賺錢比靠神明長壽更容易，也更有意義。人可以要求自己的努力，無法要求神明的恩賜。

許多人都記得，曾經創造巨富而早逝的賈伯斯，卻很少人知道，長壽卻不會賺錢的韋恩（蘋果的共同創辦人）。你或許會想當賈伯斯；你或許想當韋恩。你可以認同賺錢比長壽重要；你們可以主張長壽比賺錢重要，你不能認為賺錢與長壽都不重要。就我的觀點，應該是賺錢

比長壽重要，因為神明不會因為你會賺錢，而給你短命，也不會因為你不會賺錢，而給你長壽。金錢與壽命無關。人只能盡力賺錢，而把壽命交給神明。

金錢與知識都是生活的必需品。賺錢與求知都是人生的基本價值。在每一個人的一生中，幾乎都在努力賺錢；都在不斷求知。其實，生活上所必需的金錢和知識是有限的，大可不必無限的賺取和追求。因此，才會有人主張：金錢夠用就好；知識足夠就好。

如果每一個人都只賺取自己夠用的金錢和知識，社會上就不會有多餘的金錢和知識。社會就不會成長與進步。賺錢和求知或許不是為了社會，但是，多餘的金錢和知識確實造就了社會的發展。金錢夠用就好，是富人安慰窮人的話，也是窮人自我安慰的話。知識足夠就好，是智者安慰愚者的話，也是愚者自我安慰的話。

如果你是一個有能力賺錢的人，一定不會放棄任何賺錢的機會。如果你是一個有能力求知的人，一定不會放棄任何求知的機會。賺錢與知識都是人生的價值；都是生命賦與的任務。沒有人有權利放棄賺錢；沒有人有權利停止求知。

金錢是有形的；正義是無形。金錢有助生活；正義無助生活。因此，一般人在面對金錢與正義的選擇時，大部分的人都會選擇金錢，不選擇正義，只有少數人會犧牲金錢，選擇正義。這是人之常情，無可厚非。可見一般人都重視金錢，忽視正義。

為了金錢捨棄正義會助長邪惡；為了正義捨棄金錢會增進善良。如果你要自己多一些善良，少一點邪惡就必須選擇正義，拒絕金錢。如果違反道德、正義和或法律，不管有多少金錢的誘惑，你都應該選擇正義，拒絕金錢。

金錢是用來生活的，也是用來追求幸福的。人不能沒有金錢；不能說金錢不重要。但是，在選擇金錢與長壽時，你要選擇金錢；在選擇金錢與知識時，你可以同時選擇金錢與知識；在選擇金錢與正義時，你

要選擇正義。關於金錢這件事，你可以贊成我的觀點；可以反對我的觀點，但是，你一定要有自己的想法；一定要有自己的理由。

05 健康與財富 2022/7/19

幸福是良好的存在或是美好的生活。幸福是自己對健康、財富和快樂的自我評價。如果完美的健康是 100，自己的健康是 80，那麼，健康的幸福係數就是 0.8。你可以用相同的方法，去評量財富的幸福係數與快樂的幸福係數。最後，再評量出自己的幸福係數。

人生的目的在追求幸福。若不追求幸福，就沒有存在或人生的意義。所謂無求無憂的箴言，只是針對弱者的安慰話，不是處事的真理。人若無所求，就無所有，就無以為生。因此，只要活著，就必須追求健康、財富與快樂。這是做為一個人的責任，也是幸福人生的基本條件。

健康、財富與快樂是彼此不相關的領域。追求健康，不會讓自己更富裕，也不會讓自己更快樂；追求財富，不會讓自己更健康，也不會讓自己更快樂；追求快樂，不會讓自己更健康，也不會讓自己更富裕。你追求健康才會健康；追求財富才能富裕；追求快樂才會快樂。

健康、財富與快樂同等重要。健康不會比財富重要；財富不會比快樂重要；快樂不會比健康重要。有人比較重視健康；有人比較重視財富；有人比較重視快樂。你不能說，比較重視健康的人比比較重視財富的人，或是比較重視快樂的人更幸福。你不能說，比較重視財富的人比比較重視健康的人，或是比較重視快樂的人更幸福。你不能說，比較重視快樂的人比比較重視健康的人，或是比較重視財富的人幸福。

每個人都希望能夠健健的活著；能夠富裕的生活；能夠快樂的過日子。但是，只有少數人能夠享有這樣的幸福。有些人健康但不富裕；有些人富裕但不健康；有些人健康但不快樂；有些人富裕但不快樂；有些人快

樂但不健康；有些人快樂但不富裕。不管多麼努力追求，人就是這樣的
不完美。

健康的人往往抱怨財富不夠多；富裕的人常常抱怨健康不夠好；快樂的
人總會抱怨生命不夠長。人在死亡之前，才會知道財富和快樂都不重
要，只有健康長壽才值得追求。他寧願用所有的財富換取一天的生命，
不願犧牲一天的健康換取所有的財富。於是，他會告誡人們，要珍惜健
康，不要追求財富。

幸福只存在活著的人，不存在死亡的人。人生的意義只存在活著的時
候，不存在死亡之後。只要在有生之年，能夠健康、富裕和快樂的活著，
就是幸福的人；就是有意義的人生。每個人走到人生的盡頭，都必須放
棄所有的人事物；都無法帶走任何的人事物，這就是人生的定律。你不
能說，反正到頭來都是一無所有，何必努力擁有。你追求；你擁有，不
是為了要帶走，而是為了要享有。你要用財富維護健康；製造快樂；享
受幸福。

其實，對於活在現實生活中的人而言，財富才是最重要的，因為沒有充
裕的財富，就難以享受幸福的生活。如果你問一個窮人，什麼是最重要
的東西？他的答覆肯定是財富，而不是健康或快樂。相反地，你若問一
個富人，什麼是最重要的東西，他的答覆一定是健康和快樂，而不是財
富。你不能用富人的想法安慰窮人；你不能用窮人的想法稱讚富人。

依我看來，健康的好壞與生命的長短是神決定的，不是人決定的。儘管
醫學技術可以延長人類的壽命，但是，無法讓人健康，也無法讓人快
樂。當然，人人都應該重視自己的健康；都應該增加自己的快樂。但是，
對個人來說，最能追求和掌握的就是財富。如果連財富都懶得追求，那
人生還有什麼價值？

我要強調的是，生為一個人，就必須追求自己的幸福，也就是要追求
健康、財富與快樂，不能只追求健康或快樂，不追求財富。由於追求
財富需要智慧與勇氣，不是人人都能追求得到。一般人只能得到足夠

生活的財富，無法擁有鉅額的財富，所以只能安慰自己，無求無憂；
健康最好。

你可以主張健康的重要，不能否定財富的價值。財富不重要是富人說的
話，不是凡人說的話，更不是窮人說的話。如果你不是一個富裕的人；
如果你不是一個賺錢高手，就好好珍惜自己的身體；就好好維護自己的
健康，不要跟著富人喊：財富不重要。

06 財富與權力

2021/6/10

財富 (wealth) 是有價物質或資源的大量擁有 (a great quantity of valuable
material possessions it resources)。權力 (power) 是對他人具有的影響力或
支配力 (having great influence or control over others)。剝削 (exploitation)
是自私或不道德的利用 (to make use of selfishly or unethically)。剝奪
(deprivation) 是從他人取得地位或權力 (to take position or power from
others)。

健康、知識、情感、財富與權力是人類與生俱來的慾望，也是追求幸福
人生的目標。前三者取自自己，無損他人；後二者則是取自他人，也有
損他人。財富是剝削他人得到的；權力是剝奪他人得到的。財富和權力
都具有自私性，排他性，競爭性，攻擊性與不道德性的共同本質。

財富來自剩餘價值的剝削，是以較低成本換取較高價格，賺取利潤，累
積而成。資本家會以優勢的資本進行不自由的競爭，不公平的交易和不
合理的分配。資本家會從勞動市場和商品市場中進行剝削；會從金融市
場和公共財政中進行剝削。市場經濟提供了弱肉強食的剝削，使富者愈
富，使貧者愈貧。

權力是從掌權者手中剝奪而來，也就是要以更大的力量奪取既有的權
力。剝奪者可以利用民眾的力量，可以利用金錢的力量，可以利用軍隊

的力量，可以利用假資訊的力量，也可以利用綜合的力量去剝奪權力。民主政治提供了權力鬥爭的剝奪，使有智慧，有道德和有能力的人失去了權力，使無智慧，無道德和無能力的人掌握了權力。

財富與權力的貪婪永無止境；剝削與剝奪的手段益形激烈。富裕者有了一億元就想要十億元；有了十億元就想要百億元；有了百億元就想要千億元；有了千億元就想要兆億元。掌權者當了里長就想當議員；當了議員就想當立委；當了立委就想當縣市長；當了縣市長就想當總統；當了總統就想當世界領袖。為了追求更多的財富，剝削的手段更加多元；為了追求更大的權力，剝奪的手段更加殘酷。

財富與權力本是同根生，恰似雙胞胎，有了財富就會想要權力；有了權力就會想要財富。富裕者會以財富追求權力，再以權力保障財富；掌權者會以權力追求財富，再以財富鞏固權力。富裕者會成為掌權者，至少會與掌權者掛勾，成為同夥。掌權者會成為富裕者，至少會與富裕者掛勾，成為同夥。

富裕者與掌權者一旦獲得財富或取得權力，就會盛氣凌人，不可一世。他們會把被剝削者視為賤民；把支持者視為草履。他們會忘掉是給了他們財富，也會忘掉是誰給了他們權力。他們會用財富去霸凌被剝削者，也會用權力去壓迫支持者。他們會形成一個具有優越感的優秀階級。

富裕者和掌權者會世襲財富與權力，也會世襲優越意識。他們會用財富和權力去培育富裕和掌權的子女，也會塑造有優越意識的子女。他們甚至會用不道德和不正義的手段幫助子女獲得財富、取得權力、享受優越。他們會把自己的作為合理化、合法化和正當化。

有人用經濟力操作政治，讓政治為經濟服務；有人用政治力操作經濟，讓經濟為政治服務。他們把經濟和政治結合；把財富和權力結合；把剝削和剝奪結合；把不道德和不正義結合，並將這種結合推到國家和國際的層次。

我們必須把經濟回歸經濟，把政治回歸政治；把財富回歸市場正義（自由競爭，公平交易和合理分配），把權力回歸政治正義（基本人權，民主政治和法律治理）。我們必須把財富的剝削者逐出市場，把權力的剝奪者逐出政壇，把財富和權力的結合者逐出社會。我們要讓富裕者獲得尊敬；讓掌權者獲得遵從。

07　時間與金錢　　2022/2/3

人生最重要的兩種財富就是時間與金錢，前者是無形的；後者是有形的。一般人只知道有形的金錢，而忽略了無形的時間；只重視金錢的追求，而忽視時間的珍惜。時間是減法；金錢是加法。每一個人的一生都有一定量的時間庫存，每過了一秒，時間庫存就減少一秒。每一個人的金錢是自己累積的，多存一塊錢，財富庫存就多一塊錢。

人從出生那一刻開始計時，直到死亡那一瞬才停止計時。人從踏進社會開始賺錢，直到退休才停止賺錢。（當然也有人會在退休後繼續賺錢）時間會伴人全部人生，金錢只會伴人部分人生。當人躺在病床上，只能擁有時間，無法使用金錢。人無法決定自己要擁有多少時間，但是，人可以自己決定自己要擁有多少金錢。

每一個人的每一天都擁有 24 小時；每一個人的人生都擁有不同的時間。每一個人的每一天都會賺取不同的金錢；每一個人的人生都會擁有不同的金錢。相同的時間造就不同的金錢；不同的金錢造就不同的人生。擁有相同時間的人，不一定擁有相同的金錢；擁有相同金錢的人不一定擁有相同時間。每一個人都希望擁有很長的時間，又擁有很多的金錢。

每一個人有不同的時間觀；都有不同的金錢觀。每一個人都用不同的方法使用時間；都用不同的方法運用金錢。有人用時間賺取金錢；有人用金錢賺取金錢；無人能用金錢賺取時間；無人能用時間賺取時間。

如果不能用時間賺取金錢，也不能用金錢賺取金錢，那麼，人生就難有幸福。

時間無法保留，儲存或累積，也無法交易。金錢可以保留，儲存或累積，也可以交易。每一秒的時間都在消失，現在不用就立刻成為過去，再也無法取得。人只要肯努力，就可以賺到金錢；只要肯儲存，就可以累積金錢。每一個人都有自己的時間，只能自己使用，無法贈與別人。金錢可以自己使用，也可以贈與別人使用。

應該使用時間而不使用時間，就是時間的浪費；不應該使用金錢而使用金錢，就是金錢的浪費。人常在不知不覺中浪費時間，也會在不知不覺中浪費金錢。浪費金錢之後，往往會心疼或後悔；浪費時間之後，常常不會心疼或後悔。浪費時間無法追回；浪費金錢可以賺回。

時間是上帝免費提供的；金錢是自己努力賺取的，所以一般人都不珍惜免費的時間，只重視必須努力賺取的金錢。大家都知道，時間就是金錢，但是，只有少數人懂得珍惜時間。大家都也知道，不能浪費金錢，但是，只有少數人懂得不能浪費時間。時間與金錢一樣重要。人要重視金錢，也要重視時間。

一般說來，重視時間的人，也會重視金錢；不重視時間的人，也不會重視金錢。善於運用時間的人，也善於使用金錢；不善運用時間的人，也不善使用金錢。會遵守時間的人，也會控制金錢；會控制金錢的人，也會遵守時間。我們可以從一個人對時間與金錢的觀念與態度，判斷他的人生。

當一個人從勞動市場退休，不能繼續賺錢時，就要好好珍惜時間。尤其是愈接近人生的終點，就愈要充分運用每一分每一秒，不能浪費。有些人會因來日不多，而無所事事地等待死亡。那是最不智的行為，也是對最後人生的踐踏。不管自己還有多少時間可以運用，都要珍惜時間到最後一刻。

時間只會減少不會增加。度過一天，人生就減少一天；過完一年，人生就減少一年。金錢可能會減少；可能會增加；可能會用完；可能會留下。當人離世時，他的時間就結束。人無法留下時間，只能留下金錢。

時間就像列車，在人的面前呼嘯而過。人只能與時間錯身而過，無法與時間並行，也無法與時間競賽，更無法追逐時間。人只能在遇到時間的那剎那，充分使用，否則，時間就會一閃而過。當時間錯過，就永遠不會再回來。金錢是人創造的；是人追求的；是人累積的。金錢在等待人，不是人在等待金錢。人必須重視金錢，才會追求金錢；必須追求金錢，才能得到金錢。

時間與金錢是人生的兩件寶。懂得時間與金錢的重要，就會利用時間創造金錢；利用金錢創造幸福，這就是人生的基本道理。因此，不必請教專家如何追求幸福，也不必閱讀幸福的相關資訊。只要深刻體會時間與金錢的重要，好好善用時間，努力追求金錢，人生就會有幸福。

08 金錢與知識　　　　　　　　　　　　　2021/3/13

金錢與知識都是生活的必需品。賺錢與求知都是人生的基本價值。在每一個人的一生中，幾乎都在努力賺錢；都在不斷求知。

有人利用金錢求取知識；有人利用知識賺取金錢。有人利用金錢墮落自己；有人利用知識為非作歹。金錢與知識都像是一把利刃，用對了有益自己與社會；用錯了，有害自己與社會。

一般人求知是為了賺錢，但是，賺錢不是為了求知。大部分的人在賺到金錢之後，會再賺取更多的金錢，不會求取更多的知識。一般人從學校畢業之後，就不再求取知識，因為知識對賺錢的幫助不大，而賺錢則是人生最大的目。每個人在有生之年，都在追求金錢，永不終止。

以追求知識為志業的人，雖然賺不到很多金錢，卻能甘之如飴，孜孜不倦地追求知識。他們不會接受利誘，也不會屈服壓力，只會堅持信念，依理行事。但是，仍有一些高級知識份子，會為了經濟利益或政治權力，而停止知識的追求，甚至背叛自己的理想，出賣自己靈魂。

其實，生活上所必需的金錢和知識是有限的，大可不必無限的賺取和追求。因此，才有人主張：金錢夠用就好；知識足夠就好。有人甚至認為，無限賺取金錢是貪婪；無限求取知識沒必要。

如果每一個人都只賺取自己夠用的金錢和知識，社會上就不會有多餘的金錢和知識。社會就不會成長與進步。賺錢和求知或許不是為了社會，但是，多餘的金錢和知識確實造就了社會的發展。

金錢夠用就好，是富人安慰窮人的話，也是窮人自我安慰的話。知識足夠就好，是智者安慰愚者的話，也是愚者自我安慰的話。要知道，富人永遠不會放棄金錢的追求；智者永遠不會放棄知識的追求。

你或許不是富人；或許不是智者，但是，如果你是一個有能力賺錢的人，一定不會放棄任何賺錢的機會。如果你是一個有能力求知的人，一定不會放棄任何求知的機會。

賺錢與求知都是人生的價值；都是生命賦與的任務。沒有人有權利放棄賺錢；沒有人有權利停止求知。只要活著；只要有能力，就必須努力賺錢；就必須努力求知。這就是生命的價值；這就是人生的意義。

金錢是物質食糧；知識是精神食糧。物質在維護身體的健康；精神在維護心靈的健康。身體和心靈的健康才是真正的健康。每個人都應該不斷的賺取金錢；不停的求取知識。做一個有金錢和有知識的人，才是真正的幸福。

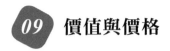

09 價值與價格

2021/3/24

價值 (value) 是值得擁有者使用或對擁有者具有的重要性 (worth in usefulness or importance to the possessor)。易言之，就是使用或享受的效用 (utility)。價格是財物的貨幣數量 (the sum of money for something)。簡言之，就是價值的貨幣化。

所謂效用，就是慾望的滿足程度。財物的邊際效用原則上是遞減的。同種財物的擁有量愈多，邊際效用就愈低。但是，有些財物，例如藝術品或知識等的邊際效用則會遞增。擁有愈多，邊際效用就愈高。

每一個人都會以自己的效用，去評定財物的價值，再以價值去決定財物的價格。效用愈高，價值愈高；價值愈高，價格愈高。由於每一個人對同種財物的效用不同，價值也不一樣，所以願意支付的價格也不一致。以同樣價格購買同種財物，有人認為值得，有人認為不值得；有人覺得便宜，有人覺得貴；有人會購買，有人不會購買。

我們常會說：某種財物很貴或很便宜。那是根據個人的效用觀和價值觀去評定的，不是財物本身的貴或便宜。我認為貴的東西，你或許認為便宜；我認為便宜的東西，你或許認為貴。每一個人的心中都有一把尺，會理性的去評估東西的貴賤。

有些人只會斤斤計較財物的價格，而忽略了財物的效用和價值。有些人會花了許多時間成本或是交通費用去購買便宜財物（所謂的貨比三家不吃虧），卻買到不良品，甚至被詐騙。如果購買一種財物只重價格，不顧價值，價格再便宜也是浪費。

AB 兩人各以同樣價格各買一條魚回家，A 把魚做出一道佳餚；B 則將魚烤成焦魚。用同樣價格購買同樣的魚，對 A 是值得的；對 B 是浪費的。學生繳了相同的學費。有些學生認真上課，學到很多知識；有些學生經常翹課，學不到任何知識。對認真的學生而言，學費是便宜的；對翹課的學生來說，學費是昂貴的。

財物與金錢息息相關，道理也一樣。金錢也有價值與價格，前者是使用的效用；後者是貨幣的數量。貨幣的邊際效用會遞增，但是，達到某一水準後，就會遞減。當貨幣的邊際效用遞增時，對財物的價格比較敏感；當貨幣的邊際效用遞減時，對財物的價格就比較不敏感。錢愈多的人愈會重視價值，愈不在乎價格，就是這個道理。

賺取任何金錢都必有所犧牲（如智力、體力、心力、時間等的損失）。使用金錢的正效用減去犧牲的負效用，就是金錢的淨價值。如果金錢的淨價值是正，就值得賺取；如果金錢的淨價值為負，就不值得賺取。大部分的人都重視金錢的價格或數量，只有少數人重視金錢的價值或效用。因此，有人犧牲健康，也要拼命賺錢；有人省吃儉用，也要拼命存錢。

有人會使用金錢去投資，賺取更多金錢；有會使用金錢去消費，享受物質生活；有人會用金錢去做公益，獲得社會名聲；有人會用金錢去儲存或是投保，領取利息或是給付；有人會用金錢去從事非法活動，賺取黑錢。每一個人都有不同的金錢使用方法；每一個人都有不同的金錢使用效用。

大部分的人都喜歡買到便宜的價格，卻很少人懂得享受財物的價值。大部分的人都希望賺取較多金錢的數量，卻很少人懂得享受金錢的價值。懂得購買財物價格的技巧，不如懂得享受財物價值的效用；懂得賺取金錢價格的技巧，不如懂得享受金錢價值的效用。大家都必須懂得價值與價格的原理；大家都必須懂得購物與賺錢之道。這樣才是理性的消費者；這樣才是聰明的賺錢者。

 10 有金錢才有生活的自由 2021/5/27

金錢是在滿足生活的需求。生活是食、衣、住、行、育、樂、醫的內容與品質。金錢是有限的；生活需求是無限的。人人都想吃美食、穿

華服、住豪宅、高教育、到處旅遊，以及好醫療。但是，由於金錢的不足，往往無法享有好的生活。

如果金錢足夠用，就可以享有生活的自由。生活的自由是安排食衣住行育樂醫的自由，不是為所欲為或者放縱慾望的自由。有人可以不受金錢的約束，享受自由的生活；有人則受金錢的限制，無法享有生活的自由。

人人都喜愛金錢；人人都在追求金錢。估且不論金錢哪裏來；估且不談如何賺到錢，純就金錢本身的價值而言，金錢確實很重要；賺錢確實是大事。有金錢才有生活的自由；無金錢就沒有生活的自由。

有些人因金錢而生活困頓；有些人因金錢而憂鬱寡歡；有些人因金錢而出賣自己；有些人因金錢而朋友反目；有些人因金錢而夫妻分離；有些人因金錢而殺人洩憤。金錢不僅左右生活，也影響身心，決定人生的幸與不幸。

如果買東西要先看價錢；如果會因小折扣或是贈送禮而購買；如果會為區區幾塊錢而與人爭執；如果會因孩子的教育費用而發愁；如果會因零用錢的多寡而與伴侶吵架；如果會因金錢而無購買想要的服飾或是化妝品；如果會因金錢的因素而放棄擁有，就是沒有生活的自由。

有錢才有自由；無錢就沒有自由。有錢可以自由選擇；有錢可以自由購買；有錢可以自由旅遊；有錢可以自由生活。有錢才能不看別人的臉色；有錢才能享有別人的人尊重；有錢才能拒絕別人的要求；有錢才能隨心所欲，心想事成。

有點錢卻無很多錢的人才會說：金錢不重要；金錢不能帶來快樂；金錢不能給人幸福。他們衣食無憂，只要壓低生活的慾望，就能活得自在。他們不知富人的樂；他們不知窮人的苦；他們只知道自己的感受。

有錢萬事通；無錢萬事難。富人和窮人都知道金錢的重要，只是富人會努力賺錢；窮人會怨天尤人。富而無驕；貧而無諂，最是可貴。如果富人不狂妄自大；窮人不要阿諛奉承。如果富人能體恤窮人，幫助

窮人；窮人能學習富人，發奮圖強，分配不公平和社會不平等的問題就可以解決。

金錢要取之有道。人不能違法取財；人不能剝削他人。若以不義之財充實生活，自己不會快樂；若以不義之財幫助別人，別人不會感謝。

你可以滿足自己的金錢；你可以滿足自己的生活，你不能說金錢不重要；你不能說金錢無法買幸福。金錢很重要。有金錢才有生活的自由；有生活的自由才有幸福的人生。

 11 **理性消費的時代** 2021/3/30

在一個封閉的市場裏，既無多種可供選擇的商品，也無充分可供參考的資訊。消費者只有買與不買的選擇，沒有買什麼與不買什麼的選擇。在一個自由的市場裏，既有多種可供選擇的商品，也有充分可供參考的資訊。消費者可以根據自己的判斷，選擇商品和購買商品。理性消費的時代已經來臨；理性的消費形態已經形成。

人人都希望在商品市場中，買到高品質和低價格的商品。但是，高品質的商品常常是高價格；低價格的商品往往是低品質。如果重視品質，就不要在乎價格；如果重視價格，就不要在意品質。這是一般的消費原理。如果你要在意品質，又要在乎價格，就會有「買了會後悔；不買會惋惜」的結果。

所謂理性消費，就是依據效用理論決定消費的行為。品質是用來使用的，會有使用的正效用；價格是用來支付的，會有犧牲的負效用。品質的正效用減去價格的負效用，就是消費的淨效用。如果消費的淨效用為正數，就值得購買；如果消費的淨效用為負數，就不值得購買。

每一個人對商品品質和商品價格的效用評估都不一樣。對於相同的商品品質，有人會有很高的效用；有人會有很低的效用。對於一樣的商品價

格，有人會認為很貴；有人會覺得很便宜。使用效用高的人，就會以較高的價格購買；使用效用低的人，就會以較低的價格購買。價格效用（或貨幣效用）低的人，就會以較高的價格購買；價格效用高的人，就會以較低的價格購買。

在商品市場中，如果有兩種商品可以選擇，消費者就會根據自己對兩種商品的消費淨效用，去做比較和做選擇，購買較好的商品。如果市場中有多種可供選擇的商品，消費者就會個別評估，加以比較，再決定最好的商品。

理性消費者會在購買前，評估商品品質與商品價格的效用，而在面臨選擇時，當機立斷，快速決定。相反地，非理性消費者則不會評估效用，也不會比較效用，而會猶豫不決，無法決定。理性消費不是天生的才能，而是後天的培訓。把理性的消費行為變成一種習慣，久而久之，就會成為一個理性的消費者。

有些人重視商品品質；有些重視商品價格；有些人重視品質，也重視價格。重視品質的人若無完全滿意的商品，就不會購買。重視價格的人若不買到最低價格，就不會購買。至於既重品質也重價格的人，則會挑三揀四，嫌東嫌西，結果還是不會買。

有些人不重視品質，也不重視價格，只要喜歡就會購買。他們都抱著早買早享受的心態去購物。他們通常具有喜新厭舊的個性，喜歡汰舊換新。凡是有更新更好的商品出現，就會搶著購買。對於舊的商品，都會捨得丟棄，不會斷捨難。

如果預算有限，就要採取精挑細選的消費方式。如果預算無限，就可以採取隨意購買的消費方式。不管採用何種方式消費，都要在當下買下較好或是最好的商品。消費者無法買到永遠最好的商品，只能買到當下最好的商品。

我們每天都在購物，但是，很少人會注意到自己的消費行為。每一個人都認為自己是購物高手，卻不知道如何評估商品效用。這是一個理性消

費的時代，必須學習和運用理性消費的技巧，才能在商品市場中，買到最好的商品；才能在生活中，享受物質生活的樂趣。

12 有需要才購買 2021/11/29

人因生活的需要，所以購買財物。生活的需要有食、衣、住、行、育、樂、醫等。購買的財物有物質性、金融性，服務性等。需要有緊急性、短期性、長期性、永久性等。購買則有高價性、平價性、廉價性、免費性等。

需要是心理的需求，可以用效用測定。例如，強烈的需要可以用 100 個單位以上的效用去測定；微弱的需要可以用 10 單位以下的效用去測定。購買是財物的交換，一般是用貨幣衡量。例如，價格在萬元以上的財物是高價；百元以下的財物是低價。

效用愈高的財物，愈值得購買；愈值得用高價購買。效用愈低的財物，愈不值得購買；愈不值得用高價購買。如果購買效用很低的財物或是用高價購買低效用的財物，就是浪費。在我們的生活中，常常會不知不覺地浪費許多金錢、時間與精神去購買財物。

我常把經濟學的原理，運用在我的購買行為上。關於食品、日用品、衣服、耐久財、旅遊、醫療等方面的需要，我都會依據「有需要才購買」的效用原理去購買。我的生活需求與購買方式或許與人不同，但是，我的消費原理或許可以提供讀者參考。

在食品的購買上，我會將下周所需要的食品，在本周日購足。我會先扣除外食的次數，計算在家做飯所需要的食材。如果本周有剩餘的食品，我會儘快用完，再用新買的食品。我不會多買食品，也不會囤積食品。我會用「周清」的方式，購買和使用食品。

在日用品的購買上，我會依照實際的需要購買必需品，不會購買不需要的家庭用品或廚房用具。如果要購買新的器具，我就會丟棄舊的器具。我不會將舊的和新的一起使用。如果市場上有更先進的產品上市，我就會購買，而把舊的東西淘汰。

在衣服的購買上，我對衣服的需求不高，所以很少購買新衣。但是，如果要購買新衣服，我會選擇好搭配和好質料的衣服，而不是名牌或高價的衣服。我會將不需要的衣服送去回收，控制一定數量的衣服。有些人會覺得衣服總是少一件，而不斷地購買新衣服，有些衣服很少穿著，甚至只穿一次，就吊掛在衣架上或收藏在衣櫃裏，而造成不必要的浪費。

在耐久財的購買上，我需要比較新型的產品或是比較安全牢固的產品。例如，購買汽車、冰箱、洗衣機或其他家電用品，我會選擇知名度較高或是價格較貴的新產品。好商品的使用期限較長，而且也比較安全，雖然價格較貴也是值得。

在旅遊的消費上，我認為，旅遊是從離開家到回到家的連貫過程，不僅要看景點，也要享受住宿與美食。因此，我會選擇較高檔的飯店和餐廳，享受旅遊的樂趣。我喜歡旅遊，也捨得花費金錢在旅遊上。我偏好優質的旅遊，不重視旅遊的次數。我寧願以兩次旅遊的經費，換一次優質的旅遊。

性別、年齡、婚姻、教育、職業、經濟狀況、人際關係等的不同，生活需要與購買行為也各不相同。你需要的，別人不一定需要；你購買的，別人不一定購買。你不能以自己為需要，去評論別人的需要；你不能以自己的觀點，去評論別人的購買行為。但是，如果自己不懂得自己的需要；不能夠有效購買財物，就是生活的無感；就是金錢的浪費。

13 節省與浪費 2022/9/5

我們常聽到，要節省不要浪費的話。所謂節省就是避免浪費 (avoid the waste)；所謂浪費就是無用的消費、花費或從事 (to consume, spend，or employ uselessly)。節省與浪費是相對的概念。節省的人就不會浪費；浪費的人就不會節省。

節省與浪費之間的最大差別，就在有用與無用、有需要與無需要，高效用與低效用或是值得與不值得的判斷。有用、有需要、高效用或值得的花費就是節省；無用、無需要、低效用或不值得的花費就是浪費。由於每個人對有用與無用、有需要與無需要、高效用與低效用或是值得與不值得的認知不同，所以節省或浪費就沒有一定的判定標準。有人花 1 萬元買一件衣服，認為效用很高，沒有浪費；有人花 1 千元買件衣服，卻覺得效用很低，很浪費。因此，節省與浪費的區別是值不值得，不是錢多錢少。

節省是美德；浪費惡習。這是國人根深蒂固的觀念，也是人生勵志的雋語。不管富裕或貧窮，人就是要節省不能浪費。但是，過度強調節省的結果，常變成小氣或吝嗇，也常造成生活品質的低落。至於浪費，是從別人的角度去看，不是從自己的立場去想，因為沒有人會故意浪費自己的金錢。每個人都會認為值得才去花費；都會認為效用高才會多花費。因此，勸人要節省不浪費，是沒有意義的。

財富的多寡決定金錢效用的高低。財富愈多，金錢效用愈低 。例如，富人花費 1,000 元的負效用就比窮人花費 100 元的負效用更低，更值得。如果富人與窮人一樣花費 1,000 元，窮人的負效用就比富人的負效用更高，更不值得。富人花費 1 億元買下一棟住宅，或許會認為很節省，而窮人花費 3,000 萬元買下一棟住宅，或許會認為很浪費。

節省與浪費不分貧富。有些富人也很節省；有些窮人也很浪費。富人節省不是美德，而是價值觀，因為他認為，不管多富裕，生活就是要省

吃儉用，不能浪費。窮人浪費不是惡習，而是價值觀，因為他認為，不管多窮困，生活就是要有一定的品質，不能節省。有些億萬富翁寧願住在破舊的房子，也不願意搬家。有些窮人寧願貸款，也要住在像樣的房子。事情沒有對錯，只有價值觀的不同。

我們常以自己的價值觀，去評論別人是否節省或浪費。我們常會調侃節省的富人不值得；指責浪費的窮人是罪惡。如果富人省吃儉用，留下鉅額遺產給後代，一定有人笑他傻。其實，富人有錢要怎麼花、怎麼存；怎麼省、怎麼留，都是富人自己的事，別人不必多言。如果窮人領了救濟金或捐助款，卻不用於生活必需品，而用於飲酒作樂，就會受到攻擊。其實，金錢移轉到窮人手中，就屬於窮人所有。他會依照自己的價值觀去使用金錢，別人不必置喙。

如果每一個人都節省不浪費，社會上就沒有大幅的消費。沒有大幅的消費，就沒有大量的生產；沒有大量的生產，就沒有經濟的成長；沒有經濟的成長，就沒有富裕的社會。相反地，適度的浪費則能促進消費和生產，加速經濟的成長和國民所得的增加，締造社會與國家的繁榮富強。就此觀點論之，節省是惡習，浪費才是美德。

使用金錢的關鍵問題不在節省或浪費，而是最適花費。所謂最適就是既非節省，也不是浪費的狀態。套用經濟學的術語，就是邊際效用的最大化，也就是每增加一元的花費，所能增加的效用達到最大的狀態。譬如說，到賣場購物，在一定的預算下，從邊際效用最大的物品開始購買，再依照邊際效用的高低順序，購買其他物品，直到預算用完，這就是最適花費。

如果你具有理性的效用觀念，而且能夠依照效用原理使用金錢，那麼，你的每一次花費都是值得，沒有浪費。如果你只依感性或任性的習慣使用金錢，那麼，你的每一次花費都是浪費，都不值得。有些人會節省大錢，浪費小錢；昂貴的東西不敢買，便宜的東西隨便買。有些人會節省小錢，浪費大錢；便宜的東西斤斤計較，昂貴的東西毫不手軟。

這兩種花費方式都不適當。不管高價或低價，只要符合最適花費的原理，就是值得的花費，不符合最適花費的原理，就是不值得的花費。

當你要抱怨伴侶或子女太浪費不節省時，必須捫心自問，是否是以自己的價值觀去判斷？是否是以金錢的多寡作為衡量的依據？自己是否是一個有效率的金錢使用者？如果你懂得節省與浪費的意義；如果你能夠管控自己的預算；如果你能運用最大效用或最適花費的原理，那麼，你才是有效率的金錢使用者。如果你是無效率的金錢使用者，就沒有資格抱怨別人太浪費或不節省。

 14　大房子與小房子　　　　　　　　　　2021/7/26

大與小，多與少都是相對的概念。一般人都喜歡大，不喜歡小；都喜歡多，不喜歡少。但是，過猶不及，過大或是過小；過多或是過少皆不妥當，只有最適合才是恰到好處。

每一個家庭或是個人都有自己的房子。有些人有大房子，也有多家具；有些人有大房子，卻有少家具；有些人有小房子，但有多家具；有些人有小房子，也有少傢俱。

一般人都希望有一間大房子，裏面有許多家具。但是，房子太大，或是家具太多，就不好整理。如果還有一個大庭院，就更難整理。因此，房子太大或是家具太多並不一定有好處。適合自己需要的房子和家具，就是好房子和好家具。

每一個人的生活需求不同，所需要的房子和家具也不一樣。房子不僅是用來吃飯、睡覺和讀書，也可以去用來工作，休閒或是享受。由於每個家庭的成員不同，大家庭就需要大房子和多家具。小家庭就只需要小房子和少家具。

如果你是富豪或是大老闆，就需要大庭院、游泳池、宴客廳或健身房等。如果你是畫家或是雕刻家，就需要工作室或展覽室。如果你是作家或是學者，就需要書房。如果你是上班族，就只需要客餐廳，臥室與廚房。每一個人都依照自己的需要，購買房子和家具。

經濟能力好的人，可以購買較大較好的房子以及較多較好的家具；經濟能力差的人，只能購買較小較差的房子以及較少較差的家具。一般言之，擁有大房子的人不一定富裕；擁有小房子的人一定不富裕。擁有很多家具的人不一定富裕；擁有很少家具的人一定不富裕。

房子的價值是依地區、地段、結構、建材和坪數而有差異。城市的小房子可能比鄉村的大房子值錢；大城市的小房子可能比小城市的大房子值錢；熱門地段小房子可能比冷門地段的大房子值錢。因此，房子的大小與房子的價值不一定成正比。

房子的大小與家庭的溫馨無關。住大房子的人不一定有溫馨的家庭；住小房子的人不一定沒有家庭的溫馨。有許多高價家具的家庭不一定有溫馨；沒有高價家具的家庭不一定沒有溫馨。與其住在不溫馨的大房子，不如住在有溫馨的小房子。與其擁有高價家具而不溫馨，不如沒有高價家具而有溫馨。

房子是用來居住的，不是用來炫富的。家具是用來使用的，不是用來展示的。不要以住在大房子和擁有高價家具為榮；不要以住在小房子和擁有低價家具為卑。不要看不起住在小房子和低價家具的人；不要羨慕住在大房子和高價家具的人。

我們無法讓自己的房子更大；無法讓自己的家具更好，但是，我們可以使自己的家庭更溫馨；可以使自己的家人更快樂。只要自己努力經營；只要自己刻意營造，就可以把小房子變成好房子；就可以把低價家具變成高值家具。大房子小房子都很好，有愛最好；多家具少家具都很好，有愛最好。

15 股票投資

2021/11/17

最近，股票投資蔚為風潮，連年輕人也加入戰局，似乎成為全民運動。投資股票，有人賺錢，有人虧錢；有人賺取股價，有人賺取股利；有人走短線，有人走長線；有人用融資或借貸，有人用自有資金。在證券市場中，各唱各的調；各走各的路；各有各的心得。

理論上，企業透過資本市場募集資金，擴大經營規模，獲取更高利潤。另一方面，股民因看好企業前景，而購買股票，分享企業利潤。更多的人和更多的資金投入股市，股價就會上漲。如果股民大量拋售股票，股價就會下跌。在證券市場上，每天漲跌起伏。漲了就有人賣出；跌了就有人買進。漲了就有人賺錢；跌了就有人虧錢。

影響股市的因素很多，企業的經營狀況，法人的交易策略和國內外的經濟變動是三個最基本的要素。如果企業經營得好，獲利率高，可分配盈餘多，就會有更多的人購買該企業的股票，股價就會上漲，相反地，就會有更多的人出售該企業的股票，股價就會下跌。

法人，投信和外資也會影響股市，尤其是外資更是不定時的因素。當外幣匯率提高時，外資就會匯入，進入股市，操作股價。當外幣匯率下降時，外資就會匯出，出售股票，股價就會下跌。外資來來去去，賺了就走，沒完沒了，股價也因而漲漲跌跌，永無寧日。

國內景氣、利率水準、水電供應、進口原物料價格、勞動條件等的變動以及國際經濟、原油價格、貿易關稅、利率與匯率、金融危機等的變動，都會影響國內的股市價格與股票投資。

由於影響股票價格與股市走勢的因素太多，一般股民都無法充分掌握。我們只能從企業報表、股市趨勢、名嘴分析、投資資訊或小道消息去分析和判斷。有些人會每天前往證券公司看盤，並與股民朋友共同分享資訊與經驗，隨時出手買賣。有些人則會用手機看股市波動情形，隨時與營業人員連繫交易。

有些人會在自己財力的許可下購買股票；有些人則會以銀行融資或私人借貸購買股票。前者不會有資金的壓力，後者則有不能虧的壓力。借錢投資股票有極大的風險，而且借款愈多，風險就愈高。一旦投資失誤，就有傾家蕩產的可能。

依我個人的看法，投資股票的利潤率比銀行存款的利率要高出很多，而且所得稅率也比較低（當然因所得的不同而有異），是值得投資的標的。股票投資必須動用自己的資金，操作也必須保守。我會把股票投資視為儲蓄，領取股利，不會以投資的心態買賣股票，賺取價差。

我個人投資股票有六個原則：第一是選擇績優的金融股或傳產股。第二是選擇配息較高又有配股的股票。第三是股價跌過上次購買的價格，就會買進。第四是股價漲過設定的目標才會出售。第五是採分批買賣的方式交易，不會一次大量購買，也不會一次出清股票。第六是買高了不會心疼；賣低了不會後悔。

有人說，股票投資是技術也是藝術。我不以為然，因為沒有人敢說，他的股票投資是百分百的正確；沒有人能保證股票投資一定會賺錢。我不會技術，也不懂藝術。我只將股票投資視為儲蓄，每年領取不錯的股利。如果能夠賺到股價，則是神的恩賜。股價漲了，我可以賺錢；股價跌了，我會買進，不會賣出，所以永遠不會虧錢。我是用於這種心態投資股票；我是用這種股票投資享受生活。

16　速食文化

2021/5/18

我家附近有兩家火鍋店，每天都是高朋滿座，而且還要抽號碼牌，排隊等候。這種現象不僅在台北出現，也存在全台各地。臺灣人喜歡火鍋，與日本人喜歡拉麵，幾乎等量齊觀。

火鍋與拉麵的共同點是在湯頭。每家餐廳都有各自的秘方,而且愈濃郁愈受歡迎。火鍋食材有肉片,青菜和各種魚丸等;拉麵則有塊肉,青菜和麵條。兩者都是速食文化的產物。

火鍋與拉麵都是把食材放進湯裏,煮沸後即可食用。既方便又省時,也不會有油煙,完全符合現代人講求效率的原理。但是,若從用餐品質的觀點而言,這種食物既無料理的烹調美學,也缺乏用餐的愉快享受。

火鍋店和拉麵店只要煮一鍋湯,再擺幾張桌椅,準備一些食材,即可開張做生意。拉麵店只要將麵條下鍋煮一煮,再加上肉塊和青菜,就可端上桌。火鍋店則依客人的需求,將各種食材端給客人,由客人自行煮沸。這些店家都不需要有料理的技術,也不必要有良好的裝潢,可謂是低成本高利潤的生意。

大部分的火鍋店都有 1.5 個小時用餐時間的規定。你不能在火鍋店悠哉悠哉地用餐。至於拉麵店,即使沒有用餐時間的規定,你也無法拖拖拉拉進食。你必須速戰速決,吃完就離開。

其實,這種飲食都可以在家裏自己做,不必到餐廳食用。在餐廳用餐的意義,是要享受廚師的料理,餐廳的氣氛以及親切的服務。你要享用的料理是自己無法在自家烹煮的料理,不是要把餐廳替代你家的廚房;不是要到餐廳吃家裏的飯菜。

臺灣人不喜歡在家做飯;太喜愛在外吃飯。會把用餐當成填飽肚子的手段;會把餐廳當成自家的餐桌。一般人都不太在乎餐廳的料理和用餐的品質,只重視食物的量多和價廉。「俗又大碗」就是臺灣人對餐廳選擇的寫照。

除了高檔餐廳之外,大部分的餐廳都只重視食物的美味與價格的低廉,忽略食品的衛生與用餐的環境。尤其是麵攤與小吃店,更不重視衛生與環境。有些快炒店甚至用矮桌子和矮椅子供客人用餐。

或許有人會說：一般人需要的是低價的大眾餐廳，不是昂貴的高級餐廳。他們只想便宜又快速地吃個飯，不想支付高價的費用。另一方面，餐廳也因應一般人的需求，提供俗又大碗的餐點，完全不重視用餐的品質。如果大家都不重視用餐的品質；都不要求餐廳改善料理技術，用餐環境以及服務態度，我們的外食產業的品質就難以提升。

火鍋和火鍋店都是快食文化的產物。快速烹調；快速用餐；快速離開。快食文化沒有什麼不好，只是無法慢慢品嚐食物的美好，也無法充分享受用餐的愉悅。用餐品質是生活美學的重要部分，也是幸福人生的關鍵指標。希望大家能夠重新評估速食文化的缺失，重新建立用餐美學的信譽。

 快篩劑的價格　　　　　　　　　　　　　　2022/5/7

人人都知道「一分錢，一分貨」的道理。這就是說，高品質的商品一定是高價格。可是，有許多人偏偏要求，高品質低價格，也就是商品要好價格要低。商品差要抱怨；價格貴也要抱怨；買不到也要抱怨。

自由經濟體制的市場，有勞動市場、商品市場、貨幣市場與資本市場。每一個市場都是依供需法則，決定價格和交易量。供給高於需求，價格就會下跌，交易量就會增加；需求高於供給，價格就會上漲，交易量就會減少。這種經濟法則是大家必須遵守的，也是大家都可以接受的。

當物價上漲時，需求就會減少，供給就高於需求，價格就會下跌。當物價下跌時，需求就會增加，供給就低於要需求，價格就會上漲。在這樣的調節下，市場價格會逐漸趨於穩定，亦即均衡價格。因此，價格的波動是短期的，最後都會趨於穩定。

在商品市場中，有高價的商品；有平價的商品；有廉價的商品。例如，有數萬元的服裝；有數千元的服裝；有數百元的服裝。在消費群中，

有富裕群、小康群與貧窮群。富裕群會購買高價品,也會購買平價品;小康群會購買平價品,也會購買廉價品;貧窮群只會購買廉價品。

富裕群對物價的變動是無感的,只有小康群和貧窮群才會敏感。尤其是民生必需品的價格,對小康群和貧窮群的影響更大,更具調和物價的功能。易言之,廣大的消費群若減少購買或拒絕購買,物價就會下跌,至少不會上漲。如果需求者繼續購買,物價當然不會下跌,甚至會持續上漲。此時,上漲的物價也是均衡價格,必須接受。總之,物價是由消費者決定的;高物價也是消費者造成的。

或許有人會說,人人都需要食品,不能不買,也不能少買,所以無法調節物價。這種說法就好像不管有錢沒錢,都要維持一定生活水準一樣的無道理。錢少買少,無錢不買;價貴少買,買不起就不買。不管物價多高,總有較廉價的替代品,沒有非買不可的東西。消費者不能堅持一定要買什麼,而要求不能提高物價。

不理性的消費者一聽到物價上揚,不僅不減少購買,反而搶購囤積,推動物價上升,造成供給不足,讓一般消費者難以購買。因此,造成物價上漲的元兇就是搶購囤積的人,不是商家抬價,更不是政府無能。如果你會因物價上漲,而怪商家或是怪政府,就是不理性的消費者。

最近,快篩劑的價格問題引發爭議,有人抱怨價格太貴;有人抱怨等太久;有人抱怨買不到。其實,超商都還能買得到,只是價格貴一些。實名制快篩劑雖然要排隊等候,但是,價格較便宜。

快篩劑屬於準公共財,有市場性、社會性和福利性。富裕群要在市場中購買;小康群要靠政府補貼;貧窮群要由政府免費提供。小康群要購買有政府補貼的快篩劑,當然要限定人數和數量,就需要排隊等候,甚至會有買不到的現象。這是理性的國民可以理解,也必須接受的事。

目前政府尚未對貧窮群提供免費快篩劑，未能讓經濟弱勢者得到基本的健康保障。政府的責任是在保護弱者，不是在保護強者；是在雪中送炭，不是在錦上添花。政府對買得起高價快篩劑的富裕群和部分小康群，並無提供廉價快篩劑的必要。

每個人都希望物美價廉；每個人都希望無限供應；每個人都希望政府補助。但是，「一分錢，一分貨」；搶購就缺貨；政府的錢就是人民的錢。如果你夠理性，就不會要求物價不能上漲；商品不能短缺；政府不能不管。你要做一個自我依賴的強者，不要做一個依賴別人或政府的弱者。

經濟成長與物價膨脹息息相關。追求經濟成長，就要忍受物價膨脹。若要物價穩定，就要接受經濟不成長。你不能要求經濟成長，又要求物價穩定。如果你是一個強者，就不會害怕物價的波動；如果你會害怕物價的波動，就是一個弱者。不管自己的條件多不足；不管外在的環境多艱難，都要努力克服；都要做個強者；都要做個不怕物價膨脹的人。

第9章

文化生活

01 思想文化

文化 (culture) 是社會行為模式、藝術、信念、制度以及人文作品與思想特徵所傳遞（展現）的整體 (the totality of socially transmitted behavior patterns, arts, beliefs, institutions, and all other products of human work and thought characteristics of a community or population)。

人類的文明是由文化與科技所推動。文化在提升精神生活；科技在提升物質生活。創造文化與創造科技同等重要。文化與科技都是人類智慧的結晶。人類的歷史發展是先有文化再有科技，而工業革命之後，科技就開始突飛猛進。文化與科技同步發展的國家謂之文明國家；科技凌駕文化或文化超越科技的國家謂之半文明國家；文化與科技皆屬落後的國家謂之不文明國家。

文化是支配精神生活的無形力量。文化是由主流思想、文學藝術、城市建築、風俗習慣以及行為模式所構成的整體。文化沒有國界之分，只有優質與劣質之別。文化品質與水準可以測定，可供比較，可以訂出優劣。優質文化比無文化好；無文化比劣質文化好；劣質文化比暴力文化好。有優質文化不一定是強國（擁有強大政治，經濟和軍事實力的國家）；強國不一定有優質文化。

主流思想是文化的展現。思想是思考的產物、價值的原理、行為的準則、文化的核心。每一個人都有思考的能力，但是，不是每一個人都有思想。有些人有成熟的思想；有些人有不成熟的思想；有些人則無思想。有成熟思想比有不成熟思想好；有不成熟思想比無思想好；無思想比邪惡思想好。主流思想若受政治力或經濟力控制，就成為邪惡思想。邪惡思想就是劣質文化或暴力文化。

文字藝術是文化的展現。文學是靜態文化；藝術則有靜態文化與動態文化。在文學中，詩是散文的淬煉；散文是小說的淬煉。在藝術中，靜態藝術是永久留傳的文化；動態藝術是限時表演的文化。文學著作和藝術

創作都是文化的創造；閱讀文字和欣賞藝術都是美學的享受。文學藝術均屬優質文化，但是，若受政治力掌控，就屬劣質文化。

城市建築是文化的展現。建築物不僅是建築之美，也是城市之美。在一個文化城市中，不僅要有舊建築之美，也要有新建築之美；不僅要有存在之美，也要有生命之美。沒有美學或值得留傳的建築必須更新。如果因私利而拒絕更新，就是反文化和反社會的行為。當你離開一個城市一陣子，再回來造訪時，若能感受到城市的變化，這個城市就具有生命力。這個城市就屬優質文化。

風俗習慣是文化的展現。風俗民情和生活習慣是最普遍的文化特質。我們可以從婚喪喜慶，人際交往和各種生活習慣中發現文化特質。如果不遵守時間是理所當然；如果社會依然盛行男尊女卑；如果子女會依父母之命結婚生子；如果喪禮中有清涼表演；如果人們慣於在髒亂的環境中進食，那麼，這個社會就屬劣質文化。

行為模式是文化的展現。優質文化的社會行為必須是個人有道德、社會有正義、人人守秩序、個個守規律、能以理服人、以禮待人、能同舟共濟、相互救濟。如果會在公共場所大聲喧囂；如果會爭先恐後不排隊；如果會隨地吐痰大小便；如果會像動物搶食物；如果溜狗卻不清理狗屎；如果一言不合就武鬥，那麼，這個社會就是劣質文化。

暴力文化是優質文化的最大勁敵。暴力文化是以非法或合法的手收去侵犯和傷害別人的行為。有些國家以軍事力或經濟力霸凌弱國；有些社會以警力或法律霸凌國民；有些強者以肢體、語言、文字、態度或各種資訊霸凌弱者，這些都是暴力文化的展現。暴力文化正急速蔓延，且變本加厲。這個世界逐漸被暴力文化所支配。我們必須強化優質文化的戰鬥力，勇敢對抗暴力文化。如果你無力對抗它，就守住你的優質文化，千萬別成為暴力文化的加害人、共犯、幫兇或辯護人。

優質文化展現在日常的生活中，不展現在大英博物館中，埃及金字塔中，中國萬里長城中，也不展現在 Shakespeare 的戲劇中，Picasso 的

繪畫中，李安的電影中。我們必須建構思想文化的原理，實踐精神生活的美學。劣質文化的剷除就在你我的心中。優質文化的建立就靠你我的努力。

02 終生學習

學習 (learning) 是獲得知識與技能的行動或過程 (the act or process of acquiring knowledge or skill)。知識 (knowledge) 是從研究或調查所熟知的事實，真理或原理 (acquaintance with facts, truths, or principles, as from study or investigation)。技能 (skill) 是從才智，訓練或實務所產生的熟練能力 (the ability to do something well, arising from talent, or practice)。教育 (education) 是傳授或獲得知識或技能以及發展論理或判斷能量的行為或過程 (the act or process if imparting or acquiring knowledge or skill and of developing the power of reasoning and judgment)。

活到老學到老的終生學習是活生生的現實，不是鼓勵人上進的理想。不管是刻意或無意，人的一生都在學習與實踐中度過。終生學習有兩種方式：第一是學校學習，也就是正規教育 (formal education)；第二是社會學習，也就是非正規教育 (informal education)。正規教育有三個階段：第一是初等教育；第二是中等教育；第三是高等教育。社會學習有三種形式：第一是自我學習；第二是職場學習；第三是社群學習。

學習要三心一體：飢餓的心、領悟的心和實踐的心。對知識和技能的飢餓感是學習的第一步。飢餓感愈強，學習的力道和效果愈大，世上沒有不能學習的人，只有不想學習的人。對知識和技能的領悟力是學習的第二步。學習必須領悟是什麼 (what) 為什麼 (why) 以及該如何 (how)。what 是事實；why 是原理；how 是實踐。實踐是學習的第三步。沒有實踐，就沒有學習。能知必能行；不行必不知。要能三心合一才是真正的學習。

初等教育是陶冶兒童人格發展，教導兒童如何做人的階段。此一階段的兒童吸收力最強，父母與教師的影響力最大。父母與教師的教育理念必須一致，不能矛盾或衝突。要教育兒童如何理解人，尊重人和幫助人。兒童都是一樣的純潔，沒有好壞之別，必須一體適用，不能因材施教。要幫助兒童在社群生活中快樂學習，不可強制學習。小學教師的愛心與耐心絕對凌駕知識與技能。兒童需要的是人格的健全發展，不是知識技能的學習。

中等教育是培育少年一般知識與基本職業技能的階段。國中是一般知識的養成；高中是高等教育的準備課程；高職是職業訓練課程。國中畢業生如果將來想從事專業性的工作，就選擇高中就讀；若要從事一般性的工作，就選擇高職就讀。高中畢業生要進入大學繼續進修；高職畢業生即可進入勞動市場就業。

高等教育是訓練青年專業知識、專業技能、理性思考以及社會責任的階段。大學教師應該要求學生思考，不要要求學生記憶；要培養學生創造力，不要訓練學生模仿力；要要求學生自己找答案，不要給學生標準答案。研究生必須訓練自己成為學術研究的工作者，不應該成為一般職業的勞動者。高等教育必須管控學生人數，讓真正想從事研究工作者就讀。高等教育的膨脹對學生沒有好處，對社會則是浪費。

自我學習除了要從各種資訊中學習之外，也要從自己的體驗中學習。選擇資訊要先確定需要什麼資訊，再確定資訊的真與假，最後確定資訊的適合性。閱讀是一種樂趣，會增廣你的見聞，使你看見世界。自身經驗的成功因素要分析，不要因成功而忘記。自身經驗的失敗原因要牢記，不要再犯相同的錯誤。在人生中到處都有學習的機會。有人入山沒柴燒，入海沒魚捕，除了怪自己，你還能怪誰。

職場學習除了各種職業能力之外，也要學習職場的人際關係。在職場中，職業能力與適應能力同等重要。有能力無人際或有人際無能力都無法在職場中一帆風順。你要把被要求當學習；把被責備當訓練；把被霸凌當磨練。壞人永遠存在職場中，你只能用能力與人際去壓制他們，

你無法將他們驅逐出境。如果你能在職場中學到這些教訓,實踐這個原理,你就能夠平步青雲,出人頭地。

社群學習是要向良師益友討教學習。凡能教導你人生原理的人就是良師;凡能指導你生活良方的人就是益友。你可以向良師學習人生的原理原則;向益友學習生活的實踐細節。老師不一定是良師;知友不一定是益友。良師難遇;益友易求。只要細心觀察,益友就在你的身旁。

學習能增進知識技能,改善人際關係,提升精神層次,解決困難問題。可是,還是有許多人不想,不願也不肯學習,因為我們的教育把學習當成競爭的工具;我們的社會把學習當成不必要的浪費。我們無法從學習中得到真正的樂趣;我們無法從學習中得到真正的好處。請修正我們的教育方針;請改變我們的學習心態。讓我們樂在學習中,樂在生活中,樂在幸福中。

03 學習

2022/3/31

人生是一次終身學習的旅途,即使退休了;人老了,還是要學習。所謂學習,就是獲得自己不懂或不熟悉的知識或技能。人有太多未知的人事物,都需要不斷學習,死而後已。

學習有百百種。有簡單的,也有複雜的;有容易的,也有艱難的;有科技的,也有哲理的;有體力的,也有智力的。學習如何思考是學習;學習如何做事是學習;學習如何創業是學習;學習如何製造飛機也是學習。

學習不是別人教你什麼,而是你學到了什麼。別人教你很多,你卻學不到什麼,就等於沒有學習。同一個教師在同一堂課教書,有些學生學到很多;有些學生學到很少;有些學生則毫無收穫。

學習是自我領悟的過程，要能夠領悟，才能有所得，才是真學習。若不能領悟，就沒有學習，就沒有收穫。所謂領悟，就是要深入理解知識的道理或技能的原理。領悟是學習的基本要件。不能領悟，就無法學習。

學習要能運用，得到的知識或技術，就必須運用。不能運用的知識或技術是死的；是沒有價值的。你若是學習到很多，卻運用得很少，就是沒有學習到。你不能說：我懂得，但是，我無法做到。你不能說：我有思想，但是，我無法實踐。

學習不僅要能運用別人的知識或技術，也要能創新自己的新知識或新技術。學習必須推陳出新，青出於藍，才能達到學習的最高境界。如果讀了一篇別人的文章，而能夠寫出一篇自己的文章，你就達到了學習的最終目標。

有人能學習、能運用、也能創新。有人能學習、能運用、不能創新。有人能學習，不能運用，也不能創新。有人不能學習，不能運用，也不能創新。一樣的學習，不一樣的結果。如果不能運用和創造，學習就沒有價值。

同樣的道理，你若要學習別人的思想，就要領悟別人的思想；運用別人的思想；創新自己的思想。你若要分享別人的思想，就要懂得別人的思想，回饋別人的思想；表達自己的思想。

有人能從一朵花中看出一個生命；從一句話中了解一個人生；從一篇文中領悟一種思想；從分享中建立心靈的連結。有人入山沒柴燒；入海沒魚捕；讀完群書無心得；走進花園看不到花。

學習不在讀了多少書；看了多少實例；做了多少實驗；得了多少分數，而在領悟、運用和創造多少知識或技術。如果你懂得學習的原理，就會知道自己是否有意願學習；自己是否真的在學習；自己是否從學習中得到了好處？如果你能天天學習，終有一天，你會享受到學習的樂趣。

04 能力與學歷

能力 (ability) 是思索和做事的本領，例如，邏輯推理的能力、學習知識技術的能力；運用知識技術的能力、解決問題的能力、職業技能的能力、資訊處理的能力、經營管理的能力、財務運用的能力、創造發明的能力、人際關係的能力以及外國語文的能力等。學歷 (education) 是教育的程度或歷程，例如，無學歷、小學學歷、國中學歷、高中學歷、大學學歷、碩士學歷、博士學歷等。

生活的能力百百款。國家的領導、企業的經營、家庭的管理、科技的發明；藝術的創作、料理的製作、農業的耕作等都需要獨特的能力。有些人在某一個領域有卓越的能力，在另一個領域則只有平庸的能力，甚至沒有能力。有些人在某一個領域沒有特殊的能力，在另一個領域則有超人的能力。能力只能在同一個領域作比較，不能在不同領域作比較。你不能拿一個傑出科學家的能力，去比較一個出色音樂家的能力。因此，你只能說，你在某種領域比別人強；不能說，你的能力比別人強。

天生我才必有所用。每一個人都有天生的能力，加上後天的努力，就會有更強的能力。由於每一個人的天生稟賦不同，後天的努力也不一樣，所以就有能力上的差異。如果天生聰明，又有後天的努力，就會成為能力卓越的人。如果天生愚笨，又缺乏後天的努力，就會成為能力脆弱的人。如果天生聰明，後天懶惰，或是天生愚笨，後天勤奮，就會成為能力平庸的人。有些人有卓越的特殊能力，所以能夠有不平凡的成就。能力與成就息息相關，互為因果。因為有能力所以有成就；因為有成就所以有能力。

學歷是學校教育的成果。學生在漫長的學習過程中，經過各種考試測驗，得到合格的成績，獲得畢業文憑，成為終身使用的學歷。有些人是靠著學歷獲得工作機會；有些人則靠著自己的能力獲得工作機會。但是，一旦踏進勞動市場，兩者都必須靠著自己的能力，在職場上競爭，而不是靠著學歷取勝他人。老闆重視的是能力而不是學歷，因為只有能力能夠創造良好的績效；只有能力能夠為老闆創造利潤或利益。

至於自己開創事業，或是從事農林漁牧業，則與學歷毫無關係。例如，王永慶先生只有小學學歷，卻能成為卓越的企業家。其實，世界上的卓越企業家和偉大的政治家鮮少有高等的學歷。在現代社會裏，只要具備優於別人的一技之長，就能在工作上有良好的表現；在經濟上有優渥的收入，甚至能夠成就大事業。有些低學歷低的人也能夠在特別的領域裏表現非凡，例如，傑出的歌手、農民、運動員、演藝人員、料理師父等。因此，低學歷不一定低能力，也不一定低成就。

由於教育水準的提升，國人的平均學歷逐漸由中等教育提高到大學教育，而擁有碩博士學位的人也日益增多。在大學氾濫，出生率下降的情況下，高等教育呈現供過於求的現象，而學生素質也有日漸低落的趨勢。本來，大學研究所的目的，是在培養有志做研究工作或是從事教學工作的人。易言之，只有喜歡研究專業知識或技術的人，才會進到研究所就讀。但是，在政府鼓勵在職進修的政策下，大學廣設研究所，招收大量在職研究生。這些學生大都不是志在研究，也不具研究能力，而是只想獲取學位。於是，高等學歷與研究能力逐漸脫勾；學歷與能力漸行漸遠。

然而，一般人還是把能力和學歷劃上等號，認為能力愈強的人，學歷愈高，愈有成就；學歷愈低的人，能力愈低，愈沒有成就。古今中外大多數的人都抱持這種觀念，所以會努力追求更高的教育，取得更高的學歷，甚至還會要求自己的子女，進入名校，獲取較高的學位。有些人不管自己是否有興趣；是否有能力；是否有需要，就是拼命要弄個高學位，凸顯自己的高能力。一般人對高學歷者，尤其是擁有博士學位者，大都會給予特別的尊敬，而擁有博士學位者，也大都會以自己的高學歷自豪，甚至瞧不起低學歷的人。

這種觀念也影響到政府部門的舉才制度，例如，公務人員的普通考試需要高中以上學歷；高等考試需要大學以上學歷；專門技術特考需要大學相關科系畢業的學歷。擁有碩博士學歷的政府官員比比皆是；擁有博士學位的總統、副總統和閣員的比率獨冠全球。至於知名企業的求才標準，也大都以名大學和高學歷，作為優先採用的對象。非名校和低學歷者根本與這些企業無緣。

每個人都必須不斷充實自己的能力，不必追求高等的學歷。雖然學歷可以提升能力，但是，高等學歷只能提升研究的能力，不一定可以提升一般職業的工作能力。我們可以從非正規教育的學習中，充實自己的能力，不必依靠正規教育的學歷，提升自己的能力。大家都知道，愛迪生 (Thomas Edison) 沒有受過正規教育，卻能成為舉世聞名的發明家。這就是能力與學歷無關的最佳舉證。

社會在變遷；觀念在改變。能力即學歷；學歷即能力的錯誤觀念，必須隨時代潮流的變遷而改變。學歷是有用的，但是，不是萬能。如果只靠學歷而不努力，還是只能做一個平庸能力的人。世上有許多擁有高學歷，卻沒有思想的人，也有許多沒有高學歷，但有思想的人。思想是能力的基礎。有能力的人一定有思想；有思想的人一定有能力。如果有高學歷，就要豐富自己的思想；如果沒有高學歷，就要充實自己的能力；如果有高學歷卻沒有思想，就不是一個有能力的人。

05 心與字 2021/6/23

心是無形的思想；字是有形符號。將無形的心與有形的字結合，就是美學。用手將心的思想，塑造成文字，並將文字塑造成藝術。每一個字都是心的展現；每一篇文章都是心的結晶。

你可以用語言表達心中的想法；你可以用文字表達心中的想法。話一出口即消逝無蹤；字一寫上會永久存留。

當然你也可以用語言透過手機轉換成文字。用這種方式呈現的文字，不是你寫的，而是手機為你寫的，心與字之間的連繫被斷絕了，字就不再是你的字了；字就不再有生命了。

如果你用手指，一個音符一個音符的輕觸；一筆劃一筆劃的書寫；一個字一個字的撰寫，你就會將自己的心靈注入了字的生命。當你用這種方

式完成了一篇文章，你就像生下了一個孩子，不管這個文章是否美好，都是你用生命創造出來的小孩。

在一篇文章中，要有心靈的思想，不能只有文字的撰寫。有些人喜歡長篇大論，卻沒有核心的思想，甚至毫無思想。文章不是感情的渲洩，不是文字的堆砌，而是思想的表達。沒有心，字就沒有意義；沒有思想，文章就沒有價值。

用文字記錄自己的思想，不僅是樂趣，也是成就。在完成一篇文章之後，一遍又一遍的閱讀；一遍又一遍的修正，才將這篇文章化作可愛的生命。當你將這篇文章傳給別人分享，別人就會感受到你的心和你的愛。

有心無字是空；有字無心是虛；無心無字是空虛。請用思想充滿自己的心；請用文字展現自己的思想，讓心與字合一；讓思想與文章合一。

06　我讀小說
2021/2/26

內人喜歡讀小說；喜歡買小說，所以家裏的書架就擺了不少小說。我偶爾也會讀小說，但是，很少讀完整本小說。

我是一個急性子的人。讀小說的時候，總想早點知道作者要告訴我什麼，而不是轉彎抹角的故事情節。有時候，我還會先讀最後的結局，再去讀前面鋪陳的故事。我想知道作者的構想原理，再去欣賞故事的內容。

我常在精神不濟或是搭車無聊的時候讀小說。我視小說為休閒的讀物，就如同看電影一樣。我知道這樣的態度不對，但是，我實在無法一個字一個字；一個情節一個情節，去了解小說的意涵和作者的哲理，因為那要耗費我太多的時間與精力。

依我的管見，小說是作者虛構的想像或是事實的描述，透過文字藝術的手法，所撰寫的文學作品。雖然小說家對人性的邪惡，情慾的本質，愛恨的糾葛，生活的苦悶，社會的殘酷等事實都會有深入的剖析，但是，都在描述一種實然，而非應然。它只會告訴讀者，事實是什麼，不會告訴讀者，應該要如何。

小說有好幾種類型：愛情小說、歷史小說、事件小說、玄幻小說、科技小說、推理小說、武俠小說等等不一而足。大部分的小說都是杜撰，虛構或是想像的故事，鮮少有真實的追蹤、記錄或是驗證的內容。

小說家常以一個人扮演許多人的角色，探討許多人的心境，描述許多人的作法。小選家常以曲折的故事情節，刻意製造高潮迭起的情境，任意引導讀者走進預設的迷陣疑雲裏。

小說家的想像永無休止，故事不斷推陳出新。本以為故事結束了，卻又來個峰迴路轉，綿延不絕。不管是短篇小說，中篇小說或是長篇小說，小說家在結束一部小說之後，就會接著寫下一部小說。一部接著一部，直到沒有題材可寫，才會停筆。

小說通常會以對白的方式增添寫實的效果。有些對白是有意義；有些對白則無意義。讀者必須花費很多時間，去解讀這些有意或無意的對白。結果，對了解小說家想表達的哲理並沒有多大幫助。

我無意貶低小說的意義與價值，也無意否定小說家的智慧與貢獻。相反地，我是十分敬重小說家以及他們的作品。世界上偉大的文豪也大多是小說家；諾貝爾文學獎的得主也大多是小說家。我沒有理由反對小說，也沒有理由不尊敬小說家。

我讀小說，可以獲知一些人事物的隱藏成分，也可以獲得一些思想的啟發。但是，在有限的殘餘歲月裏，我必須有效運用時間，不能浪費時間。小說，尤其是長篇小說，對我這樣的老年人而言，確實是種負擔；確實是種浪費。

發問才能真知真懂　　　　　　　　　2021/5/18

孔子入太廟每事問。子曰：是禮也。我說：是知也。人非聖賢，不可能全知全能，必有不知不懂。你要發問，才能真知真懂得；你若不發問，就無法真知真懂。

知而後問；問而後懂。若有不知不懂，就要問問自己，尋找解答，也要問問別人，尋求答案。把自己的解答和別人的答案相互驗證，就可以真知真懂。你要對自己發問，思索自己的問題；你要對別人發問，了解別人的想法。

師者除了傳道和授業之外，還必須解惑。若不能解惑，就不能為人師表。學生除了學習之外，也必須發問。若不能發問，就不是好學生。好老師必須鼓勵學生發問；好學生必須勇於向老師發問。

當我們想到一件事或是碰到一件事；讀完一本書或是一篇文，就應該去思索；去發問；去尋找解答；去詮釋文意。如果沒有任何問題可以發問，就是不知不懂。發問並非易事，尤其要找到問題點，更是困難。依我個人的經驗，要求學生發問，比要求學生學習更為困難。大部分的學生都只會學習，而不會發問。

其實，有許多受過高等教育的知識分子，也都只會學習，不會發問。知識分子都自認高人一等，而恥於向人請教或是不屑向人發問，總以為向人發問是矮人一截，有損自己的尊嚴。

過去數年，我曾經在老同學的群組裏，發表了近千篇的文章。可是，沒有一個人曾經對我的文章內容，發問過任何問題。我不認為有人真知我的文章內容，更沒有人真懂我的思想涵義。

我們常會以自己的觀點去理解別人。凡是與自己觀點相近的就接受；與自己觀點相反的就反對。我們不會以發問的方式，去理解別人真正的想法。不管是恥於發問，還是不屑發問，都無法真正理解別人，甚至還會誤解別人。

有許多夫妻常疏於發問，而彼此誤解，甚至疏離。有不少朋友也因欠缺發問，而相互猜疑，甚至分手。所謂溝通，就是要一方表達，另方發問；一方發問，另方回答。如果不發問，就不能溝通；如果不能溝通，就無法相知相惜。

想想在自己的記憶裏，曾經想過多少的問號？曾經問過多少的人們？曾經提過多少的問題？曾經答過多少的難題？想想在自己的人生中，真知了那些人？真懂了那些人？做對了那些事？做好了那些事？

沒有人可以真知真懂周邊的所有人；沒有人可以真知真懂人生的所有事，因為沒有人會人人請教；沒有人會事事發問。發問才能真知；發問才能真懂。每一個人都必須學習發問；每一個人都必須勇於發問。這樣才能理解別人；這樣才能懂得真理。

08 先懂得後言行 2020/8/11

先懂得後言行是要先懂得原理或道理，再去說或再去做。先言行後懂得是要先去說或先去做，再去了解有什麼原理或道理。

先懂得後言行與先言行後懂得的爭論，各有其道理，沒有對與錯。有人贊成先懂得後言行，凡事都要先懂得原理或道理，才去說，才去做。有人主張先言行後懂得，凡事先去說或先去做，再去想有什麼原理或道理。簡言之，有人是想了再去說或再去做；有人是說了或做了再去想。你可以先知後言或先做後知；你可以先言後知或先行後知。你不可以先言不知或先行不知；你不可以不知不言或不知不行。

從個人的成長而言，懵懂無知的小孩會從言行中學習原理或道理。長大之後就會運用原理或道理在生活裏，而且愈成熟就愈懂得實踐原理或道理。到了老年就會完全依照自己的原理或道理去生活。因此，人生是由先言行後懂得，進化到先懂得後言行，最後則是懂得與言行合一。

從人類的文明而論，也是由先言行後懂得進化到先懂得後言行。最早期的人類是以嘗試錯誤的方式去累積經驗，再從經驗中去建構原理。古代的人再利用這些原理去開創更多的原理。現代的人則利用豐富的原理去創造更多的科技與思想。

做為一個現代人，尤其是做一個成熟的人，我們都擁有充分的知識和原理，都能用這些知識和原理去判斷是非善惡，去預測成功失敗，不必再嘗試錯誤之後，再去思索對與錯或好與壞。俗話說「早知如此何必當初」，就是在言行之前若能懂得，就不會有如此結果。因此，先懂得後言行應比先言行後懂得更有效率，更易達成目的。

如果先懂得什麼話語會傷害人或引發反感，就不會去說。如果先懂得什麼行為會讓人討厭或遭受攻擊，就不會去做。如果懂得「不守信用的人就不值得信賴」，就不會被欺騙。如果懂得自由的原理，就會珍惜自由，反對不自由，不必經歷不自由，才去爭取自由。如果出國旅遊前做足功課，就能享受旅遊的樂趣。如果能在言行之前想清楚，就不會在言行之後後悔或歉疚。

寫過研究論文的人都知道，在著手寫論文之前，必先對研究主題有充分了解，才能設訂研究問題、研究假設、研究架構與研究方法。研究者必須完成這個前置作業，才能順利撰寫論文，才能正確詮釋和有效應用研究成果。如果研究者對研究主題一無所知，就無法進行研究和撰寫論文，更難有正確的詮釋和有效的應用。

我們的社會充滿著「先言行後懂得」的現象。有人先說再想；有人先說不想；有人做了才想；有人做了不想。有人說「水不試不知深淺」；有人說「人不交不知好壞」；有人說「人生要驗證才懂得」。有人攻擊別人卻不提證據與理由；有人說大話卻不去實踐；有人做錯事卻不肯承認，又要怪罪別人；有人先假設別人的壞，再去批判別人；有人用非理性的理由去反對別人；有人用不講道理的方式去污蔑別人。如果人們都有豐富的知識和成熟的思想，就懂得正確的原理或道理，就能依理預測結果，不必嘗試錯誤。

每一個社會都有一套社會價值與社會規範；每一個人都會依此規範從事社會行為。大家都這麼說，我就這麼說；大家都這麼做，我就這麼做，這就是大數法則。問題是這種價值或這個規範是否合理，一般人都不會過問。只有極少數的思想家才會去質疑，才會去思索，才會提出不同的觀點。思想家在創造新的思想，提供人們去思考、去選擇、去實踐。如果社會沒有思想家，這個社會就無法改變，就不會進步，就難以成長。

我經常提出與眾不同的原理和道理，希望帶給人們多一些思想的選項。畢竟多一種選擇，就多一分自由；多一分自由，就多一點價值；多一點價值，就多一些進步。你千萬別因與我不同道或不同理，而嗤之以鼻，生氣、憤怒或妄自菲薄。你應該感謝我給了你進步的機會，也應該因分享我的思想而感到喜悅。享受新的思想與享受新的科技一樣令人快樂。如果你因為我而改變了你「先言行後懂得」的想法和做法；如果你因為我而採行「先懂得後言行」的想法和做法，你就不會讓時間去驗證自己的對錯與好壞；你就會懂得自己的所言所行都是正確；你就會帶著信心去創造美好的人生。

 09　要先懂才能夠　　　　　　　　　2019/9/13

1. 要先懂生命，才能夠過好人生。
2. 要先懂人生，才能夠過好生活。
3. 要先懂生活，才能夠得到幸福。
4. 要先懂割捨，才能夠輕鬆自在。
5. 要先懂理性，才能夠正確選擇。
6. 要先懂效用，才能夠買對商品。
7. 要先懂金錢，才能夠賺得財富。
8. 要先懂水性，才能夠學好游泳。
9. 要先懂魚性，才能夠滿載魚貨。

10. 要先懂食材，才能烹調好料理。
11. 要先懂男人，才能夠做好女人。
12. 要先懂女人，才能夠做好男人。
13. 要先懂愛人，才能夠享有被愛。
14. 要先懂愛情，才能夠談好戀愛。
15. 要先懂婚姻，才能夠做好夫妻。
16. 要先懂老闆，才能夠做好員工。
17. 要先懂人性，才能夠選對朋友。
18. 要先懂付出，才能夠獲得回饋。
19. 要先懂自尊，才能夠被人尊重。
20. 要先懂思索，才能夠建構思想。
21. 要先懂思想，才能夠批判思想。
22. 要先懂字義，才能夠理解文義。
23. 要先懂邏輯，才能夠寫好文章。
24. 要先懂真實，才能夠判別真假。
25. 要先懂美學，才能夠欣賞藝術。

10 切磋道理 　　　　　　　　　　　2021/2/19

沒有人能夠真正了解人生的意義與價值；沒有人可以真正懂得萬事萬物的真相與原理。但是，每一個人都有對人生的想法；每一個人都有對事物的看法。

人人都有自己的道理，有些是對的；有些是錯的。與別人切磋道理，可以修正自己錯誤的道理；可以改變別人錯誤的道理。

你可以表達你自己的想法或做法；別人也可以表達他自己的想法或做法。你可以認同或反對別人的想法或做法；別人也可以認同或反對你的想法或做法。你可以因別人的道理而改變你自己的想法或做法；別人也可以因你的道理而改變他自己的想法或做法。

不管你的道理是對還是錯；不管別人是否接受你的道理，你都要勇於表達自己的道理；你都要樂於分享別人的道理。

你或許認為自己不解人生的道理，也不懂事物的原理。於是，不去思索自己的道理；不去解讀別人的道理；不去評論別人的道理。你以為不聞不問，不讀不寫，就可以怡然自得，享受人生。

其實，每一個人都會思索；都有想法；都有自己的道理；都會評論別人的道理。尤其是思力旺盛又有道德正義的人，對於別人錯誤的道理或言行，絕對無法充耳不聞，視若無睹。

與別人切磋道理，不是在炫耀自己的道理，也不是在指責別人的道理，更不是在歧視別人的道理。你表達自己的道理，是要提供別人善意的參考。你評論別人的道理，是要幫助別人修正他自己的道理。兩者都對別人有助益，不會傷害別人，也不會損及別人。

如果你真愛一個人，就會與他切磋道理；分享思想。相反地，如果你不想與他切磋道理；分享思想，就沒有真愛。同理，如果你真愛這個社會，就會與別人切磋道理，分享思想。

在分享思想的道路上，我曾經挫折過；曾經失望過；曾經放棄過。但是，我的良知一直都在督促我，要我堅強；要我堅持；要我繼續。它不允許我退卻；不允許我停下；不允許我放手。

我知道，你曾經委屈過，受害過，懊悔過。我懂得，你無奈的心；你不捨的情；你斷不了的愛。即便人生坎坷，諸事無常，人言可畏，我們依然要秉持良知，思索人生的道理，並與別人分享思想。我相信：心中有愛，就不孤單；切磋道理，絕對有益。

11　**好話與好文**　2019/5/10

每個人都會說話；很少人會寫文。每個人都愛說話；很少人愛寫文。每個人都會說一些好話；很少人會寫一些好文。

好話用口說；好文用心寫。好話易出口；好文難上手。好話隨便說；好文需負責。好話人人愛；好文挑人愛。

好話是感性；好文是理性。好話是虛假；好文是真實。好話是片段；好文是整體。好話是一時；好文是永久。好話是技術；好文是藝術。好話是記憶；好文是紀錄。好話藏利益；好文藏智慧。

好話說給別人聽；好文寫給自己看。好話一聽即懂得；好文必須細品味。好話在取悅別人；好文在取悅自己。好話留在耳根裏；好文留在心坎裏。

愛說好話的人常常只說不做；愛寫好文的人往往做了再說。凡人愛話好話；愛聽好話；容易被好話感動，也容易被好話欺騙；智者愛寫好文；愛讀好文，容易被好文感動，也容易被好文激發創意。

其實，好話並非無幫助；好文並非全受用。有許多好話可以振奮人心，鼓勵人們上進。相反地，有些好文則會引導人們走向錯誤。例如，在獨裁專制的社會裏，所謂的好文就會引發人們邪惡的思想和犯罪的行為。

好話與好文同等重要。好話與好文都可以激勵別人；都可以激勵自己。好話和好文都可以取悅別人；都可以取悅自己。好話和好文都可以讓別人懷念；都可以留下自己的記憶。

每一天，我們都說了許多話，卻很少說好話。每一天，我們都寫了很多文，卻很少寫好文。如果能夠每天說一句好話；寫一篇好文，生活就有意義。

你可以留下財產；可以留下好文；也可以留下好話。你不能什麼都不留下。

12 長文與短文 2021/2/18

有人善長寫長文；有人善寫短文。有人喜歡讀長文；有人喜歡讀短文。不管長文或短文，都要表達自己的核心思想；都要懂得別人的主要思想。

長文在表達完整的思想；短文在表達核心的思想。長文必須有主題、有定義、有假設、有邏輯、有反證、有結論。短文只需假設與結論。你不能只告訴讀者你的故事或想像。你必須告訴讀者你的基本想法。

欣賞別人的文章，要懂得作者的思想；要建構自己的思想；要提出批判；要接受反批判。你不能只了解作者的故事或想像。你必須懂得作者的想法。

人人都可以寫文章；人人都可以讀文章。但是，只有有思想的人才能寫出好文章；只有有思想的人才能讀懂好文章。

我個人喜歡把自己的想法寫成短文，會儘量控制在十個段落。我不想讓讀者看得煩，懂得少，誤解我的意涵。有時候，我會重新細讀自己的文章，反思文章的內容。我會一面品味自己的文章；一面修改文章的內容。

我個人偏好簡短精緻和富有哲理的文章。我不愛長篇大論和毫無頭緒的文章。我常會在一篇短文上，仔細閱讀；細心咀嚼；反覆思索，直到充分了解文章的真正含義。當我敞開心靈，分享別人文章的時候，常會感受到心靈交流的幸福。

當我將自己的文章發送出去之後，偶爾會得到某個人或某些人的回饋。不管是讚美，是認同，是反對，是批判，我都心存感激，也會回函致謝。我不想讓回饋者感受到被忽視的孤單。

寫文章是自己與心靈的對話；讀文章是自己與作者的溝通。不管是寫文章還是讀文章，都是心與心的連結。我都會以心靈的激情去寫文章，也會以心靈的悸動去讀文章。

我對虛構的文章和寫實的文章沒有很大的興趣（雖然我也很肯定它的意義與價值），因為這些文章都是長篇大作，需要很長的時間去閱讀，才能了解其意。這種文章大都告訴讀者實然 (what it is)，鮮少表達作者的應然 (what ought to be)。讀者只能了解故事的情節，難以懂得思想的脈絡。

寫文章和讀文章都需要知識與技術。寫長文和寫短文各有不同的意境與用途。就一般的常理而言，愛寫文章的人，也會愛讀文章；愛寫長文的人，也會愛讀長文；愛寫短文的人，也會愛讀短文。我就是一個愛寫文章，也愛讀文章，更愛讀短文的人。我始終相信一個道理：文愈短，意愈精。

 用心想；用手寫 2021/10/16

最近，行政院長和立法委員在立法院爆發了一場爭議。雙方均不滿對方的態度，而使用不當的話語相互攻擊。結果，雙方均受到傷害，社會也蒙受損失。如果雙方都能用書面質詢和報告，就不會有這種衝突；就不會有這些傷害。

一般人總喜歡用眼睛看人事物；用嘴巴說人是非。前者是感性的知覺；後者是情性的情緒。知覺和情緒都是與生俱來的本能，也是最自然和最直接的反應。但是，這種反應常會造成不良後果。

當我們看到喜歡的人，如意的事，美麗的物，就會口出善言；當我們看到討厭的人，不如意的事，醜陋的物，就會口出惡言。當我們受到認同、恭維、讚美、就會口出好話；當我們遭到汙辱、攻擊、傷害，就會口出壞話。

由於用知覺去感受比用心去思索更容易；用口說話比用手寫字更方便；用行動表達比用文字表達更快速，所以一般人大都喜歡用眼睛去看；用

耳朵聽；用嘴巴去說；用行動去做，而不喜歡用心去想；用手去寫；用文字去表達。

教育的目的是在教導人們多些理性；少些感性和情性。所謂理性，就是合理性，邏輯性和效率性的思考方式。不管有什麼感覺；不管有什麼情緒，若能用理性去分析是非善惡和利弊得失，就能夠做出適當的反應，不會做出情緒性的言行。

教育的另一個目的是在教導人們認識文字；閱讀書籍；撰寫文章。但是，一般人還是喜歡用口說話，不善用手寫字；喜歡聽人說話，不善閱讀文章。即使是知識份子，也都喜歡用話語去表達自己的想法，不善於用文字表達自己的想法。

其實，愈有知識的人愈能用心思索和用手寫字。文明程度愈進步的社會，文字的記載就愈豐富。我們要看一個人的知識水準，就是要看他寫了多少文，而不是他說了多少話。我們要看一個社會的文明程度，就是要看它擁有多少的文獻，而不是它擁有多長的歷史。

目前，在我們的社會裏，存在著兩種現象。第一就是信可開河，充滿語言暴力；第二就是不經思索，亂傳別人的資訊。這兩件事是危害社會的亂源，也是造成社會分化的主因。人人以粗暴的語言，相互攻擊；人人以不實的資訊，製造對立。

我們的知識份子不再思索道德正義的原理；不再撰寫富有思想的文章或書籍。我們的民眾不再閱讀富有思想的文章或書籍；不再接受理性社會的哲理或思想。於是，社會衝突愈演愈烈；社會分化愈陷愈深。

如果你真想做好自己；如果你真愛這個社會，請你要多用心去想；多用眼去讀；多用手去寫。請你要少用情緒去傷害人；少用嘴巴去說惡言；少用行動去做惡事。我真心盼望，能有讀者懂得我的心和我的意，而能用自己的心去思索；能用自己的手去回饋。

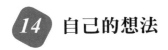 自己的想法 2921/4/21

人人都有想法；人人都有道理；人人的想法都有各自的道理。

你可以認同別人的想法；你可以反對別人的想法。你可以有與眾相同的想法；你可以有與眾不同的想法。

你的想法要有明確的定義；你的想法要有邏輯的推理；你的想法要有合理的結論。

你不要害怕違反主流思想；你不要害怕被別人批判攻擊；你不要害怕掀起駭浪驚濤。

你要把自己的想法具體化；你要把自己的想法合理化；你要把自己的想法注入生命。

你要能夠思索；你要能夠創新；你要懂得別人的想法；你要評論別人的想法，才能擁有自己的想法。

你要有自己的想法，也要能表達自己的想法。你可以用語言表達；你可以用文字表達。如果無法表達或是不願表達，你的想法就沒有意義。

要有自己的想法不容易；要能表達自己的想法不簡單；要能說服別人的想法更困難。

請不要說你有自己的想法，只是不想表達；請不要說你正在學習，將來會有自己的想法；請不要說你沒有自己的想法，但是，你反對別人的想法。

擁有想法和表達想法是一體兩面。有想法一定要表達；不表達就是無想法。你要懂得這個道理，才是一個有想法的人。

15 我如此看待別人傳送的訊息 2021/1/17

每一天,我都會接收到親友傳來的訊息。有文章、貼文、資訊、對話、問候、祝福、照片,還有各式各樣的圖標。

有些訊息是我需要的;有些是我不需要的。有些訊息是我認同的;有些是我不認同的。有些訊息是我想回饋的;有些是我不想回饋的。

別人花了心思寫了或是讀了一篇文章;別人花了金錢和時間得了一些經驗與紀錄;別人花了心力拍了一些照片;別人好心好意的與我分享;別人誠心誠意的問候與祝福我。對於這些訊息,我除了感謝,實在沒有理由置之不理,也沒有理由冷漠看待,更沒有理由厭煩或氣憤。

我會將一些別人的文章和照片儲存在手機的 Keep 中,隨時可以參考。如果我擔心自己的手機被洗板,我會每隔一段時間做一次篩檢,把過時的和不需要的訊息刪除。

我喜歡別人傳送的文章。不管是別人自己撰寫的或是轉傳的;不管是哲學性的或是文學性的,我都會細心的閱讀;仔細的思索;悉心的回應。如果有人回饋我的想法或是理念,我常會感動得流下眼淚。

我喜歡別人傳送的資訊,尤其是有關健康,旅遊和科技的資訊。這些資訊讓我增廣見聞,也讓我得到另類學習。有時候,別人會傳來一些幽默的笑話,也會讓我會心一笑,享受短暫的愉悅。

我喜歡別人傳送的照片。不管是美景,美食或美物的照片,還是個人的生活照或團體的活動照,都會讓我感到新鮮與親切。一張照片可以拉近人與人之間的距離,尤其是久未見面的親友。

我喜歡別人在群組裏的對話,也喜歡相互的問候與祝福。這些訊息讓我感到情誼的連帶與溫馨。有時候,一句簡單的「你好嗎?」,就會讓我感動不已。

我不太喜歡現成的圖標，因為我總覺得不夠用心。用手指寫一個「讚」，要比用手指按一個「讚」，更有心意。當然，按一個「讚」，要比留一個「白」更有意義。留下空白，就是留下遺憾。

在這幾年的寫作與分享的過程中，我逐漸體會到一件事，就是要從欣賞中，肯定別人和助長自己。從別人傳送的訊息中，我看到了自己，也看到了世界。感謝有你。是你引領我認識我自己；是你幫助我了解這世界。

 ## 我如何處理別人的文章　　　　　　　　2021/1027

我每天都會閱讀幾篇別人的文章。我只會挑選自己有興趣也懂得的文章閱讀。我尤其喜歡思想性的文章。我不會閱讀自己無興趣又不懂的文章，也不會閱讀長篇小說或是描述人物或情景的文章。如果我讀了一篇文章之後，沒有回應或評論，就是該篇文章沒有核心的想法，理念或思想，或是我不懂得該篇文章的核心想法，理念或思想。

我處理別人的文章，有五個步驟：第一是理解別人文章的核心想法，理念或思想；第二是思索自己對該主題的基本想法，理念或思想；第三是比較雙方想法，理念或思想的異同；第四是思考不同想法，理念或思想的合理性；第五是針對文章的不合理性或缺失性提出批判。

在第一個階段，我會仔細閱讀每一個句子和每一段文字，了解每一個句子和每一段文字的意義和相關。當我讀完整篇文章，就會整理出文章的核心想法，理念或思想。我甚至會揣測文章的文外之意。我會儘量擴大解釋文章的內涵。

在第二個階段，我會思索自己對該主題的基本想法，理念或思想。如果我自己要寫這篇文章，我會如何構築；如果表達；如何撰寫？我會記下我的思索綱要，並在每一個綱要後面，記下想法的要點。

在第三個階段，我會將別人文章的綱要與自己的綱要對比，看看有什麼不同或差異以及別人有而我沒有，或是我有而別人沒有的想法，理念或思想。

在第四個階段，我會將別人與自己的不同想法，別人有而我沒有的想法以及我有而別人沒有的想法，做比較分析，看看誰的想法比較合理；比較貼切；比較實用。

在第五個階段，我會用相同或相近的主題，書寫一篇文章，批判別人文章的缺點與不足。我會將自己的批判文章，交由讀者去審視和評判。我希望讀者也能夠以類似的方式批判我的文章。如此循環批判的結果，道理就會更加合理，更有價值。

每一個人的想法都不盡相同；每一個人的文章寫法都不會一樣。我們可以從別人的文章中，學習別人的思想；別人也可以從我們的文章中，學習我們的思想。我們要正確解讀別人的思想；批判別人的思想；學習彼此的思想。

有些人自己不懂科學或醫學，卻轉傳科學或醫學的資訊；自己不懂神學或哲學，卻轉傳神學或哲學的資訊；自己不懂政治學或經濟學，卻轉傳政治性或經濟性的資訊。有些人對資訊的內容和意涵，只粗淺閱讀或是一知半解，就輕易轉傳給別人，既不加註解，也不表達自己的想法，只要別人去讀取；只要別人去體會。

這是一個資訊爆炸的時代。人人都可以輕易從網路上獲得需要的資訊，而不需要別人提供。人們需要的是別人對該資訊的解讀與想法，而不是不負責任的提供資訊。因此，當你要轉傳一則箴言，一篇文章或是一個資訊時，一定要充分了解該則箴言，該篇文章或那個資訊的內容與意涵，並提出自己的想法或批判。這樣自己才能成長；別人才能受惠。

17 水不試不知深淺

前言：王碧碧有一篇推文：水不試不知深淺，人不交不知好壞。時間是個好東西，驗證了人生，見證了人性。說得好不如做得好。我總是擔心身邊會失去誰。可是我卻忘了問：又有誰會害怕失去我？

針對這篇文章，我有一些淺見，可供讀者參考。

人若有知識就會知道水的深淺。你若有思想就會知道人的好壞。沒有知識的人嘗試一輩子也不知道水的深淺。沒有思想的人嘗試一輩子也不知道人的好壞。

會溺水的人都試過水的深淺；會被騙的人都遇過人的好壞。你不能用嘗試去測試水的深淺；你不能用嘗試去測試人的好壞。你必須用知識去了解水性；你必須用思想去了解人性。

時間不會驗證人生，也無法驗證人性。你必須把時間當做愛人，分秒相處，彼此相惜，不能等待，也不能錯過。等待時間或錯過時間，就永遠無法再相會。

能知必能行，除非不真知。知得多才能做得好。你若要做得好，就必須知得多。你要靠真知去取勝，不能靠嘗試去測試。

你只知道自己害怕失去誰，你無法知道別人害怕失去誰。你只要懂得自己為什麼害怕失去誰，不必害怕別人為什麼害怕失去誰。你只要了解自己和做好自己，就不必害怕失去誰。

人生如水深，有人水深；有人水淺。無人知道自己的人生有多深。水深不一定好，也不一定壞；水淺不一定壞，也不一定好。如果你很懂水性，也很會遊泳，水深水淺都不重要。

或許有人會期待，時間能夠驗證一切；可以改變一切。其實，只有自己能夠能夠驗證一切和改變一切。如果自己不去驗證，不去改變，時間再長，也無法驗證一切；無法改變一切。

人生可以不必規劃；可以隨遇而安；可以期待未來。但是，如果有規劃，風險就較低；如果能改變，情況會好轉；如果能把握，成就會更大。

水的深度不必試；人的好壞不必交。如果能夠懂得水性，就不必害怕水深。如果能夠懂得善惡，就不必害怕失去。

如果你是一個有知識的人，就會懂得水性；如果你是一個有思想的人。就會懂得利用時間；如果你是一個有勇氣的人，就不會害怕失去什麼。如果你有一個有知識、有思想和有勇氣的人，你的人生就會一帆風順。

18 本體美與表象美 2018/10/21

美是引發心靈喜悅的動力。美學是美的原理原則。美是介於自然與人為之間的神秘創造力。美具有內在與外在的完整特質。美是品質與價值的指標。美是幸福生活的基礎。

自然 (nature) 是天性的特質；自然美就是天生的美。本體 (ontology) 或是實體 (reality) 是用理性觀察到的真實狀態；本體美就是理性的美。表象 (appearance) 或現象 (phenomenon) 是用知覺察覺到的真實狀態；表象美就是知覺的美。

人是主體；自然是客體。本體美和表象美是主體的美；自然美是客體的美。自然美是美的動原；本體美和表象美是美的動力。自然美因觀察方法的不同，而有本體美和表象美。智者觀察本體美；凡人觀察表象美。自然美、本體論美和表象美國三種美的結合，就是完美的美。

我們要用美學去展現自己，也要用美學去觀察世界。將心靈的美呈現出來就是道德；用社會的美呈現出來就是正義。有道德的人就是美的人；有正義的社會就是美的社會。

美是創造的動力、文化的根基、生命的價值、幸福的主宰。沒有美感就沒有美的生活，就沒有幸福的人生。美化痛苦的人生就是一種心靈的感動，也是一種藝術的創作。用美學去詮釋死亡，死亡就是美。如果死亡就是美，那麼我們有什麼理由害怕死亡？我們有什麼理由為死亡哭泣？

智者種面中看到點；凡人把點串成線；愚者只能看到面，看不到點與線。美藏在點中；美藏在強者眼角上的淚珠中；美藏在音樂跳動的音符中；美藏在人的靈魂中；美藏在人的品味中；美藏在人的語意中；美藏在人的微笑中；美藏在人的幻想中；美藏在黑暗的微光中。

思想的美是本體美；景色的美是表象美。智者懂得欣賞思想的美，也懂得欣賞景色的美；凡人懂得欣賞景色的美，不懂得欣賞思想的美；愚者不懂得欣賞思想的美，也不懂得欣賞景色的美。

一般人都只重視表象美，忽視本體美；重視人的財富與權力，忽視人的道德與正義；重視老婆的外在美，忽視老婆的內在美；重視老公的薪水袋，忽視老公的好腦袋；重視學生的成績單，忽視學生的價值觀；重視員工的生產力，忽視員工的向心力。

若要挽救一個空虛的心靈，或是一個無心的世界，就要正視美學的教育，培養美學的人材。如果要讓自己成為一個有美感的人，就要用理性的美學去欣賞自然的美、本體的美與表象的美。當大多數的人都有美感，這個社會才能成為美的社會。

美學是結合科學與哲學的藝術；美感是結合美學與思想的知覺。我們要用美感去看世界；用美感去欣賞世界的本體美與表象美。我們要在醜陋中發掘美麗；要在廢墟中找到寶藏。

19 美學與美感 2020/4/9

美 (beauty) 是自然與人為之間的神祕創造力；是自然與人為的調和（均衡）；是表象與本體的調和；是有形與無形的調和。美是引發心靈感動與心智創造的動力。美是生命價值的核心；美是生活品質的指標；美是人生幸福的基礎。美可以無限延伸，沒有極限。

美學 (aesthetics) 是詮釋美的意義與價值的原理或理論。美學需要長期的學習與領悟，也需要不斷的訓練與創作。我們用美學去創造美的人事物以及美的思想、藝術、文化、哲學或科學。所有的人事物以及人為的創造品都必須蘊含美的元素或成份，才具有意義與價值。

美感 (sense of beauty) 是對美的心智力或感受力。我們用各種知覺（視覺、聽覺、嗅覺、味覺和觸覺）去察知人事物的存在；用美感賦予人事物的意義與價值。沒有美感就無法欣賞人事物的美；就無法享受美的人事物。美感需要美學的素養，否則，就無法引發美的感受力。

要用美學去展現自己的美；要用美學去詮釋自己的人生。你將身體的美展現出來就是美人；將心靈的美展現出來就是道德；將社會的美展現出來就是正義；將道德正義的美展現出來就是思想；將人生的美展現出來就是幸福。美展現在你的氣質中；展現在你的品味中；展現在你的語意中；展現在你的微笑中；展現在你的想像中；展現在你的愛中。

要用美感去欣賞世界的美；要用美感去享受生活的美。你可以在平凡中找到不平凡；在醜陋中找到美麗；在廢墟中找到寶藏；在邪惡中找到善良；在痛苦中找到快樂。你不僅要用眼睛去看美景，也要用美感去享受美景。你不僅要用嘴巴去大啖美食，也要用美感去享受美食。你不僅要用耳朵去聽美樂，也要用美感去享受美樂。

要用美學去創造自己的思想；要用美學去修正自己的思想。要用美感去欣賞別人的思想；要用美感去享受別人的思想。思想是美學的結晶；是文化的根基。作為一個知識份子，你必須懂得用美學去建構思想；

用美感去分享思想。如果你無法創造自己的思想，就要欣賞別人的思想。如果你無法創造自己的思想，也無法欣賞別人的思想，你就是沒有美學與美感的人。

要運用美學與美感運用在你的行為、氣質與生活品味中。在你的生活中，因為有美所以自信；因為有美所以有愛；因為有美所以快樂。請讓自己活在美的世界裏；請讓自己享受美的人生。

如果你不懂美學，也沒有美感，就不要輕易讚美人或是隨意批評人。你若要讚美人，就要知道人的美在那裏和它有多美？許多人都說：臺灣最美的就是人情，可是，鮮少人懂得，臺灣人情的美在那裏，又有多美？美不是無意義的感覺，而是有價值的美感。

我們的教育政策把美排在五育（德智體群美）之末，可見，政府並未重視美學的教育，也忽略了美感的培育。我們不能憑著主觀想法或刻版印象，去創造美或欣賞美。我們必須用美學去創造美；用美感去欣賞美。希望我們能創造更多美的製品；希望我們能享受更多美的生活；希望每一個人都能在美的世界中，追求美的人生。

 20 赤裸與裸體　　　　　　　　　　　　　2018/10/21

世上最美麗和最值得珍惜的人事物，不是美女俊男；不是美食美景；不是美畫美樂，而是自己的身體。不管容貌是美還是醜，身體都是美麗的。你可曾經展露過自己赤裸的身體；你可曾經欣賞過自己身體的裸體？

所謂赤裸 (nakedness)，就是掩遮物的去除；所謂裸體 (nudeness)，就是身體美的展現。赤裸是沒有衣物的身體；裸體是身體的形象與動作。赤裸是神的製作品；裸體是人的藝術品。

身體是美的化身。我們從赤裸中看到生命的真；我們從裸體中看到生命的美。敢於赤裸；勇於裸體，你會看見自己的真與美。

赤裸是身體的自然美；裸體是身體的人為美。一絲微笑，一回眼眸，一根白髮，一條皺紋，一滴眼淚都能揭露生命與人生的美。

赤裸是美學；裸體是藝術。你要將赤裸的美學轉成裸體的藝術。你要欣賞自然的赤裸美；也要享受人為的裸體美。

赤裸是純潔，不是齷齪；裸體是高雅，不是猥褻。你若把赤裸當齷齪；把裸體當猥褻，就是不懂美；就是對身體的褻瀆。

用赤裸表達美就是裸體藝術，也是美學的創造。裸體藝術是最原始和最真實的美學。不需要模特兒的矯揉造作；不需要別人的美學原理，只要純粹地將自己的身體展露出來；只要單純地將自己的美感表達出來。

為什麼要把自己的身體包裹成醜陋的身軀？為什麼要羞於赤裸自己的身體？為什麼要怯於展現自己的裸體？你是否能用藝術的觀點或美學的眼光，欣賞自己或別人的赤裸與裸體？你是否能完全摒除邪念或性慾，純以藝術或美學去欣賞自己或別人的裸體？

我們看盡了世界的美；我們看盡了他人的美，可是，我們竟然看不到自己的美。請大膽展現自己的赤裸與裸體；請為自己的身體感動；請為自己的身體喝采；請為自己的身體驕傲。

美就在自己的身上，不在別人的身上。赤裸需要勇氣；裸體需要美學。你要有勇氣去赤裸身體；你要有美學去欣賞裸體。當你敢於赤裸自己的身體；當你懂得欣賞自己的裸體，你就是一個名副其實有美感的人。

21 美女與化妝 2020/4/9

美有四個要素：第一是原生的自然美；第二是修飾的人為美；第三是無形的神秘性；第四是獨特的創造性。有些美只有自然美；有些美只有人

為美；有些美沒有神秘性；有些美沒有創造性。任何人事物都必須具備這四個要素，才是完美的美，否則，就是不完美的美。

美女有三個特質：第一是美貌；第二是美感；第三是美德。美女不僅要有美貌，也要有美感與美德才是名副其實的美女。女人是美的化身；美是女人的第二生命。追求美是女人的權利，也是女人的義務。女人不能放棄自己的權利，也不能不履行自己的義務。

女人用化妝、服飾、氣質和品味等展現自己的美。就如房子需要裝潢才會漂亮，女人也需要化妝才會美麗。化妝是一種藝術、一種技術、一種文化、一種文明。自古以來，有女人就有化妝。在每一個時代都有美女的標準，也都有獨特的化妝藝術。

如果你其貌不揚，化妝可以讓你不醜陋；如果你的長相平庸，化妝可以讓你變美麗。如果你的長相不凡，化妝可以讓你美上加美。如果你是天生麗質，不化妝會讓你美中不足。如果你是天生醜陋，不化妝會讓你與美絕緣。

女人化妝是為取悅自己，不是要取悅男人，但是，男人卻因女人的美麗而喜悅。女人不化妝是為保留素顏，不是要嚇唬男人，但是，男人卻因女人的醜陋而不悅。讓人喜悅是好事；讓人不悅是壞事。你必須做好事，不要做壞事。你必須做美女，不要不化妝。

社會愈文明，化妝藝術愈高明，女人愈懂得化妝，美女比率也愈高。美女可以激發男人的鬥志，提高男人的勞動生產力。美女可以增進家庭的和樂，促進社會的和諧。美女可以發揮外部經濟的效果，帶動經濟的發展。美麗的國家需要美女的存在；美女的存在需要國家的支助。

化妝品是化妝的必需品。如果化妝品的價格太高，一般人就無法化妝，無法變美。如果政府重視美女的重要性，就要控制化妝品的價格，要對國內生產的化妝品進行補貼；對國外進口的化妝品免除關稅。我們要讓這個社會人人都買得起化妝品；人人都懂得化妝；人人都能成為美女。

你是美的化妝師，也是美的代言人，你要為自己的美化妝；你要為自己的美驕傲。你必須美出靈性來；你必須美出氣質來；你必須美出品味來。如果你不懂美，就不要批評別人的美。如果你不愛化妝，就不要反對別人化妝。如果你不想美麗，就不要嫉妒別人的美麗。

你要為這個世界的美麗而美麗；這個世界也會因你的美麗而美麗。我希望每一個女人都美麗；我希望每一個女人都以自己的美麗為榮；我希望到處都是美女；我希望我們都能活在美的世界裏。你可以不贊成我的意見；可以不接受我的見解，但是，請你不要曲解我的好意；不要誤解我在物化女人；不要譴責我不尊重女人。我是真心為你的好而寫這篇文章；我是真心為你的美而提供這些建議。

22 讓服飾為你說話 2022/4/30

人類與動物最顯著的不同，就是衣服 (clothes)。即使是原始的人類，也都有遮體的衣服。人類的文明之一，就由衣服進化到服飾 (apparel)。所謂服飾，就是用衣服裝飾和美化人體的服裝。

現代人的服飾很多，除了衣服之外，還有各式各樣的佩飾，例如，鞋子、帽子、髮飾、提包、手套、圍巾、皮帶、陽傘等等。服飾也有各種材質和設計。各種服裝秀就展示最前衛和最美麗的服飾，展現人類文明的力量。

每一個人都喜歡美麗，尤其是女人。打扮自己是每一個女人每一天的日常工作，而化妝和服飾就是兩件最重要的事。女人在踏出家門之前，都會花很多時間化妝和考慮服飾的搭配。有時候，還會試穿不同款式的衣服，滿意之後，才做最後的決定。

女人愛美是天性，也是學習。女人為了讓自己更加美麗，必須學習各種化妝和服飾的技巧。美麗能提升女人的自信和價值。或許有些女人打扮

是為取悅男人，但是，大多數的女人都是為自己打扮。美麗是女性的特質，也是女性的魅力。任何女性都不能忽視自己的美麗。

女人的美麗有外在美和內在美，而內在美則會展現在外在美。一個有美學涵養的女人，會在外表的打扮上，展露出與眾不同的美麗，一種具有獨特風格的吸引力。心靈的美與表象的美必須緊密結合，才能顯現女人真正的美麗。

服飾是結合外表與心靈，所呈現出來的美學。從女人的服飾中，可以想到她想表達的美學思想；可以看到她激情似火或柔情如水的美麗。我最喜歡欣賞一種淡淡柔美，而充滿浪漫色彩的服飾。如果能再加上高尚典雅的氣質，更會令人陶醉。

服飾美學因人而異。有人前衛，有人保守；有人浮華，有人雅緻；有人得體，有人邋遢；有人多彩，有人樸素。你不僅要懂得服飾美學，也要了解自己身材外貌的特質，才能穿出自己的美麗。

美麗的服飾不是名牌，不是高價，不是華麗，而是風格，而是氣質，而是美學。你可以用低價和平淡的服飾，襯托出自己高尚的美麗。請用服飾表達妳的思想；請用服飾展現妳的美麗；請讓服飾為你說話。

有一些女人不太重視服飾和打扮，尤其是結婚生子之後的女人。有人說：我天生麗質，不需要打扮。有人說：我整天在家，打扮給誰看？有人說：打扮要花錢，誰給我錢花？不愛打扮的女人都有她們的理由，只是追求美是女人的權利，你為什麼要放棄？

女人是為自己美麗，不是為男人美麗。女人是為自己穿著，不是為男人穿著。女人的服飾是為自己穿出品味，不是要符合男人的口味。你要懂得美學；要懂得服飾；要穿出自己的美麗。你可以不說一句話，而讓服飾為你說出自己的美麗；而讓別人懂得妳的美麗；而讓自己的人生更加美麗。

第 **10** 章

———

信仰生活

01 宗教信仰

在信仰的世界裏有三個主體：信徒、僧侶（神父、牧師等神職人員）與神。人的世界是物質、理性、科學，肉體需求大於心靈需求的世界。僧侶的世界是物質與精神合一，情性、哲學、肉體需求與心靈需求並重的世界。神的世界是精神、神性、神學，無肉體純心靈的世界。神是無所不知，無所不能的存在，是不可觸及也無法理解的神秘力量。信仰是人對神的敬畏或崇拜。宗教是由信徒，僧侶和神共同組成的團體。

神是人類脆弱心靈的救星，是人類孤獨，痛苦與絕望時的支撐。神只賜給我們力量，不為我們解決問題。神拯救人的靈魂，不拯救人的肉體。神是在撫慰人心，不在拯救人命。神只會引領我們去追求想要的東西，不會賜給我們想要的東西。神只會給我們機會，不會給我們財物。神會讓好人受難，不會讓好人蒙羞。神要我們用心靈去接觸，不要用眼睛去接觸。我們要閉上眼睛，才能開啟心靈之窗，才能與神對話。

教義是神的道理，人的真理。各種宗教的教義都是大同小異，沒有絕對的對立。佛教的基本教義有緣、空、無我、無常、平等等真理。基督教的基本教義有原罪、贖罪、勤奮、慈善、博愛等真理。回教的基本教義有勤奮、節儉、誠實、行善以及對神的義務等真理。要能了解教義，才能跟神對話，才能被神接納。

僧侶是在悟神意弘教義，不是要使自己成為神，也不是要使自己被崇拜。人若不脫離肉體無法成神。不是神的僧侶不能被崇拜。僧侶必須具備哲學的修養，才能了解神學，才能領悟神意，才能宣揚教義。僧侶要用教義說服人，不能用神力欺騙人。僧侶不能追求名利，權力和情愛，否則，就是神的叛徒。如果私利無法從僧侶的心中去除，宗教就無法教化人心。僧侶的墮落會造成人心的腐化。

人決定生活；神決定生命。人決定過程；神決定結果。人決定金錢的使用；神決定金錢的餘額。人負責表演；神負責評審。身體是你的；靈魂

是神的。你要用物質去灌溉身體；要用信仰去滋潤靈魂。你要依靠神的力量去美化你的精神生活。

行善或慈善是宗教的共同教義，但是，目的卻不盡相同。佛教徒是為了涅槃（極樂世界）而行善。基督教徒是為了贖罪而行善。回教徒是為了阿拉而行善。其實，行善的目的是要履行對神的承諾，而非為自己累積福德，在自己死後進天堂。行善是好事，私心是罪過。只有自己知道行善的目的，你不必對人負責，你必須對神誠實。

自我修行是在修美意（良知）除惡念（邪惡）。修行是在減少懦弱和恐懼，不是要增加強壯和勇氣。要用靜心，淨心和喜心去修行，不要用乞求福報的心去修行。你不要求神讓你免除試探，也不要求神讓你避免失敗。你要讓自己有勇氣去面對試探，讓自己有智慧去面對失敗。

有人不信神，因為看不見神；有人抱怨神，因為神聽不到他的祈求；有人褻瀆神，因為神讓他受苦受難。其實，神不是不存在，而是你的心中沒有神；不是神沒有回應你，而是你聽不到祂的回應；不是神讓你受苦受難，而是你自做自受。你看不到自己的靈魂，卻相信自己的心意。為什麼你看不見神的存在，卻懷疑神的威力？

我們信仰神，不信仰僧侶。我們信仰神的真理，不信仰僧侶的神力。我們要用心靈接觸神，不要拿金錢誘惑僧侶。我們捐獻財物是要幫助僧侶潛研教義，引領我們接近神的真理。我們捐獻財物不是要幫助僧侶建立自己的殿堂，也不是要幫助僧侶擴展事業的版圖。我們要靠著神的力量，從困難中走出來。我們不要依賴僧侶的力量，分享榮華富貴。

真神的宗教不念涉及財物與權力。參與經濟活動與政治活動的宗教不是神的宗教；追求事業利潤和追求政治權力的僧侶不是神的代言人。目前，假宗教、假僧侶和假信徒到處充斥。宗教成了企業體，成了政治團體；僧侶成了企業主，成了政治人物；信徒成了員工，成了投票部隊。假宗教沒有真神；假僧侶不懂真理；假信徒只會亂拜。在這個心靈空虛的時代，我們渴望多一點神的真理，多一點僧侶的典範，多一點精神生活的食糧。

02　神

2020/12/20

神 (god) 是創造宇宙萬物的力量（至少應該相信這個力量的存在），也是主宰人類心靈的力量（至少大多數的人類都受其影響）。這個力量制定了宇宙繞行，太陽東昇西落，地球的自轉，男女之分，善惡之別，愛與自由的可貴，民主法治的重要，市場的均衡原理等的定律，這些定律就是真理。

神是真實的存，勿須被證明。你看到的是存在；你看不到的也是存在；你想到的就是存在。你要用心靈去想神，不要用眼睛去看神；要用神學去理解神，不要用科學去分析神。如果心中沒有神的存在；如果不懂神的真理，就不要去信神；就不要去談神。

在神的面前，不分國籍、性別、黨派、貧富、知識、權力、地位，都會是神的子民，一律平等。神愛世人，不會歧視人；不會困擾人；不會作弄人。不要假借神的旨意，威嚇人；不要藉宗教的儀式作弄人。神的殿堂是神聖的、嚴肅的和寧靜的，不應該喧嘩，也不應該敲鑼打鼓或燃放鞭炮。信徒必須以虔誠的心，靜靜傾聽神的真理，悄悄與對話。

神要你當一個道德正義的人，不要做一個邪惡不義的人。當你誠心祈求神，神會為你指點迷津；會在你孤獨的時候陪伴你；會在你脆弱的時候安慰你；會在你得意的時勸戒你，讓你的心靈充滿溫暖與信心；讓你的言行充滿智慧與力量；讓你的生活充滿樂趣與喜悅。

世上有人相信神，有人否定神；有人皈依神，有人背棄神；有人依真理行事，有人逆真理行事；有人追求道德正義，有人捨棄道德正義；有人對抗邪惡，有人助長邪惡。信神的人要站在真理的這一方，不要站在邪惡的那一方；要守住道德正義，對抗邪惡不義。

依照神的真理建構的處世道理，就是道德正義；依據道德正義制定的法律制度，就是政治正義；根據政治義治理公共事務，就是法治國家。神讚美法治國家，鄙視獨裁國家，因為獨裁國際家沒有道德正義；沒有基本人權；沒有法律治理。

在神的殿堂，不該有政治力的介入；不該被政治力影響；不該被政治人物操控。宗教領袖不該把政治帶進神的殿堂；不該用自己的政治立場影響信徒；不該利用信徒獲得選票；不該利用宗教牟取個人利益。如果政治人物變成宗教領袖，掌控宗教，這個宗教就不再是神的宗教。

現代人逐把宗教物化、商業化和政治化。政治人物和企業人士逐漸把手伸進神的國度，把神當成商業利益和政治利益的工具。他們用精雕細琢的神像，取信信徒；用大規模的遶境活動，謀取商業利益；用眾多的信徒當選票的部隊。他們操控信徒信仰，背離神的真理，污蔑神的殿堂，讓神蒙羞。

神就是真理，沒有真理就沒有神。信仰神的真理才有道德正義；有道德正義才有公正善良的社會。這個世界有人在追求正義，有人在背叛正義；有人在對抗邪惡，有人在助長邪惡；有人在阻止戰爭，有人在發動戰爭。這個世界變得如此怪異，人類已成為沒有靈魂的怪物；生命正逐漸失去存在的意義。

解決人類危機的方法，就是再度恢復神的榮耀與人的信仰；再度把人們帶進神的國度；再度將神的真理深植人心。不管信奉什麼神，都要真正懂得的真理；都要虔誠實踐神的旨意。信神的人有福了；信神的社會有樂了；信神的世界有救了。我們必須把榮耀歸於神；把純淨歸於神的殿堂；把善良歸於自己。

03 與神對話　　　　　　　　　　　　　　　　2020/2/27

神是靈魂的主宰，也是心靈的支配力量。信仰是人對神的信賴與順從（心靈的信與行為的順從）。你必須相信神，才能接近神；你必須接近神，才能與神對話。你要用念力與神對話；你不能用文字與神對話。

你與神的對話是你與神之間的祕密；是你對神的傾訴與神對你的傾聽；是你對神的懺悔與神對你的寬恕；是你對神的誓言與神對你的承諾。

只要真心相信神和接近神，人人都可以與神對話。有人會透露與神的對話內容，你可以相信，也可以不相信。但是，你務必親自與神對話，向神求證，是真還是假。

與神對話可以讓你在黑暗中得到光亮；在孤獨中得到陪伴；在無助中得到力量；在痛苦中得到慰藉；在茫然中得到方向；在窮困中得到機會；在失望中得到希望；在失敗中得到勇氣；在空虛中得到充實；在恐懼中得到保護。

你必須會感動，能思索和有愛心，才能在與神的對話中，獲得強烈的正能量。你必須感動神的力量，才能思索神的真理；你必須了悟神的真理，才能領受神的大愛。

對神的感動會吸引你去關心，同理和接納人們；去研究、開發和創造物質。感動不僅是情緒的反應，也是創造的動力。

神的真理需要被發現、被詮釋、被思索、被理解。你不能不思索，就去相信神；你不能不懂神，就去讚美神。你必須了解神，才能與祂對話；你必須真愛神，才能蒙受祂的恩典。

任何宗教都是以愛為核心。在神的眼中，眾生皆善良，眾生皆平等，所以要慈悲為懷，愛人如己。但是，神也是嫉惡如仇，要人遠離撒旦，拒絕邪惡。你必須帶著對神的愛和對魔的惡與神對話。

神只會賜給你無形的力量，不會賜給你有形的收穫。神只會賜給你機運、智慧與勇氣，不會賜給你財富、成就與名譽。你必須靠著神的力量去追求自己的幸福；你不能祈求神賜給你幸福。

我是神的信徒；不是神的代言人。我不會公開我與神的對話；不會宣揚神對我的奇蹟；不會寫信求神回答；不會代神傳遞祂的旨意。我只會懇心地以愛之名禱告；只會祈求神赦免我的罪；只會祈求神賜給我力量；只會祈求神容許我進入祂的國度。

04　做自己的主人；做神的僕人　2021/2/11

自從地球上有了人類，就有神的存在。神一直都在主宰人類。神的真理就是人的道理。神職人員就是唯一能夠詮釋神的真理的人。

歐洲在文藝復興之後，有識之士才開始以新思維詮譯神的真理，甚至有人開始質疑神的存在，否定神的真理。

目前，世界上有人信仰神；有人不信神。有人做自己的主人，也做神的僕人；有人做自己的主人，不做神的僕人；有人做神的僕人，不做自己的主人；有人不做自己的主人，也不做神的僕人。

做自己的主人，就是依據自己的道理為人處世；不做自己的主人，就是不依自己的道理為人處世。做神的僕人就是依據神的真理為人處世；不做神的僕人，就是不依神的真理為人處世。

做自己的主人，也做神的僕人的人，有自己的道理，也有神的真理。如果自己的道理違背神的真理，就會修正自己的道理。這種人心中有自己的存在，也有神的存在；有自己的道理，也有神的真理。這種人敬畏神，懂得謙卑，也尊重別人。但是，對於邪惡的人及其言行，則會據理力爭，也會強力反抗。

做自己的主人，不做神的僕人的人，只會相信自己的存在與自己的道理，不會相信神的存在與神的真理，也不會尊重別人的存在與別人的道理。這種人認為自己就是神；自己的道理就是神的真理。這種人不能忍受別人不同的道理，無法與人理性對話與溝通。如果有人敢對抗他，就會以暴力或是武力威脅人、恫嚇人、霸凌人。

做神的僕人，不做自己的主人的人，心中只有神和神的真理，沒有人和人的道理。這種人不僅自己奉行神的旨意，也勸人要奉行神的旨意。這種人主張，人要行善和奉獻，也要累積福德，不可違反神的戒律；不可放縱自己的慾望。

不做自己的主人，也不做神的僕人的人，不知道自己的存在，也不知道自己的道理；不承認神的存在，也不認同神的真理。這種人只是為了維持生命而存在；只是為了存在而生活，既不知道人的道理，也不知道神的真理。這種人沒有為人處世的原則，也不會辨別是非與善惡，只會依照自己的慾望與情緒行動；只會依照自己的利益與偏好行事。

你若要做自己的主人，就要有自己的道理。你若要做神的僕人，就要懂得神的真理。你不能沒有自己的道理，卻要做自己的主人。你不能不懂神的真理，卻要做神的僕人。

世上沒有完美的人，也沒有完美的道理。神是超人的存在；神的真理是普世的價值。我們必須要有自己的道理，也要有神的真理。我們不能只有自己的道理，沒有神的真理。我們必須做自己的主人，也做神的僕人。我們不能只做自己的主人，不做神的僕人。

05　因果關係　　　　　2021/12/18

凡事皆有因果關係，有因必有果；有果必有因。人若有善因，必能得善果；若要得善果，必須種善因。

佛曰：菩薩畏因；眾生畏果。同理，智者重因；凡人重果。

人人都希望有善果，但是，只有少數人懂得種善因。人人都祈求神賜給善果，不要求自己種善因。

你可以重因不重果，但是，必須承擔果。你可以重一時的樂，但是，必須承受一生的苦。你可以不重因也不重果，但是，必須醉生夢死過一生。

社會也有因果關係。社會現在種下的因，會在未來承擔果。這一代人種下的因，會由下一代人承擔果。社會會因今日的錯誤選擇，而造成明日的災難。人類會因今日的污染，而造成明日的浩劫。

社會可以要核電，但是，必須承擔核災的苦。社會可以要藻礁，但是，必須承擔缺電的苦。社會可以拒絕外國食品，但是，必須承擔被孤立的苦。社會可以公投綁大選，但是，必須承擔選舉困擾的苦。

你要相信因果關係，不要忽視因果關係。你現在所享受的樂或承受的苦，都是過去種下的因。你未來享受的樂或承受的苦，都是現在種下的因。你的所做所為，都會在日後產生後果；都必須由自己承擔。

由自己種下的惡因，就必須由自己承擔惡果的責任。由社會種下的惡因，就必須由社會承擔惡果的責任。個人與社會都不能只重因不重果。因果相連，有因就有果；有果必有因。

或許你認為，社會的事不關你自己。你可以種下惡因，而由別人或社會承擔惡果。你若這樣想，也這麼做，別人或社會的惡果，遲早會報應在你自己的身上。你無法迴避，也不能倖免。

只要因不要果，是不負責任的。如果你同意重啟核四，就必須告訴我們，核廢料要存放在哪裏？如果你同意天然氣接收站遷離藻礁，就必須告訴我們，如何解決能源短缺的問題。如果你要禁止外國食品進口，就必須告訴我們，如何避免被孤立。如果你要公投綁大選，就必須告訴我們，如何不影響選舉。

惡由恨起。有人因恨某個人，而種下惡因；有社群因恨另個社群，而種下惡因。這種人或這種社群只看到惡因的樂，看不到惡果的苦。恨讓人脫離良知；恨讓人種下惡因；恨讓人承受苦果。我們必須把恨從心中移除，要多種善因，多得善果。我們不能自己種下惡因，卻要別人或社會承受惡果。

如果你不相信因果關係，就要做好事，不要做壞事。做好事會得到自己的喜悅，也會得到別人的讚美。做壞事會增加自己的痛苦，也會受到別人的譴責。你要做對社會有益的事，不要做對社會有害的事。做對社會有益的事，就可以分享社會進步的利益。做對社會有害的事，就必須分擔社會衰退的惡果。

06 人的盲點

盲點 (blind spot) 是看不到、留意不到、思索不到或做不到的地方。簡單的說，就是用眼睛看不到、用心靈想不到或是用行動做不到的地方。

我們讀一篇文，會有盲點；聽一首歌，會有盲點；欣賞一幅畫，會有盲點；說一句話，會有盲點；做一件事，會有盲點。盲點無所不在。人只能減少一些盲點，無法完全清除盲點。

每一個人都有自己的盲點。只看自己想看的，不看自己不想看的；只聽自己想聽的，不聽自己不想聽的；只說自己想說的，不說自己不想說的；只做自己想做的，不做自己不想做的；只想自己想想的，不想自己不想想的；只接受自己贊成的，不接受自己反對的。

人的盲點就是看不到自己不想看的；聽不到自己不想聽的；說不出自己不想說的；想不到自己不想想的；做不出自己不想做的；不接受自己反對的。

自己不想看的，才是值得看的；自己不想聽的，才是值得聽的；自己不想說，才是值得說的；自己不想想的，才是值得想的；自己不想做的，才是值得做的；自己不接受的，才是值得接受的。這就是人的盲點。

人的盲點永遠肯定自己的對與好，否定別人的對與好；永遠只考量自己的立場，不顧及別人的立場；永遠不承認自己的錯，若有錯都是別人的錯；永遠堅持自己的想法與做法，指責別人的想法與做法。永遠只會怪罪別人，不接受別人的指責；永遠認為別人或社會虧欠自己，自己沒有虧欠別人或社會。

人的盲點存在人的心中，不存在人的眼中、耳中或行為中。是人的心意 (mild) 指令自己的眼睛不去看；自己的耳朵不去聽；自己的嘴巴不去說；自己的行為不去做或是不去接受。

如果你能思索；如果你有思想，你的心靈就會靈活；你的心意就能了解人與世界的美妙。思想能夠減少自己的盲點；思想可以看到自己的缺點；思想可以認同別人的優點；思想可以接受別人的觀點。

你若要有思想，就要多思索神的真理、人的道德和社會的正義，然後，一步步建構自己的思想體系。思想一旦建立，就會發現自己的心逐漸寬廣；自己的眼睛逐漸明亮；自己的耳朵逐漸犀利；自己的行為逐漸穩重。

如果你不承認自己無思想，就是無思想。如果你不承認自己有盲點，就是有盲點。你必須承認自己有盲點，才需要有思想；你必須有思想，才能減少自己的盲點。思想與盲點息息相關。思想愈多，盲點愈少；思想愈少，盲點愈多。你若拒絕思想，你的盲點就永遠存在。

 ## 07　指點與領悟 2021/9/2

指點 (pointing) 是點明錯誤，指示正確的意思。指點不僅要有消極的原理意念，也要有積極的可行作為。指點要讓人知道自己錯在哪裏；要如何走對的方向。領悟 (comprehension) 是了解或是懂得。領悟有深入的領悟與粗淺的領悟。深入的領悟除了要懂得別人的思想之外，也要有自己的思想，還要能批判別人的思想，更要反思自己的思想。

對於信神的人，神的旨意就是真理，是在指點生活的態度，處世的道理道，舉止言行以及人生的迷津。古聖先賢和社會菁英也提出許許多多的指點，激勵鬥志，療癒心靈，翻轉人生。為人父母者也常以各種話語指點子女，幫助子女學習與成長。

對於神或人的指點或指示，有人能深入領悟；有人能粗淺領悟；有人無法領悟；有人會接受；有人會遵行；有人會存疑；有人會反駁；有人會拒絕。如果無法領悟，接受或是遵行指點不一定會順暢；如果能夠領悟，反駁或是拒絕指點不一定會惹禍。

每一個人都有不同的價值觀與人生觀；都有不同的生活需求與生活態度。即使同一個人，在不同的人生階段，也有不同的需求與想法。因此，同樣一句指點，對不同的人和不同的人生階段，都會產生不同的感觸與領悟。世上沒有一句指點可以適用於全人類或是全人生。

宗教的教義或是經文雖然大同小異，仍有許多相異之處，甚至水火不容。因而有所謂敵對的異教徒以及頻繁的宗教戰爭。不同的宗教有不同的指點；不同的信徒有不同的領悟。你不能說：接受某種教義或是經文的指點，才能做事完美；不接受某種教義或是經文的指點，就會痛苦一生。

不管是聖賢或是菁英，只要是人的指點，就只是道理而非真理。道理必須經過公評與整合，才能成為最適的原理；才能被人接受與遵行。有些人的指點似是而非；有些人的指點緣木求魚；有些人的指點不切實際。對於人的指點，都必須經過深思，領悟，分析，整合之後，才能接受和遵行。

有些政治的獨裁者會以各種指示，要求國民接受與遵行。即便你明知那是錯誤或是邪惡的指示，也只能接受與遵行，而全國上下也都認為那是正確與正義的指示。在這種政治環境下，接受和遵行獨裁者的指示，才能平安過日或是輝煌騰達；否則，就會遭受壓迫或是鋃鐺入獄。

任何指點或指示都必須被領悟，才能被接受或是被遵行。如果只是被盲目的接受或是遵行，就失去指點或指示的意義與價值。有宗教信仰的人會以靜坐或是禱告的方式，接近神和聆聽神的指點，領悟神的真理。無宗教信仰的人對於神或人的指點或指示，就只能從自己的思想去領悟。如果自己沒有思想，就無法領悟真理或是道理。

有不少人能夠背誦神的經文或聖賢的箴言，卻無法領悟真理與道理的真諦。他們只會以經文或是箴言的內容指點人，要人按照指點去實踐。其實，人不是因為遭遇挫折，才去接近神；不是因為內心空虛，才去讀經書。人不是因為崇拜聖賢，才去接近聖賢；不是因為追求成功，才去接

受道理。人是因為要探究真理和領悟道理，才去接近神或聖賢；才去讀經或悟道。

在領悟神的真理或人的道理之前，需要對自己的人生有所領悟。人必須以自己的立場出發，去領悟人生的哲理。在自己與神之間；自己與他人之間；自己與社會之間，如何取得均衡；如何創造幸福，才是踏出領悟的第一步。總之，神或人的指點有賴人的領悟，不能只要求人盲目接受或不知而行。

08 箴言

2021/8/24

箴言 (proverbs) 是舊約聖經裏的一章，是神的智慧語，也是人必須遵行的法則。箴言教導世人為人處世的態度與方法；幫助世人追求幸福的人生；規勸世人要行善與行義。

除了宗教上的箴言之外，古今中外的智者也曾提出許多箴言；現代社會的網路也都流傳多樣的箴言。有些人常會引用或轉傳各種箴言，作為互相勉勵或是彼此祝福的話。這些箴言都有勵志和療癒的功能，但是，常常欠缺邏輯性與實際性，必須加以深思和理解。

所有的箴言都有益人生，都值得遵行。所有引用或傳遞箴言的人都心存善意，都值得感謝。問題是，有些箴言文意模糊；有些箴言不符邏輯；有些箴言過度武斷。如果不加以深入解析，恐會產生錯誤的理解與認知，也會誤導別人的想法與做法。最近，我讀到了一些值得商榷的箴言。我將這些箴言提出來，與大家一起思索。

有一句箴言「感恩的人總是知足；善良的人總是快樂」。感恩是對別人恩惠的感謝，知足是對自己生活的滿足；善良是道德的修養，快樂是喜悅的情緒。自己與別人是兩個人；道德與情緒是兩回事。會感恩別人恩惠的人，不一定會滿意自己的生活；會滿意自己生活的人，不

一定會感恩別人的恩惠。因此,感恩的人總是知足,這句箴言是似是而非。善良的人不一定會快樂;快樂的人不一定是善良。很多善良的人並不快樂;許多快樂的人並不善良。因此,善良的人總是快樂,這句箴言是不切實際。

有一則箴言「認真的人改變自己;堅持的人改變命運」。其實,認真做事只會把事情做好做成,不會把自己改變成更好更棒。改變自己要靠思想的改變,不是要靠認真做事。堅持信念可以實現理想,不會改變不好的命運。如果人生真有命運,那麼,命運中就已經註定了信念的堅持與理想的實現,不是因為堅持信念,才會改變命運。

有一則箴言「珍惜今天,才有能力擁有明天」。珍惜今天是人可以決定的,而擁有明天則是神的恩賜。今天的能力與明天的能量並沒有絕對的正相關。珍惜今天,不一定可以轉換成明天的能量,而且沒有人能夠保證,自己一定會擁有明天。如果神不賜給人明天,珍惜今天也無助於明天。

有一則箴言「凡事只要用心,就沒有不可能」。事實上,用心做事,有可能會成功,也有可能會失敗。用心做事,成功的機率會高於失敗的機率;不用心做事,失敗的機率會高於成功的機率。凡是用心,不一定會有絕對的可能;不一定會有絕對的成功。

有一則箴言「喜歡用心,則時時眉開眼笑;喜歡待人,則處處無往不利」。用心是專注在某件事上,會不會快樂是另一件事。用心的人不一定會快樂;快樂的人也不一定會用心。待人是誠心對待別人,與做事會不會順利並無關連。用心待人不一定會眉開眼笑;也不一定會無往不利。

有一則箴言「生活有了朋友,才值得回憶;生命有了緣份,才懂得珍惜」。對自己有意義的人事物都值得回憶,不是只有人才值得回憶,更不是只有朋友才值得回憶。珍惜緣份是對的,但是,有緣份才懂珍惜是錯的,因為有緣份不一定懂得珍惜;沒有緣份也不一定不懂得珍惜。有人有緣份卻不珍惜;有人無緣份卻能珍惜。

看似有道理，其實有缺失的箴言不勝枚舉。當你在引用或轉傳箴言時，要先了解箴言是否合理。當你在閱讀別人引用或傳遞的箴言時，也要先思索箴言是否可行。如果只是把箴言傳來傳去，卻不懂得箴言的真諦，也無法切實遵行，就喪失了箴言的意義。如果你能用心思索與充分了悟，再加上你自己的詮釋，那麼，你所引用或轉傳的箴言，才具有價值；才值得學習；才能夠勵志人心。

 09　後悔與懺悔　　　　　　　　　　2021/10/19

在人的一生中。多少都犯下一些錯誤。有些是小錯誤，有些是大錯誤；有些會傷害自己，有些會傷害別人，社會或國家，有些會傷害自己，也傷害別人，社會或國家。

人非聖賢，孰能無過，知錯能改，善莫大焉。如果知道錯誤，卻不改進，就是不知悔改；就會永遠錯誤。人必須知錯和改錯，才能無錯，才是一件好事。

犯錯有兩種情況：第一是不知錯誤而犯錯；第二是明知錯誤而犯錯。當你愛上一個人時，不知道是錯誤；當你結婚時，不知道是錯誤；當你投資時，不知道是錯誤；當你從政時，不知道是錯誤。當你玩弄愛情時，知道是錯誤； 當你接受賄賂時，知道是錯誤；當你出賣朋友時， 知道是錯誤；當你背叛國家時，知道是錯誤。

不管是不知錯而犯錯，還是知錯犯錯，當你知道有錯時，就會有兩種反應：第一是後悔；第二是懺悔。所謂後悔 (regret) 是知錯後的懊惱；所謂懺悔 (repent) 是知錯後的了悟。後悔是對自己或別人說的；懺悔是對神或良知說的。

我們常會後悔做錯某件事。譬如說，後悔愛錯人或是結錯婚；後悔買錯東西或是股票；後悔入錯黨或是選錯人。後悔是針對錯誤的結果所產生的心理反應。我們常說：始料未及或是悔不當初。現在有了這種結果，

我們才知道當時做錯了。如果沒有這種結果，就不知道有錯，甚至會認為沒有錯。

不管自己認為，還是對別人訴說，後悔也許是真心悔過，或是痛改前非；或許只是自我安慰或解嘲，或是取得別人同情或原諒。後悔只針對錯誤的結果，而歸咎錯誤的原因，勿須坦誠事實的過程，也不必追究過去的責任。我們只會說：我做錯了，我會負起該負的責任。

人或多或少都有良知或善心，都知道是非善惡；都知道身口意的不淨；都知道不道德、不正義或不守法的的罪惡。但是，由於人的貪婪、無知、脆弱、無奈或是恐懼，而會做出違反良知或善心的事。人一旦踏上錯誤的第一步，就很難停止或是後悔，因為停止或後悔只會增加自己的傷害與痛苦。

對於有信仰或是良知特強的人來說，違反神的真理或是自己的良知，都會自覺醒齪或是自形慚愧。即便表面上不承認錯誤，也會在良心上受到譴責；即使在白天光鮮亮麗，也會在夜晚暗自歎氣。有一天，當良知戰勝邪心；痛苦超過快樂，就會向神明或自己的良知告誡或懺悔，求取神明的赦免或良知的原諒。

懺悔是自己與神明之間，或是自己與良知之間的對話，必須真實，不能虛假；必須承諾，不能敷衍；必須全盤托出，不能另有隱瞞；要請求神明或良知的赦免，不要求取別人的原諒。人若真心懺悔，就會向神明或良知保證，自己已經徹底了悟，而且永不再犯。此外，也會多做正確的事，補償過去的錯誤。

我們所能看到的只是別人的後悔；我們無法知道別人的懺悔。我們只能看到別人錯誤的結果與後悔的表白；我們無法知道別人的心路歷程與懺悔的決心。真相只存在人與神，或是人與良知之間，不存在人與人，或是人與社會之間。你可以原諒別人，也可以不原諒別人；別人可以原諒你，也可以不原諒你。原諒不表示不再有錯；不原諒不表示永遠有錯。要知道，只有神明能夠了解人的懺悔，只有神明能夠赦免人的罪過；只有良知能夠懂得自己的真心；只有良知能夠原諒自己過錯。

10　疼痛與苦悶

疼痛 (pain) 是肉體的苦楚；苦悶 (depressed or downhearted) 是心靈的煩惱。疼痛是肉體產生的；苦悶是心靈製造的。疼痛是被動的；苦悶是主動的。人無法不疼痛，但是，可以不苦悶。

有健康就有疼痛；有快樂就有苦悶。相反地，有疼痛就有健康；有苦悶就有快樂。每一個人都希望自己多一點健康，少一點疼痛；多一些快樂，少一些苦悶。但是，有些人卻不斷地加重自己的疼痛；製造自己的苦悶。

疼痛與苦悶會相互影響。肉體的疼痛會產生心靈的苦悶；心靈的苦悶會造成肉體的疼痛。當肉體疼痛時，有些人能夠忍受；有些人不能忍受；有些人忍受度高；有些人忍受度低。忍受度高的人比較不會產生苦悶；忍受度低的人比較容易產生苦悶。

相反地，當心靈苦悶時，有些人容易化解；有些人不易化解；有些人化解度高；有些人化解度低。化解度高的人比較不會影響疼痛（如心絞痛）；化解度低的人比較會影響疼痛。

要提高疼痛的忍受度和苦悶的化解度不是容易的事。有些人是藉由信仰或是靈修，訓練自己能夠忍受肉體的痛；看空心靈的苦。人若能做到不畏疼痛；沒有苦悶，就是得道；就是自由。

做為一個平凡的人，要能放開自己的肉體；想開自己的心靈，有如登上雲霄的困難。我們能做到的，就是改變自己的思想。用思想去克服肉體的疼痛；用思想去克制心靈的苦悶。

在遭受肉體的疼痛時，可以呼天喚地；可以咬緊牙關。但是，呼天喚地不僅不會減少疼痛，反會增加疼痛；咬緊牙關不僅不會增加疼痛，反會減少疼痛。因此，若要減少疼痛，就是忍住疼痛。

當我們遇到不如意或是委屈的事；當我們受到打擊或是傷害時，是否要在心靈裏製造苦悶；是否要製造極大或是極小的苦悶，是由自己決定

的，不是別人造成的。自己所造成的苦悶愈大，對自己的傷害愈大。如果無法不製造苦悶，就盡量製造小的苦悶。

有些人喜歡折騰自己。他們會加重自己的痛；強化自己的苦。結果使自己痛上加痛；苦上加苦。有些人喜歡轉移自己的痛或苦給別人，希望藉由別人的同情或安慰，排除自己的痛或苦。結果，帶給了別人心痛或是心苦，而自己的痛或苦依然存在。痛與苦都是自己的事，要自己承擔，不要轉移給別人。

肉體的疼痛是感性；心靈的苦悶是情性。兩者都會增加疼痛或是苦悶。當我們在面對疼痛或苦悶的時候，就要用理性去克服和克制。理性思索和堅強的意志是忍受疼痛和化解苦悶的良方。理性思索是思想的方法；思想是理性思索的結晶。人若有思想，就可以減少肉體的疼痛與心靈的苦悶。

11 凡人修行

2921/6/25

修行 (spiritual practice) 是藉由精神的鍛練，領悟真理或道理的活動，如打坐、冥想、修禪、念經等方式。一般人都將修行與宗教劃上等號，其實，沒有宗教信仰的人也都可以修行。

修行的目的不是外求，而是內省。要接觸自己的心靈；觀察自己的善惡；加強自己的善；清除自己的惡；增加自己的樂；減少自己的苦。

在修行中，要忘掉自己身體的存在與苦樂，尋回自己心靈的善良與真理。修行不是要把心靈完全淨空，而是要將心靈充滿正能量。

面對一面鏡子，可以看到自己的外形，看不到自己的內心。面對一面牆壁，可以看到自己的內心，看不到自己的外形。

凡人修行不必入深山；不必近大海，只要在靜謐的空間，將身體無動；將心靈喚回。凡人修行不必閉關修煉；不必四大皆空，只要用心與心靈對話；傾聽心靈的回應。

你要靜坐在無限的空間；你要徜徉在無盡的時間；你要潛行在無聲的宇宙；你要一心一意的思索；你要誠實面對自己的心靈。

在修行中，你會看到自己的善良，也會看到自己的邪惡；你會看到神的召喚，也會看到鬼的誘惑。你的心會檢視；你的心會判定；你的心會了悟。你終會選擇善良；你終會接近真理。

無時無刻都可以修行；無所不在都可以修行。日復一日的修行，一而再再而三的省思，會讓你的思想更成熟；行為更正向；生活更幸福。

修行是在認識自己，不是在要求別人；是在淨化心靈，不是在端正行為。只要有思想，就能修得善心；只要有善念的心，就會有慈善的行為。

凡人修行不是在遁世避俗；不是在接近佛陀；不是在求得福報，而是在淨化自己的心靈，建構自己的思想，端正自己的行為。如果你能找個清靜的場所，靜下自己的心靈，思索人生的道理，精煉自己的思想，你就達到了修行的目的。

12　用思想淨化心靈　　　　2021/4/13

一年一度的媽祖遶境又開始了。數十萬的信眾或非信眾又群聚一堂，想用汗水和疼痛洗淨心中的塵埃。

有人為了淨化心靈而來；有人為了尋求庇佑而來；有人為了經濟利益而來；有人為了政治考量而來；有人為了湊熱鬧而來。

到底有多少人懂得媽祖的真理？到底有多少人懂得自己的道理？到底有多少人帶著誠心而來？到底有多少人帶著邪心而來？到底多少人帶著無知而來？

不管存著什麼心而來；不管用什麼方式祭拜；不管行走多少路途，如果在自己的心中，沒有思想的存在，一切的用心和希望都難以實現。

思想是改變行為、改變生活和改變人生的主宰。沒有思想的改變，任何努力都無法洗淨心中的塵埃；都無法帶領人走向幸福之路。

信奉神就是要改變自己的思想，並藉由思想的改變，改變自己的人生。神勸人為善；勸人努力；勸人珍惜；勸人捨得。你若懂得神的真理，就會行善；就會努力；就會珍惜；就會捨得；就會洗淨心中的塵埃；就會擁有幸福的人生。

信奉神卻不了解神；祈求神卻不要求自己；隨神遶境卻不思索人生；腳走到破皮，腦中卻一片空白。這樣的苦行會有用嗎？會得到神的賜福嗎？

在每一個人的心中，都有千千結；都有濃濃愁；都有濛濛苦。有人靠自己的力量克服；有人靠別人的力量克服；有人靠神的力量克服。不管用什麼力量克服，都要知道環境的有利與不利；都要知道自己的優點與缺點；都要知道人生的價值是什麼；都要知道如何追求自己的幸福。

神是值得敬畏的存在；神是人類力量的泉源；神是引領人類尋求幸福的助力。人不能沒有神；人不能冒犯神；人不能沒有信仰。人必須在神的開導下，建構符合神意的思想，並用思想淨化心靈；用淨化的心靈追求幸福。

幸福是自己追求的，不是神賜給的。你要先使自己有靈性和懂思索，才能接近神，才能懂得神，才能接受神，才能蒙受神的恩典。在隨神遶境時；在吵雜的隊伍中；在精疲力盡後，你要思索神的真理；要重構自己的思想；要用思想淨化自己的心靈。

13 讓心平靜

2021/5/25

最近，疫情又開始蔓延，幾乎人人自危。每一個人不僅擔心自己，也要擔心家人、朋友、學生、員工等。心靈總是不平靜。

每一天，我們都會看到了許多駭人聽聞的報導；聽到了許多危言聳聽的話語。有人製造虛假訊息；有人乘機見縫插針；有人刻意製造混亂。於是，有人心頭亂糟糟；有人憂心不安；有人害怕恐懼；有人憤怒崩潰。

每一天，我們都要面對對岸的戰爭威脅；受到對岸軍機的繞台；遭到對岸在國際上的打壓。大家都深怕飛彈會摧毀自己的房子，子彈會貫穿自己的身子。

我們無力防止這些挑戰；我們無法逃避這些壓力。有些人可以靠自己舒緩或紓解壓力；有些人只能每天心神不寧或心驚膽顫。

路不轉人轉；人不轉心轉；心不轉依神轉。你若無法克服心靈的不平靜，就要依靠神帶給你平靜的心。面對這種艱難時刻，你要接近神；你要誠心祈求神；你要求神賜給你力量，讓你的心平靜。你要堅持信念，保護自己，幫助別人，對抗邪惡，維護正義。

不要以為看不到的就不存在；不要以為聽不到的就沒有聲音；不要以為握不到的就沒有力量。你看不到神的存在；你聽不到神的聲音；你握不到神的力量，但是，神是真實存在；神有真實的聲音；神有神奇的力量。

你要用心檢測看不到的存在；你要用心檢測聽不到的聲音；你要用心檢測握不到的力量。真實存在自己的心靈中，不存在自己的知覺裏。你必須借助神的力量，讓心平靜，不要憑著自己的知覺，讓心平靜。

每一個人都必須有自己信仰的神，才能讓自己看清楚自己；才能讓自己知道如何對待別人。當你身心疲憊或是徬徨無助時，神是你唯一的明燈，只有神可以安慰你，並為你指點迷津。當你心神不寧或是擔心

害怕，神是你唯一的依靠，只有神可以讓你的心平靜，並給你面對的勇氣。

每一個人都渴望有一個平靜的心；都希望有一個平靜的生活。有平靜的心，才有平靜的生活；有平靜的生活，才有幸福的人生。如果每一天都有這些令人擔憂，難過或氣憤的事，我們的心怎能平靜？我們的生活怎能平靜？我們的人生怎能幸福？

如果你無法靠自己的力量，讓自己的心平靜，就請你皈依神。不管什麼宗教都可以，只要在你的心中，有神的存在，你就可以得到救贖；你就可以得到心的平靜。

 ## 14 勇氣與勇敢 2021/11/15

勇氣 (courage) 是在危險或困難的情況中，控制懼怕的能力 (the ability to control fear in a dangerous or difficult situation)。勇敢 (brave) 是無畏危險或困難的事物。

依我個人的定義，勇氣是內在的能力或心靈的動力；勇敢是外顯的行動或行為的動力。勇氣是在面對自己；勇敢是在面對別人。勇氣是自我的評價；勇敢是別人的評價。勇氣是正視自己和超越自己；勇敢是重視別人和超越別人。

有尊嚴是勇氣；能傑出是勇敢。規劃理想是勇氣；實踐理想是勇敢。探索真理是勇氣；貫徹真理是勇敢。為自己而活是勇氣；為別人而活是勇敢。肯定自己的作為是勇氣；追求別人的掌聲是勇敢。為正義承受痛苦是勇氣；為正義反抗邪惡是勇敢。

一般人常把勇氣與勇敢混為一談。其實，勇氣與勇敢是兩回事。有勇氣的人不一定會勇敢；會勇敢的人不一定有勇氣。有些人有勇氣也勇

敢；有些人有勇氣不勇敢；有些人勇敢而無勇氣；有些人無勇氣也不勇敢。

我們知道自己的勇氣，也知道自己的勇敢。別人只能看到我們的勇敢，看不到我們的勇氣。大家都會隱藏自己的勇氣；展現自己的勇敢。大家都會讚賞別人的勇敢，不會肯定別人的勇氣。

有些人有勇氣肯定自己，而不勇敢要求別人的認同。有些人會勇敢要求別人的認同，而無勇氣肯定自己。有些人會隱藏自己的邪惡，而敢於爭取別人的掌聲。有些人敢於塑造自己的美麗形象，卻無勇氣承認自己的醜陋。

我們常有挑戰困難的勇氣，卻不敢付諸行動。譬如說，我們常有偉大的志向，卻毫無作為。我們常會在心裏想要追求某種個人，卻遲遲不敢開口。我們常會說：我有勇氣去做某件事，卻沒有規劃，也沒有行動。

勇氣是對自己負責；勇敢是對別人負責。勇氣可以說了算，勇敢必須承擔責任。一般人大都只有勇氣沒有勇敢；只有想像的勇氣，沒有決心的勇敢；只有口頭的勇氣，沒有行動的勇敢。其實，真正的勇氣是要有行動的決心。沒有決心的勇氣就不是真正的勇氣。

大家都知道，正義是對的，也是好的；邪惡是錯的，也是壞的。大家也都知道，必須護衛正義，反抗邪惡。但是，大多數的人都沒有護衛正義的勇氣，也沒有反抗邪惡的勇敢。當人們在利益的誘惑或是暴力的威脅之下，就會失去勇氣與勇敢。

我認為，一個人最可貴的是有承認自己錯誤或缺點的勇氣，也有突破困難或極限的勇敢。勇氣與勇敢必須相偕同行，不能各走異路。有勇氣就必須要勇敢；要勇敢就必須要有勇氣。這樣才是真正的勇者；這樣才能勇者無懼。

15 無我的心 2021/8/7

所謂禪 (zen)，就是靜慮，包括定、靜、安、慮、得。簡單的說，禪就是要以坐禪的方式，去了悟佛心，淨化己心。禪就是要先懂得佛的真理，才能知道自己的道理。

坐禪的人總喜歡在菩提樹下、瀑布底下、廟堂之側、道場之中或是佛像之前靜坐，進行身心的修行，要從與自然或佛陀的感觸中，去接近佛陀，了悟佛理。易言之，就是要從身的感觸，進入心的感觸。

我不是佛教徒，不懂佛心；我不是禪宗，不懂禪學。我只知道要以靜心去思索人生與社會的道理。依我看來，靜心就是要把自己目之所及，耳之所聞，身之所觸皆於清空，只留下無我的心，用無我的心去悟道。

對我而言，無處不能靜心。在熙攘的人群中，在擁擠的捷運上，在兩人的咖啡店，在孤獨的海岸邊，都可以靜心。只要心定，即能靜心。有中亦無；無中亦有。有與無皆出自自己的心。

在無我的心中，可以看到美麗的世界；聽到動人的音樂；遇到善良的人們；做到喜悅的事情。這裏才有完美的人生；才有和諧的社會；才有個人的幸福；才有世界的和平。

在無我的心中，我學會什麼是人生的意義；什麼是做人的道理；什麼是社會的正義；什麼是普世的價值；什麼是人類應該追求的理想。

我將無我的心所領悟到的道理記錄下來，並帶著這些道理回到現實的世界。我開始發現自己，了解自己，反思自己，改變自己。我開始審視社會，解析社會，批判社會，改造社會。

用無我的心所領悟的道理去看世界，會看到許多邪惡的人，許多不義的事，許多自私的爭紛，許多殘酷的戰爭。如果無人可以阻止和終結這些可怕的現象，人類終將毀滅。

我不是佛陀，不是上帝，不是阿拉。我的道理只是凡人的想法與見解，不是神的真理。我無意獲取別人的認同或支持我的道理，我只想讓別人知道，我思索的場所在哪裏？我道理的根源在何處？

或許你會認為，我的道理了無新意，甚至不屑一聞，但是，只要你肯把自己的心靜下，走進自己的無我世界，你就會發現，自己的心竟然如此廣闊；如此美麗；如此璀燦。那個時候，你就會知道我的心意；你就會懂得我的道理。

第 **11** 章

社群生活

01 人與人的距離

這段期間，由於疫情的關係，人與人之間的距離拉長了；人與人之間的接觸變少了；人與人之間的感情變淡了。我們除了不再與朋友好友聚會，有時候，看到有人接近，還會刻意迴避。人與人之間的距離突然變得好遠好長。

所謂距離 (distance)，就是兩個人、兩個物或兩個地之間相距多遠的數值。一般是以公分、公尺、公里或英哩等單位表示，這就是可以測量的距離。此外，還有一種不可測量的，就是人與人之間的心靈距離。

人與人之間的可測距離有近距離、遠距離和適當距離。一般來說，近距離有較多親近的關係；遠距離有較疏淡的關係，而適當距離則有親而不太親，淡而不太淡的關係。當然也有一些特例，近距離反會產生磨擦或衝突；遠距離反能產生美感或愛戀，只有適當距離才能夠維持較穩定的狀態。

科技的進步與交通的發達縮短了人與人之間的可測距離，卻拉大了人與人之間的心靈連結。人與人之間的可測距離愈近，接觸愈頻繁，人與人之間的理解與感情卻愈淡薄；矛盾和衝突卻愈惡化。可測距離的拉近，不僅沒有縮短心靈距離，反而拉遠了心靈距離。

由於知識的增加，每一個人都自己的價值觀以及自己的想法與做法。每一個人都愈來愈難被了解，也愈來愈難了解人。每一個人的想法與做法的差異愈來愈擴大；人與人之間的誤解與衝突愈來愈激烈。

現代夫妻的可測距離很近，心靈距離卻很遠。夫妻之間，很少理性溝通，也很難了解彼此的想法與做法。有些夫妻甚至還會互相隱瞞、猜疑，防範或背叛。即使睡在同張床上，也各想自己的事；各思自己的人。

現代親子關係的可測距離很近，心靈距離卻很遠。父母愈來愈不理解子女的想法與做法；子女也愈來愈不了解父母的用心與關心；親子關係愈來愈淡薄與冷漠。有些親子關係還會充滿對立與暴力，

現代朋友關係的可測距離很近，心靈距離卻很遠。朋友之間的利害關係變得很複雜，友情變得很虛假，也很不穩定。今日的好友可能在一夕之間變成仇人；今日的仇人可能在一日之內變成友人。朋友之間很難掏心掏肺彼此信賴。

人與人之間的距離，不在可測的距離有多近或是有多遠，而是在彼此的心靈距離有多近或是有多遠。只要有緊密的心靈距離，可測距離再遠，都不會影響雙方的感情。如果心靈距離很遠，即便天天膩在一起，也無法建立彼此的好感情。

人與人之間最好維持一個適當的心靈距離，不要太親近，也不太疏遠。即使是夫妻或親子關係，也應該維持適當的心靈距離。彼此用理性溝通；用情性對待；互相尊重；相互扶助。人與人之間的心靈距離若太過接近，往往會用自己的想法或做法去要求別人，而不尊重別人的想法或做法。這樣反而會影響雙方的互信與互動，造成雙方的緊張或衝突。

02　愛人之道   2020/11/25

依個人的操作性定義，愛人是對接觸的人引發喜悅之情與善良之行的人際關係。

愛人有五個基本原理：

第一：愛人必須不占人便宜。不占人便宜比幫助人重要。我不能以愛去交換利益。我不能一面愛人，一面占人便宜。

第二：愛人必須給人利益。我要在能力範圍內，提供人知識，技術，財物，勞務以及關心。

第三：愛人必須發自內心的喜悅。我不能因愛人或助人而感不悅，不捨或無奈。我要心甘情願，歡歡喜喜的去愛人和助人。

第四：愛人必須一視同仁，不能有差別待遇。我要愛自己的父母和兄弟姊妹，也要愛妻家的岳父母和兄弟姊妹。

第五：愛人必須不求回報。我不能要求我愛的人也要愛我。我不能要求
　　　我幫助的人也要回報我

如果能遵照這五個原理去愛人和助人，相信一定會獲得神的恩賜與別人
的回報。人生將會平平順順；努力將會獲得報償；遭遇將會逢逆化順。

要用自己的方式去愛自己，才能擁有自己的愛；要用別人的方式去愛別
人，才能獲得別人的愛；要用社會的方式去愛社會，才能獲得社會的愛。
你若用別人的方式去愛自己，就無法擁有自己的愛；你若用自己的方式
去愛別人，就無法獲得別人的愛；你若用自己或別人的愛去愛社會，就
無法獲得社會的愛。

我們常說要愛自己；愛別人和愛社會，但是，常常誤解愛；常常愛錯人。
我們只會愛自己與自己的親人，不會愛別人與別人的親人；只會愛自己
喜歡的人，不會愛自己討厭的人；只會愛社會的弱者，不會愛社會的強
者；只會愛自己的社會，不會愛別人的社會。

我們只知道自己的痛苦，不知道別人的不幸；只看到弱者的可憐，看不
到弱者的可惡；只看到強者的可惡，看不到強者的可憐。我們會要求別
人愛自己，不會要求自己愛別人。我們會認為愛弱者是善良；愛強者是
邪惡。

我們常把財物和勞務當慈善，不將知識與技術當利他。我們常認為，愛
人就要提供財物或勞務，否則，就沒有愛。提供的財物或勞務愈多，就
是愈有愛心。至於知識與技術的提供則不被重視。你給別人 100 元，別
人會感謝你；你給別人一篇文章，別人會討厭你。你若用關心去愛人，
別人常會覺得是無用的同情或是多餘的囉嗦。

依照上述的愛人原理，只有少數人能夠懂得愛人的原理；能夠真正愛
別人與社會。我們口口聲聲說愛人、愛社會、愛國家、愛世界，卻時
時刻刻計算人、欺負人、剝削人、侵略人。如果愛無法成為普世價值；
如果愛無法被世人遵從，這個世界將永無寧日；人類將無法得到真正
的幸福。

03 感謝之心

感謝有兩種意涵：第一是感謝的心意 (appreciate)；第二是感謝的行動 (gratitude)。前者是性質，價值，意義或重要性的評估 (to estimate the quality, value, significance, or magnitude)；後者是喜悅或感激的表達或致意 (to express or greet with pleasure or gratitude)。

許多有智慧的人和有成就的人常會教導我們，要存感謝的心；要用感謝之心成就人生。事實上，許多一事無成的人，充滿了感謝之心；許多豐功偉績的人，則缺乏感謝之心。

感謝之心人皆有之。對於自己蒙受恩惠或是獲得利益，沒有人不會感謝。問題是，有人有強烈的感謝之心；有人只有微弱的感謝之心。有感謝之心的人，有人會有感謝的行動；有人則無感謝的行為。

有人愛你，你不一定會感謝；有人付你薪資，你不一定會感謝；有人為你做牛做馬，你不一定會感謝；有人送你禮物，你不一定會感謝；有人 PO 文給你，你不一定會感謝。

有人不愛你，你可能會感謝；有人不幫助你，你可能會感謝；有人不送你禮物，你可能會感謝；有人批評你，你可能會感謝；有人阻擋你，你可能會感謝。

每一個人對值得感謝的認知與做法都不一樣。給人恩惠，不一定能得到別人的感謝；獲得別人的恩惠，不一定會有感謝的心。施恩於人，不要存有被感謝的期望；蒙受恩惠，則要有感謝之心。

感謝之心常在事後產生。成長之後才會感謝；富裕之後才會感謝；成功之後才會感謝。許多名人是在成功之後才感謝，不是因為感謝之後才成功。

沒有行為的信心是死的；沒有行動的感謝是空的。口口聲聲說感謝，卻遲遲不見有行動，就是空口說白話，沒有具體意義。

不是什麼恩惠都值得感謝。有些人說愛你，是表面或是恭維的話；有些人幫助你，是要你幫助他成就壞事。有人給你好處，是要你回報他更多的好處。你必須慎重評估施惠者的心；你必須採取適當的感謝行動。

如果有思想，就知道什麼樣的人事物值得感謝；就會懂得如何表現感謝的心。我們不能凡事感謝；我們不能感謝別具用心的人；我們不能只因自己受惠而感謝；我們不能只有感謝的心，沒有感謝的行動。

04 同學　　　　　　　　　　　　　　　　2020/10/4

同學是一起學習的朋友，有相知相惜的；有泛泛之交的；有相看兩相厭的。同學也有好的同學；不好不壞的同學；壞的同學。不是所有的同學都是知己；都是好朋友。

好的同學有能理解、能互助和能包容的人。不好不壞的同學有不同理、不尊重和不感恩的人。壞的同學有會嫉妒、會背叛和會報復的人。

有些同學會因意識形態、行為模式、政治立場或宗教信仰的不同或對立，而分道揚鑣，漸行漸遠，形同陌路。有時候，老同學相聚，有人會炫耀自己、老公、老婆或子女的成就，而讓其他同學敬而遠之。

同學時代有許多回憶，有快樂的；有不快樂的；有痛苦的。不是所有的回憶都是甜蜜的。同學時代的回憶只有片段；只有某些獨特的事，不是所有的事都是美好的回憶。

其實，真實的人生並不像文學家寫的那麼動人，也不像音樂家唱的那麼動聽。同學不是「精神上的血親」，更不是「侵入血液，融入生命的朋友」。

如果你把同學想得太美好，萬一有人不理你或背叛你，你將會傷心不已，或是痛不欲生。你將不再相信同學的友情。

請以平常心看待同學。同學對你好，就把他當知己；對你不好，就將他當路人。你要慶幸有個好同學；你要釋懷有個壞同學。你要珍惜好的同學；你要淡待不好不壞的同學；你要遠離壞的同學。

人際關係是相互的。你對人好，人也會對你好；你要人對你好，就要先對人好。不管是不是同學，只要你誠心待人，你的周邊就會有許多好同學和好朋友。

你可以美化世界，但是，不要過度美化世界的美好。你可以美化同學，但是，不要過度美化同學的友情。否則，就會變成不切實際的虛假。

君子之交淡如水；小人之交甘若醴。同學之交也應該維持一個適當的距離，彼此理解，相互尊重。有緣則來，無緣則去。若是有心有情，好同學自然會出現。

05　老老師與老同學　　　　　　　　　　　　　2021/4/29

老師是傳道、授業、解惑的人。老老師是過去曾經是老師的人。同學是同師受業和同班學習的人。老同學是過去曾經是同學的人。

有人認為：一日為師，終身為父。有人認為：一日為師，終身為師。有人認為：一日為師，終身非師。

不管是好同學或是壞同學，大家都認為：一日是同學，終身是同學。

與老老師相聚，有人把老師當成父母；有人把老師當成老師；有人把老師當成朋友；有人把老師當成路人。

與老同學相聚，大家都會把彼此都視為平起平坐的同學，沒有人會覺得高人一等或是低人一截。所以老同學相聚都會言無不盡；都會盡興而歸。

老老師與老同學相聚，常會顯得尷尬，因為他／她不知道老同學如何看待他／她。在老老師的心中，老同學都是一樣的好；都是一樣的親，沒有偏心，也沒有偏見。可是，老老師無法平均與老同學說話，無法平均表達對老同學的關心。老老師常會顧此失彼，熱絡一些人；冷落另些人。有些老同學或許會覺得，自己不受重視，而感到無趣。甚至聊到自己不喜歡的話題或是不中聽的話語，而感到不悅。

老老師與老同學相聚不是一件簡單的事。要有人號召參加的人；要有人接洽聚會的事；要有人安排會後的會；要有人承擔吃力不討好的責任。

做為一個老老師，我在參加老同學的聚會時，總喜歡帶師母出席。一來可以分散大家的焦點；二來可以關注寡言的老同學。我在乎每位出席老同學的感受，希望他們／她們都能享受愉快的聚會。

在過去的漫長歲月裏，我們這群老老師和老同學都能定期聚會，真是一件非常不容易的事。我除了感謝老同學不離不棄的熾熱情感，也為老老師的難得福氣感到驕傲。

這些年來，我寫了上千篇文章：包括短文，雋語和小詩。我本來是想與老同學分享思想，但是，大家都很忙碌，無暇回應。我十分了解大家的心情，也能體諒大家的做法。我不斷的寫，一方面是要證明自己還活著；另方面是要證明自己還是大家的老老師。

時間的流逝真的很快。我們在不知不覺中逐漸變老，身體慢慢變弱。但是，如果我們能夠充實自己的思想，我們的心靈就會永遠年輕。

我不知道自己還有多少心力可以寫作；還有多少時間可以與老同學相聚。但是，祇要我還有能力，就會繼續寫作；繼續參加老同學的聚會。

我真的很珍惜我們的情誼，也很期盼大家的成就，更希望老同學們都能健康，平安與快樂。

粉絲

2021/5/2

粉絲 (fans) 是對某種特定人物，產品或思想等的愛好者，擁護者或是狂熱者。粉絲有溫和的粉絲；有熱情的粉絲；有激進的粉絲。

有人是真正懂得該人物，該產品或是該思想的好而愛之；有人則不真正懂得該人物，該產品或是該思想的好而愛之。有人是因人物的名氣而愛之；有人是因產品的商標而愛之；有人是因思想的獨特而愛之。

作為一個知識分子，你必須要能真知，才能有愛好，才能當粉絲，不能人云亦云；不能隨眾起舞；不能搖旗吶喊。

愛好或是擁護一個人，必須懂得愛好或是擁護的理由。是喜歡那個人的才能，思想，慈悲或是偉大的成就？你不能說：自己是某個人的粉絲；你必須說：自己是某個人哪種特質的粉絲。例如，喜歡某個人的思想，就必須懂得那個人的思想以及自己為什麼喜歡那種思想。你就必須說：自己是某個人思想的粉絲。

粉絲是粉絲自己造成的，不是被擁護者造成的。高品質的粉絲塑造了高品質的被擁護者；低品質的粉絲塑造了低品質的被擁護者。不是高品質的被擁護者塑造了高品質的粉絲，也不是低品質的被擁護者塑造了低品質的粉絲。

粉絲的多寡與被擁護者的品質無關。高品質的被擁護者可能只有少數的粉絲；低品質的被擁護者可能有多數的粉絲。

如果粉絲懂得被擁護者的好，就是高品質的粉絲；如果粉絲不懂得被擁護者的好，就是低品質的粉絲。如果你是某個人的粉絲，就要問問自己，是否懂得那個人的好？

你無法知道，別人是否是某個人的粉絲；別人也不會知道你是否是某個人的粉絲。你只能確定自己是否是某個人的粉絲。

粉絲可以唱高調；可以唱低調；可不唱調。粉絲可以多回應；可以少回應；可以不回應。只要自己懂得被擁護者的好，也知道自己支持的理由，你就是他/她的粉絲。

高品質的被擁護者會平等對待粉絲，只會在乎粉絲的品質，不會在意粉絲的多寡。他/她會幫助粉絲了解他/她；他/她會鼓勵粉絲一起打拼；他/她會與粉絲共同成長。

 07 員工與朋友   2021/5/11

市場是財物與勞務的交易系統，是講理的世界；社群是人群與感情的連帶系統，是講情的世界。員工屬於市場，是經濟利益的結合；朋友屬於社群，是心靈情感的結合。僱用員工與結交朋友是兩件不同的事。

在勞動市場中，企業支付勞動報酬，交換員工的勞動生產力。企業需要的是員工的生產能力；員工需要的是企業的金錢報酬。企業依員工的能力用人；依員工的生產力給薪。員工依薪資選擇企業；依報酬從事工作。

在社群關係中，朋友基於彼此的信賴，互助與贈與的基本原理，建立感情的連帶。朋友之間沒有對價的關係，也沒有失衡的問題。你對朋友的付出，都是心甘情願；朋友對你的付出，也是不求回報。朋友在心靈的互動中，彼此鼓勵與慰藉，除非緣盡情了，否則，友誼就能長存。

有些企業經營者會以「企業家庭」的理念，把員工視為朋友。他們希望員工有福同享，有難同當。但是，他們往往會失望，甚至會受到打擊。員工會與企業分享成果，不會與企業分擔苦難。如果員工不滿薪資，就會離開。如果企業遇到危機，員工也會離開。

有些企業經營者會將朋友當成員工；會用金錢結交朋友；會因金錢背棄朋友。他們認為，有利就是朋友，無利就非友人。他們可以為了經濟利

益把你當成朋友，也可以為了無經濟利益把你當作路人。他們的朋友是短暫的，不是長期的，更不是永久的。

有些員工會把老闆當朋友；會處處為老闆著想；會時時為老闆服務。他們以為老闆會重用他們的優點；會包容他們的缺點；會站在他們這一邊。結果，老闆不僅不領情，還會在利益受損時，指責他們，甚至解僱他們。

有些人會把企業經營者當成老闆，會唯唯諾諾；會逢迎巴結。他們期盼老闆朋友會帶給他們金錢的利益；會幫助他們解決經濟困境，會僱用他們的親朋好友。一旦老闆朋友不給利，不照顧或是不如意，就會切斷友誼，不做朋友。

有些夫妻會把配偶當員工，會在家發號施令，任意使喚。他們不理會配偶的感受，也聽不進配偶的建議。他們也會將公司的壓力帶回家，家人必須看他們的臉色應對。他們也會用金錢控制家人，要家人依照他們的指示辦事。

有些夫妻會把配偶當老闆，會戰戰兢兢，唯命是從，不敢抗拒，也不敢違背。他們好像是員工一樣，每一個月領取固定薪水，從事家務勞動。他們也會做牛做馬，沒有怨言，甚至還會討好配偶。

員工是談錢的；朋友是談心的。你不能在理的世界談感情；你不能在情的世界談金錢。你不能把員工當朋友；你不能把朋友當員工。你不能把配偶當員工；你不能把配偶當老闆。你必須把員工當員工；把朋友當朋友；把配偶當配偶。你必須以金錢僱用員工；你必須以友情結交朋友；你必須以親情對待配偶。

08 珍惜緣份

緣份是人與其他人事物之間的無形關係;緣分是緣份的分量,輕重或是深淺。

人與人之間;人與事之間;人與物之間的關係都有緣份在。有些緣份是神安排的;有些緣份是人製造的。你遇見一個人;你碰到一件事;你看到一個景;你買到一件物,都是天定的緣份;你珍惜一個人;你珍惜一件事;你珍惜一個景;你珍惜一件物,都是人為的緣份。

大家都知道,緣份是人與人之間的連結,但不知道,緣份也是人與事物之間的關係。其實,人與事物之間也是一種緣份。你所從事的事;所欣賞的景;所購買的物;所閱讀的文等等都是緣份。

有人有緣份沒有緣分(即有緣無份);有人有良緣;有人有惡緣;有人有深緣;有人有淺緣;有人有良緣也有深緣;有人有良緣只有淺緣;有人有惡緣也有深緣;有人有惡緣只有淺緣;有人則是無緣也無分。不是所有的緣份都是良緣;不是所有的良緣都是深緣;不是所有的緣份都值得珍惜。

大家都知道要珍惜緣份,但是,只有少數人懂得珍惜緣份。所謂珍惜,就是對珍貴人事物的重視與愛惜。由於大家對珍貴人事物的認知不同,所以很難說什麼樣的人事物是值得珍惜;什麼樣的人事物不值得珍惜。只要自己認為值得珍惜的人事物,就應該珍惜,不要錯過或是浪費。

自己的生命、生活、財富、家人、知友、愛情、經歷以及各種擁有物都值得珍惜。在我看來,珍惜緣份就是要對人的無悔付出;對事的用心專注以及對物的善用呵護。珍惜不是用嘴巴說的,而是用行動做的。珍惜是要自己做的,不是要別人做的。我們不能要別人珍惜什麼緣份,也不能用珍惜緣份當做勵志的話語。

不是有緣就是幸福;不是有緣就必須珍惜。你要珍惜良緣和深緣;你要捨棄惡緣和淺緣。你要珍惜與別人的緣份,也要別人能夠珍惜與你的緣

份。如果別人不珍惜你的緣份，你不必強求別人，也不必勉強自己，而要勇敢走自己的路。

在每一個人的一生中；在每一個日子裏；在每一個剎那間，都存在著人事物的緣份。大多數的緣份都會被錯過，只有少數的緣份會被擁有；只有極少數的緣份會被珍惜。緣份常在瞬間消失，一旦失去，就永不復返。錯過值得珍惜的人事物，再怎麼後悔都無濟於事，只能在事後力求補償。

珍惜是在當下，不是在過去，也不是在未來。有些人要等到失去後才想珍惜，卻為時已晚；有些人要等到某一天才要珍惜，卻永不兌現。不珍惜此時此刻，就是不懂得珍惜；就是不會珍惜。如果有人說：過去應該多珍惜你或是未來會珍惜你，請別相信，因為他永遠不會珍惜你。

緣份有如車窗外的景色，一閃即過。你要往前看，不要往後瞧；你要抓住眼前的緣份，不要眷戀過去的緣份。如果你是一個有思想的人，就會懂得什麼是值得自己珍惜的人事物；就會珍惜值得自己珍惜的人事物。

09 讚美

2019/11/26

讚美或稱讚 (praise, acclaim, or commend) 是誇獎或稱頌別人的才能、長處、美德或成就。要讚美人很容易；要說明讚美的理由很困難。大多數的人都只會讚美人，不會說明讚美的理由。

我們常會喜歡某個人、某件事或某種物；我們常會欣賞某篇文、某首歌或某幅畫；我們常會讚美某個音樂家，文學家、藝術家、哲學家或科學家。可是，我們常無法說出喜歡、欣賞或讚美的理由。這種讚美其實只是個人感性或情性的反應，不是理性的認知或判斷。

有些人喜歡用一個貼圖表示贊成或讚美；有些人喜歡 PO 一篇文章表示欣賞或讚美。他們大都只憑著自己的直覺或偏愛讚美人或作品。他們大

都不了解讚美的理由。他們要與別人分享樂趣，卻不分享自己的心得。他們只提供一個資訊，要別人自己去體會。

如果你不說明別人有什麼好，也不說出自己的心得，就貼出一個讚，對讀者會有意義嗎？如果你 PO 了一篇文章，卻不詮釋它的意義或註解你的觀點，對讀者會有幫助嗎？如果你不懂得讚美的理由，就貼圖或 PO 文，你的讚美就沒有價值。因此，如果不懂音樂，就不要讚美歌曲；不懂文學，就不要讚美文章；不懂科學，就不要讚美技術；不懂哲學，就不要讚美思想。

這個社會常把無知當有趣；把有趣當常識；把無知的常識當有價的知識。人人樂在無知的互動中。彼此用無知去讚美自己喜愛的人；用無知去霸凌人自己討厭的人。有些人喜歡或討厭一個人，卻不知道為什麼；有些人支持或反對一個人，卻不知道為什麼。

作為一個受過高等教育的知識份子，你有責任帶領這個社會邁向美好。這個社會需要多一個有思想的你，好讓這個社會少一個無思想的人。如果這個社會的多數人都有思想，這個社會就會變得更加美好。

讚美人事物都是好事，但是，讚美一定要有理由。你要懂得人的高尚、音樂的美好、文章的優雅或是成就的偉大，才去稱讚或讚美。你不能不知所以然，就去讚美。在你的讚美中，別人會看到你的智慧。

你若要讚美人，請不要只 PO 讚、超讚或超級讚等貼圖。你若要推薦文，請不要只 PO 一篇文章，而不說明自己的心得或評論。你若要分享旅遊的樂趣，請不要只 PO 一堆照片，而不說明景象的美或人物的好。

人人都喜歡被讚美，即便是一個讚、一個好或一個棒，都會令人喜悅。但是，作為一個知識份子，你必須回問：讚在哪裏？好在哪裏？棒在哪裏？如果得不到滿意答覆，讚美就是虛假，就不值得沾沾自喜。

每個人都喜歡被讚美，不喜歡被唾棄。要做一件被讚美的事很困難；要做一件被唾棄的事很容易。做一件被讚美的事，不能再做一件被唾棄的

事，否則，人們就不再讚美你。做一件被唾棄的事，只要再做一件被讚美的事，人們就不再唾棄你。

做被讚美的事，比做被唾棄的事好。做被讚美的事，不做被唾棄的事，比不做被讚美的事，也不做被唾棄的事好。做被讚美的事，也做被唾棄的事，比做被唾棄的事，不做被讚美的事好。

大部分的人都喜歡讚美人，因為讚美人不必付出，卻能被喜愛。問題是，讚美人必須知道讚美的理由，否則，就是虛假的讚美。如果別人讚美你，卻不說明理由，你就不必高興，因為那只是虛偽的客套話。如果你會因別人一句讚美的話而高興，你就不是一個知識份子。

有些人常會 PO 別人的文章表示認同，或貼圖案表示讚美某個人或某件事。可是，他們卻不知道在認同什麼，或是讚美什麼？知識份子與非知識份子的最大區別就是前者懂得 why，而後者只道 what。不管你要波什麼文章或貼什麼圖案，都必須知道是什麼好和為什麼好。例如，你貼圖讚美某人的作品，就必須先看過他的作品，再看那一個作品最讚，又為什麼讚。

要值得被讚美，才被讚美；要懂得理由，才讚美人。你不能無理由被讚美；不能無理由讚美人。你若無理由被讚美，就要小心讚美你的人。你若無理由讚美人，就要反省自己是否無知識？

10　崇拜與讚美　2020/12/25

崇拜 (worshii) 對神的禮贊或是對人的敬仰。讚美 (commend) 是稱頌或讚揚人的成就、優點或美德。

我只崇拜神；我不崇拜人。我只讚美人所做的事；人所造的物；人所寫的文；人所說的話。

我不崇拜科學家，我只讚美科學家發明的技術。
我不崇拜哲學家，我只讚美哲學家倡導的思想。
我不崇拜文學家，我只讚美文學家描述的意境
我不崇拜藝術家，我只讚美藝術家創作的作品。
我不崇拜企業家，我只讚美企業家經營的企業。
我不崇拜政治家，我只讚美政治家實踐的正義。
我不崇拜學者，我只讚美學者揭示的思想。
我不崇拜老師，我只讚美老師傳授的知識。
我不崇拜牧師，我只讚美牧師詮譯的經典。
我不崇拜廚師，我只讚美廚師烹調的料理。
我不崇拜名人，我只讚美名人所做的貢獻。
我不崇拜歌星，我只讚美歌星所唱的歌曲。

人是因成就而成名，不是因成名而成就。我只讚美人的成就，不崇拜成名的人。

有些人很喜歡崇拜人，卻不知道人的成就；喜歡讚美人，卻不懂得成就的內涵。有些人只因偉人而崇拜；只因名人而讚美。

如果不懂科學，如何崇拜科學家；如何讚美科技？如果不懂藝術，如何崇拜藝術家；如何讚美藝術作品？如果不懂音樂，如何崇拜音樂家；如何讚美音樂？如果不懂政治，如何崇拜政治人物；如何讚美公共政策？

有許多粉絲根本不懂自己崇拜的人物有什麼成就、優點或美德，只是一昧的追隨和讚美。他們搖旗吶喊，瘋狂支持，卻不知道自己為什麼要崇拜？他們或許會說：我就是沒有理由的喜歡他。他們或許會說：我就是認為他很值得崇拜。你可以喜歡；你可以崇拜，但是，你若沒有理由的喜歡或崇拜，就是無知與霸道。

有些人崇拜神，卻不懂神的真理；讚美經文，卻不懂經文的道理。他們只會拜神明燒紙錢或是做禮拜唱聖詩，卻說不出一句經文。這樣的信仰是虛假的，也是無用的。人必須了解神的真理與道理，才能進入神的殿堂，與神對話；才能獲得神的關懷與賜福。

崇拜與讚美都是好事，不是壞事，祇是必須要知道崇拜或讚美的理由。如果不知道崇拜或讚美的理由，崇拜或讚美就是不理性的虛假或迷信。

11 按讚　　　　　　　　　　　　　　　2020/10/12

讚有三種意涵：第一是喜歡 (likes)；第二是贊成 (agree)；第三是讚美 (praise)。嚴格來說，這三個意涵的意義是不同的，喜歡不一定是贊成；贊成不一定是讚美；讚美不一定是喜歡。可是，一般人都是以自己的想法去按讚，也以自己的想法去解釋讚。

當你讀到別人的一則訊息或一篇文章時，會以什麼樣的想法去按讚？當你看到別人為你的訊息或文章按讚時，會有什麼樣的想法？你自己與別人對讚的想法是否一致？如果不一樣，是否會產生誤解？

理論上，我們必須先懂得資訊的美好，才能贊成，才能喜歡，才能讚美，才能按讚。如果不懂資訊的美好，而按讚，就沒有意義，也沒有價值。在一個半理性的社會裏，人們常常會不知所以然就按讚，甚至會因人情因素而按讚。如果不以理性的方式去按讚，再多的人按讚，也不一定是真正的讚。

如果你只是自我感覺良好或是因別人的請託而按讚，就可能會扭曲資訊的真正美好，讓不是真正美好的資訊獲得讚美。如果你要請求別人為你提供的資訊按讚，也必須要讓別人懂得資訊的美好，並取得對方的認同。你不能只是基於情誼而按讚，也不能基於情誼而請求別人按讚。

按讚是發自自己內心的喜歡、贊同或讚美，不是沒有理由或只是順從別人的要求而按讚。你所按下的每一個讚都代表自己的智慧。如果每一個人都能因真正懂得才按讚，那麼，每一個讚都是真正的美好；每一個讚都是值得珍惜。

每一天，我們都會收到許多資訊。有些資訊是我們認同的；有些資訊是我們反對的。我們認同的資訊就會按一個讚或幾個讚，但是，我們很少會寫一個或幾個按讚的理由。我們通常都以感性的直覺、情性的同理或虛假的敷衍而按讚，不是以理性的分析去按讚。如果你問按讚的人，他為什麼會按讚，我相信很少人能有答案。

每一個人都希望自己提供的資訊被按讚，即便沒有理由按讚，也令人開心。愈多的讚表示愈受重視和喜愛，當然會更加高興。有時候，自己提供的資訊得不到任何人按讚，就會覺得心灰意冷，甚至自我否定。相信許多文友都有過這種經驗，也有過這種苦惱。

其實，期待別人按讚是沒有必要的。不懂的人即便按了幾次讚或超讚，也不會增加資訊的價值。懂得的人即使不為你按讚，也會在心中欣賞你。在懂與不懂之間，讚的價值有天壤之別。

如果有一個人在看完你的資訊之後，能夠寫一則心得的短文，或是一篇自撰的文章，就等於給你按了千百次的讚。你必須感謝這個人；必須珍惜這篇文。

按讚是舉指之勞，卻有千斤之重。你可以不加思索地按讚；可以深思熟慮地按讚。當你要按下一個讚時，請誠實地問自己，是否真正的懂得；是否真正的喜歡、贊同或讚美。

12 好東西要與懂得的人分享　　2021/8/27

本文所謂的「好東西」是指廣義的東西，包括人物，事情，物資，商品，思想，話語，文章，書籍等等。好東西可以分為三種：第一是從三種以上的同質東西中，選擇最好的東西；第二是從兩種同質東西中，選擇較好的東西；第三是沒有比較的好東西。

每一個人對好東西的定義與評價都不相同，甚至有完全相反的看法。你認為的好東西，別人不一定認為是好東西；別人認為的好東西，你不一定認為是好東西。如果多數人都認定的好東西，就是公認的好東西。

「好東西要與好朋友分享」這是一般人常會引用的雋語。其實，好東西是要與懂得的人分享，不是要與好朋友分享，因為好朋友不一定懂得好東西；懂得好東西的人不一定是好朋友。

懂得好東西的人才知道東西是的好；才能享受好東西的樂趣。懂得好東西的人才能分享別人的好東西；才會感謝別人分享好東西。

自己喜歡的東西不一定能懂得；自己懂得的東西不一定會喜歡。你不一定懂得自己喜歡的朋友；你不一定喜歡自己懂得的朋友。喜歡你的人不一定懂得你；懂得你的人不一定喜歡你。

與懂得好東西的人分享好東西，雙方都能受益；與不懂好東西的人分享好東西，雙方都是浪費。你要與懂得好東西的人分享好東西，不要與不懂好東西的人分享好東西。

我們都喜歡與好朋友分享好東西，也希望好朋友能夠懂得好東西。例如，當你寫了一篇好文章，在第一時間，就想要跟好朋友分享，期待他能與你共同思考，分享樂趣。如果他不讀不回或是已讀不回，你就會感到挫折，甚至會懷疑他是不是你的好朋友。

你或許想把自己認為最好的東西獻給這個世界，因為你相信這個世界一定有人會懂得；一定有人會喜歡；一定有人會珍惜。但是，你或許會如願；或許會失望，因為這個世界不一定有人會懂得；不一定有人會喜歡；不一定有人會珍惜。

你可能有懂得好東西的好朋友；你可能有不懂好東西的好朋友；你可能有懂得好東西的路人甲。你寧可與懂得好東西的路人甲分享好東西；你不要與不懂好東西的好朋友分享好東西。

如果沒有人能夠懂得好東西；如果沒有人願意與你分享好東西，就要把好東西收藏在自己的密室裏，自我欣賞，自得其樂，自己珍惜，直到有一個懂得好東西的人出現。

 分享 2021/1/26

分享 (sharing) 是邀請別人共同欣賞，享受樂趣、喜或快樂。分享是善意，不是惡意；分享是有益，不是有害；分享的效用是遞增，不是遞減；分享是快樂，不是痛苦。

你可以用視覺去分享；可以用聽覺去分享；可以用味覺去分享；可以用嗅覺去分享；可以用觸覺去分享，但是，最重要的是用心覺去分享。沒有心覺的分享，就無法產生快樂的心境，就失去分享的意義。如果你不能用快樂的心情，去分享別人的資訊，就不要分享。你寧可不予理會，不要帶著不悅的心情去分享。

分享可以提供別人不知道的或是沒有擁有的資訊，幫助別人獲得意外的知識或經驗。別人分享你的資訊，也可能回饋你的資訊，提供你不知道或沒有擁有的資訊，幫助你成長。分享資訊，雙方都能獲益；雙方都能開心。這就是獨樂不如眾樂的道理。

分享可以與別人一起欣賞某個人，某件事，某種物；某篇文，某本書；某首曲；某幅畫等。在與別人分享之前，必須要有自己的感想，要告訴別人：為什麼你覺得他／它的好。你不能不負責任地轉傳一個圖或一篇文，甚至只是推薦一本書或是一件作品。

若要與人分享美景，就必須 PO 出自己的感觸。若要與人分享美食，就必須 PO 出自己的感覺。若要與人分享美照，就必須 PO 出自己的感受。若要與人分享美樂，就必須 PO 出自己的感動。若要與人分享美文，就必須 PO 出自己的感想。若要與人分享好書，就必須 PO 出自己的心得。

請你在播圖傳文之前，細心的看，仔細的想，悉心的寫，這樣才能達到分享的效果。

分享不是問候。有人喜歡天天都 PO 一篇問候文與朋友分享，以為朋友會開心，會感謝。其實，這只是單方面的想法與做法，別人不一定會領情。試問，朋友天天問候你「天氣轉涼，記得加件衣服」或是「雨下得不停，要注意地面濕滑」，你會感動嗎？你會回饋嗎？你會快樂嗎？會 PO 這種文的人和會分享這種文的人，就是天氣轉涼不懂加件衣服；下雨天不會注意地面濕滑的笨蛋。

對於別人提供的資訊，你可以分享；可以不分享。你若要分享，就要仔細了解資訊的正確內容或是別人的真正心意。你不要用自己的觀點去詮釋，也不要以自己的立場或偏見去批判。如果你要分享一篇文章，就要反覆閱讀和思索，從文意中去了解作者的心意。你不能誤解文章的意涵，也不能曲解作者的意思。

你若要回饋別人的資訊，可以表達自己對該資訊的感想；可以認同；可以反對；可以批判；可以讚美。但是，你必須清楚說明對別人的看法以及自己的意見。你不能只寫一句我認同；我反對；我感動；我喜歡；我討厭。

你要以相近的學科、領域或理念去分享別人的資訊。你不能用科學的角度或方法去分享哲學或文學；不能以哲學的角度或方法去分享科學或文學；不能以文學的角度或方法去分享哲學或科學。當你要分享別人的思想時，不管你是學科學的還是學文學的，都要以人生哲學的觀點和態度去分享。

分享是相互的贈與。你傳遞一個資訊給別人分享；別人也傳達一個資訊給你分享，有來有往才符合分享的意義與價值。你傳一篇自己寫文章給別人；別人也傳一篇他寫的文章給你，彼此閱讀、討論、學習、改進、成長，讓雙方都能享受樂趣和利益。如果你這樣對待別人，而別人也這樣對待你，你們就可以享有分享的快樂。

被喜歡、被接受與被重視 2020/12/15

人若不喜歡，就不會接受；者不接受，就不會重視。人若要被重視，就要先被接受；若要被接受，就要先被喜歡。

在一個多元的自由社會裏，每一個人都有自己的喜好與偏好；每一個人都有自己喜歡與不喜歡的人事物。你喜歡的，別人不一定喜歡；你不喜歡的，別人可能會喜歡。你被某些人喜歡的，不一定會被另些人喜歡。你被某些人不喜歡的，不一定會被另些人不喜歡。

由於現代人很少會認真傾聽別人的話；細讀別人的文；連結別人的心；感謝別人的愛。你若想以話動人；以文會友；以心連心；以愛奉獻，將得不到自己期待的共鳴與回饋。如果世上有某些人，甚至只有一個人，能真正傾聽你、細讀你、心連你、感謝你，你就不孤單，就不寂寞，就不白活。

雖然要被喜歡不容易，但是，還是有許多人被喜歡。一般說來，如果一個人具有善良的天性、美麗的容貌、高雅的氣質、成熟的思想、認真的態度和溫柔的行為等特質，就容易被喜歡、被接受和被重視。

被接受不是一件容易的事。一般人都只能接受你的部分，不會接受你的全部，因為沒有人是完美的；沒有人會接受不完美的部分。你若要被接受，就必須讓自己更加完美。別人一旦發現你的不完美，就不會接受你。

被重視更是困難。除非有許多人都重視，否則，很難被重視。你認為自己很重要，別人不一定會認為你很重要。一般人會重視你，是因為你有被重視的權力與價值，不是因為你很完美。你必須讓許多人重視你，才會有人重視你。一個文學家在未得獎前，不會被重視，只有在得獎後，才會被重視。

有人喜歡你，不一定會接受你。譬如說，別人喜歡你的某些特質，但是，不喜歡你的另些特質，而且不喜歡的程度超過喜歡的程度，他就不會接受你。我們常因喜歡一個人的人格特質，卻不喜歡他的政治立場或思想，就不會接受他。因此，別人要對你完全喜歡或是高度的喜歡，才會接受你；你才能被接受。

你被接受不一定能被重視。譬如說，有不少學生喜歡也接受我的思想，但是，只有極少的學生會重視我的思想。他們只會說：我喜歡老師的思想，也接受老師的思想。但是，他們不會重視我的思想，也不會回饋我的思想。我分享思想，他們會接受；我不分享思想，他們也不在乎。

我們常會誤解喜歡、接受和重視這三個名詞，以為自己喜歡人就要接受，就要重視；自己被喜歡，就會被接受，被重視。其實，這是三件不同的事。你喜歡人，不一定要接受他，也不一定要重視他；你被喜歡，不一定會被接受，也不一定會被重視。

你可能會被喜歡，但不被接受；你可能會被喜歡，也被接受，但不被重視。你若想被喜歡、被接受和被重視，就要堅持自己的信念，忍受被討厭、被拒絕或被忽視的對待。直到有一天，有人發現你的美好，而廣傳你的美好，你才能被接受和被重視；才能得到應有的回報。

15 罵人與挨罵　2021/6/1

大部分的人都喜歡罵人，因為有高人一等的優越感。大部分的人都討厭挨罵，因為有矮人一截的卑劣感。

其實，所謂罵 (scold) 的意義，是指公開性的指出錯誤 (to find fault openly)，也就是因有錯誤的存在，而有人指出錯誤；有人被指出錯誤。罵並沒有貶低或污辱的意涵。

人因學習而了解自己的錯誤；因了解自己的錯誤而成長。因錯誤而罵人是一種教育；因錯誤而挨罵是一種學習。

要有錯誤，才可以罵人，才應該挨罵；若無錯誤就不可以罵人，也不應該挨罵。錯不錯必須要有理論的依靠與理性的探討，罵人者不能自我判斷或自以為是；挨罵者不能不辯明而拒絕，也不能為了息事寧人而認錯。

罵人需要理性，也需要技術。罵人的語言或文字都必須斟酌，不能使用極端的暴言暴文，避免引起反彈，拒絕挨罵。

挨罵也需要理性和技術。有人表面認錯，實則不認錯；有人表面拒絕，實則接受。如果自己真的有錯，就要誠實認錯；如果自己不認錯，就要力辯到底。我們不能有錯不認；無錯承認。

有理罵人是愛心；無理罵人是惡意。有愛的罵要接受；惡意的罵要反擊。反擊有愛的罵或是接受惡意的罵就是愚蠢。罵人者與挨罵者都要懂得人的愛與惡；都要懂得事的對與錯。

當今的社會好像掀起了一陣罵人的風潮。人人都喜歡罵人；人人都不接受挨罵。整個社會罵聲連連，每天都在怒罵、怒批、怒轟、怒嗆。只要有機會；只要上版面，就會不管是非對錯；不分青紅皂白，就是要罵人。

有人引用或是轉傳別人的語言或文字罵人，好像事不關己。這種人就是道地的邪惡者與無知者。自己充滿了邪惡的心，卻無能力說罵人的話；寫罵人的文，只能躲在別人的背後攻擊人。

罵人能幫助人的成長，促進社會的進步；罵人會傷害人的善良，破壞社會的和諧。當我們罵人時；當我們挨罵時，都要用愛心和理性去罵人和挨罵，不要用惡意和情緒去罵人和挨罵。

16 說對話與聽懂話 2021/4/4

人人都會說話，但是，只有少數人會說對話。有人多話，有人少話；有人說真話，有人說假話；有人說好話，有人說壞話；有人說對話，有人說錯話；有人說幽默話，有人說嚴肅話；有人說理性話，有人說情性或感性話；有人說智慧話，有人說無智話；有人說有益話，有人說無聊話，

人人都會聽話，但是，只有少數人能聽懂話。人人都喜歡聽好話，不喜歡說壞話；人人都喜歡聽讚美自己的話，不喜歡聽責備自己的話；人人都喜歡說愛自己的話，不喜歡聽恨自己的話；人人都喜歡自己愛聽的話，不喜歡聽自己不愛聽的話；人人都喜歡自己聽得懂的話，不喜歡自己聽不懂的話；人人都喜歡聽自己能接受的話，不喜歡聽自己不接受的話。

說話是本能，也是藝術。有人憑著本能說話；有人靠著藝術說話。憑著本能說話，常是真話；靠著藝術說話，常是假話。說真話對不起別人；說假話對不起自己；不說話對不起自己，也對不起別人。說話很容易，說對話可真難。你可以說真實的好話，可以說虛假的好話。你不能說真實的壞話，更不能說虛假的壞話。

聽話是本能，也是智慧。有人用本能聽話；有人用智慧聽話。憑著本能聽話，常聽不懂別人的話；靠著智慧聽話，才能懂得別人的話。別人說好話常是假話；說壞話常是真話。你不能把真話當成假話；不能將假話當作真話。你要用智慧去理解和判斷別人的話；要用思想去回應和回饋別人的話。

有人跟人相處很愉快；有人與人相處不愉快。只要懂得如何說對話，如何聽懂話，就能與人相處愉快。如果經常說錯話，經常誤解話，就會與人相處不愉快。你若要有良好的人際關係，就必須說對話，聽懂話。

有些人比較難對話。天真的小朋友只會說無厘頭的話;口無遮攔的人只要別人聽他們的話;位高權重的人只會說霸凌別人的話;狂熱的教徒只會說宗教經文的話;愛炫富的人只會說金錢與時尚的話。

我喜歡與有思想的人對話,因為他們聽懂我的話,也可以分享我的思想。我可以了解他們的話,也可以學習他們的思想。有思想的人會有條理的說話;會仔細分析我的話;會糾正我的錯想法;會啟發我更多的思想。與有思想的人對話,不僅有說話的樂趣,也可以獲得實質的助益。

面對難以對話的人,我會盡量少說話,甚至不說話。面對有思想的人,我會盡量多說話,也會盡量多聽話。與難以對話的人對話,是時間的浪費;與有思想的人對話,是寶貴的時間。

話一旦出口,就難以回收,不得不慎重。你要用心說自己的話;不能說任性的話。說話雖難,只要能慎思謹言,就能說對話,不會說錯話。要有思想才能聽懂別人的話。你要用邏輯去解析別人的話;要用思想去回應別人的話。只要能多接觸有思想的人,就會逐漸聽懂別人的話。

說對話與聽懂話息息相關。如果只會說對話,卻不懂別人的話,就無法溝通;如果只會聽懂別人的話,卻不會說對話,也難以對話。每一天,我們都在對別人說了許多話,也在聽別人說了許多話。可是,有多少自己的話是對的?有多少別人的話是懂的?如果能夠反躬自省,慢慢調整,終有一天,你會發現,自己是一個能說對話和聽懂話的人。

 17 禁忌的話題 2019/9/24

我們常常會以自己的想法、立場或偏見對別人說話。有時會說對話;有時會說錯話。同樣一句話,有人會喜歡或快樂;有人會討厭或生氣。我們常在不知不覺中,討喜人或是得罪人。

其實，每一個人的想法、立場或偏見都不一樣，對別人所說的話，會有不同的感受與反應。不同的人說不同的話，我們會有不同的感受與反應。不同的人說相同的話，我們也會有不同的感受與反應。

話語是知識、智慧與藝術的結合。說話的人和聽話的人都需要有知識、智慧與藝術，才能有良好的對話和有效的溝通。如果雙方差異太大，有時還會產生逆效果。

在我們日常與別人的對話中，很少有智慧性的對話，通常只有一般性或世俗性的對話。即便如此，在人與人之間的對話中，仍然需要注意到對方的條件、情況或立場，說適當的話題，不要說禁忌的話題。

我僅以自己的經驗與想法，提供一些與人對話的禁忌話題。希望大家能夠參考。

1. 不要對生病的人說，你的身體有多健康。
2. 不要對貧窮的人說，你的財富有多充裕。
3. 不要對痛苦的人說，你的生活有多快樂。
4. 不要對離婚的人說，你的婚姻有多美滿。
5. 不要對沒有知識的人說，你的知識有多淵博。
6. 不要對沒有房子的人說，你的房子有多華麗。
7. 不要對沒有車子的人說，你的車子有多名貴。
8. 不要對沒有孩子的人說，你的孩子有多可愛。
9. 不要對沒有男友或女友的人說，你的男友有多帥或是你的女友有多美。
10. 不要對沒有信仰的人說，你的上帝有多神奇。
11. 不要對整天忙碌的人說，你的休閒有多愜意。
12. 不要對不懂藝術的人說，你的作品有多創意。
13. 不要對不懂思索的人說，你的思想有多重要。
14. 不要對不懂美食的人說，你的料理有多好吃。
15. 不要對不懂時裝的人說，你的服飾有多品味。

當我們興高采烈地說著禁忌的話題,對方不得不偽裝羨慕的表情;說一些恭維的話語。然而,他的內心深處,卻是充滿感傷與失落。因此,如果能夠多說一些有益的話語,少說一些禁忌的話題,人際關係一定會更好;生活一定會更有樂趣。

18 別人的負評 2021/4/9

每當我們說出一句話;寫出一篇文章;做出一個舉動,常會引來別人的正評或負評。我們都喜歡別人的正評;都討厭別人的負評。對於別人的負評,有人會不予理睬;有人會忿忿不平;有人會找人理論;有人會大聲喊冤;有人會借機報復。

其實,每一個人都有自己的價值觀和邏輯法。當不同的價值觀和推理法相互碰觸時,就會引爆衝突。你會指責對方的不是,而給予負評;對方也會譴責你的不對,而給予負評。

有些人是依科學的價值觀去思考;有些人是用哲學的價值觀去思考;有些人是採神學的價值觀去思考。這三種價值觀的原理是不同的,無法相互批判,只能互相尊重與參考。你不能拿不同的原理去批判別人;你只能表達自己的原理與想法。

有些人會以不同的價值觀,去表達自己的想法與看法;有些人會以不同的價值觀,去批判別人的想法與看法。有些人會以平實直敘的語言或文章,去表達自己的想法與看法;有些人會以尖酸刻薄的語言或文章,去批判別人的想法與看法。

我們無法阻止別人說話;我們無法禁止別人寫文;我們只能自我調適;我們只能自我約束。在面對別人的負評時,要冷靜思索別人的原理與邏輯;要理性回應別人的負評與批判。如果對方有理,就必須須修正自己的言論或文章。如果自己有理,就要補充說明或是提出反駁。

你不能不理別人的負評；不能看淡別人的負評；不能忍氣吞聲；不能無所反應。你必須適當回應；必須提出解釋；必須以理服人；必須說服對方。如果別人拒絕聆聽，拒絕認錯，或是拒絕往來，你就要安心放下，欣然放手。

世上有許多不講理的人；有許多嫉妒人的人；有許多愛酸人的人。他們只會依自己的想法和看法去批判別人，而且不在乎別人的感受與傷害。他們不會聆聽別人的解釋或說明，而且堅持千錯萬錯都是別人的錯。對於這種人，除了放開他，你還能做什麼？

讓我舉個例子：吃火鍋可以要求加湯，這是一個常理。有一次你去吃火鍋，要求要加湯。可是，服務人員說，加湯要付錢。你可能會很生氣，認為店家沒道理，所以就給了很壞的負評。但是，店家會有這個規定，一定有它的道理。你可要問清楚，才去做反應。你不能只憑著一時的衝動去指責別人，免得誤會人家，傷了店家。

我們常吝於給人正評，而常易於給人負評。其實，給人正評很容易；給人負評很困難。你必須要有事實的依據，原理的設定，邏輯的推理以及溫和的表達，才能指責別人的不是；才能給別人負評。

給別人負評和面對別人的負評都在考驗自己的智慧。負評止於智者，就是這個道理。當我們在給別人負評時；當我們在閱讀網路上的負評時；當我們在面對別人的負評時，一定要深思熟慮，要向自己證明：自己是一個有智慧的人。

19 天天問候　　　　　　　　　　　　2021/12/7

問候 (greeting) 是人與人之間相互關心與聯繫的交流方式。

有些問候是真心的關懷；有些問候是客套的禮儀；有些問候是例行的習慣。

有些問候是近況的關心；有些問候是祝福的文詞；有些問候是感恩的話語。

有些問候是牽掛；有些問候是思念；有些問候是溫馨。

不管問候的動機如何，能 PO 一句問候，總是一份用心，也令人窩心。

問候是在特別的日子，給特別的人的關心或祝福，或是在久疏音訊之後，給思念的人的關懷或問安。

除了對親人或戀人的問候之外，如果天天問候朋友，就失去問候的意義，而淪為形式的問候或是陳年的老梗。

有人天天 PO 文問候，說什麼一句問候，無限祝福；感恩天天在問候中相遇；幸福就在每天的問候開始。其實，這些問候都是多餘的；都無法讓人感到溫馨或被關心。

有人天天在群組中問候，表達對所有群組成員的關心。其實，這種問候不僅無法讓每一個成員都感受到溫馨，也無法讓某個人或某些人感到被關心。

偶爾一句的問候，可以讓人感動或感恩。天天一句的問候，會讓人無感或無動。你可以天天問候，但是，你不能期望別人會感謝或感恩你的問候。

20 贈與與禮物

2022/2/12

贈與是無償提供的行為。禮物是贈與的財物、勞務、知識、技能或思想。有人會以慈善心贈與；有人會以同理心贈與；有人會以祝賀心贈與；有人會以交換心贈與；有人會以歧視心贈與；有人會以邪惡心贈與；有人會以咀咒心贈與。禮物則有給友人、情人、家人、窮人、急難者或受災者等的贈與。

贈與金錢要特別小心。有時候，贈與金錢反會傷害受贈者。例如，贈與子女金錢，反會阻礙子女獨立；贈與窮人金錢，反會造成窮人依賴；贈與官員金錢，反會陷害官員犯罪。定期性的金錢贈與一旦停止，往往會引發受贈者不滿，甚至貪得無厭，要求更多贈與。贈與金錢應該是在救急，不是在給利；應該幫助受贈者幫助自己，不是依賴別人。

贈與賀儀、奠儀或紅包也會令人困擾。理論上，婚禮送賀儀；葬禮送奠儀；喜慶過年送紅包，是古代互助社會的習俗，不應該存在現代社會。這種金錢性的贈與包多了會傷自己的荷包；包少了會傷別人的心。要包到恰到好處，並非易事。尤其是過年時，帶著小朋友到處討紅包，更叫人不知如何是好。

贈與物質是一門學問。一般來說，情人節送巧克力；父母親節送父母需要的禮物；生日送花束或蛋糕；過年送餅乾或水果。要送別人物質性的禮物不容易，要送別人喜愛的禮物更困難。如果別人不喝酒，就不要送威士忌；如果別人討厭甜食，就不要送巧克力；如果別人是素食者，就不要送肉品。贈與者必須知道受贈者的嗜好與品味，才能贈與適當的禮物。

贈與勞務、知識、技術或思想是是最有益的禮物。這種禮物不僅可以幫助受贈者自我成長，贈與者也沒有任何損失。這就是教人釣魚，不給人魚吃的道理。一般人只重視財物和勞務的贈與，忽視知識、技術或思想的贈與。尤其是思想的贈與，幾乎不被尊重與珍惜，甚至會被嫌棄。

對於別人的贈與，有人會心存感激；有人認為理所當然；有人完全不在乎；有人會嫌少嫌棄；有人會反酸贈與者；有人還會恩將仇報。我們必須分辨贈與者的真心實意；我們必須接受善意有益的贈與；我們必須拒絕惡意無益的贈與。

如果能把別人贈與的種子創造成自己的糧食；把別人贈與的金錢創造成自己的財富；把別人贈與的技術創造成自己的發明；把別人贈與的思想創造成自己的幸福，受贈者就能得到意想不到的收穫。

由於人們的懶惰，無心和無知，常常不能善用別人的贈與，甚至糟蹋別人的贈與。因此，飢餓的人永遠沒有自己的糧食；貧窮的人永遠沒有自己的財富；脆弱的人永遠沒有一技之長；無知的人永遠沒有自己的幸福。

贈與與禮物是社會禮儀，也是藝術美學。贈與者要懂得如何贈與；受贈者要懂得善用贈與。你要慎思自己的贈與與禮物；你要珍惜別人的贈與與禮物。你不要不加思索贈送禮物；你不要來者不拒收受禮物。

每一個人都有贈與別人與被別人贈與的經驗，卻很少人會思考贈與與被贈與的意義與價值。除了財物和勞務之外，你是否會誠心贈與別人知識、技術或思想？你是否會虛心接受別人贈與的知識、技術或思想？你要自己去思索；你要自己去實踐；你要自己去體會。

21 是你討厭的人造就你的美好 2020/5/20

在我們的周遭世界裏，充滿了我們討厭的人們。有些是會傷害我們的人；有些是我們瞧不起的人；有些是歧視我們的人。我們常認為，碰到討厭的人真是倒霉。其實，這些討厭的人正是我們的貴人，因為是他們造就了我們的美好。

每一個人都在追求美好，但是，美好並非無中生有，而是從不美好中衍生出來的。因為有不美好的存在，才有美好的思索與創造。人類就在這種相對的調和中，邁向美好，塑造文明。

1. 因為有壞人的邪惡，才造就了你的善良。
2. 因為有敵人的侵犯，才造就了你的堅強。
3. 因為有蠢人的無知，才造就了你的聰慧。
4. 因為有醜人的醜陋，才造就了你的美麗。
5. 因為有強者的傲慢，才造就了你的寬容。
6. 因為有吝嗇者的小氣，才造就了你的慷慨。
7. 因為有懶惰者的無為，才造就了你的成就。

8. 因為有說謊者的虛假，才造就了你的誠實。
9. 因為有背叛者的無情，才造就了你的深情。
10. 因為有造謠者的欺騙，才造就了你的防詐。

當你碰到了討厭的人，請不要氣憤，不要排拒，不要退縮，而要勇敢面
對。你必須冷靜思索三個問題：第一是你討厭的理由是什麼？第二是你
討厭的理由是否合理？第三是你要討厭的人如何改變，才不會討厭他，
甚至會喜歡他？如果你能理性解答這三個問題，你的美好就會向前踏進
一步。

你無法改變被你討厭的人，但是，你可以改變自己成為不被討厭，甚至
被喜歡的人。

22 不要用自己的價值觀評論別人的作為　2021/10/25

每一個人都有自己獨特的價值觀；都有自認合理的作為。沒有一種價值
觀絕對正確；沒有一種作為絕對合理（犯法的作為除外）。任何人都不
能用自己的價值觀，去評論別人的作為。

有些人（尤其是文化人士）總喜歡用自己的價值觀，去評論別人的作
為。例如，有錢不一定幸福；有錢不花是笨蛋；不懂享受就是糟蹋人生
等。但是，這些人大都不會從別人的價值觀，去思考別人的作為。

一個人捨不得花錢，一定有自己的想法。他也許是錢不足夠；也許要把
錢留作他用；也許認為花這些錢不值得；也許不知道如何使用；也許根
本就不想使用。

大家都知道，要多吃美食；要多外出旅遊；要多學習新知；要多體會生
活。但是，每個人的經濟條件和個人嗜好不盡相同。有人偏好美食；有
人偏好旅遊；有人偏好學習；有人偏好挑戰。喜歡美食的人不一定喜歡
旅遊；喜歡旅遊的人不一定喜歡學習；喜歡學習的人不一定喜歡挑戰。

搭乘豪華遊輪，有人喜歡吃喝玩樂；有人喜歡交際應酬；有人喜歡觀賞海上風光；有人喜歡使用遊樂設施；有人喜歡靜靜寫作；有人喜歡搭船的感覺。你可以搭頭等艙，可以搭經濟艙；你可以吃大餐，也可以吃泡麵。

上帝不會賜給所有的人頭等艙的船票。有人拿到頭等艙船票；有人拿到商務艙船票；有人拿到經濟艙船票；有人拿到下等艙船票；有人連船票都拿不到。

頭等艙、商務艙、經濟艙、下等艙各有不同的待遇與服務。坐頭等艙的人一定懂得頭等艙的待遇與服務。如果是別人贈送的船票，也應該會告訴他，有什麼特別的待遇與服務，否則，他自己也應該問服務人員有什麼待遇與服務。

如果別人不告訴他，就是別人的錯；如果自己不問清楚，就是自己的錯。不管是別人的錯，還是自己錯，都是享受不到的錯。錯了就錯了，沒有什麼好可惜，也沒有什麼好後悔。別人更沒有資格為他可惜，或是為他後悔。

沒有任何人可以真正了解人生的真諦；沒有任何人可以確定什麼樣的人生最有意義或最有價值；沒有任何人能夠肯定自己的人生比別人好或是比別人壞；沒有任何人可以為別人的人生說三道四，也無權置喙。每一個人都在為自己的人生打拼；都在追求自己的理想人生；都在享受自己的幸福生活。

〈一張頭等船票〉在 2018/8/3 發表後，立即引發社會的共鳴，甚至被指定為深度好文，相互轉傳，也讓許多老人感到慚愧。我不禁要問：這篇文章可是真實；可有邏輯；可有勵志的作用？親愛的讀者，當你在閱讀別人文章的時候，可有深入思索；可有充分理解；可有深切領悟？你可是人云亦云；可是信手拈來；可是博君一笑？

23 無人欣賞就無價值

價值 (value) 是值得的，有用的或重要的原則，標準或本質 (principles, standards or quality considered worthwhile, usefulness or importance)。

價值是人認定的，不是存在人事物裏的。如果沒有人認定，人事物就沒有價值。你的價值可以被人認定，也可以自己認定。但是，如果沒有被人認定，自己的認定就沒有意義。

你說的每一句話；寫的每一篇文；做的每一件事；造的每一個物，都要爭取別人的認同與欣賞，更要爭取多數人的認同與欣賞。你不能弧芳自賞；不能自我感覺良好。

你要認同或欣賞人事物，必須懂得人事物的美好。你不可以因為別人都說好，而認同或欣賞；不可以為了取悅他人，而認同或欣賞；不可以因為人的名氣大或是物的價格貴，而認同或欣賞；不可以屈服於政治壓力，而認同或欣賞。

如果你明知人事物的美好，卻不予認同；不予理會；不予欣賞；不予回應，不僅糟蹋了美好的人事物，也污辱了自己的智慧。你或許忙於工作；或許拙於表達；或許沒有管道，而保持沉默。但是，你的無作為會傷害了有價值的人事物，也會傷害了懂得欣賞美學的自己。

相反地，如果你明知人事物的醜陋，卻給予認同；給予理會；給予欣賞；給予回應，不僅助長了邪惡的橫行，也揭露了自己的邪惡。你或許為了譁眾；或許為了取寵；或許為了壓力，而讚美邪惡。但是，你的作為卻會傷害有價值的人事物，也會傷害具有道德良知的自己。

要認同或欣賞一個人、一件事或是一種物，都需要有思想的基礎。有思想的人才能判定人事物的價值，才能認同或欣賞人事物。沒有思想的人只會人云亦云；只會隨眾起舞；只會趨炎附勢。

有思想的人懂得自己的價值，也會認同或欣賞自己的價值，更會希望別人能夠認同或欣賞自己的價值。可是，別人不一定會認同或欣賞自己的價值；不一定會理會或回應自己的價值。有人或許會說：我不在乎別人的眼光，也不在意別人的評價，我只做自己。但是，沒有別人的評價、認同或欣賞，自己的價值就沒有價值。

如果沒有人認同或欣賞你的價值，千萬不要洩氣，也不要放棄。你要堅定自己的信念，不斷的說；不斷的寫；不斷的做；不斷的造；不斷的修正；不斷的改進；不斷的尋求能認同或欣賞的人。

在創造價值的路上，是孤獨的；是艱辛的；是痛苦的。你所說的，所寫的，所做的，所造的或許都沒有人會認同或欣賞。你走過的人生或許都沒有人會認同或欣賞。但是，只要在這個世界裏，有一個人能真心實意的認同或欣賞你，你就是一個有價值的人；你就擁有一個有價值的人生。

24 恨

2021/5/23

恨是由受傷害或受冒犯而引發的厭惡或憤怒。恨是無形的情緒，也可能產生有形的行為。心中一旦有恨，就會產生激動或痛苦的情緒以及報復或衝突的行為。

有人為國仇而恨；有人為家仇而恨；有人為私仇而恨。有人為錢而恨；有人為情而恨；有人為權而恨。有人為大事而恨；有人為小事而恨；有人無事也恨；有些人有很深的恨；有些人有很淺的恨。

恨有各種不同類型，有些是對社會的恨；有些是對別人的恨；有些是對自己的恨。有些人會化恨為愛；有些人會化愛為恨。有些人會恨一時；有些人會恨一生。

每一天，我們都會遇到一些討厭的人和討厭的事。偶爾也會碰上一些傷害我們的人和傷害我們的事。但是，我們很少會遭遇到可恨的人，尤其是痛恨欲絕的人。因此，一般人大都沒有恨的人，也沒有恨的經驗。只有少數的人會有恨，而且許多恨。

恨是對自己的傷害。心中有恨，就會不滿、悲傷或痛苦，甚至會自我傷害。恨也是對別人的傷害。心中有恨，就會找機會傷害人，也會以行動報復人。不管傷害自己或是傷害別人，恨總會傷害人。

如果恨只傷害自己，而不傷害別人，就是愚蠢的自我傷害。如果恨傷害了別人，別人就會反擊，而自己也會付出代價，就是得不償失。恨是一種心靈的毒品。恨愈深，毒性愈強，傷害愈大。

我們必須排除心中的恨；要植入心中的愛。我們必須讓自己的心靈充滿寧靜與美麗，讓恨不進入自己的心靈。我們不能只是忘記恨，不能只是放手恨，我們必須把恨排除在心靈之外。如果我們能夠把恨轉變成愛，那麼，我們就能夠從愛的聖潔中走出來。

我們必須學習原諒；要充實原諒的力量；要在喜悅中，原諒你所恨的人，包括你自己。當你的的心中不再有恨，你就得到了救贖；你就完成了人生的全部。

或許你會說：這是緣木求魚的理想或是宗教經文的箴言，一般人根本無法做到。但是，如果你無法以愛逐恨，至少要相信，恨是有害無益，傷己傷人的情緒，應該避免或減少。

在深受打擊或傷害之後，可以合理、合情或合法的反擊。如果無法合理、合情或合法的反擊，就必須吞下。千萬不能懷恨在心，折磨自己。在深受打擊或傷害之後，必須在其他的部分找回失去的東西。如果被背叛愛情，就從別人尋回愛情；如果被奪走金錢，就從別處賺取金錢；如果被剝奪權力，就從別處獲得權力。你必須把恨轉換成力量；用力量和成就回報打擊或傷害你的人。

25 在乎與了解

2021/6/26

所謂在乎 (care) 是將某個人、某件事或某種物放在心上加以關心。所謂了解 (understand) 是對某個人、某件事或某種物的清楚認識。

在乎與了解不一定能劃上等號。在乎你的人,不一定能了解你;不在乎你的人,不一定不能了解你;你在乎的人,不一定是你了解的人;你不在乎的人,也不一定是你不了解的人。

你在乎他,是因為你喜歡他,或是他能帶給你好處,不是因為你了解他,也不是因為他了解你。他在乎你,是因為他喜歡你,或是你能帶給你好處,不是因為他了解你,也不是因為你了解他。

你了解他,是因為你用心觀察和細心思索,不是因為你在乎他。他了解你,是因為他用心觀察和細心思索,不是因為他在乎你。

適度在乎是關心;過度在乎是干預。你要適度在乎別人;別人也要適度在乎你。你若過度在乎別人,就會時時要求別人,帶給別人壓力和痛苦。別人若過度在乎你,就會無理要求你,帶給你壓力和痛苦。

了解無上限,你可以不了解;可以部分了解;可以完全了解。我們只能部分了解人,無法完全了解人。了解人不一定在乎人,有時候會因了解而不在乎人。不了解人不一定不在乎人,有時候會因不了解而在乎人。

了解人比在乎人重要。你要了解人,才在乎人;不要在乎人卻不了解人。你要了解別人的感受、想法與做法,才能影響別人;才能被別人接受。同樣的,別人也必須了解你,才在乎你;否則,你就不會接受,也不會被影響。

在乎人也了解人,可以幫助人成長,也可以帶給人快樂。在乎卻不了解;了解卻不在乎,兩者對人都沒有幫助。只在乎你的人,不會讓你幸福;只了解你的人,不會讓你快樂。

我們總希望，別人在乎也了解自己，卻不在乎也不了解別人，我們總覺得，在乎比了解重要，因為用行動在乎或關心人，是感受得到的；用思想了解人，是感受不到的。因此，我們愛人，只會在乎他，不會了解他；別人愛你，只會在乎你，不會了解你。

你要做一個在乎人也了解人的人；要尋找一個了解你也在乎你的人。你不要只在乎人不了解人，或是只了解人不在乎人的人；不要期盼只在乎你卻不了解你的人，或是只了解你不在乎你的人。如果你是一個在乎人也了解人的人，也有一個人能了解你又在乎你的人，你就是最幸福和最快樂的人。

 ## 解釋　　　　　　　　　　　　　　　　2020/11/4

所謂解釋 (explanation)，就是對某一種想法、做法、現象或事實的因果關係所做的陳述描述。

有句雋語「懂我的人，不必解釋；不懂我的人，何必解釋」。如果你相信這個說法，你就大錯特錯。依我看來，「懂我的人，必須解釋；不懂我的人，更須解釋」，這個說法才正確。

如果我解釋，懂我的人會更懂我；不懂我的人可能不懂我，可能會懂我。如果我不解釋，懂我的人可能會誤解我；不懂我的人則永遠不懂我。

你對自己和別人都要有信心。你要相信自己的解釋能力；你要相信別人的理解能力。人必須有為，不能無為。做了不一定有效；不做一定無效。解釋或許無效果；不解釋一定無效果。

沒有人真能懂得你；懂得你比不懂你好；不懂你要比誤解你好。為了避免別人誤會你，你一定要解釋；為了讓別人懂得你，你務必要解釋。

如果，懂你的人，你不必解釋；不懂你的人，你何必解釋。結果，你永遠不會解釋；別人永遠不會懂得你。你可以用口頭解釋；你可以用文字解釋。你不能不解釋；你不能百口莫辯；你不能忍辱不辯。

每一個人都曾經誤解過人，也曾經被誤解。有些人則經常誤解人，或是經常被誤解。有時候，因為誤解人或被誤解，而不原諒人，或是不被原諒，甚至終身不再往來。你誤解人，別人或許不知道；別人誤解你，或許你不知道，雙方就不清不楚地斷絕關係。

如果被誤解，你當然希望被提醒，讓自己有解釋的機會，取得對方的諒解，讓彼此之間的關係不要破裂。如果你誤解人，別人當然希望，你可以提醒他，讓他有機會解釋，取得你的諒解，讓彼此之間的感情不要生變。

人因相遇相知，而成為好友或良伴。這種緣份必須珍惜，而解釋就是增進彼此了解，化解互相誤會的必要手段。尤其是戀人、夫妻、親子之間的關係，更應該多溝通、多解釋、多了解、多體諒。

有時候，我們會有一種先入為主的偏見，認為某人不好溝通，也不易了解，所以就乾脆不加解釋，任由情勢自然發展。結果往往是誤解愈陷愈深，感情一去不復返。如果你真的珍惜得來不易的緣份，就應該對誤會你的人解釋清楚；就應該接受被你誤會的人解釋清楚。

27 犯錯與原諒 2020/10/25

人人都會犯錯，有人是有意；有人是無心；有些會傷害別人；有些會傷害自己；有些會傷害別人也會傷害自己。

自己犯錯，有人會死不認錯；有人會自圓其說；有人會怪罪於人；有人會勇於承擔；有人會逃避責任；有人會自我責備。

別人犯錯，有人會引以為鑑；有人會原諒別人；有人會報復別人；有人會自我忍受；有人會自我懲罰。

每個人對別人犯錯，各有不同的因應方式。如果沒有受到任何傷害，就會不以為意；如果受到輕微傷害，就會忍受或原諒。如果受到中度傷害，就會譴責或反擊；如果受到嚴重傷害，就會報復或自殘。

如果你原諒別人，既不傷害自己，也不傷害別人。原諒別人，不是心胸寬大，而是傷害最小。至於犯錯者是否會受到懲罰，則由神去判定，不必由自己去對付。

如果你折磨自己，只會傷害自己，不會傷害別人。或許你是要以自我懲罰的方式報復對方或博取對方的同情。但是，對方不會因你的自殘而深感罪惡或停止犯錯。你承受對方犯錯對你造成的傷害，而對方卻不會因犯錯而得到應得的懲罰。

如果你報復別人，就會傷害自己，也會傷害別人。你若要報復人，就必須付出巨大的代價，而且愈激烈的報復，就必須付出愈昂貴的代價。有時，你付出的代價會比別人蒙受的傷害更大，就會得不償失。

如果你是一個理性主義者，就會把傷害減至最小，不會增加任何傷害。雖然別人犯錯，已對你造成傷害，就不必再以更大的傷害去傷害自己或別人。如果你是一個感性主義者，就會用別人的錯誤懲罰自己。要別人後悔；要別人同情；要別人受到懲罰。如果你是一個情性主義者，就會採取報復的行為。自己所受的傷害愈大，報復的手段就愈激烈。自己只看到對方所受到的傷害，看不到自己所付出的代價。

愛之深責之切，乃是人之常情。自己深愛的人因犯錯而背叛自己時，常會氣憤難膺。首先映入腦海的就是報復。如果無法報復，就會選擇自我懲罰。很難想到要原諒對方。因此，不是傷害對方，就是折磨自己，好像沒有第三個方式可以選擇。其實，原諒對方才是明智的選擇。你可以把球投回犯錯的對方，由他自己去承擔後果。你只要快樂地收拾殘局即可，不必被傷害，也不必傷害人。

通常我們都只重視犯錯者得到了什麼懲罰，而忽略了受害者採取什麼對策。既然人人都會犯錯，而且會傷及無辜，我們就應該學習如何因應，而不是禁止犯錯或犯錯者應該如何被處罰。人只會傷害弱者，強者不會被傷害。你必須努力做一個不被傷害也不傷害人的強者。你不要做一個會被傷害也會傷害人的弱者。如果你不幸中到別人射出的箭，就請你把箭拔出，好好療傷，不要把箭再射向別人，更不要把箭再射向自己。

第 12 章

老年生活

01 老年人

2020/12/23

老年一般是指 65 歲以上的年齡。不管是否健康或美麗、不管看似年輕或年老、不管自己服氣或不服氣，凡是年齡滿 65 歲，就是步入老年，別人就會稱你為老年人。

老年是人生最後的燦爛。如果不好好把握，生命就會草草結束。老年人擁有自己的時間、財富、計劃與行程，可以隨心所欲。老年人可以不與人爭訂飯店、爭用道路、爭遊景點、爭看電影，可以所向無阻。

老年人不要妄自菲薄、不要自歎命苦、不要愛管閒事、不要怨東怨西、不要嘮嘮叨叨、只要好好做自己。老年人要有希望，不要失望；要有鬥志，不要喪志；要改變年齡，不要被年齡改變。

試想，80 歲的老年人都可以當美國總統，掌控全世界，你有什麼理由感嘆自己老？有什麼理由嘲笑別人老？有什麼人老年人不能愛？有什麼事老年人不能做？有什麼物老年人不能買？有什麼話老年人不能說？有什麼文老年人不能寫？

沒有人能夠不年老。老了就是老了，不必逞強，也不必爭論。人老了就會愈走愈慢，直到有一天走不動，躺下來，然後停止呼吸。這是人類的宿命，無人可以抗拒。當你還能夠走路的時候，就要多走一些路、多增加一些人生的歷練、多延長一些人生的路程。你要帶著對生命的熱愛和對人類的期待，發揮生命的活力，貢獻人類社會。

老年人的幸福是自己找的，不是子女給的，也不是政府或社會給的。老年人要安排自己的生活，處理自己的事情，想做什麼就去做，不要錯過。老年人要捨得花錢，用錢享受自己的生活，用錢獲取別人的尊重。老年人要少管閒事，避免自找麻煩，減少別人的困擾。老年人要不斷充實自己，培養自己的嗜好，不要無所事事。老年人要多旅遊，滋養自己的身心，減速自己的老化。

老年人會面對兩個挑戰：第一是失去健康；第二是失去記憶。失去健康會失去自己；失去記憶會忘記自己。失去健康依然是自己；失去記憶已非自己。老年人要將自己的生活感受與人生的想法，用文字記錄下來，以保留自己的記憶，留下自己的回憶。

老年人都有許多回憶，有些是值得珍惜的；有些是不值得珍惜的。值得珍惜的人，不是友人，也不是親人，而是曾經深愛過的人。值得珍惜的事，不是成功，也不是失敗，而是曾經從痛苦中掙扎出來的事。值得珍惜的物，不是金錢，也不是寶物，而是曾經一個字一個字寫下的文稿。

老年人都會有一些難忘的人，有些是愛過的人；有些是恨過的人。總有一天，你將無法再愛，也無法報復，只能放下。老年人都會有一些遺憾的事，有些是嚴重的；有些是輕微的。總有一天，你將無法挽回，也無法彌補，只能留下。老年人都會有一些珍惜的物，有些是珍貴的；有些是紀念的。總有一天，你將無法使用，也無法帶走，只能放棄。老年人在離開人世之前，必須清理心中的人物，必須捨棄世間的事物，帶著清淨的靈魂返回靈的世界。

雖然未來不可知，但是，必須預設未來的狀況，才會有自信，才不會害怕。老年人必須預設死後的世界以及自己的去處。你可以不皈依神；你可以不回歸神的世界，但是，你不能獨自走在茫然無助的路上，你不能讓自己的靈魂沒有去處。

 **幸福老年**　　　　　　　　　　　　　　　　　　　2020/12/3

所謂老人是指年齡的老（年老）、身體的老（身老）和心靈的老（心老）的人；所謂老年人則指年齡高的人。老年人不一定是老人，老人則一定是老年人。不要以為頭髮白就是年齡高；不要以為年齡高就是身心弱；不要以為身心弱就是早死亡。有些白髮的老年人要比黑髮的年輕人更健

康、更快樂、更長壽。即使是冬天，也會有陽光與歡笑；即使是晚年，也會有希望與幸福。

幸福老年有三個基本條件：第一要有行動的自由。第二要有經濟的充裕。第三要有心靈的活力。幸福晚年要有三個生活態度：第一自我尊重、自我肯定、自我依賴。第二了解自己、改變自己、提升自己。第三為自己做事、為自己花錢、為自己快樂。幸福晚年要三忘：忘年齡、忘過去、忘恩怨。幸福晚年要三不：不期待、不干預、不牽掛。

幸福老年要做過去想做而未做的事，以及未來無法做的事。幸福老年要多造訪懷念的老地方、老朋友、老情人。幸福晚年要多看看世界的美景，多嚐嚐世界的美食，多欣賞世界的珍品。你要用自己的心去過日子，不要看別人的臉色過生活。

幸福老年要有經濟規劃，因為貧窮晚年百事哀。規劃的第一步驟是預估自己的餘命年數。第二步驟是計算可支配資產的總金額。第三步驟是編列生活費用、照護費用、醫療費用、旅遊費用與喪葬費用，遺產以及捐款等費用。第四步驟是設定各種費用的比率，計算各種費用的金額。第五步驟是將生活費用金額除以餘命年數再除以 12，得出每月生活費用。

幸福老年要維護身心的健康。要多運動、多活動、多走動。要定期健檢，偶爾看診，平時保健。各種軟性運動，例如：舞蹈、健身操、太極拳等都有益健康。各種休閒活動，例如：旅行、參觀、溫泉浴等都有助身心的放鬆。

幸福老年要能社會參與。各種社會團體和各種社會活動都需要積極參與。如果無人邀請，就主動報名。如果不被人接受，就去接受人。如果不被人了解，就去了解人。如果不被人愛，就去愛人。

幸福老年要能學習與創造。如果有專長，就繼續去發揮。如果有興趣，就繼續去學習。如果有嗜好，就繼續去從事。要從學習中去創造；從創造中去學習。

幸福老年要有激情與愛情。有愛情可談的晚年是第一等；有知友談心的晚年是第二等；有老伴相陪的晚年是第三等。感情生活是幸福晚年不可或缺的要素。

幸福老年要接近宗教、接近經典、接近神佛。要熱心參與宗教活動，要分享神的訓示與恩典，要淨化自己的心靈。

當你無法走動時，要讀些有趣的書籍，要聽些美妙的音樂，要看些輕鬆的影集。當你臥病在床時，要信賴醫生的治療，要隨時禱告，求神賜給你對抗病魔的力量。當你呼吸衰竭時，要用你的靈感謝你的親人，並向他們道別；要安詳跟隨天使的引導，回到靈魂的原鄉。

03 老年生活 　　　　　　　　　　　　　2020/8/12

依我個人的定義，老年生活是指 65 歲以上，且已退休者的生活。如果年滿 65 歲還未退休，就無法享有完全自由的生活；就無法享受真正的退休生活。

大多數的人年滿 65 歲就會退休，但是，有些人會延後退休；有些在死亡之前，都不會退休。老年生活的長短與壽命的長短有關。有些人的餘命長，老年生活就比較長；有些人的餘命短，老年生活就比較短。

有些人的老年生活很精彩；有些人的老年生活很平淡；有些人的老年生活很痛苦。老年生活是自己安排的，不是別人安排的。老年人要對自己的生活負全責，不能責怪別人，更不能怪罪社會或政府。

精彩的老年生活有三種：第一是能夠奉獻社會的生活；第二是能夠自我享受的生活；第三是不惹人厭的生活。痛苦的老年生活有三種：第一是病痛的生活；第二是貧窮的生活；第三是孤單的生活。

每一個老年人都有漫長的人生歷練；都擁有自己的知識、技術或財富。如果因退休而將這些知識或技術拋棄，或是將多餘的財富遺留給子女，對自己和社會都是損失。如果能將自己的知識或技術，用話語、文字或行動展現出來，與別人分享，不僅有助別人，也有益自己。如果能將自己多餘的財富捐獻出來，讓社會上需要的人獲得幫助，就是最大的奉獻，也能為自己帶來快樂。

許多人都說，老年人必須為自己而活；老年生活必須怡然自得。老年人要少管別人或社會的事，只管自己健康和快樂的事。老年人可以看看電影、聽聽音樂、讀讀書籍、寫寫文章、嚐嚐美食、做做運動、打打高爾夫、到處旅遊、參加藝文活動等。把每一天的行程排滿，把生活豐富化。這種人通常都可以活得久，也能活得快樂。

如果不願奉獻社會，也不想為自己而活，就要做一個不惹人厭的人。這種人可以隨心所欲的生活，但是，不會讓家人負擔，不會讓別人討厭，不會讓社會困擾。這種人每天可以睡到自然醒，可以吃到十分飽，可以玩到力氣竭，可以買到口袋空，可以坐到屁股痛，可以看到眼睛茫，就是不會帶給人麻煩。只要別人不討厭，就可以做任何自己喜歡做的事。

最痛苦的老年生活就是病痛。人一旦有病痛，生命就會受到威脅，人生就會失去意義。有些病痛可以忍受；有些病痛無法忍受。有些病痛可以醫治；有些病痛無法醫治。有些人短暫臥床；有些人長期臥床。如果是無法忍受、無法醫治，又需要長期臥床，生活就沒有意義，生命就沒有價值。

貧窮會讓老年人失去生活的樂趣。能夠安貧樂道的人，不是真正貧窮的人；真正貧窮的人無法安貧樂道。一個人如果沒有錢付房租、水電、瓦斯、電話費；沒有錢購買生活必需品、沒有錢到醫院看病、沒有錢搭車旅遊、沒有錢到餐廳用餐，還夠安貧樂道嗎？老年人如果還要向子女伸手要錢、還要看子女的臉色，不是最悲慘的事嗎？

老年生活是人生最後的璀璨。你可以為自己而活；可以為別人或社會而活。你可以過得多姿多彩；可以過得單調無聊；可以過得痛不欲生。老

年人的幸福決定在自己的觀念；老年生活的設計掌握在自己的手中。在
邁入老年之前，要做好安排；在進入老年之後，要實踐理想。

 ## 04　我的老年生活　　　　　　　　　　　　　　2020/7/22

我踏進老年之列已有一段時日。我一直在思索，如何在人生的最後階
段，享有美好的老年生活。我曾經寫過幾篇美學的文章，但是，要落實
在實際的生活裏，並非一件容易的事。在過去的歲月裏，我一直努力改
變自己的想法與做法，也不斷調整自己的生活與步驟。我逐漸體會出一
些美化生活的方法，也慢慢享受到生活的美好。我想藉著這篇文章與大
家分享我的心得。

不管年輕時多麼輝煌騰達或是窮途潦倒，只要能在老年時享有美好的生
活，就是有價值的人生。每個人都希望有個美好的老年生活，但是，只
有少數人能享有這種生活。有人是身體不健康、有人是財富不充裕、有
人是個性不合群、有人是家庭不圓滿、有人是美感不足夠，所以多數的
老年人生活得不美好，甚至生活得很痛苦。美好的老年生活除了健康與
富裕之外，還要有美學的素養。沒有美學的素養，就無法懂得生活的美
好，就難以實踐美好的生活。

大家對美好的定義各有不同的解讀。有人認為，自我感覺良好就是美
好。我則認為要符合美學原理才是美好。有人說：人生一知足，凡事都
幸福。我則說：享受美學生活，才是真幸福。有人倡導：清茶淡飯也能
怡然自得。我則主張：美食美酒才能享受生活。每個人都依照自己的定
義去追求美好的生活，沒有對與錯的問題。美好的生活不是一蹴可幾，
而要循序漸進，直到完美（100% 的美好）。人生無法完美，但是，生
活可以美好。只要你能夠、只要你願意、只要你敢做，你就能享有美好
的生活，你就能擁有美好的人生。

我用「改變自己的價值觀」美化生活。改變觀念可以改變行為；改變行為可以改變生活；改變生活可以改變人生。近年來我開始改變一些舊觀念，採取一些新觀念。我用現實取代幻想；用哲學取代科學；用享有取代擁有；用正向取代負面；用品質取代數量；用捨得取代不捨；用緩慢取代急躁。價值觀的改變翻轉了我的行為模式與對人的態度，也改變了我的生活樣式與人際關係，讓我慢慢感受到生活的美好。

我用「改變對人的態度」美化生活。對人的態度決定人際關係；人際關係的好壞牽動情緒的起伏；情緒的起伏影響生活的品質。在「存好心，說好話，做好事，遇好人，過好日」的原理下，我逐漸改變對人的態度。我告誡自己，不要戀棧過去的光環，要放下身段對待人。我要求自己要珍惜身邊的人；要感謝愛我的人；要包容反對我的人；要原諒背叛我的人。我要清除存在我心中的敵人，不要讓任何人傷害我心靈的純淨。

我用「改變夫妻的關係」美化生活。夫妻是生活的共同體；夫妻關係決定生活的品質。年輕時夫妻各想各的、各做各的、各說各的，很少有交集。老年時夫妻同睡同起、同進同出、同伴同遊，無法個別生活。老夫的生活不能沒有老妻；老妻的生活不能缺少老夫。我深知這個道理，所以開始改變自己，觀察老伴的表情，臆測老伴的心情，順從老伴的想法，配合老伴的建議，避免爭辯或爭吵。在平淡的互動中，我開始享受生活的甘甜。

我用「動體力和動腦力」美化生活。活動身體可以維護身體的健康，防止身體的老化。活動大腦可以促進心智的活力，發揮記憶的功能。除了游泳、爬山、散步之外，我會貫徹每日萬步的習慣。我會每天找出一個主題加以深思，並寫下心得。我要讓自己動起來、想起來，我不要讓自己不動不思。我會利用手機幫我計步，幫我記錄身體的變化。我也會利用手機幫我思索；幫我提供需要的資訊。我會忙碌而有效地過每一個日子。

我用「讀好書和寫好文」美化生活。閱讀可以增廣見聞，陶冶心性。寫作可以激發腦力，創造思想。老年是一生中最有智慧和最成熟的階段，

最能領悟別人的道理，最能創造自己的思想。老年人都必須珍惜這段黃
金歲月，多閱讀和多寫作，不要錯過這段美好的人生。我每天都會看別
人書中的一章內容，也會寫一篇或改一篇自己的文章。我為自己強烈的
解讀力和創造力感到欣慰。閱讀和寫作已成為我生活中最美的部分，也
是我生活中最快樂的部分。

我用「說真話和做對事」美化生活。說真話是要說與本意與事實一致
的話。做對事是要做與道德與正義一致的事。年輕時難得講幾句真話，
難得做幾件對事。每個人都說了不少謊話、大話和空話，也做了不少錯
事、蠢事和壞事。老年之後就不必再看別人的眼色，不必再取悅別人的
臉色，而可以對自己誠實說真話，可以對自己負責做對事。如果到了老
年還要欺騙自己或別人，還要做錯事或傻事，就不值得活了。我會激勵
自己說真話和做對事，不要害怕被批評或被攻擊。我要讓真實和正義永
遠陪伴在我的身邊。

我用「看好劇和聽美樂」美化生活。好的影劇可以帶給人啟示和反思，
能讓人變得更好。美的音樂可以成為孤獨中的良伴、空虛中的慰藉、悲
傷中的療劑，能讓心變得更美。我愛看人生哲理的影劇，我愛聽扣人
心弦的音樂。我會陪老伴看電影，討論電影情節，還會推薦給朋友去觀
賞。當我在旅途的車上、獨自一人的夜晚、專心寫作的時候，總是一邊
聽音樂，一邊思索問題。每逢感動之處，還會不自覺地掉下眼淚。電影
與音樂是我生活的良伴，讓我享受生活的美好。

我用「賞美景和看美物」美化生活。美景讓人心曠神怡；美物使人賞心
悅目。美存在所有的景象與物品中，只是未被察覺而已。我開始學會放
下腳步，帶著好奇心和探索心，細心觀察吸引我的東西，試著發現隱藏
在它們背後的美。我喜歡到處旅遊，欣賞美景：看山看海、看植物看動
物、看自然看人文、看城市看鄉村、看天空的彩雲、看海邊的夕陽。我
喜歡參觀博物館與美術館：看古物看新物、看繪畫看雕塑、看陶瓷看水
晶、看故宮博物館的寶藏、看奇美博物館的珍藏。每一次的旅遊和參觀
都會有滿滿的收穫和美好的回憶。

我用「嚐美食和品美酒」美化生活。美食是有主題和內涵料理；美酒是晶瑩剔透和柔順香醇的葡萄酒。美食和美酒不僅能滿足生理的需要，也能滿足心理的需求；不僅有益身體的健康，也能提升心靈的美感。享受美食和美酒，要重精緻不重豐富；要重氣氛不重排場；要重淺嚐不重豪飲。我喜歡享受美食美酒的飲食生活，因為飲食是生活之首，也是生命之源。忽略了飲食的品質，就失去了生活的美好。

我用「肯花錢和敢享受」美化生活。敢享受就要肯花錢；不肯花錢就別想享受。有些人節約成性，即使家財萬貫，也不肯花錢；有些人甘願過苦日子，即使有能力享受，也不肯花錢。世人常把前者當成勤儉美德；把後者視為知足常樂。我要花錢買品質、花錢買服務、花錢買尊嚴、花錢買快樂。我要吃好、用好、玩好，享受生活的美好。我要讓自己成為受歡迎的老紳士，不要把自己變成被人討厭的糟老頭。為了享受生活而花錢，不是浪費而是智慧；為了省錢而糟踏生活，不是美德而是愚蠢。花自己賺來的錢享受生活不僅是對自己的回饋，也是對生命的尊重。

不知道、不想知道、想不開、捨不得和懶得做，是美好生活的五大障礙。有人不知道要追求什麼樣的生活；有人不想知道什麼是美好的生活；有人總是想不開，總是怪人怪己，怨東怨西；有人捨不得花錢、捨不得犧牲、捨不得放棄；有人能知卻不能行，會說卻不會做。這些人整天無所事事，只會吃飯、睡覺、看電視。於是，在不知不覺中就走到人生的盡頭。其實，美好的生活並非難事，只要有心去想、有心去做，就能享有美好的生活。

如果你尚未進入老年期，請你一定要提早準備，因為老年很快就會到來。如果你已踏進老年期，請你一定要改變自己，因為生命之火很快就會熄滅。在每一個珍貴的日子裏，請你用美學的原理去看待世界，請你用美好的行為去對待世界，請你用對世界的愛去實踐在自己的生活裏。當你每天心想的都是人事物的美好，當你每天接觸的都是美好的人事物時，你就享有了美好的生活。

我正走在美好生活的路上，持續嘗試、持續改變、持續實踐。我希望自己的生活更好，人生更美。你是否對自己生活不滿？你是否對自己的人生悲觀？你是否無助地等待幸福的來臨？請允許我告訴你，請不要失落，請不要等待。你必須在此時此刻立下決心，改變自己，勇敢面對。如果這篇文章可以給予你一些省思與借鏡，你就已經踏進了美好生活的門檻。

 05　老年人的處世之道　2021/2/21

年齡、身體和心靈都無法讓一個八十歲的人變成十八歲的人。老年人不必炫耀自己的體力有多好、智力有多高，也不要與年輕人比較。老年人無法走回頭路，只能依自己的體力、智力和財力做最佳的生活規劃。

老年人的餘命比年輕人短，沒有多餘的時間可以浪費。老年人必須珍惜每一個日子，做自己想做而且能做的事；不要做自己不想做或是不能做的事。如果碰到無法解決的事，就當作不關你的事。

老年人不要羨慕同齡老年人的生活。別人子孫滿堂、別人健步如飛、別人攀爬玉山、別人旅遊絲路、別人從事志工、別人展現才能，都與自己無關。

同齡的老年人有人吒叱風雲；有人威風凜洌；有人默默過日；有人行動不便；有人臥病在床、有人離開人世。只要能夠健康的活著，就是自己的福氣。

社會上對待老年人多少有些刻板印象、有些偏見、有些歧視，甚至有些惡意的攻擊。除非是偉人或名人，否則，社會不會理會老年人的不平之聲，也不會尊重老年人的委屈感受。老年人不要期待社會會改變對老年人的想法和做法，只能多做一些被社會肯定的事，不做被社會否定的事。

有些老年人老愛倚老賣老；有些老年人老愛管東管西；有些老年人老愛怨東怨西；有些老年人老愛比東比西；有些老年人老愛妄自菲薄；有些老年人老愛作賤自己，這些都是不聰明的老年人。

有些曾經偉大過或是出名過的老年人，永遠忘不了也甩不開過去的榮光。他們老愛對社會的議題說三道四、論東論西。其實，他們只是憑著過去的經驗與想法，去評斷時政。他們不了解社會的變遷與現實的需要，只是為了博取社會的關注，而無厘頭亂發言，結果惹來一身腥。

老年人有很多寶貴的經驗，也有不少人生的哲理，可供年輕人參考學習。老年人可以將自己的這些經驗與哲理訴諸文字，有條有理的論述，讓讀者可以了解其真髓，學習其優點。

每一個老年人都有不同的體力、智力與財力。每一個老年人都有不同的想法與做法。每一個老年人都有不同的生活環境與生活模式。只要不造成別人不開心，不給社會添麻煩，老年人都可以隨意過自己的生活。

老年人要活出自己來，不要與人比較；不要愛管閒事；不要倚老賣老；不要妄自菲薄。老年人要坦誠面對自己；要發揮自己的優點；要改變自己的缺點；要多愛自己的身心；要讓每一天的生活都沒有缺憾；要讓每一個日子都不留遺憾。

06 退休不能退場：評許友耕的 65 歲生日感言 2020/11/28

人生有三個階段：受父母保護的階段、獨立自主的階段、退出勞動市場的階段。退休之後，還有一段漫長的人生要過，必須以正向的態度去面對。

每個人都有不同的健康、財富、知識、技能、興趣、人際關係和家庭狀況，所以各有不同的生活規劃與生活模式。只要自己覺得滿意，無人可以置喙。

對於許先生的觀點，我雖然不贊同，卻不敢說不對。我寫這篇文章的目的，不是在批判許先生，而是在表達我的另一種思考。

我的專業知識和人生體驗建立了一個基本原理：只要活著，就不該退場；只要在場，就必須積極。老年人不是無用的人，退休不能退場。只要自己還有能力，就必須發揮；只要自己還能貢獻，就必須付出。

老年人不能倚老賣老，但是，不能妄自菲薄。你不可以炫耀過去的成就，但是，可以奉獻現在的所長。只要對別人有利，你都必須說出口、寫出來、做給人看。

房子住久了就會膩，就會想換個更舒適的家。你若想過新的生活和新的人生，就必須改變居住的環境。你可以買，也可以租自己喜愛的房子。你可以依自己的理想去蓋房子，也可以請人幫你蓋理想的房子。難道你們不想在人生的最後階段，享受自己理想的生活嗎？

買好車不是為了向人炫耀，也不是要犒賞自己，而是為了安全。如果你開一輛中古的破車，在高速公路上拋錨、在山中或海邊故障，你將如何處理？萬一發生車禍，你是要讓好車保護你，還是要讓破車殺死你？

做為一個資深國民，國家社會的事就是你的事。你不能置身事外，不能視若無睹。你關心國是，不會影響你的生活作息，更不會影響你的身心運作。相反地，它有助於你大腦的使用，延遲你的老化。

要做好一件事，一定要有目標，這是人生的基本原理。目標不一定能達成，卻可以提供你努力的方向。你若設定 100 步，或許可以走 50 步；你若無目標，就不可能走 50 步。如果沒有目標，你的人生就走到了盡頭。

人無法掌握生命，但是，可以管理健康。你必須重視自己的健康，不能糟蹋自己的健康。健康的維護靠自己；生病的治療靠醫生。你不要相信偏方，你要信賴醫學。

不要以為年紀大就可以任性、就可以不規律。就如自然的規律，若要活得久，就必須有規律的生活。雖然沒有人規定你如何作息，但是，你必須按時起居、按時活動、按時飲食。你不能想吃就吃、想睡就睡、想幹啥就幹啥。

你必須對自己的人生負全責。你不能推卸做為一個人應盡的義務，你不能為所欲為，你不能放縱自己。你必須學習在規律的生活中，喜悅自在，享受人生。你可以退休；你不能退場！

 ## 07 退休之後：致張良澤教授 2021/1/11

退休就是從過去的工作、權力、所得與人際中完全撤離、完全捨棄。對於過去的職場，不能有絲毫的眷戀；不能有任何的期待；不能有熱情的干預，因為那些都已成過去，都屬於別人。

退休時，就必須把屬於自己的資料或物品撤離，不要留下任何東西，避免別人將它們清除，留下無奈的遺憾。沒有我的職場，也會正常運作；沒有我的世界，也會如常運轉。

退休之後，不要再干預或過問過去的職場或工作；不要再聯絡或過問過去的同事或部屬。過去的職場若有需要，會主動詢問你；過去的同事若有需要，會主動聯絡你。如果沒有人理會你，就是他們已經不再需要你。你不必自作主張，也不必自作多情。

如果你是從教職退休，不要以為以前教過的學生都是你終身的學生，而期待他們會永遠聽從你的教誨。大部分的學生修你的課，是為了學分或成績，不是為了學習知識或技術。如果你不再上他們的課，他們就沒有必要接受你的指導。如果有一兩位學生會在你退休之後，還與你聯絡、還跟你學習，那真是三生有幸。

如果你是一位企業經營者，在你退休之後，就不要再為公司的事務說三道四，即使繼任者是自己的兒女或親人，也不要再干預。繼任者自有自己的想法與做法，不一定會遵循你的想法與做法。他們如果有需要，一定去請教你，你不必擔心，也不必自以為是。

退休之後，必須切換跑道，展開新的人生。你可以從職場退休；你不能從人生退休。你可以繼續充實自己的專長；可以繼續為能接納自己的人服務。你可以做更多的事；你可以做更多的貢獻。你只要往前衝刺，不要滯留過去。

對於張良澤教授被真理大學「拒於門外」的事件，我可以理解張教授的心情與感慨。我也為這個社會不尊重文人而心傷與憤怒。但是，我們無法要求校長道歉，也無法要求社會改善。我們只能懇求有識之士伸出援手，提供張教授一個研究的空間，讓他得以繼續研究，造福社會。

在一個不重視思想的社會裏，思想家會活得很辛苦，不僅會被漠視，也會被遺棄。沒有思想的人（尤其是高學歷的掌權者）不會因破壞思想而自譴。沒有思想的社會（尤其是不自由的封閉社會）不會因踐踏思想而自省。

作為一個思想家，活著的任務就是要對抗不道德的人和不公正的社會。只要世界上有一個人或一些人能夠了解你；能夠支持你，就活得有價值了。張教授，請你不要失望，也不必失落。這個世界仍有許多善意的人圍繞著你。你並不孤單，你並非無助。

退休之後，你可以為自己而活；可以為別人而活；可以為社會而活；你不能重回過去；你不能為過去而活。不管過去有多麼輝煌的成就；不管過去有多少不堪的失敗，都要放下它，都要忘記它。退休之後，要與過去切割；要與未來連結。過去種種譬如昨日死；未來種種譬如今日生。退休之後，就是舊生活的結束；就是新生活的開始。退休之後，要重新佈局生活，要重新面對人生。

08 老年人要把自己當強者　　　　　　2021/3/17

強者是能夠實現自我理想的人,不是成就非凡的人,也不是贏過別人的人,更不是霸凌別人的人。

理想是可以實現的目標,不是好高騖遠的期待,也不是遙不可及的願望,更不是虛無飄渺的幻想。

能夠充分實現理想的人,就是強者。如果你是一個學生,自己在考試前設定要考一百分,結果真的考了一百分。那麼,你就是強者。如果你每次考試都只考六十分,而這次考試你設定要考八十分,果真達成了,你就是強者。

如果你是一個商人,自己設定在一年內,要把營業額增加 10%,結果真的達成了,你就是強者。如果你是一個作家,自己設定在一年內,要完成一本書,結果真的如願了,你就是強者。

強者不受性別、年齡、職業、教育、權力、財富等的限制。只要能夠自訂一個理想目標,然後努力不懈地實現它,就是強者。因此,當強者不是高不可攀,而是垂手可得。

一般人都認為老年人是弱者,不是強者,也不必是強者。有人認為,老年人別為自己的人生設定目標,不要為難自己。其實,這是弱者的道理,不是強者的哲理。

老年人當然有成為強者的權利與必要。只要自己還有理想要追求;自己還有能力去實踐,誰能阻止老年人成為強者?再說,成為強者的老年人一定會比成為弱者的老年人更幸福、更快樂、更有人生的價值。

就以臺灣的平均餘命而論,七十歲年齡層的老年人至少可以規劃未來一年的生活;八十歲年齡層的的老年人至少可以規劃未來一個月的生活;九十歲年齡層的的老年人至少可以規劃未來一天的生活。

即便是九十歲年齡層的老年人，都還會有對明天的理想；都還會有實踐理想的能力。例如，明天想見某個人，於是，打個電話聯絡，請求他 / 她來造訪。隔天，真的見到了面，也聊了天，理想實現了，自己就成為了強者。

強者不是年輕人的專利，也不是老年人的禁忌。任何人只要自己還有理想；只要自己還有能力，就不要放棄當個強者的權利。老年人一定要把自己當成強者，做一個受人敬重的人。老年人千萬不要把自己變成弱者，做一個被人憐憫的人。老年人要以一個強者的姿態活著；要以一個強者的心態離開。

 現在的自己 　　　　　　　　　　　　　　　　　　2021/6/9

每一個人都有現在的自己、過去的自己以及未來的自己。過去的自己已經消失；未來的自己還未出現；只有現在的自己才是真正的存在。

過去的自己很漫長。我曾經有過幼稚、叛逆與過錯；曾經得罪過人、錯失過事、浪費過物；曾經被誤解、被傷害、被背叛。

過去的自己曾經努力過、驕傲過、光榮過；曾經愛過、快樂過、幸福過；曾經被愛過、被歡迎過、被讚美過。

現在的自己很短暫。我可以自由想自己想念的人；我可以自由做自己想做的事；我可以自由寫自己想寫的文；我可以自由為現在的自己而活。雖然有時會偏離自己的路線，但是，我總會很快地走回正軌。

我現在的自己是在 12 個守則下生活：要吃得下、睡得著、起得早、躺得少、排得出、走得多、玩得樂、忍得住、想得通、寫得好、看得開、放得下。我努力為現在的自己而活；我享受現在的生活。

我現在的自己唯一的樂趣,就是把每日生活的感受寫出來,並與朋友分享。我期盼有人會讀懂我的文、了解我的意、欣賞我的人。如果世上真有一個人能夠認同我、支持我、懷念我,我的人生就有意義。

過去的自己塑造了現在的自己;消失的過去塑造了現在的獲得。失去是一種學習,不是被剝奪,也不是大災難。在人的一生中,總有許多的人事物會失去,無法永遠擁有。

學習失去比學習獲得更重要;面對失去比追求獲得更困難。人人都應該學習失去的藝術;人人都必須在失去中尋找力量。

有一天,我將會失去自己。我將無法再思索、再做事、再寫作、再為自己而活。那時候,我依舊會做一個當下的自己,做一個最好的自己。

過去的自己不管有多少成功與失敗;多少歡樂與痛苦,都已隨風飄逝。我只能改變,掌握與期待現在的自己。我必須愛現在的自己,我必須珍惜現在的自己。

10 11 月 8 日 2021/11/7

每一年的 11 月 8 日都是我的生日。每一年的生日,我都會寫一篇文章,感謝神這一年的賜福;記錄自己這一年的領悟;期盼自己未來一年的願景。

去年生日,我寫了一篇〈我思・我寫・我分享〉的生日感言。今年元旦,我寫了一篇〈2021 年的九個願望〉。今年農曆新年,我寫了一篇〈未來一年的規劃〉。現在重覆閱讀這三篇文章,依然韻味猶存,彷彿昨日往事。在過去的一年裏,除了宗教信仰尚未決定之外,其他願望大部分都有實現。這是我自己感到安慰的事。

在過去一年裏，我最感滿意的是寫了不少文章。我總是隨著心靈的感受，自由自在地撰寫。我從未正確計算，自己寫過多少篇文章，也不把自己的文章當成可供別人參考的作品。我純粹是為了自己的樂趣，不是為了別人的掌聲而寫作。

英國有一位資深演員 Michael Caine，今年已經 88 歲。日前，在受訪時表示，將退休成為一個專職作家。他說：作家可以自自由由的生活，也可以躺在床上寫作。我想，這就是我最理想的老年生活。

未來的一年，我將以每日一文的習慣繼續寫作。我不敢奢望自己成為作家；我只想努力作一個作者。我不會期待別人的了解、認同或讚美；我只想多寫一些更有思想的文章。我會將靈魂中的感受坦誠地呈現出來，一方面記錄自己思想的變化；一方面塑造自己人生的過程。

我會繼續到處旅遊。在國外旅行完全開放之前，我要深入臺灣這塊我喜愛的土地，發掘更多美好的人事物。我特別想造訪客家村莊和原民部落，多了解一些我不熟悉的人們、文化與生活。我會以每月一周遊的方式，深入鄉間和山區，深度認識這裏的風土人情。

孔子說：「三十而立，四十而不惑，五十而知天命，六十而耳順，七十而從心所欲不踰矩。」對現代人而言，這些標準實在太高、太遙遠、太難達成。對我自己來說，我無法隨心所欲不踰矩，只能七十而有理想，應該就對得起自己了。

人因有理想，而有生存的意義；因被認同，而有生命的價值。即便我無法為生命的價值而活，也要為生存的意義而活。對未來的一年，我仍然充滿著理想與期待。我希望自己能夠多看這個世界，多想人生的真諦，多寫高質的文章。

人因心靈的堅強而有活力，不是因身體健康而有活力。人是因心靈的美好而快樂，不是因世界的美好而快樂。我無法阻止身體的老化與衰退，但是，可以增強心靈的強度與耐度。在未來一年，我仍會以堅強的意志，面對挑戰，克服困難。

2021 年 11 月 8 日是我生涯中的一個日子。我珍惜它,就像珍惜其他的每一個日子。我會快樂地度過這一天,如同快樂地度過每一天。謝謝你的情誼與祝福。是你,帶給我溫馨與窩心。是你,讓我更有勇氣與信心。在踏上未來一年的旅途前夕,我誠摯為自己祈願:祝我自己未來一整年都健康快樂。

11 未來一年的規劃 2021/2/20

春節過了。新的一年來了。大家都要回歸正常生活,重新面對工作的壓力和生活的挑戰。

對於未來一年,有人希望身體健康;有人希望多賺錢財;有人希望謀取大位;有人希望愛情順利;有人希望家庭和樂。

對於未來一年,有人是幻想美夢;有人是求神保佑;有人是自我許願;有人是具體規劃。

規劃是具體的計劃,不是理想的願望;是主動和積極的行動,不是被動和消極的夢想。

依我的觀點,70 歲年齡層的人只能規劃一年的人生;80 歲年齡層的人只能規劃一月的人生;90 歲年齡層的人只能規劃一天的人生。

在未來的一年,我有四個規劃。第一個規劃是宗教信仰的皈依。我從小就受洗為基督徒。可是,幾十年來,我從未誠心誠意信守上帝的真理,有時候甚至違背神的旨意與戒律。我必須再度審視自己的宗教信仰,要回歸上帝的懷抱,還是皈依其他的宗教。

我的第二個規劃是多寫一些文章。寫作是我最大的樂趣,也是唯一的嗜好。我要在未來的一年多寫作。不管是長文、短文或是詩;不管是好文、

壞文或是令人討厭的文章,我就是要多寫。我不再在乎別人是否閱讀、是否回饋、是否認同、是否貼文。我只求自己是否滿意;我不求別人的掌聲。

我的第三個規劃是每月一次旅遊。旅遊不僅可以增廣見聞和陶冶性情,也可以促進夫妻感情。如果無法出國,就在國內旅遊,也能享有許多樂趣。旅遊時,我會多賞美景、多吃美食、多拍美照。每一次旅遊,我都會設定一個主題,再尋找相關題材,最後,寫成與主題有關的文章或拍成與主題有關的照片。

我的第四個規劃是與兄姊見面聊天。兄姊都已高齡,隨時都有離開的可能。此生有緣當兄弟姊妹,我會好好珍惜,以免以後後悔莫及。我規劃每隔三個月與兄姊見面一次,看看他們是否安好,聽聽他們的心聲。

一年 365 個日子不算短,可以做很多事、寫很多文、賞很多景、愛很多人。我對未來一年的規劃,只是簡單易行的計劃,不是好高騖遠的理想。我一定會做到,我一定會達成。

12 春節 2020/2/1

春節是舊一年的結束和新一年的開始,也是除舊佈新的轉換期。春節不是要花大錢慶祝的節日;春節不是要耗體力大掃除的節日;春節不是要大吃大喝享受美食的節日;春節不是要發紅包灑大錢的節日。春節是要反省過去、展望未來的假期。

你必須在春節期間沉澱自己的身心,想想過去與未來。在過去一年裏,如果有該想未想、該做未做、該定未定、該愛未愛、該謝未謝的事,就要在未來一年裏去實現。

春節是表達愛與感謝的日子。你必須在春節裏,對伴侶的付出表達你的愛情、對子女的乖巧表達你的讚許、對父母的養育表達你的孝心、對老闆的栽培表達你的感謝。

如果你在過去一年裏,都很注重居家環境的清理,就不必在春節時大掃除。如果你在過去一年裏,都很重視營養美食,就不必在春節時大吃大喝。如果你在過去一年裏,都有資助你的父母,就不必在春節時贈送父母大紅包。

如果你在過去一年裏,無法與親人相聚,就要利用春節時與他們相聚,分享彼此在過去一年的故事與未來一年的計畫。你毋須用金錢或禮物去表達你的愛;你必須用誠心和行動去證明你的愛。

你必須珍惜春節假期的短暫時光,見見想見的人;談談想談的事。或許明年的春節無法再相見;無法再相談。或許今年的春節就是最後一次的相聚。

如果你要利用春節期間帶家人去旅遊,就必須想到在鄉下孤獨過年的老父母。你曾經花了多少時間陪伴父母?父母還有多少時間讓你陪伴?你怎能在一家團圓的春節裏,讓父母孤單?你怎能把自己的快樂建築在父母的痛苦上?

春節轉眼即逝,你即將迎接新一年的考驗。你必須在春節裏做好準備;你必須在春節後面對挑戰。希望多一歲的你我都能更加成熟,更有智慧,更能成功。

13 過年

2020/2/1

過年是過去的一年，也是未來的一年；是舊年的結束，也是新年的開始。過年就是要讓人們利用這段期間，思索過去與規劃未來。

在過去的一年，你應該感恩神賜給你多一年的生命；你應該慶幸自己享受多一年的生活。在過去的一年裏，你品嚐了多少美食；旅遊了多少地方；增加了多少知識；結交了多少朋友；幫助了多少人；做出了多少貢獻？

在未來的一年，你應該期待每一個日子，要讓自己更健康；要讓自己更富裕；要讓自己更快樂；要讓家庭更美滿；要讓家人更幸福；要讓社會更進步；要讓社群更和諧。

如果你會在過年時感到真累和受罪，就是你在過去一年裏，太懶惰和太浪費。你若能在平時將居家環境整理得窗明几淨、一塵不染，就不需要在過年時耗盡體力大掃除，就不會煩，也不會累。

大部分的人都領有春節獎金，作為春節的費用。老闆要你用這筆費用過個好年。你是在破老闆的費用，不是在破自己的費用。你一定要大大方方的花費，讓自己和家人享受一個快樂的過年。

你必須在過年時讓自己的身心靜下來。檢討過去，展望未來。在過去一年，如果你有該想未想、該做未做、該定未定、該謝未謝、該愛未愛的事，就在未來的一年去實現。

在未來的一年，你要用新的思維去規劃；要用新的毅力去實踐。365 個日子可以做很多事，也可以無所事事。你不必後悔過去一年沒有成就；你只要掌握未來一年有所作為。

對老年人來說，過年是一個既欣慰又感傷的節日。欣慰的是自己又多活了一年；感傷的是自己將少活了一年。老年人對過年是敏感的，卻是無

奈的。他們會與年輕人一樣,吃喝玩樂、外出旅遊、拜訪親友或是到廟裏參拜。但是,在他們的心中,卻有一股淡淡的哀愁感。

不管還有幾次的過年,老年人都應該珍惜每一次的過年;都應該規劃每一次的新年。有一天,他會等不到過年,也等不到新年。那個時候,他就必須欣然接受,不再期待過年;不再規劃新年。

過年對不同年齡的人有不同的意義。每一個人都應該趁著過年期間,思考過年對自己的意義,不要讓舊的一年虛度;不要讓新的一年浪費。

14 留下財富;留下智慧 2021/2/6

人生的價值是人在一生中所創造的財富和智慧的總量。有人創造財富,也創造智慧;有人創造財富,不創造智慧;有人創造智慧,不創造財富;有人不創造財富,也不創造智慧。

財富除了動產(現金、存款、保險等)、不動產(土地、建物等)和資本財(股票、投資等)之外,耐久財、半耐久財、貴金屬、收藏品等均屬之。智慧除了思想、藝術和科技等有形的創作之外,也包括教育、文化、慈善等無形的服務。

追求財富和創造智慧是人類天生的本能,也是做為一個人必須履行的責任,更是生命的意義與人生的價值。除非已經失去創造的能力,無人可以推卸這個責任,放棄這種價值。

人所創造的財富或智慧,有些是自己使用;有些是提供別人或社會使用;有些是貢獻給全世界或全人類。當人離開人世後,這些財富和智慧都會成為遺產,留給後代的子孫和未來的社會。

有些人會留下財富;有些人會留下智慧;有些人會一無所留。留下財富與留下智慧都有意義、都有價值。你不能說:留給別人或社會使用,就是沒意義、就是無價值。

留下財富，不管由子孫、別人或社會使用或運用，都能為社會創造更多的財富。自己的子孫即使將財富花費殆盡，也能促進市場的消費，有助於經濟的發展。留下企業，可以讓下一代擴大經營規模與事業版圖。留下土地，可以促進社會的開發與經濟的成長。

留下智慧，可以提升下一代人的知識，文化和科技水準，促進人類文明的發展。留下思想，可以幫助後人思索；留下藝術，可以提供後人對美的鑑賞；留下科技，可以改善人類生活的品質。留下教育，讓後人成長；留下慈善，讓後人感恩；留下愛，讓後人懷念。

一般人對於留下智慧大都贊成。畢竟只有極少數的人能夠創造智慧，對人類社會也確實有貢獻，所以能受到肯定和尊敬。但是，一般人對於留下財富則是褒貶不一。有人贊成，有人反對；有人肯定，有人無奈。

很多人說：人，生不帶來，死不帶去，何必創造多餘的財富？留下財富，會引起子女的爭產與墮落，太不值得。經上也說：人要積財富在天上，不要積財富在地上。政府更規定：遺產必須課稅，而且必須課重稅。其實，這些觀念和措施是錯誤的，也是違反人性與人權的。

不要追求財富，是沒有創造力的人說的。不要留下遺產，是自私的人說的。要課遺產稅，是嫉妒的人說的。請相信自己的生命；請創造自己的人生；請留下自己的遺產；請做一個有價值的人。

15 感謝有你　　　　　　　　　　　2021/3/15

一般人在退休之後，過去的員工、客戶、部屬、學生、家長或是朋友都會在一夕之間逃之夭夭，不再寫 LINE、不再造訪、不再相聚、不再理會。不管他如何抱怨，如何氣憤，人家就是不理他，奚落他，甚至歧視他。

大部分的人會順從一個人，是因為他擁有支配他人的權力。大部分的人會親近一個人，是因為他有給人利益的能力。一個人一旦失去了支配的

權力或給利的能力，就不再有人會順從；不再有人會親近。這是人之常態，無可厚非。

退休的人對於世間這種冷漠的對待，有人會忿忿不平；有人會自我退縮；有人會坦然面對；有人會以另一種形式，去建立新的人際關係。畢竟人是群居的動物，不能沒有情誼；不能孤獨生活。

我深懂這個道理，所以在退休之後，就主動斷絕職場上的人際關係，不再主動聯繫。我這樣做，不是無情寡義，也不是自我矮化，而是相信：人若有情，自會相聚；人若無情，終會分離。我需要真心的情；我不要虛假的意。

我是一個社會經濟學者。過去在職場上，我用自己的專業，撰寫了幾本著作，並將它們當成我的教科書。我一面解析我的理論模型，一面將理論運用在生活的實踐上。我在課後總是汗流浹背，卻也樂在其中。

退休之後，我不再撰寫專業用書，而改寫人生哲理的文章。在情誼方面，我開始重視親人關係。我成立一個家族群組，將所有家族成員納入。每天，我都分享他們的問候，近況，照片與 PO 文。此外，我也舉辦一年一度的餐會，凝聚家族成員的向心力。

我知道，要別人對我好，就必須對別人好。我無法給別人權力；我無力給別人利益；我只能給別人思想。於是，我開始寫文章和傳文章給別人，提供別人參考。我希望以文會友；以友輔情。

過去幾年，我在同學群組裏，發表了數百篇長短文章。雖然未能獲得廣泛的共鳴與回響，卻博得一些同學的回饋與反應。有人幫我儲存；有人幫我整理成冊。或許你只是有感而發；或許你是舉手之勞。但是，你為我所寫的每一個字，你為我所做的每一件事，都是你對我的愛，都是你給我的恩，都是我心中的感激。

很少人會將退休的老闆再視為老闆；很少人會將退休的老師再當做老師。我是一個退休的老師，我不再是你的老師，我不再教導你、我不再

給你分數、我不再審查你的論文。可是，你依然把我當成你的老師，分享我的思想、回饋我的文章。這不是我福氣，什麼才是我的福氣。

感謝有你，是你給了我思索的力量，是你給了我人間的至愛，是你給了我生命的價值。有一天，當我不再能思索、不再能寫作、不再能分享時，我仍會將你的這個愛和這份情，深深地留藏在我的靈魂裏。

 保留與拋棄　　　　　　　　　　　　　　　　　2019/7/27

保留 (hold) 是維持特定的狀態或關係 (to keep in a specified state or relation)。拋棄 (desert) 是離開某個人事物而不想再挽回 (to leave a person, thing, object without intending to return)。

每一個人都在追求自己沒有的人事物，都在拋棄自己擁有的人事物。保留許多人事物不一定幸福，也不一定不幸福；保留很少人事物不一定不幸福，也不一定幸福。

人事物的價值不在好與壞，不在樂與苦，不在新與舊，而在是否能使用，是否有效用。

凡是能使用與有效用的人事物都值得保留；凡是不能使用與沒有效用的人事物就可以拋棄。

你可以拋棄傷害你的朋友，也可以拋棄冷落你的朋友。你可以拋棄折騰你的愛情，也可以拋棄平淡無味的愛情。你可以拋棄破損的舊衣，也可以拋棄過時的舊衣。

當你拋棄一些人事物，就必須尋回一些人事物。當你拋棄一個朋友，就必須尋回另一個朋友。當你拋棄一種愛情，就必須尋回另一種愛情。當你拋棄一件舊衣，就必須尋回另一件新衣。

你必須保留一個雖不滿意但能接受的朋友。你必須保留一種雖不滿意但能接受的愛情。你必須保留一件雖不滿意但能接受的舊衣。

喜新厭舊是人的天性，但是，新人不一定比舊人好；今事不一定比往事好；新物不一定比舊物好。保留不一定是枷鎖；拋棄不一定是解脫。

該保留而不保留是自找麻煩；該拋棄而不拋棄是自我折磨。該保留就不能拋棄；該拋棄就不能保留。

人不能隨便拋棄；人不能一無所有。即使有一天你必須被迫拋棄一切的人事物，你依然可以保留一些人事物的記憶。你永遠無法拋棄在你心中的回憶。

17 往事已難回首 2021/12/6

在一個寧靜的午後，我獨坐書房，試著回憶過去的往事。想回憶自己曾經愛過的人、做過的事、說過的話、讀過的書、寫過的文。想回憶某些人曾經說過的話、做過的事、寫過的書、製造過的問題、議題與貢獻。

令我驚訝的是，過去的這些人、事、話、文與問題，瞬間都變成破碎的片段或是模糊的影像。我盡力回憶，想回首過去的故事與點滴。可是，我愈努力回想，腦中愈呈現一片朦朧和零亂。我甚至記不得某些老朋友、老同事和老同學的名字，也記不起某些曾經叱吒風雲的人物和社會上曾經發生過的重大事件。

我一向堅持，自己只是年紀大，不是身心老。退休之後，我一如往常地生活，一如往常地寫作，一如往常地運動，一如往常地旅遊，一如往常地與朋友聚餐。我不知道，自己的身心和生活有什麼變化。我沒有察覺到自己的老，也沒有想過自己還有多少餘年。

最近，我雖然有些身體上的不適，並沒有危及健康的問題。我的思索能力和寫作能力也沒有明顯退化。我還會犀利地評論社會現象與政經政

策。我生活如常，也很快樂。我雖然不會發奮忘食，卻能樂以忘憂，不知老之將至。

只有一件事讓我稍感不安，就是記憶力的衰退。我的記憶力已經不如從前般的敏銳，有時還會忘東忘西。長此以往，我對人名、時間、地點、數字等的記憶，可能會逐漸模糊，甚至忘記。對過去發生過的事，也可能會遺忘。有一天，我可能無法再回首過去，重溫舊夢。過去的漫漫長路可能成為難以追憶的空白。

如果真有失智的一天，將會是美夢的結束，惡夢的開始。一切美好的事物都會被帶走，只留下如真似夢，似知非知的浮游人生。即便沒有失智，記憶力的退化也會帶來生活的不便與風險。例如，忘了關門、關燈、關瓦斯。

我試著想像自己痴呆的樣貌。或許腦中如浮雲般的輕飄，無法記憶，也無法回憶；不能思索，也沒有思想；無法辨識文字，也無法理解思想。我的寫作人生將會終結；我的知友將無法分享我的文章。每天，我將會無所事事的閒蕩，像是沒有靈魂的生物。我將忘記一切的樂與苦；我將不再擁有幸福。

我不想做一個沒有靈魂的人。我無法不能思索；我無法不能寫作；我無法不能與人分享思想。但是，如果我真的痴呆了，不再能思索、不再能寫作、不再能分享、不再能做自己，我該怎麼辦？我可以遺忘，不能不思；我可以不追憶過去，不能沒有思想。

我知道，生命是由盛而衰，由衰而竭，無人可以倖免。總有一天，我的身心將會退化，將會衰揭。我將難以回首往事、難以重拾舊夢、難以支配自己、難以做好自己。屆時，我會悄悄遠離人群，乖乖順從神的安排，做一個不屬於自己的自己。

儘管往事已難回首，我仍會以堅強的意志面對老化；我仍會不停地思索和寫作。我要讓自己的記憶不要完全失去；我要讓自己的靈魂永遠存在。目前，我至少還能夠記得某些值得記憶的人們；懂得某些值得閱讀

的文章；分享值得參考的思想。我會珍惜此時此刻的自己。我希望這種
日子可以繼續下去，直到生命的盡頭。

 夢境　　　　　　　　　　　　　　　　　　　2021/10/17

夢 (dream) 是睡眠中的想像或是幻想 (a series of images or fancy
occurring in certain stage of sleep)。夢境則是夢中的情境或情節。

夢有長夢，有短夢；有好夢，有壞夢；有白日夢，有暗夜夢；有清晰夢，
有模糊夢；有反映現實的夢，有虛無飄渺的夢。

人人都會做夢，無法不做夢，也不能要做夢。人無法要求做什麼樣的
夢，也不能要求不做什麼樣的夢。每個人的夢境都不相同；每一次的夢
境都不一樣。夢醒，有人會記得；有人會忘記；有人會留下朦朧的記憶。

依據 S. S. Freud 的理論，夢境是通往潛意識的道路，也就是現實生活
的反映和無形意識的揭露。透過夢境的解析，可以推測隱藏在心靈中的
世界。人云：「日有所思，夜有所夢。」就是這個道理。白天留下的強
烈記憶，往往成為夜間夢裏的情境。

若從靈學的觀點而言，夢境是靈魂與靈魂的互動場所。靈魂脫離自己的
肉體，與別人的靈魂互相接觸，並以靈界的語言相互溝通。在夢境中，
只有靈魂的存在，既無實體，也無背景，更無色彩。

就我個人的經驗，隨著年齡的增長，做夢的頻率愈來愈高。只要一入
睡，就會出現夢境，而且人物愈來愈多樣；情境愈來愈多元。我經常夢
到不相干的人，甚至已經過世的親人。我也會在夢境中與人吵架或是獨
自唱歌。

當我從夢中醒來，會在剎那間忘掉夢境中的情節，而且無法再憶起，好
像未曾夢過。但是，我會留下愉悅或是不悅的感受，而且這種感受會延
續到整個早上。我相信，夢中的情境應該是真實發生過的事。

當人死後，是否就像做夢一樣，靈魂離開肉體進入靈界，再由靈界回到人世？靈界應該沒有時間，就像夢中沒有時間一樣。一次靈界之旅或許短暫；或許長久。當人再度轉世時，就會忘掉前世的一切，就像一覺醒來，就會忘記夢中的情節。

如果我的猜測屬實，死亡就像做一場長夢，有痛苦也有快樂；有恐怖也有美妙。死亡就像做夢一般，遲早都會醒來；遲早都會復活。把死亡當成做夢；把死後的世界當做夢境中的世界。如果人不害怕做夢，就不應該害怕死亡。

只有自己知道，夢境是真實，還是虛幻。如果夢境是真，就警惕自己；如果夢境是假，就一笑置之；如果夢境帶來好運，就好好珍惜；如果夢境帶來厄運，就欣然接受。有夢不一定美麗；無夢不一定沒有希望。不管有夢無夢；不管美夢惡夢，都要面對現實；都不要放棄希望。

19　見不到晨曦的日子　　　　　　2021/9/9

相信有些人與我一樣，有嚴重的呼吸中止症。每天都有見不到晨曦的恐懼。

每天晚上睡覺前，都會擔心自己是否會在不知不覺中斷了氣，永遠不再醒來。因此，我常在睡前跟老伴說：萬一我見不到明天，你要好好保重自己。

我曾經試著不睡覺，要等到明天的陽光，但是，還是會不自覺地睡著。只要睡著了，就有見不到晨曦的可能。

不是每一個人都有明天；都可以看到晨曦。有些人只能擁有今天；只能看到今晚的月亮，無法看到明日的太陽。

看不到晨曦的日子彷彿在夢中，是一個沒有光線，也沒有色彩的世界。我遇到了一些熟悉的臉，進行了一些有言無聲的對話。有些人是現在的

親友；有些人是死亡的親友。我們談了一些過去的事，也談了一些現在的事，還會談一些未知的事。我們的接觸非常短促，而且幾乎都是我在說話，對方雖然沒有說話，我卻能懂得他要表達的意思。不一會兒，又會出現另一個人或另一群人，然後又開始無厘頭對話。就像電影銀幕的短暫劇情，一幕幕地閃過，直到我驚醒過來。

在看不到晨曦的日子裏，我是一個只有靈魂，沒有肉體，也沒有形影的人。我可以看到，不是用眼睛看到；我可以聽到，不是用耳朵聽到；我可以吃到，不是用嘴巴吃到；我可以觸到，不是用手觸到；我用我的靈魂知覺到，不是用器官知覺到。

在看不到晨曦的日子裏，沒有時間，只有永恆；沒有白晝，只有黑夜。我只知道自己的存在，感受不到時間的存在。我可以看得很清楚一切，但是，只能記得當下，無法記憶一切。

在看不到晨曦的日子裏，我不停地在走動（是靈魂在走動，不是身體在走動），沒有休息，也沒有睡覺。我會感到飢餓，但沒有東西吃。我會覺得口渴，但沒有水喝。我看到的和遇到的一切，都是被設定好的。我只能照著設定走，無法有自己的安排。其實，我的腦中只有一片空白，不能思索，也沒有思想。我只能就眼前的事做反應。

我不知道經過多久的時間（或許是幾年或幾十年吧），也不知道經歷多少的事情，我終於遇到一個人（或許是神），他把我引導到一處山崖，然後用力把我推入山谷。我驚聲尖叫，奮力掙扎，終於醒來，終於看到了窗外的晨曦。

原來只是惡夢一場。但是，我似乎經歷了一次死亡之旅。那看不到晨曦的日子，就像是死後的世界；再度看到晨曦的早上，就像是重生後的世界。

我渴望每天早上都能看到美麗的晨曦。我希望每天都能開開心心地活著。我不想再有美夢或惡夢；我不要再有看不到晨曦的日子。

第 13 章

人生雋語

01 人生雋語

介紹思想可以用專書、論文、文章或雋語表達。文章是思想的概論；雋語是文章的精粹。雋語 (eloquent) 是意味深長的言論或文字；是耐人尋味的名言或警句。

其實，在一場演講、一篇文章或一部小說中，真正能夠觸動人心，留下記憶的，只有一兩個或數個話語或文句。其餘都只是過眼雲煙，不留痕跡。這一句話語或文字，就是雋語；就是精華。

雋語文短意深，無法一目瞭然，需要仔細吟味，才能知其奧妙。對於雋語，有人深入詮釋，有人粗淺解釋；有人認同，有人排斥；有人如獲至寶，有人棄如敝屣。

每個人都有自己的人生；都有自己的人生哲理。有人樂觀，有人悲觀；有人幸福，有人不幸；有人追求財富，有人安貧樂道；有人追求權力，有人與世無爭；有人追求情愛，有人獨善其身。有人認為富貴如浮雲；有人認為富貴才是福。

人生雋語萬萬種，不是每一句雋語都適用；不是每句雋語都勵志。有些老生常談的雋語，不僅不適用現代社會，也沒有勵志的效果。人生雋語必須具有創造性和突破性；必須針對現代社會的現象以及現代人的問題，提出與眾不同的見解與解方。

「我的人生雋語」是我對人生哲理的精選。我用信手拈來的短句，將每日生活的感受表達出來。這些雋語沒有系統、沒有關聯、沒有詮釋，但是，有我的原理，也有我的思想。只要讀懂我的人生雋語，就可以領悟我的人生哲理。

每一句我的人生雋語都是我個人人生的體驗與感受，或許與眾不同，或許與你相異，但是，你可以讀一句雋語，慢慢體會。你可以自我解讀、自我評價、自我實踐。你現在不懂的，將來會明白；你現在陌生的，將

來會熟悉；你現在忽略的，將來會重視。總有一天，你會知道，雋語是個有用的好東西。

是否，你曾經停下腳步，細心觀察和思索世界的美妙？是否，你曾經在一個人的面前，凝視一些時間，細心觀察和思索他／她的美好？

是否，你曾經在一幅畫的前面，佇立一些時間，細心思索它的意境？是否，你曾經在一篇文章的前面，專注一些時間，細心思索它的思想？是否，你曾經在一句短文的前面，細心思索它的意義？

在你的一生中，錯過了和失去了多少值得你愛的人事物？請再一次耐心地看看和想想被你忽略的人事物。總有一天，你將會發現，世界竟是如此美麗。

02　生命美學　2022/7/10

每一粒細沙，每一波海浪，每一片樹葉，每一聲鳥叫都是生命的展現，只要細心觀察，就能領悟生命的原理。把生命的原理融入自己的心靈中，化作思想的泉源，再以思想創造各種藝術，就是生命美學。

你若能在生活的日常中，實踐自己的生命美學，就可以獲得幸福的人生。

03　生命之愛　2020/10/14

孤獨是美麗的平靜；空虛是美麗的徒勞。人可以孤獨，不能空虛。
悲觀是心靈的脆弱；喪志是心靈的死亡。人可以悲觀，不能喪志。
無愛是對別人的無為；有恨是對自己的傷害。人可以無愛，不能有恨。
人可以孤獨，可以悲觀，可以無愛，但是，不能失去對生命的熱愛。

04 生命價值

生命的價值不在累積多少財富；不在擁有多少權力；不在享有多少名氣；不在多少情愛，而在對別人、社會和人類做了多少貢獻。

為生命價值犧牲自己的財富、權力、名氣或情愛，就是偉大的人物。

05 外表與內心

外表是給別人看的；內心是給自己看的。外表可以偽裝；內心無法欺騙。你只能看到別人的外表，看不到別人的內心。別人只能看到你的外表，看不到你的內心。你看不到自己的外表，只能看到自己的內心。

你由別人的眼珠中，看到外表的自己；別人也從你的眼珠中，看到外表的自己。

有些人可以看到自己的內心，也可以看到自己的外表；有些人只看到自己的內心，看不到自己的外表；有些人看到自己的外表，看不到自己的內心；有些人看不到自己的內心，也看不到自己的外表。

若從靜思中領悟人生，就可以從自我的了解中，看到表裏的自己，也看到表裏的別人。

06 心靈的美妙

在人生的旅途上，會在偶然中遇到美妙的人、美妙的事、美妙的物、美妙的景色、美妙的思想。如果錯過了，就會永遠失去。

你要把一點一滴的美妙深植在心坎裏,讓它們成長、茁壯、永不止息。
你要用心靈的美妙去對待自己與別人;要用心靈的美妙去享受人生。

 07 生活與生命 2020/10/5

有人存在你的生活裏;有人存在你的生命中。

人常會忽略存在生活裏的人;常會珍惜存在生命中的人;常會抱怨存在
生活裏的人;常會懷念存在生命中的人;常會忘記存在生活裏的人;常
會記得存在生命中的人。

存在生活裏的人讓你幸福;存在生命中的人讓你快樂。

如果有一個人能夠存在你的生活裏,也存在你的生命裏,你就能夠享有
幸福與快樂的人生。

08 快樂的活;尊嚴的死 2021/11/27

快樂的活和尊嚴的死就是圓滿的人生。

有人期待今天;有人利用今天;有人虛度今天;有人播撒果種;有人栽
培果樹;有人摘取果實。生活百百種,只要快樂,就是圓滿。

有人痛苦的死亡;有人快樂的死亡;有人不捨的死;有人怨恨而死;
有人帶著愛而死;有人帶著恨而死。死法各不相同,只要有尊嚴,就
是圓滿。

09 健康與長壽

2021/4/1

人只要努力就會健康，但是，不管怎麼努力，不一定能長壽。

健康的人會懂得自己為什麼會健康；不健康的人不知道自己為什麼會不健康。

長壽的人往往不知道自己為什麼會長壽；短命的人常常不知道自己為什麼會短命。

健康的人要努力維護自己的健康；不健康的人要努力改善自己的健康；長壽的人要感謝上帝的恩賜；短命的人要順從上帝的安排。健康是自己的責任；長壽是上帝的旨意。

10 生與死

2020/12/7

人決定生活的好或壞；神決定生命的長或短。我們有責任照顧自己的生活，也有義務順從神的旨意。

我們每天都在努力生活；都要面對死亡。如果有一天突然死亡，請不要抱怨，也不要惋惜。活著是福氣；死了是天意。慶幸今天的活；無怨明日的死，這就是人生。

11 死亡

2021/6/28

死亡有兩種：第一是知覺（五覺）的死亡，也就是身體的死亡；第二是心覺（思索）的死亡，也就是靈魂的死亡。當知覺與心覺同時死亡時，才是真正的死亡。

12　人生

生命是生與死；人生是樂與苦；愛情是合與分；美麗是裏與表；慈善是
施與受；財富是錢與物；信仰是信與順；文化是美與悅；政治是假與騙；
權力是權與利；看破世事紅塵；一切都是無常。

13　人生的原理

在人生的旅途上，沒有一定的走法是正確的，只要好好走自己的路就
對了。

人各有志；人各有路。沒有人能傷害你的志；沒有人會阻擋你的路。你
要堅定自己的志；你要走自己的路。

在人生的道路上，不要背負太重的行囊。有時候，還需要拋棄一些行囊
中的雜物，好讓自己走得更輕鬆順暢。

人生的原理其實很簡單，就是選定目標，勇往直前。當我們在選定目標
之前，要仔細思量；在決定之後，要勇往直前。

要在思索中領悟人生；要在閱讀中學習成長；要在孤獨中自得其樂；要
在家庭中製造快樂；要在社會中做出貢獻。你若懂得人生的原理，就可
以享有幸福的人生。

14　精彩人生

人生要演出精彩；生活要活出樂趣；飲食要吃出健康；服飾要穿出品味；
居住要住出溫馨；旅遊要玩出心得；學習要學出思索；思索要想出邏輯；

閱讀要悟出道理;文章要寫出思想;藝術要看出美學;說話要講出真心;聽話要聽出真假;歌曲要唱出感情;困擾要理出頭緒;痛苦要走出陰霾;工作要做出成績;賺錢要付出代價;購物要買出效用;儲蓄要存出保障;朋友要交出情誼;戀愛要談出激情;婚姻要付出愛心;宗教要信出虔誠;選舉要選出賢能。

 15 美麗人生 2020/11/30

黑夜過後的曙光;下雨過後的晴空;冬天過後的綠野,才是最美麗的景色。

痛苦過後的快樂;哭泣過後的歡笑;忍受過後的享受,才是最美麗的人生。

在人生的最後階段,要在最美麗的景色中,享受最美麗的人生。

16 人生的道路要自己走 2021/5/12

人生的計劃要自己定;幸福的高低要自己求;生活的重擔要自己扛;朋友的多寡要自己交;愛情的成敗要自己負;婚姻的好壞要自己造;所得的高低要自己賺;權利的有無要自己爭;身體的痛楚要自己忍;心靈的苦悶要自己受;眼睛的淚水要自己擦;人生的道路要自己走。

靠山山倒,靠人人跑,只有靠自己才最實在。

17 短暫的串聯

所有的良辰美景都是驚鴻一瞥，無法永留腦海；所有的佳餚美食都是短暫滿足，無法永久留香；所有的時尚華服都是名人噱頭，無法永遠流傳。

請珍惜所有的短暫；請將短暫的美好，串聯成美好的人生。

18 心靈的享受

人除了一張嘴巴、一個鼻子、一雙眼睛和一對耳朵的享受之外，還有一顆心靈的享受。知覺的享受是有限的；心靈的享受是無盡的，一般人只重視知覺的享受，忽略心靈的享受。其實，人心靈的享受才是人生最好的享受。

19 幸福

幸福是自己對生活的感受與評價，不是自己渴望的理想。幸福是今天的事，不是昨天的事，也不是明天的事。

曾經只是回憶。那些曾經握過的手、唱過的歌、流過的淚、愛過的人都是過去的回憶，不是現在的感受，也不是真正的幸福。

未來只是想像，不是真實。未來只是一場夢，不會有幸福。幸福要用心去思索；用行動去實踐，不能用雙眼去眺望；不能用雙耳去聆聽。

每個人都要有幸福的願景；都要有實踐的決心。幸福要靠自己去實現。

20 幸福的評價
2021/1/14

對生活的要求比較高的人，對幸福的評價就會比較嚴格。對生活的要求比較低的人，對幸福的評價就會比較寬鬆。

我們是用自己心中的尺度，去衡量自己的幸福，不是用社會公認的標準，去評估自己的幸福。

幸福存在自己的心中，無法與別人比較。只要對自己的生活有高度的滿意，就擁有高度的幸福。

21 幸福的條件
2020/8/19

幸福的基本條件就是自我依賴。所謂自我依賴就是對自己的能力要有自信；對自己的行為要能自律；對自己的生活要能自立。

自信、自律與自立三位一體，不能欠缺，否則，就無法有幸福。

無求無憂不是真正的幸福；有求有樂才是真正的幸福。

22 幸福的滋味
2021/7/3

追求富足是生活的手段；追求幸福是人生的目的。有富足的生活，才有幸福的人生。

人生不只是讓生命活著，而是要從生活中享受幸福。不管用什麼方式生，都要過得有意義；都要知道自己為什麼而活。

生活可以簡單不能平淡。如果要平淡，也要在平淡中塗上一些色彩。你可以從一杯咖啡中，享受味覺的香甜；你可以從一篇文章中，享受心靈的富足；你可以從簡單的生活中，享受幸福的滋味。

 ## 23　幸福是理想的實現 2021/3/9

幸福是理想的實現。追求幸福，就要實踐理想。

要有一顆思索的心，才能建構理想；要有一雙行動的腳，才能實踐理想。

心是用來思索的；腳是用來行走的。堅強的人不怕累壞心；不怕走痛腳。

你若停止你的思索，放下你的腳步，你將永遠得不到幸福。

 ## 24　幸福是自己認定的 2020/9/11

你的幸福是自己認定的；別人的幸福是別人認定的。你只能追求自己的幸福；你無法帶給別人幸福。

你若認為自己可以帶給別人幸福，就是欺騙；你若相信別人可以帶給你幸福，就是無知。

自己塑造的幸福，才是真正的幸福；別人給予的幸福，是虛假的幸福。

25　尋找幸福　　　　　　2020/11/9

尋找幸福要靠自己，不要靠別人。要在思索中領悟人生；要在閱讀中學習成長；要在孤獨中自得其樂；要在家庭中製造歡樂；要在人群中尋找快樂；要在生活中享受幸福。

26　快樂　　　　　　2020/11/23

快樂是由心靈產生的喜悅之情，不是由人事物引發的情緒反應。人會快樂，不是因為自己做了什麼，或是得到了什麼，而是有一個快樂的心靈。

不同的人做同樣的事，或是得到同樣的東西，不會有相同的快樂。即使同一個人做同樣的事或得到同樣的東西，也不會有相同的快樂。快樂不需要靠技巧，即使學會了許多快樂的技巧，也無法得到真正的快樂。

思想是心靈的主宰，必須要有正向的思想，才有快樂的心靈；要有快樂的心靈，才有真正的快樂。快樂是自己追求的，不是別人教授的，不要相信世上有快樂的密訣或技巧。要相信自己的心靈；建立自己的思想；用自己的思想和心靈去追求快樂，就可以得到快樂。

27　快樂的真諦　　　　　　2019/3/5

要得到快樂，必須了解什麼是快樂；必須懂得如何追求快樂；必須知道如何享受快樂。若不能如此，快樂就沒有意義。

不要天天喊著自己要快樂；不要天天祝福別人要快樂，如果不了解快樂的真諦，快樂只是自欺欺人的空話。

28　快樂的來源　　　　　　　　　　　2020/11/17

快樂的來源有三種：第一是與知心的人來往；第二是與喜愛的事相處；第三是與美麗的物為伍。

要在人群中尋找知己；要在工作中尋找樂趣；要在物質中尋找美麗。這就是快樂。

29　快樂與價值　　　　　　　　　　　2020/12/28

快樂的事不一定有價值；有價值的事不一定會快樂。有人在追求快樂的人生；有人在追求有價值的人生。

快樂的人生是為自己；有價值的人生是為別人。祇要好好走自己的路，每一個人都會有自己的幸福。

如果能夠在快樂中創造價值，就是最幸福的人。

30　別人的快樂與痛苦　　　　　　　　　2020/12/11

如果你因別人的快樂而快樂，就會接近他。如果你因別人的快樂而不樂，就會離開他。

如果別人因你的快樂而快樂，就會接近你。如果別人因你的快樂而不樂，就會離開你。

如果你因別人的痛苦而痛苦，就會接近他。如果你因別人的痛苦而快樂，就會離開他。

如果別人因你的痛苦而痛苦，就會接近你。如果別人因你的痛苦而快樂，就會離開你。

是自己的快樂或不樂、痛苦或不苦，決定你是否接近人或離開人，不是別人的快樂或痛苦，決定你是否接近人或離開人。

 31　不要沉溺在自己的悲傷裏　　　　2021/1/31

人生可以是喜劇；可以是悲劇。是你把自己變成悲傷的人，不是命運把你變成悲傷的人。

有些人明明沒有悲傷的事，卻喜歡把自己沉溺在悲傷裏。在悲傷裏自怨自艾；在悲傷裏怨天尤人。

若能想得開，就沒有什麼悲傷的事。如果有悲傷的事，也會很快成為過去。

你要做個樂觀的人，不要沉溺在自己的悲傷裏。

 32　追求美好　　　　2020/10/19

人因為得不到，所以追求擁有；因為做不到，所以追求實現；因為不完美所以追求完美。

人不能因得不到而無為；不能因做不到而放棄；不能因不完美而墮落。

只要還有缺乏，就要追求；只要努力追求，就能實現。多一些美好，近一點完美。人要追求美好。人寧可死在追求美好的途中，不要活在知足常樂的道上。

33　做自己的主人

人只能了解自己，無法了解別人。人只能預測自己，無法預測別人。人只能要求自己，無法要求別人。人只能改變自己，無法改變別人。人只能操控自己，無法操控別人。人只能了解自己、要求自己、做好自己。

每一個人都要燃起生命的熱情，締造不平凡的人生，不能只順從命運，做一個無欲無求的人。每一個人都要做自己生命的主人，為自己的人生創造光彩。

34　愛自己

愛別人之前要先愛自己；愛別人的家人之前要先愛自己的家人；愛別人的國家之前要先愛自己的國家。

你若善待別人而惡待自己，就是不愛自己。你若善待別人的家人而惡待自己的家人，就是不愛自己人。你若善待別人的國家而惡待自己的國家，就是不愛自己的國家。

不愛自己、不愛自己的家人、不愛自己的國家，就是不道德，也是不正義。

35　力量

力量是強大和持續。你若要成為一個有力量的人，就要強大，也要持續。強大而不持繼就不是真正的力量。

力量決定一切。沒有力量只能被同情，無法被尊重。有力量的人才能創造自己的人生，才能享受生活的樂趣。

每一個人都有不同的個性、才能、知識、財富和權力,需要以堅強的態度去面對人生的挑戰。有力量的人在戰勝別人之前,必須先戰勝自己。

 36 努力 2021/1/8

你若想要有一個比現在更好的未來,就必須付出代價。你若想要有一個與現在相同的未來,就必須繼續努力。

你若不想付出,也不想努力,就會有一個比現正更壞的未來。過去的努力塑造現在的成果;現在的努力塑造未來的成果。你想要什麼樣的未來,就要靠現在的付出與努力。

若能努力就無虧欠;若無虧欠就能心安;若能心安就能放下;若能放下就無痛苦;若無痛苦就能豁達。

37 希望、自信與期待 2019/11/27

每一個人都有希望,但是,有些人有自信,也有期待;有些人有自信,沒有期待;有些人沒有自信,但有期待;有些人沒有自信,也沒有期待。

希望 (hope) 是對某件事的期待。自信 (confidence) 是對自己的能力、個性或行為的正向和積極的評價,或是有效完成任務,解決問題的信念。期待 (expect) 是等候希望的事成為事實。

人生是希望與失望的循環。希望之後常會失望;失望之餘就有希望。人因有希望而有生存的意義;因有失望而有奮鬥的價值。任何人不到生命的盡頭,都不該絕望。

有自信的人不會因失望而喪失對自己的肯定。他會因失望而燃起挑戰的鬥志，不會因失望而放棄期待。

希望、自信與期待是維持生命的動力，也是追求幸福的條件。

38 挑戰困難

2020/12/8

從出生到死亡，我們天天都在面對困難和解決難題。挑戰困難就是人生的基本責任，難以推卸，也無法迴避。挑戰成功就有幸福；挑戰失敗就會不幸。

要帶著智慧、勇氣與耐心去挑戰困難。要把一件大事分解成許多小事，再分別去處理小事。不要面對一件大事，徬徨失措或心力交瘁。

大事由小事構成。若能解決小事，就能解決大事；若能解決大事，天下就無難事。

39 說與做

2020/8/19

聽得多看得少，不如看得多聽得少；說得多做得少，不如做得多說得少；讀得多懂得少，不如懂得多讀得少；寫得多想得少，不如想得多寫得少。

如果不看就不要聽；如果不做就不要說；如果不懂就不要讀；如果不想就不要寫。

有人喜歡說不喜歡做；有人喜歡做不喜歡說。有人先說再做；有人先做再說。最適當的人要能說能做、說得到做得到，做到就說到。

40 事與人

要成就自己的事,才能成就自己的人。如果做不好自己的事,就做不好自己的人。

成就自己的事,就是做自己願望的事。只要帶著勇氣去實踐自己的願望,就能成就自己的事。

人的價值就是成就自己的事。成就愈大,價值愈高;若無成就,就無價值。

不要問別人,自己有無價值,要問自己,有無成就的事。

41 小事與大事

每件事都有小事與大事。許多小事造成一件大事;一件大事含有許多小事。

有益的小事能造成一件有益的大事;有害的小事會造成一件有害的大事。

編造一個訊息是一件大事,因為編造者知道自己的用心;轉傳一個訊息是一件小事,因為轉傳者不知道編造者的用意。

智者能從小事中看到大事,也能從大事中看到小事。凡人只會看到小事,不會看到大事。你若有智慧,就會把一件小事當成一件大事。你若把一件大事當成一件小事,就是一個凡人。

42　好心與好事 2020/12/2

有人有好心也做好事；有人有好心卻不做好事；有人無好心卻做好事；有人無好心也不做好事；有人無好心也做壞事。

好人因有好心而做好事，不是為了有好報而做好事。凡人為了好報而做好事，不是因有好心而做好事；壞人因有壞心而做壞事，不是因做壞事而有壞心。

有好心做好事是真；無好心做好事是假；有壞心做壞事是壞。我們要鼓勵人存好心做好事，不要勸導人為福報做好事。

43　今日事今日畢 2020/11/16

若有想做的事，就要在今天把它完成，不要留到明天。

今天完成不了的事，就要在明天把它完成，不要留到未來。留到未來的事，將永遠無法完成。

44　盡人事聽天命 2021/1/6

有人是盡人事聽天命；有人是盡人事不聽天命；有人是不盡人事只聽天命；有人是不盡人事也不聽天命。

盡人事聽天命者，會努力的活，欣然的死。盡人事不聽天命者，會努力的活，含恨的死。不盡人事只聽天命者，會不努力的活，卻能欣然的死。不盡人事也不聽天命者，會不努力的活，卻會含恨的死。若懂得這個道理，就會凡事盡人事聽天命。

45 陷阱與機會

2020/10/21

在人生的路上，有許多陷阱，也就有許多機會。在成功的路上，也會有陷阱；在失敗的路上，也會有機會。要在成功時小心陷阱；要在失敗時注意機會。

陷阱與機會常常是一體的兩面。在機會中常見陷阱；在陷阱中常有機會。如果自己有思想，就能夠分辨陷阱與機會，就能夠逃避陷阱，抓住機會。

46 巨石擋路

2021/6/28

如果人生是一條道路，而在途中，有塊巨石擋住你的去路，你將如何處置？

你可以搬動它，繼續走你的路；你可以爬過它，繼續走你的路；你可以繞過它，繼續走你的路；你可以另找一條新路，繼續走路；你可以坐在石頭邊，歇歇腳休息；你可以一籌莫展，放棄走你的路。

沒有人能夠告訴你，怎樣的走法才正確。但是，如果你不續續走路，就會停留在原地，每天望著巨石歎氣，你的人生將凍結在那裏。

人生常有不如意的事，端看自己如何因應。有人會面對困難；有人會迴避困難；有人會屈服困難。

每一個人都必須走完自己的人生路。有人會走完全程；有人會踟躕不前；有人會在途中放棄。

人生的道路是自己選擇的；走路的方式是自己決定的；走路的心情是自己操控的。請好好走自己的路；請快樂走自己的路；請走到終點才停住。

美醜與成敗　　　　　　　　　　　　　　　　　2020/12/27

世界在美麗與醜陋之間移轉；人生在成功與失敗之間移動。不要因醜陋而放棄，不要因失敗而絕望；要在醜陋中尋找美麗，在失敗後尋求成功。

在人生的最後階段，要保留擁有的美麗；要享受成功的果實。

48　成功與失敗　　　　　　　　　　　　　　　　2021/6/28

成功是願望的實現；失敗是願望的落空。有人靠自己努力而成功；有人靠戰勝別人而成功。有人因自己努力不足而失敗；有人因被別人擊敗而失敗。

在人生的旅途上，可以成功，也可以失敗；可以贏人，也可以輸人。贏人要贏得光彩；輸人要輸得尊嚴。

成功的人所以能成功，是因為他會挑戰失敗；失敗的人所以會失敗，是因為他會屈服失敗。

有人在失敗之後成功；有人在成功之後失敗。我寧願失敗後成功，不願成功後失敗。

49　強者與弱者　　　　　　　　　　　　　　　　2020/12/21

有理想而勇於實現的人是強者；有理想而不付諸行動的人是弱者。無理想也無行動者是醉生夢死的人。

強者屬於自己；弱者屬於別人。強者為自己而活；弱者為別人而活。強者靠自己尋找資訊；弱者靠別人提供資訊。

強者依自己的意志行事，弱者依別人的意志行事。強者會自我反省；弱者不會反省。強者不會輕易抱怨；弱者凡事抱怨。強者失敗怪自己；弱者失敗怪別人。

你若要當強者，凡事要依靠自己；你若要當弱者，凡事要順從別人。

50 善良的人　　　　　　　　　　　　　　2020/11/2

善良的人即使沒有法律約束，也會遵守道義；邪惡的人即使有嚴刑峻法，也會為非作歹。

不能依賴法律去保護善良；不能相信法律會制裁邪惡。要依照自己的良知，說善良的話，做正確的事。

51 好奇與渴望　　　　　　　　　　　　　2021/7/21

好奇與渴望是人的天性。沒有任何力量可以阻止或是禁止人們對未知世界的好奇以及對擁有事物的渴望。

人一旦了解就不再好奇；一旦擁有就不再珍惜。如果了解了還會好奇；擁有了還能珍惜，就是最難能可貴。

52 希望　　　　　　　　　　　　　　　　2020/11/16

人是為希望而活。沒有希望就沒有人生；沒有希望的人會變成邪惡；沒有希望的家會變成地獄。

不要把自己變成沒有希望的人；不要把家庭變成沒有希望的地方。

你可以有淡淡的哀愁；你可以有濃濃的傷痛；你不能沒有希望。

不管你身處何種環境；不管你身陷何種困境，都要留給自己一線希望的曙光。

 53　卓越　　　　　　　　　　　　　　　2020/12/22

卓越是自我認定的成就，不是社會認定的成就。卓越是在克服自己，不是在超越別人。卓越是在戰勝自己，不是在戰勝別人。卓越是在自我肯定，不是在被人肯定。卓越是給自己的掌聲，不是別人給予的掌聲。

追求自己的卓越比追求社會的成就更重要。你可以追求自己的卓越，而獲得社會的成就；你不能追求社會的成就，而犧牲自己的卓越。

54　創造　　　　　　　　　　　　　　　2020/12/25

創意是突破與創新能量；創造是創意的產品或成果。每個人都可以創造知識、技術、藝術、財富、物質或思想，也可以改變習慣、環境、飲食、服飾、作法或觀念。

每一天，只要能創作一些事物或改變一些事物，就擁有活力的生命，就享有快樂的人生。

55 付出與努力

2021/1/8

若想要有一個比現在更好的未來，就必須繼續付出；若想要有一個與現在相同的未來，就必須繼續努力。若不想付出，也不想努力，就會有一個比現正更壞的未來。

過去的努力塑造現在的成果；現在的努力塑造未來的成果。想要什麼樣的未來，就要靠現在的付出與努力。

56 信仰

2021/11/2

心靈是自己支配的，不是神的掌控；快樂是自己決定的，不是神的恩賜；痛苦是自己造成的，不是神的處罰。

神的真理是完美的；人的道理是殘缺的。要接近神的真理，才能讓自己的道理完美。

信仰是要讓自己接近神的真理，不是要求神賜給你福報。在信仰中，天天都可以與神接觸；時時都可以享有幸福。

57 神與人

2020/11/20

神給你生命，你創造命運；神給你時間，你完成任務；神給你方向，你選擇道路。

神是你的引導者，你是神的實踐者。你要在神的指引下，追求自己的幸福。

你要自己追求幸福，不要祈求神給你幸福。

58　神與良知

神是無的存在；僧是空的存在；人是實的存在。神無法要求僧變成無；僧無法要求人變成空。神無法要求僧代眾受苦；僧無法要求人清心寡慾。

我們可以信仰神的真理；我們可以接受僧的話語，但是，我們必須順從自己的良知。

神引領我們去探索深藏在靈魂中的良知。只要我們依著自己的良知思索、判斷和言行，就能夠接近神的真理。

59　善用神的恩賜

神賜給我們物慾，我們有什麼理由不追求財物？

神賜給我們食慾，我們有什麼理由不品嚐美食？

神賜給我們性慾，我們有什麼理由不享受性愛？

我們要追求財物，但是，不能貪婪。我們要品嚐美食，但是，不能浪費。我們要享受性愛，但是，不能放縱。

愛   2021/7/12

愛是一種能力，可以愛人、愛事、愛物。愛的能力很強的人，容易溢出，容易轉移，但每次都是真愛，都能有美好的感受。

無庸置疑，婚姻的起點也是愛，但是由於籌組家庭、共同生活，有了社會規範的框架，還有干擾因素的影響，愛就被沖淡了。相較於沒有約束、沒有牽制的單純愛情，婚姻的愛是需要彼此用心經營、刻意營造的。

以始為終，莫忘初心，每天保有片刻的兩人時光，沉浸在愛的氣氛裏，互相瞭解愛的變化；勇敢說出愛的需求；互相撫慰生活的辛苦與工作的疲累，愛會在婚姻裏愈釀愈醇愈香。

愛人是有意義；被愛是有價值。如果無法被愛，就愛自己；如果無法挽回別人，就把自己找回。

61 愛在心裏   2020/12/17

愛是用心想的，用事做的，不是用眼看的，也不是用口說的。

心中有愛，就可以看到愛；心中無愛，就看不到愛。你看到的愛或許是假愛；你看不到的愛或許是真愛。

心中有愛，雖然不在一起，仍然可以天天在一起；依舊可以天天愛著他。心中無愛，雖然天天在一起，仍然沒有在一起；依舊沒有愛著他。心中有愛，要忘掉一個人很困難；心中無愛，要斷掉一個人很容易。

62 心的熱與冷

其實，我是一個愛說話的人。當我侃侃而談時，我的心是熱的。當我沉默寡言時，我的心是冷的。當我噤聲不語時，我的心是死的。

其實，我也是一個愛寫文章的人。當我每天書寫時，我的心是熱的。當我偶爾書寫時，我的心是冷的。當我不再書寫時，我的心是死的。

我時時警惕自己，要維持心的熱度，不要讓心冷了，更不能讓心死了。

63 大愛

要用自己的方式去愛自己，才能擁有自己的愛；要用別人的方式去愛別人，才能擁有別人的愛；要用大眾的方式去愛社會，才能擁有社會的愛；要用國際的方式去愛世界，才能擁有世界的愛。

若用別人的方式去愛自己，就無法獲得自己的愛；若用自己的方式去愛人，就得不到別人的愛；若用個人的方式去愛社會社，就無法獲得社會的愛；若用國家的方式是愛世界，就無法獲得世界的愛。

大愛是用不同的方式，去愛自己、別人、社會和世界，不是用自己、別人、社會或國家的方式去愛世界。

賺錢

2021/10/30

有人靠技術賺錢；有人靠知識賺錢；有人靠金錢賺錢；有人靠文字賺錢；有人靠說話賺錢。不管用什麼方法賺錢，若無思想，就永遠賺不到錢。

要在快樂中賺錢，不要在痛苦中賺錢。你可以失去金錢得到快樂，不能得到金錢失去快樂。

65 錢多錢少

2021/3/22

錢多可以享受物質生活；錢少可以享受精神生活。不管錢多錢少，都可以享受生活。

能夠享受物質生活，也能享受精神生活，就是幸福的人生。只能享受物質生活，或是只能享受精神生活，就是平凡的人生。不能享受物質生活，也不能享受精神生活，就是不幸的人生。

你可以當一個幸福的人；可以當一個平凡的人；不能當一個不幸的人。

66 財富與掌聲

2020/12/14

有人說：人生最大的福報，不是擁有多少財富，而是過得平安。但是，如果能夠過得平安又有財富，不是更有福報嗎？

有人說：人生最大的成功，不是贏得多少掌聲，而是活得心安。但是，如果能夠活得心安又有掌聲，不是更大成功嗎？

財富不是不好，而是要取之有道；掌聲不是不好，而是要得之無愧。

 知識

知識有如一座山。有人喜歡看山；有人喜歡看林；有人喜歡看樹。看山可以遠眺山巒的壯麗；看林可以欣賞自然的美妙；看樹可以懂得生命的奧祕。

我無法理解整座山；我無法理解整片林；我只能理解一棵特別的樹。

68　學習

有人能學習、能運用，也能創造；有人能學習、能運用，不能創造；有人能學習，不能運用，也不能創造。

一樣的學習，不同的結果。如果不能運用與創造，學習就沒有意義。如果只重視學習，不重視運用與創造，教育就沒有價值。

學習別人的思想，就要運用別人的思想；運用別人的思想，就要創造自己的思想。

69　三心

愛心、信心和耐心三位一體是創造美好人生的關鍵。

你要對自己所接觸的人，所從事的事和所擁有的物充滿愛心、信心和耐心。

你要說我喜歡，不要說我討厭。你要說我能夠，不要說我無力。你要說我接受，不要說我放棄。

你要對世界的一切有愛心。你要對世界的美好有信心。你要對世界的改變有耐心。

只要有愛心、信心和耐心,你和世界都會變得美好。

 三思

人的命運常在一瞬間決定。當你決定選擇一個人、一件事或一種東西的那瞬間,就決定了你此後的人生。

人生就是各種選擇的綜合結果。對的選擇,就有好的結果;錯的選擇,就有壞的結果。多一些對的選擇,就多一些人生的幸福;多一些錯的選擇,就多一些人生的不幸。

每一個人都依自己的判斷做決定,並為自己的決定負責任。凡事都要三思而後行,要理性思考才能合理判斷;要合理判斷才能正確選擇。

所謂三思就是:一思人事物的本質 (what);二思人事物的成因 (why);三思人事物的處理 (how)。三思要明快;思後要行動;行動要果斷。凡事不能不思而行、思而不行、不思不行、行而不力。

 用心思索

心覺與知覺一樣重要。知覺到的事,也要用心覺去思索。

人必須登高才能望遠;人必須凝視才能看清;人必須思索才能領悟。

在人生的旅途上,要用心觀察;要用心思索,才能體會人生,才能創造價值。

72　有心的人

有人聽了一句話就懂得；有人聽了千句話還不懂。聽一句話就懂得的人，不會放棄任何機會；聽千句話還不懂的人，任何機會都會放棄。

要幫助聽懂一句話的人，不要幫助聽不懂千句話的人。要花時間在有心人的身上，不要浪費生命在無心人的身上。

73　懂得欣賞

2020/9/12

欣賞一個人，不是因為大家都說他／她很好，而是你懂得他／她的好。

欣賞一處風景，不是因為大家都說它很美，而是你懂得它的美。

欣賞一篇文章，不是因為大家都說它很棒，而是你懂得它的棒。

你要懂得欣賞，才能論斷人事物的美好。

74　真與假

2020/12/11

你說是真的，別人說是假的；你說是假的，別人說是真的。你說是好的，別人說是壞的；你說是壞的，別人說是好的。你說是美的，別人說是醜的；你說是醜的，別人說是美的。

除非別人認同你，否則，你的真就不是真；你的假就不是假；你的好就不是好；你的壞就不是壞；你的美就不是美；你的醜就不是醜。

你可以自認是真；你可以自認是假。但是，除非你是神，否則，永遠不會知道什麼是真正的真，什麼是真正的假。

75 惡根

是人的無知破壞了個人的幸福；是人的偏見破壞了社會的連帶；是人的貪婪破壞了市場的均衡；是人的野心破壞了政治的公正。

無知、偏見、貪婪和野心是人性的四大惡根。若要追求個人的幸福和社會的福祉，就必須去除這四大惡根。

76 心牢

你是否被囚禁在自己的心牢裏，沒有真正的自由？你是否可以拒絕別人的干擾，無法排除自己的干擾？你是否只有表象的自由，沒有本體的自由？

你是否在自我的矛盾中掙扎，無法真正解放自己；想要融入人群，卻害怕揭露隱私；想要大膽嘗試，卻害怕承擔後果；想要與眾不同，卻害怕遭受排擠？

如果你能從自己的心牢中釋放出來；如果你能從自己的矛盾中掙扎出來，那麼，你就是一個名符其實的強者。

77 憂慮

所謂憂慮，就是對不確定風險的恐懼。風險不會因憂慮而出現，也不會因憂慮而消失。

只要做好風險的防控，就不會憂慮。千萬別讓憂慮控制自己的心靈；千萬別讓憂慮影響自己的生活。

78 隱瞞　　　　　　　　　　　　　　　　　　　2021/3/3

隱瞞不是欺騙，卻會傷害人。當有事隱瞞時，就會有人受傷害。

隱瞞自己的善良，是對自己的傷害。隱瞞自己的邪惡，是對別人的傷害。

隱瞞自己的愛，是對自己的傷害。隱瞞自己的不愛，是對別人的傷害。

若不想傷害，就要敢說真話，不要隱瞞。

79 怒　　　　　　　　　　　　　　　　　　　　2019/12/8

個人事小；社會事大。你可以不為別人的欺你、謗你、辱你而動怒，不能不為社會的不道德、不正義、不合法而沉默。

為自己而怒是凡人；為社會而怒賢者。怒有輕於鴻毛，有重於泰山，不可不辨。

80 選擇　　　　　　　　　　　　　　　　　　　2020/9/10

人生是在創造選擇的機會。你若有三種以上的選擇，就可以選擇最好的，人生就是燦爛的。你若有兩種選擇，就可以選擇較好的，人生就是美好的。你若只有一種選擇，就只能隨遇而安，人生就是平淡的。你若沒有任何選擇，就會一無所有，人生就是淒涼的。

81 轉念

2019/6/21

人最大的苦惱就是該保留卻不珍惜；該拋棄卻不捨得。

我們都在無奈與幻想中苦惱著，得不到輕鬆自在，也看不到海闊天空。要用效用論和利益論鼓勵自己；要用理性選擇的理論，去決定保留或拋棄、轉念或轉彎。決定之前要慎重評估；決定之後要義無反顧。

活久了才會知道，如何轉念，如何轉彎，該保留什麼，該拋棄什麼？人要在轉念中走自己的道路；要在轉念中尋找幸福。

82 改變

2020/11/5

只要地球不停止運轉，雲彩就一定會改變；只要人類不停止進步，世界就一定會改變；只要自己不停止思考，人生就一定會改變。

改變使世界更美好、使人類更文明、使個人更幸福。

雲從哪裏來，要往何處去都不重要，重要的是雲要如何改變現在的形狀與色彩。

人從哪裏來要往何處去都不重要，重要的是人如何改變今日的生活與價值。

雲因變化而美麗；人因改變而進步。

83　幫助與改變

你的快樂可以幫助痛苦的人，無法使痛苦的人變成快樂；你的幸福可以幫助不幸的人，無法使不幸的人變成幸福；你的健康可以幫助病痛的人，無法使病痛的人變成健康；你的知識可以幫助無知的人，無法使無知的人變成智者；你的財富可以幫助貧窮的人，無法使貧窮的人變成富人；你的善良可以幫助邪惡的人，無法使邪惡的人變成善良；你的理性可以幫助感性的人，無法使感性的人變成理性；

你的思想可以幫助無思想的人，無法使無思想的人變成有思想的人。

你只能幫助人，無法改變人；別人只能幫助你，無法改變你。你要自己改變自己，不能依賴別人改變你。你需要別人的幫助；需要自我的改變。

84　巧遇

在人的一生中，常會錯過許多人事物；常會在事過境遷後後悔。

有些人事物一旦錯過，就永遠失去；有些人事物即便錯過，還能再巧遇。

巧遇是神的安排；錯過是人的放棄。有時候，神會再給我們一次巧遇，就必須好好抓住，否則，就會永遠失去。

85 用心

如果肯花錢,就會有許多朋友靠攏你;如果肯用心,就會有許多知己接近你。如果你肯花錢又肯用心,就會成為人氣王。

花錢容易用心難。有錢不一定捨得花錢;有心不一定肯用心思。如果你要有朋友,就要肯花錢;如果你要有知己,就要肯用心。

86 同理心

君子無法以其心度小人之腹;小人也無法以其心度君子之腹。智者無法以其心度愚者之腹;愚者也無法以其心度智者之腹。

強者無法以其心度弱者之腹;弱者也無法以其心度強者之腹。富人無法以其心度窮人之腹;窮人也無法以其心度富人之腹。

人飢己飢和人溺己溺的同理心只是虛假的想像。

87 溝通

溝通是論事不論人,要就事論事,不要就事論人,也不要就人論事。

當你在批判別人的缺點時,也要發掘別人的優點。當你在護衛自己的優點時,也要揭露自己的缺點。

在與人溝通時,請不要用聳人聽聞的語言;請不要用慷慨激昂的情緒,而要用溫和的語言,心平氣和地溝通。

88　接受與拒絕

人生沒有永遠的接受，也沒有永遠的拒絕。你有權利拒絕曾經接受過的人事物，也有權利接受曾經拒絕過的人事物。你不必強迫自己，接受曾經喜愛過的人事物；不必強迫自己，拒絕曾經討厭過的人事物。你可以接受曾經討厭過的人事物；可以拒絕曾經喜歡過的人事物。

要用此時此刻的價值觀，去接受或拒絕，不要用過去的價值觀去接受或拒絕。有人會因堅持過去的接受而痛苦；有人因堅持過去的拒絕而遺憾。

接受你現在想接受的；拒絕你現在想拒絕的，這樣才能成為真正的自己。

89　了解與同理

沒有人能夠完全了解別人；沒有人能夠完全將心比心。我們很難了解別人，也很難同理別人。我們只會同情別人，只會嫉妒別人。

我們同情人，是因為他受到不公平的對待。我們嫉妒人，是因為他得到不公平的優待。

強者只會同情弱者，不會同理弱者。弱者只會嫉妒強者，不會了解強者。

強者不要期待弱者會了解你；弱者不要期待強者會同理你。

人只要做好自己，幫助別人，就盡了做人的本分。

90 了解自己與了解別人 2020/12/7

人生是一連串的故事。有過去、有現在、有未來；有前因、有後果。昨天是今天的因；明天是今天的果。因果相連，塑造人的命運。

反省自己的過去，可以了解現在的自己。了解現在的自己，可以預測未來的自己。

如果你了解別人的過去，就懂得別人的現在。如果你懂得別人的現在，就可以預測他的未來。

如果能夠了解自己，也能夠了解別人，就能夠享有快樂的人生。

91 等待 2021/4/10

期待是對未來的希望或憧憬；等待是對奇蹟的期待，也是對不太可能出現或發生的事情的渴望。

有人等待機會；有人等待機運；有人等待愛情；有人等待婚姻。等待的結果常是一場空；常會令人失望。

你去應徵工作。如果主管請你回去等待通知，你要立刻另找工作，千萬不要等待。你去徵詢愛情。如果對方要你等待他的回覆，你要立刻另尋對象，千萬不要等待。

你要抓住不必等待的事；你要抓住不必等待的人。你不要等待沒有把握的事；你不要等待沒有把握的人。

92　學會吞下委屈

2021/3/6

每一個人都會遭受一些不合理或不公平的委屈。有些委屈可以處理解決；有些委屈則無法處理解決。

對於無法處理解決的委屈，有人會採取報復措施；有人會無奈或默默地吞下。若採取報復，就必須付出身體上、精神上或經濟上的損失。若無奈吞下，就只要忍受心理上的煎熬。一般來說，報復的成本高於吞下的成本。理性的人會吞下委屈，不會貿然報復。

雖然社會上有社會正義，但是，國家法律卻無法保護善良。雖然世界上有國際正義，聯合國卻無法遏止邪惡。

大多數的委屈都要依靠自力救濟，無法仰賴社會正義。大多數的委屈都要默默吞下，不能採取報復手段。

吞下委屈並非易事；放開委屈更是難事。我們一定要學會吞下委屈、放開委屈，而在其他的部分尋找力量。

93　貴人在身邊

2021/1/24

朋友是自己交的；情人是自己挑的；配偶是自己選的；孩子是自己生的。如果要擁有一個好朋友、好情人、好配偶或好子女，就必須先做好一個好的自己。

在自己的身邊有許多好人，也有許多壞人。因為自己是好人，所以接近好人；因為你自己是壞人，所以接近壞人。人以類聚，看看自己的身邊的人，就知道自己是什麼樣的人。

好的朋友會給人智慧；好的情人會給人快樂；好的配偶會給人幸福；好的子女會給人榮耀。這些人都是自己的貴人。貴人不在遠方，而在自己的身邊。

94 珍惜

有些人你永遠不必期待；有些事你永遠不必知道；有些物你永遠不必擁有。

你只要珍惜懂得你的人；你只要珍惜你喜愛的事；你只要珍惜屬於你的物。

人生只要抓住一些有意義的人事物，不必擁有太多不值得的人事物。

世間沒有不死亡的人；沒有不結束的事；沒有不損壞的物。所有的人事物都要在擁有的時候珍惜；都要在適當的時刻放手。

95 珍惜當下

知心的朋友終有分手的一天。要在交往時給他溫馨；不要在分手後對他懷念。

優秀的演員終有下台的一天。要在表演時給他掌聲；不要在謝幕後對他讚美。

思想的分享終有停止的一天。要在分享時給他回饋；不要在停止後對他感謝。

恩愛的夫妻終有放手的一天。要在陪伴時給他照顧，不要在離開後對他後悔。

錯過　2029/9/29

在人生的旅途中，錯過了無數的人事物，只擁有少數的人事物。

許多人事物一旦錯過，就永遠失去；即使失而復得，也已經失去了原來的本質與樣貌。

人常在錯過之後，才知道惋惜；失去之後，才懂得珍惜，這就是人生。

 年輕與年老　2021/9/25

在人生的不同階段，都有不同的人生觀。你不能教年輕人要清心寡慾；你不能教老年人要雄心萬丈。

年輕時要靠自己；年老時要靠親人。年輕時要累積財富；年老時要享受財物。年輕時要有愛；年老時要有情。

年輕時的朋友是競爭的對手；老年時的朋友是取暖的對象。

年輕時要把自己變大；年老時要把自己變小。把自己變大，才能看到世界的小；把自己變成小，才能看到世界的大。看到世界的小，才能創造世界的美；看到世界的大，才能欣賞世界的美。

改變自己　　　　　　　　　　　　　　2021/1/11

人老了，就會愈跑愈慢，愈跑愈落後。直到有一天，會跑不動，會坐下休息，然後，會靜靜的死去。

我常鼓勵自己，要盡量的跑，愈多愈好。我要增加一些人生的歷練；我要延長一些人生的路程。

我要帶著對生命的熱情和對人類的期待，發揮活力，奉獻社會。

我知道，自己無法改變社會對老年人的偏見與歧視。我只能改變自己，讓自己更加美好；讓自己更有貢獻。我要讓自己成為一個有魅力的老男人，不要讓自己成為一個被討厭的老男人。

 秘密　　　　　　　　　　　　　　　　2020/11/30

每一個人都會帶著些許的秘密走進墳墓。

你不必為自己的隱藏感到懊惱；你不必為別人的隱藏感到憤慨。

每一個人的秘密都會在轉世時，隨著忘川的水流逝。

值得珍惜的回憶　　　　　　　　　　　　　　　2021/3/3

人活得愈久，對人事物的回憶就愈多。有些回憶是值得珍惜的；有些回憶是不值得珍惜的。

最值得老年人珍惜的人，不是友人，也不是親人，而是曾經深愛過的人。

最值得老年人回憶的事，不是成功，也不是失敗，而是曾經從痛苦中掙扎出來的事。

最值得老年人珍惜的物，不是金錢，也不是寶物，而是曾經一個字一個字寫下的原稿和筆記。

 帶著愛離開　　　　　　　　　　　　　　　　2020/6/12

人生最完美的結局就是帶著愛離開。你可以帶著你對世界的愛離開；你可以帶著世界對你的愛離開。你可以帶著自我認定的喜悅離開；你可以帶著被人肯定的喜悅離開。

如果帶著恨離開，就是人生最大的的不幸。你不能帶著你對世界的恨離開；你不能帶著世界對你的恨離開。你不能帶著恨人的痛苦離開；你不能帶著被恨的痛苦離開。

不管過去的人生是快樂還是痛苦，你都要帶著愛的快樂離開。

第 14 章

人生詩篇

01 詩與詩人

詩是淬煉的散文；是精緻的文學。詩要有哲理，也要有感情。詩要言簡意賅；詩要有音韻之美；詩要讓人一目瞭然。詩不能艱澀難懂；詩不能雜亂排列；詩不能沒有押韻。詩要有思想，才有生命；才有價值。詩要讓人讀懂詩的意義；要讓人理解詩的意境；要讓人享有詩的感動。

詩人要活在現實的世界；詩人要有核心的思想；要與讀者共賞。詩人不能活在虛擬的世界；不能孤芳自賞。詩人必須走進凡人的世界，不能在同溫層取暖。

詩是思想的歌詞，不僅要有音樂的感動，也要有思想的薰陶。欣賞詩時，要與詩一起思索、一起感動、一起漫遊。詩、詩人與讀者要三心一體，不能切割。詩人要能為讀者寫詩；讀者要體會詩人的心意。

我以為獨自的方式寫詩。在我的詩中，我揭露自己的故事，自己的感受，自己的感情與自己的心境。我以簡潔的文字表達複雜的情感；用固定的格式撰寫詩文：用音韻之美朗讀詩文。我的詩強調理性之美。我要讓讀者在理性中，分享我的感情世界。

我的詩其實只是有音韻的短文。人人都讀得懂；人人都能欣賞。妳不需要有文學的素養，也不需要有詩作的訓練。妳只要開口朗讀我的詩，就能感受它的美。

我不是詩人，但是，我用自己的方式寫詩。對詩人而言，我的詩或許不是詩，但是，我用自己的定義認定自己的詩。讀者或許不認同我的詩，但是，我要告訴讀者，可以試著欣賞我的詩。是詩不是詩，各有各的看法。只要我認為自己的詩是詩；只要讀者認為我的詩是詩，我的詩就是詩。

我的詩至少有思想；至少好理解；至少能順口。讀我的詩，不必分析我的文；不必猜測我的意；不必幻想我的美。

我的詩就是我的思想；我的詩就是我的人生雋語。妳若願意讓我的詩映入妳的眼簾，進入妳的心中，與妳一起沉思，共同分享，妳就能懂得我的心，分享我的情。

 生命　　　　　　　　　　　　　　　　　　　2021/4/21

　　日升日落；日落日升
　　潮漲潮退；潮退潮漲
　　人來人去；人去人來
　　人生無常；此刻最真

　　緣近緣盡；緣盡緣近
　　情生情終；情終情生
　　愛來愛去；愛去愛來
　　有情有愛；人生最美

　　來來去去；去去來來
　　生生死死；死死生生
　　生命有限；靈魂長在
　　若有思想；就得永生

03　人生的路

2019/6/18

　　人生的路是得失循環的時空路
　　是神決定了人生路的長與短
　　是人決定了人生路的樂與苦
　　每一個人都在選自己的路
　　每一個人都在走自己的路

　　有些人生的路是輝煌騰達
　　有些人生的路是一路平順
　　有些人生的路是崎嶇不平
　　有些人生的路是危機四伏
　　有些人生的路是窮途潦倒

　　你可以自由選擇人生的路
　　你可以選擇就讀什麼科系
　　你可以選擇從事什麼職業
　　你可以選擇進行什麼投資
　　你可以選擇參與什麼活動

　　在人生的路上
　　有人在追逐財富
　　有人在追逐權力
　　有人在追逐知識
　　有人在追逐情感

　　在人生的路上
　　有人帶著快樂的心走路
　　有人帶著感謝的心走路
　　有人帶著抱怨的心走路
　　有人帶著痛苦的心走路

在人生的路上
有人獨自行走
有人結伴行走
有人成群行走
有人繞在人生的路上

在人生的路上
有人蒙受關愛
有人蒙受幫助
有人蒙受獎勵
有人蒙受祝福

在人生的路上
有人遭受困難
有人遭受阻礙
有人遭受打擊
有人遭受傷害

有人感謝父母給他的養育
有人感謝上帝給他的恩惠
有人感謝別人給他的幫助
有人感謝社會給他的溫馨
他的好都是別人給予的

有人抱怨父母給他的生命
有人抱怨命運給他的不幸
有人抱怨別人給他的壓力
有人抱怨社會給他的不公
他的壞都是別人造成旳

是你的心決定人生的成敗
不是你的路決定人生的成敗
你可以把人生的路變成康莊大道
你可以把人生的路變成羊腸小徑
你可以決定人生路的寬濶與窄小

你可以改變走路的方式
你可以改變走路的心情
你可以改變走路的行囊
你可以改變走路的伴侶
你可以改走另一條新路

如果人生的路是平坦易行，就繼續行走
如果人生的路是顛簸難走，就努力克服
如果人生的路是障礙阻絕，就繞道而行
如果人生的路是無路可通，就另闢新路
不管如何走路，都必須走完人生的道路

路只能向前行，不能往後走
你可以放慢腳步
你可以浪費行程
你不可以停滯不走
你不可以走回頭路

人生的路是你自己選的
人生的路是你自己走的
請珍惜自己人生的路
請豐富自己人生的路
請以勝利的微笑走到路的盡頭

04　人生似海浪

2021/6/27

　　人生似海的波浪；似海的生命
　　有時平靜無波；有時浪濤洶湧
　　潮起潮落，永不改變，永不止息

　　你看到的都是一樣的浪濤
　　你聽到的都是一樣的浪聲
　　你可曾觀察過浪濤的形狀
　　你可曾聆聽過浪聲的吶喊

　　如果有一天
　　浪濤不再掀起
　　浪聲不再響起
　　大海就不再有生命
　　大海就不再有美麗

　　人生似海浪
　　每天都吃一樣的食物
　　每天都做一樣的事情
　　每天都睡一樣的時間

　　如果有一天
　　不再能夠吃飯
　　不再能夠做事
　　不再能夠睡覺
　　人生會是個什麼樣

　　人生可以怡然自得
　　如大海的平靜
　　人生可以挑戰高峰
　　如大海的洶湧

人生似海浪
看似單調又重複
實則變化又多彩
你要仔細的看
你要專心的聽
要看出生命的美好
要聽出生命的力量

每天早起床，要慶幸
每天晚上床，要感謝
希望可以再看到海的浪濤
希望可以再聽到海的浪聲

05 生存之道

2019/9/21

無知的人拒絕智慧
低賤的人善於背叛
邪惡的人傷害善良
野蠻的人泯滅人性
這就是殘酷的現實

對接受教化的人要改變他
對無法抗拒的人要適應他
對是非不分的人要迴避他
對無法掌控的人要放棄他
這就是生存之道

在殘酷的現實中生存
要在平常時加倍努力
要在順境時戒慎恐懼
要在逆境時克服困難
這就是生存之道

人人都需要愛與陪伴
你需要愛人也需要被愛
你需要接受也需要付出
你需要自助也需要助人
這就是生存之道

人人都要生存與生活
人人都要幸福的人生
你可以做自己的主人
你可以做別人的僕人
是你掌握自己的人生

06 過去與現在   2019/8/31

凡事都有對錯
凡事都有得失
凡事都有樂苦
一切都會過去

拋棄過去的錯
拋棄過去的失
拋棄過去的苦
讓過去隨風逝

珍惜現在的人
珍惜現在的事
珍惜現在的物
現在才是實在

不要後悔過去
不要抱怨現在
只要快樂地活
現在就是幸福

07　過去、現在與未來　2021/4/27

過去是一個包袱，可以背上它，可以卸下它
現在是一條道路，可以向前行，可以往後走
未來是一座高山，可以挑戰它，可以迴避它

要捨得卸下過去的包袱
要勇往直前現在的路途
要勇敢挑戰未來的困難

過去的努力是現在的成就
現在的成就是未來的生活
未來的生活是現在的理想

有人活在過去的後悔裏
有人活在現在的墮落裏
有人活在未來的幻想裏

要珍惜走過的路；要彌補過去的錯
要穩走現在的路；要保護陪伴的人
要規劃未來的路；要實踐明日的事

凡走過必留痕跡；凡愛過必留回憶
要珍惜走過的路；要彌補過去的愛
要彌補過去的錯；要珍惜愛過的人

過去，現在與未來的串連就是人生
每一個階段的人生都是璀璨的紀錄
請珍惜過去；把握現在；創造未來

08 虛度時光

2021/6/27

生命是用來豐富人生，不是用來消耗
生活是用來追求快樂，不是用來折磨
幸福是用來創造精彩，不是用來等待
人生是用來實現理想，不是用來虛度

時光不是用來浪漫
時光不是用來浪費
時光是用來充實自己
時光是用來造福別人

不要虛度自己的時光
不要與別人一起浪費
不要與別人一起絕望
不要把別人帶到死亡

為自己留下一些時光
為別人珍惜一些時光
讓時光帶給自己力量
讓時光帶給自己歡樂

請不要虛度自己的時光
請不要虛度別人的時光

09 思索者

2019/9/1

思索是心智的想像
思索是未知的探究
思索是無形的發現
思索是良知的展現

思索者用感官知覺有形的存在
思索者用心智發掘無形的存在
思索者用有形的存在創造意義
思索者用無形的存在建構思想

思索者在探究生命的價值
思索者在探究社會的正義
思索者在探究世界的繁榮
思索者在探究人類的文明

思索者在發掘表象之裏
思索者在發掘資訊之實
思索者在發掘弦外之音
思索者在發掘隱藏之味

思索者在真實中發現虛假
思索者在言行中發現無知
思索者在美麗中發現醜陋
思索者在正義中發現邪惡

思索者在建構自己的思想
思索者在詮釋別人的思想
思索者在批判別人的思想
思索者在反思自己的思想

思索者屬於自我，不屬於他人
思索者屬於世界，不屬於國家
思索者擁有無限的藍天碧海
思索者沒有阻擋的高山深谷

思索者會遭受無知者的奚落
思索者會遭受反對者的攻擊
思索者會遭受邪惡者的霸凌
思索者會遭受獨裁者的拘禁

思索者可以被奚落，不能否定自己的價值
思索者可以被攻擊，不能傷害自己的良知
思索者可以被霸凌，不能羞辱自己的思想
思索者可以被拘禁，不能出賣自己的靈魂

思索者不會孤獨
思索者不會懼怕
思索者敢於逆向行走
思索者敢於走進監獄

10 我的世界

2020/12/14

如果我是那天空，就可以看盡天上的鳥群
如果我是那大海，就可以看盡海中的魚群
如果我是那大地，就可以看盡地面的人群

可是，我不是那天空；不是那大海；不是那大地
我無法看盡整個世界的美麗與醜陋

我不能以管窺天；我不能以蠡測海；我不能以目觀地
我只能用心思索世界的美麗與醜陋

我想到天上的鳥；我想到海中的魚；我想到地面的人
我想到世界的美麗與醜陋

我看不到世界的美麗與醜陋；我想到世界的美麗與醜陋
或許是真實；或許是虛假；或許是不存在

我看到部分的世界；我想到整個的世界
我把自己的世界與外在的世界緊密串聯

我想告訴你我的世界；我想與你分享我的世界
請你進入我的世界來；請你與我共遊我的世界

11 做自己 2019/9/5

只有自己知道自己的真實
只有自己懂得自己的人生
只有自己享有自己的幸福
人要做自己，不要做別人

只有本人才知現象的真與假
只有夫妻才知婚姻的好與壞
只有原作者才知文章的對與錯
只有臺北人才知臺北生活的樂與苦

每一個人都說要做自己
卻用別人的眼睛看世界
卻用別人的心智想世界
卻用別人的方式過生活

不要用合理懷疑當藉口
不要用部分真實當證據
不要用別人資訊當武器
不要用網路消息當知識

如果認為自己的指控有道理
如果認為自己的被控有委屈
務必透過法律判真偽
只有法能還給人公道

你可以批判別人的思想
你無法判定別人的真假
你可以指控別人的邪惡
你無法制裁別人的罪行

除非能夠驗證別人資訊的正確
除非能夠理解別人資訊的本意
除非能夠判定別人資訊的貢獻
智者不會盲目轉傳別人的資訊

有人用別人的圖文當問候的工具
有人用別人的文章當自己的旨意
有人用別人的傳文當攻擊的武器
自己做了別人，卻相信做了自己

知識份子有知識份子的良知
知識份子有知識份子的思想
知識份子有知識份子的格調
知識份子要堅守自己的立場

要做自己，不要做別人
要為自己而活，不要為別人而活
要為自己的思想奮鬥，不要成為別人思想的俘虜
這才是真正的人生；這才是真正的知識份子

 **心田**

2021/1/16

我悉心在耕耘自己的心田
我用精神灌溉靈魂的土壤
我用思想滋養生命的樹木

我要把心田變成一片沃土
要把生命培育成一棵大樹
讓自己無畏風雨；無懼病毒
為人們抵擋陽光；塑造美景

有一天，我的生命之樹倒了
我會將它化做肥料
讓我的心田豐富
讓靈魂永垂不朽

13 寧靜

2020/12/11

要在寧靜中思索自己的存在
要在寧靜中探索自己的靈魂
要在寧靜中建構自己的思想
要在寧靜中告白自己的真愛
要在寧靜中承認自己的罪過
要在寧靜中乞求上帝的寬恕
只有在寧靜中才能找到自己
只有在寧靜中才能解放自己

找一個寧靜的空間與時間
靜靜地與自己的心靈對話
問它是否能思索也有思想
問它的思想是否道德正義
問它是否了解你是否有愛
你也必須回應自己的心靈
你是否遵行它的思想原理
你是否有疑惑矛盾或背叛

寧靜是最知心的朋友
寧靜是最需要的食糧
寧靜是被忽視的資源
若能珍惜寧靜的時光
就會懂得自己的心靈
就會知道如何過生活
就會擁有幸福的人生
要在寧靜中找回自己

14 　活在污水中

2019/4/8

水清無魚；有魚則水濁
我們是活在濁水中的魚
水中處處都充滿著危機

得不到清淨的氧氣
得不到悠哉的生活
我們在污水中活著
我們在污水中掙扎

直到浮上水面
直到沉入水底
直到停止呼吸
依然在污水中

15 　贏與輸

2020/12/11

勝利就是贏；失敗就是輸
贏了就是贏；輸了就是輸
不能把贏當輸；把輸當贏

贏了不算贏，是敗者對勝者說的諷刺話
輸了不算輸，是勝者對敗者說的安慰話
諷刺話與安慰話都是假話，不是真心話

只要贏得正當，就理所當然接受你的贏
只要輸得合理，就心悅誠服接受你的輸
你不必謙虛不認贏；你不要嘴硬不服輸

人的一生有無數的贏與輸
贏了要戰戰兢兢再進一步
輸了要努力充實再接再厲
贏多輸少人生就會有意義

16 我是一棵葡萄樹

2012/11/27

我是葡萄園中的一棵葡萄樹
努力將自己結串串的好葡萄
渴望人們欣賞我美麗的果實
渴望人們享受我香醇的美酒

神啊！如果我是一棵好葡萄
請您留住我，讓我更加茁壯
如果我是一棵無用的壞葡萄
請您剪掉我，讓我化作肥料

如果好葡萄被剪掉
如果壞葡萄被留住
葡萄將不再是葡萄
葡萄園將雜草叢生

神啊！請您給一個公道
讓好葡萄受到您的讚美
讓壞葡萄受到您的遺棄
讓葡萄園充滿您的恩典

17　永不屈服：一棵小樹的啟示　　　2020/3/3

在苗栗的海邊
有一處好望角的山丘
那裏有美麗的海景
那裏有強烈的海風
那裏有許多的風車
那裏有軍事的碉堡

有一棵山丘上的小樹
沒有肥沃的土壤
沒有足夠的水份
沒有樹群的相伴
沒有人為的支助
只有無情的海風

鮮少人知道這棵小樹的存在
鮮少人認識這棵小樹的名字
鮮少人懂得這棵小樹的堅強
鮮少人欣賞這棵小樹的美麗
它只默默地承受海風的摧殘
它只孤獨地忍受世界的遺忘

來自西邊海上的強風
日夜不停地侵擊小樹
用盡心思地威脅小樹
冷酷無情地傷害小樹
要將小樹推向世界的邊緣
要讓小樹在地球表面消失

抵擋不住強風的攻擊
小樹無法正常成長
小樹無法伸向蒼穹
小樹的樹幹逐漸傾斜
小樹的枝葉逐漸凋落
小樹不再是樹木的樹

小樹沒有屈服強風的暴力
小樹用迎風的樹幹抵擋強風
小樹用背風的樹幹生長枝葉
小樹展現了堅強的生命力量
枝葉迅速成長成茂盛的樹叢
小樹塑造另一種美麗的世界

像似一個天生殘障的小孩
像似一個被人遺棄的小孩
像似一個孤立無助的小孩
他沒有向命運低頭
他沒有向強敵屈服
他沒有放棄生命的渴望

他克服一切的障礙
他戰勝強敵的挑戰
他樹立獨特的人生
他享有特殊的榮耀
他用生命力向世人證明
他有不能被否認的存在

強風讓我寸步難行
風砂吹進我的眼睛
我屈服強風的威力
我無法再欣賞美景
我必須離開這裏
我急於躲進車裏

車子緩慢駛離
我從後視鏡對小樹告別
小樹的枝葉也向我揮手
似乎在告訴我一個真理
只要有一顆不屈服的心
生命就會有無限的可能

18　花

2020/11/16

花長在土裏，不長在瓶裏
長在土裏的花是自然物
插在瓶中的花是裝飾品
花在土裏笑；花在瓶中泣

你要欣賞有生命的花
不要欣賞無生命的花
你要讚美歡笑的花
不要讚美哭泣的花

你剪斷花的生命
用花的屍體表達你的意境
你是在摧殘花的生命
不是在插活花的生命
你是在表達死亡的意境
不是在表達生命的意境

你用切花表達祝賀
你因切花而感喜悅
你是在殘害生命
你是在製造死亡

請種植有土的花
請贈送有盆的花
讓我們一起維護花的生命
讓我們一起欣賞花的歡笑

19 用心賞花

2021/5/5

有愛賞花
花自美
無愛賞花
花不美

有心賞花
花有千言萬語
無心賞花
花會沉默不語

問我賞花何所思
問我送花何所意
我本無所思
我本無所意

是人有愛有心
是人有思有意
懂得花的心意
為花傳遞美意

用心賞花花會語
用心思索人會懂
用心賞花與思索
就可懂花與懂人

20 緣份

2020/3/17

緣份是心靈的牽引力量
緣份存在你的心靈中
緣份存在你的行動中
緣份存在對象的反應中

緣份不是上蒼的旨意
緣份不是前世的因緣
緣份不是命運的安排
緣份不是別人的贈與

每一次的相遇都是緣份
每一次的相聚都是緣份
每一個相遇的人都是有緣人
每一個相聚的人都是有緣人

是你製造了自己的緣份
是你放棄了自己的緣份
是你接受了別人的緣份
是你拒絕了別人的緣份

你可以珍惜你的緣份
你可以無視你的緣份
你可以眷戀你的緣份
你可以遺忘你的緣份

緣份有好緣與壞緣
能帶給你幸福的就是好緣
會帶給你不幸的就是壞緣
你必須接近好緣遠離壞緣

緣份有深緣與淺緣
能刻骨銘心的就是深緣
會冷漠相待的就是淺緣
你必須珍惜深緣放手淺緣

緣份必須自己追求
緣份不會不請自來
是你自我放棄緣份
不是緣份離你而去

緣份是雙方引力的連結
你必須掌握自己的緣份
你必須吸引別人的緣份
你不能強求別人的緣份

你要刻意，不要隨意
你要惜緣，不要隨緣
你要明辨緣份，不能來者不拒
你要珍惜緣份，不能隨緣而安

不是你撿到了緣份
是你創造了緣份
不是緣份掌控了你的命運
是你掌控了命運的緣份

多少人有緣相遇無緣相知
多少人有緣相知無緣相愛
多少人有緣相愛無緣相伴
多少人有緣相伴無緣長久

你是否懂得緣份
你是否追求緣份
你是否珍惜緣份
你是否擁有好緣與深緣

有緣無緣；緣來緣去；緣起緣落
今生此緣總有盡頭
一切愛恨情仇
終將隨風飄逝

21 斷忘捨

2021/4/14

有些人你要學習斷念
有些事你要學習忘記
有些物你要學習捨棄

不斷念人會徒勞等待
不忘記事會永遠痛苦
不捨棄物會累積垃圾

你要追求值得愛的人
你要從事值得做的事
你要擁有值得用的物

有一天所有的人事物
將化成雲煙隨風飄逝
無法追究也無法悔恨

22 斷橋

2019/10/2

我昨日目睹斷橋景象
不勝稀噓，也感無奈
不管是善良或是邪惡
眾生都無法決定生命
只能順從上帝的安排

凡是人造的都是無常
凡是人想的都無定論
凡是人見的都非真實
如鏡中之花；雪上之月
鏡破雪融，一切都是空

23 把心凍結　　　　　　　　　　　　　　　2019/12/28

昨夜有夢
夢中有美好的時光
夢中有濃郁的情誼
夢中有智慧的分享

今晨醒來
盡是陌生的臉孔
盡是冷漠的氣息
盡是無知的對話

曾想在污泥中注入清水
曾想在痛苦中帶給歡笑
我不停地歌唱
我不停地表演

你說聾子可以聽到我的歌聲
你說瞎子可以看到我的動作
你要我使力歌唱，用力表演
你要我心甘情願，不要抱怨

我得不到任何掌聲
我得不到任何噓聲
我只得到一片空白
我只得到一片靜默

我決心把心凍結
我將冷視人們的無知
我將笑看人間的市儈
我將無視世間的虛假

把心凍結
我將忍受些許邪惡
我將默許些許謊言
我將忍受些許蠢事

把心凍結
我將認同別人的想法
我將恭維別人的說法
我將讚美別人的做法

把心凍結
我將不再播文
我將不再期待
我將不再苛責

把心凍結
我將不再倡導幸福
我將不再標榜正義
我將不再歌頌美學

凍結的心是如此自由
凍結的心是如此舒暢
我終於懂得生存之道
我終於嚐到無知之樂

或許氣候暖化可以解凍我的心
或許有人會再度點燃我的熱度
或許永遠不會有那一天的到來
或許我只能在另一個世界延續

24 好話與壞話

2021/2/1

朋友對你說的話
可能讓你討厭，卻對你有益
朋友對你說的話
可能讓你喜歡，卻對你有害

你要重視對你有益的好話
你要無視對你有害的壞話
你要重視你討厭的好話
你要無視你喜歡的壞話

如果你是一個智者
就會懂得有益的好話
就會辨別有害的壞話
就能從好話中獲益

如果你只聽喜歡的壞話
如果你拒聽討厭的好話
就會失去進步的機會
就會走錯人生的道路

25 天才與笨蛋

如果你是一條魚，就該展現游水能力
如果你是一隻猴，就該展現爬樹能力
如果你是一個人，就該展現思索能力
把自己的能力充分發揮，就是天才

如果你是一條魚，卻要展現思索能力
如果你是一隻猴，卻要展現游水能力
如果你是一個人，卻要展現爬樹能力
你就是一條笨魚，一隻笨猴，一個笨人

人人都該展現自己的長處，隱藏自己的短處
如果你要展現自己的短處
如果你要隱藏自己的長處
你就是道地的笨蛋

或許人人都是天才
或許人人都是笨蛋
你可以選擇當天才
你可以選擇當笨蛋

你若要當天才
就要謹言慎行別出錯
你若要當笨蛋
就要低調行事別說話

26 新年賀詞

2019/12/29

美好的一年又即將過去
雖有些許的失落與惆悵
仍有些許的溫馨與安慰
這一切都將留在心坎裏

明年是新生活的開始
我將在自己的小世界
聆聽山的教誨
傾聽海的呼喚

我將重新思索人生的幸福
我將重新思考社會的正義
我將重新想像美學的原理
我將重新建構自己的思想

我將以新的方式書寫文章
把過去的空白留給自己
把未來的美好獻給大家
希望大家能夠與我分享

新的一年即將到來
我提前向大家拜年
祝福大家新年快樂，新春如意
祈願大家更加成長，更有智慧

27 多了一歲

2020/12/21

今年，又多了一歲
又延長了一些生命
又享受了一些生活
又增加了一些體驗
又豐富了一些智慧
又減少了一些壓力

依然有未來的一年
依然有生命的活力
依然有自己的青春
依然有老伴的陪伴
依然有美麗的理想

不要抱怨歲月無情
不要暗歎自己年老
不要放棄追求理想
不要依賴別人協助
不要害怕面對人群

要慶幸也要珍惜
要自信也要勇敢
要一如往常生活
要以愛對待世界
要驕傲多了一歲

28 **新年與新春之間**　　　　　　　　　　2022/2/1

在新年與新春之間
是反思過去的日子
是展望未來的日子
我讓自己完全放空

在新與新的交會之處
重新思索人生的真諦
重新建構思想的原理
重新琢磨文章的內涵

一千多個日子的過去
一千多篇文章的分享
記錄著我的生活點滴
記錄著我的思想脈絡

再度閱讀自己的文章
再度檢視自己的思想
沒有悖離思想的原理
沒有背叛自己的堅持

將文章整理分類編排
歸納成短文雋語詩篇
分類成幸福情愛社會
編纂成三本單冊書籍

我會試著將這些書出版
讓自己能清晰回味過去
讓讀者能系統分享思想
至少能留下實體的紀錄

未來的旅途會有新體驗
有順利有挫折也有挑戰
有掌聲有噓聲也有無聲
我會做好準備全力以赴

或許能寫出更好的文章
或許會寫出更差的文章
或許會寫不出一篇文章
我會欣然接受任何考驗

但願去年的好能夠保留
但願去年的壞能夠拋棄
但願今年能夠比去年好
我會努力在好上加上好

身體老化與思索的退化
會在未來的日子裏發酵
我無法預測也難以抗拒
我只能順從命運的安排

短暫的靜默不是要終止
而是重新出發前的沉思
求神賜給我思索的力量
讓我撰寫出更好的作品

29　藍天綠地

2021/4/21

在藍天與綠地的交會處是否是天堂
在男人與女人的交會處是否有真愛
在老夫與老妻的交會處是否有真情
如果男女間有真愛；夫妻間有真情
藍天與綠地的交會處肯定就是天堂

我欣賞藍天綠地；我渴望天堂樂園
我努力追求真愛；我努力追求真情
這藍天綠地就是我幸福人生的家鄉
我知道，只要好好走過這藍天綠地
我就會抵達天堂；我就能享受榮光

30　夕陽 I

2019/7/5

如果我是一顆晨旭，你說我可愛
如果我是一顆烈日，你說我討厭
如果我是一顆夕陽，你說我美麗
我從未改變過我的本體
我從未放棄過我的亮光

我不是人不知而不慍的君子
我不是只求付出不求回報的聖人
我不是循循教誨不離不棄的賢師
我是會氣餒也會氣憤的凡人
我是會在乎人們不在乎的俗民

曾經用傳統原理塑造了相對原理
曾經用自我調和創造了最適原理
保守的人說我太過偏激
激進的人說我不夠刺激
於是，有人反感；有人無感
最後，只留下一片無文的空白

曾經寫過 N 篇文章而未獲回饋
曾經做過 N 遍的呼籲而未獲回應
曾經想過 N 次放棄而依然繼續
是想在思想的沙漠上灑下些許雨水
是想喚醒沉睡的人們睜開雙眸

應該在日落前綻放最後的光彩
卻有厚厚的雲層將我籠罩
阻擋了我回到海平面的歸途
我聽不到人們的讚美聲
我只聽到人們的歎息聲

31 夕陽 II

2019/7/7

想看看照亮海平面的落日餘暉
看看夕陽如何展現最後的美麗
它卻在遠方的雲層中急速消失
引燃些許的惆悵、失落與感傷
於是，把太陽化作自己的一生
將過去的點滴與感受化作一首詩
我依然期待，明天旭陽會再昇起
我依然等待，回到海邊再見夕陽

32　夕陽 III

燦爛的太陽總會西沉
美麗的秋天總會離去
精彩的人生總會結束

夕陽無限好只是近暗夜
秋景無限好只是近寒冬
晚年無限好只是近天堂

太陽西沉明天會再昇起
秋天離去明年還會再來
人生結束是否再有來生

請珍惜最後一次的燦爛
請珍惜最後一次的美麗
請珍惜最後一次的精彩

33　嘉義。我的故鄉

嘉義是我生長的地方
故鄉有著父母的恩情
故鄉有著兄姊的溫情
故鄉有著同儕的友情

曾經有過童年的天真
曾經有過少年的煩惱
曾經有過青年的憂鬱
曾經有過快樂的歲月

離鄉背井已歷五十載
嘉義變成既熟悉卻陌生的地方
嘉義變成既親近卻疏遠的地方
嘉義變成既溫馨卻冷漠的地方

成仁街上的舊宿舍不見了
中山路上的舊縣府不見了
文化路上的舊醫院不見了
垂楊路上的大水溝不見了

懷念老家的日式房舍與房間
懷念老家的大軍犬與小黑貓
懷念老家的芒果樹與龍眼樹
懷念老家的大花圃與小菜圃

忘不了赤腳捉蜻蜓的日子
忘不了走斜坡上學的日子
忘不了騎單車郊遊的日子
忘不了等待看戲尾的日子

忘不了在八掌溪畔的呢喃
忘不了在中山公園的嬉戲
忘不了在植物園裏的冥想
忘不了中央噴水池的激情

想再看一次國民戲院的歌仔戲
想再看一次嘉義戲院的電影
想再坐一次北港線的小火車
想再買一次紅豆書局的書籍

想再吃一次日月星冰店的冰棒
想再吃一次一品芳餅店的麵包
想再吃一次郵局旁的鱔魚炒麵
想再吃一次東市場內的排骨酥

我無法走進從前的故鄉
我無法見到從前的街道
我無法品嚐從前的美食
我無法重溫從前的舊夢

舊嘉義逐漸消失
新嘉義正在形成
街上不再有人認識我
無人知道我的故鄉情

不管嘉義如何改變
它永遠是我的故鄉
我永遠以舊的嘉義人為榮
我永遠以新的嘉義人為傲

34 火炎山之行　　2020/3/22

我選擇這一條山路
我必須走完全程路
我不能停滯不前
我不能折返原地

這是一條艱辛的山路
這是一條起伏的山路
這是一條連峰的山路
它考驗我的體力耐力

上坡與下坡同樣艱辛
上坡可遙望遠方世界
下坡可欣賞樹叢美景
我正在挑戰未知之路

趁著體力充沛之時
我想多走一些路途
我希望征服好漢坡
我渴望見到大峽谷

眼前的臺灣大峽谷
曾經抵擋無數風雨
曾經承受千年摧殘
它仍堅強做好自己

我不稱羨美國大峽谷
我不眨低臺灣大峽谷
我以臺灣大峽谷為榮
它永遠是我心中的寶

我在三角點向山峰告別
我想平穩走完最後之路
下坡的石頭路益加難行
我必須小心翼翼向下行

我踏著蹣跚的腳步
我的膝蓋開始疼痛
我的雙腳開始麻痺
我的體力開始不支

汗水已流乾，體力己用盡
我終於抵達山下的平坦路
這趟火炎山之行即將結束
我的心中滿是驕傲與懷念

我已預約溫泉的樂園
我要洗淨一身的疲憊
我要享有樂園的生活
我要分享上帝的榮耀

35 環島之旅

探索未知，發現新奇
欣賞美景，品嚐美食
療癒身心，紓解壓力
是旅遊的目的與樂趣

這一次的鐵路環島行
周日從台北直抵知本
週三再由知本到花蓮
周六則從花蓮回台北

在這一次的東花旅遊中
我欣賞了東臺灣的美景
我享受了東臺灣的美泉
我品嚐了東臺灣的美食

清晨走森林步道是健身
沿著海邊騎單車是紓壓
泡完溫泉被按摩是享受
波士頓派佐啤酒是絕配

老爺酒店有美麗的山景
迎星會館有綺麗的海景
太麻里海邊有和藹老人
都深深烙印在我的心中

感謝臺灣的美麗與良善
感謝老婆的安排與陪伴
感謝大家的分享與回饋
讓我擁有一次難忘之旅

人生是一條漫長的旅途
每天都要以旅人的心情
去享受幸福人生的滋味
這是這一次旅行的心得

36 東部之旅

2020/9/20

再訪台東與花蓮
重溫家鄉的美麗
思索人生的奧秘

遠離邪惡的人群
遠離對立的社會
遠離紛擾的爭戰

擁抱自然的山川
擁抱原始的部落
擁抱純真的人們

再一次改變人生
再一次改變想法
再一次改變態度

當旅遊結束之後
我會重新愛自己
我會重新愛妳們

37　南迴鐵路

2020/9/20

第一次搭南迴鐵路
看到南臺灣的美麗
看到大武山的壯麗
看到太平洋的綺麗

枋寮
有遠山，有近海
有果園，有魚塭
有霧，有落山風

在枋寮與大武之間
有原野與隧道的瞬間變化
有白晝與黑夜的瞬間移動
有山谷與溪流的瞬間交錯

太平洋沒有孤獨
有藍天白雲與碧海的陪伴
有沙灘樹林與鐵公路的作陪
有思索旅人的凝視與讚美

太麻里
第一道曙光的地方
在山與海間的狹長平原
我彷彿走在摩西的走廊

知本。我的目的地
我必須在這裏下車
帶著淡淡的美麗與哀愁
我無奈又不捨地回首一望

38 知本森林公園

台東的知本森林公園
有個一千多階的好漢坡
有個令人卻步的難行路
有面臨太平洋的觀海亭

雖是臉紅氣喘
雖是汗流浹背
我仍充滿活力
我仍勇往邁進

是老卻不服老
是累卻不服累
我用心力挑戰
我用體力完成

我還要走遍群山
我還要看盡美景
我還要品嚐美食
我還要遇見好人

在抵達旅途的終點前
我會感謝自己的心靈
我會讚美自己的生命
我會歌頌自己的人生

39 **太麻里的海邊**　　　　　　　　　　　　　　2020/9/22

六年前
在太麻里的海邊
遇見一位高齡的老人
守著海邊的家與涼亭

六年後的今天
我再度來到相同的海邊
竟然與他再相會
今年 11 月他將屆滿 105 歲

數十年如一日
一樣守護這個家
一樣守護這個海
一樣與人話家常

我問長壽的秘訣是什麼
他回答要與世無爭
要按自己的步調生活
要與人和諧相處

我與他相約定
下次再來太麻里
一定會再來看他
請他一定要等我

這個老人教我人生的真諦
這個老人教我生活的秘訣
這個老人教我做人的道理
這個老人是我思想的導師

因為這個老人
我愛上太麻里
我愛上這片海
我愛上金針山

40 花東縱谷

2020/9/23

在群山的擁抱中
花東鐵道的自強號列車
正穿越花東縱谷的時空
引領旅人的我前往花蓮

宏偉的中央山脈
是我們的精神保壘
如此貼近我的視線
如此感動我的靈魂

堅強的海岸山脈
是我們的安全保障
阻擋著強風的侵襲
抵禦著外來的侵犯

沿途的小鄉鎮
沒有高樓大廈
沒有繁榮街道
只有靜的純真

愈來愈多的房舍
愈來愈多的車道
花東縱谷的美景
恐將會逐漸消失

這是臺灣最後的淨土
人人都有感謝的責任
人人都有珍惜的義務
必須保護它直到永遠

41 七星潭

人稱七星潭或月牙彎
我喜歡稱它為迎曦灣
雖是一個小小的海灣
卻有令人驚豔的美景

有一望無際的太平洋
有湛藍的天空與海水
有斷崖的海岸與巨浪
有礫石的海灘與步道

可以遠眺清水斷崖
可以遙望新城夜景
可以漫步四八高地
可以近看軍機起降

在清晨的破曉時分
在右方的海平面上
出現了一個小紅點
逐漸形成一道彩虹

太陽終於浮出海面
開啟了一天的行程
海洋變得更加蔚藍
白浪變得更加平靜

早上在海邊漫步
有著青春的活力
傍晚在海邊散步
有著老年的悠閒

原野牧場的漢堡與羊乳
莎莉好食的波士頓餡餅
慕名餐廳的無菜單料理
讓人回味無窮難以忘懷

迎曦灣的美景與美食
強烈吸引我留連忘返
我驕傲擁有這個家園
願與妳分享臺灣的美

 **痛與苦**   2021/4/27

痛在身體；苦在心靈
有痛不一定會苦
有苦不一定會痛
有痛有苦就是不幸

若有痛，就不要再苦
若有苦，就不要再痛
不管身體有多大的痛，心靈都不要再苦
不管心靈有多大的苦，身體都不要再痛

痛與苦是不同的兩件事
人無法阻止身體的痛
但可以去除心靈的苦
你千萬不要又痛又苦

你要用思想鞏固心靈
讓心靈免受苦的侵襲
要保持心靈的平靜與快樂
讓人生永遠脫離苦的折磨

43 我即將離開　2019/2/14

在生與死交會之處
我的身體逐漸冰冷
我的靈魂逐漸湧迸
我正等待靈肉分離的片刻

在過去的日子裏
我曾為自己、家庭和社會盡過心力
我曾為學生倡導過一些人生的哲理
我無怨，我無悔，我無虧欠

請用妳的愛思念我
請用妳的心祝福我
請用我的書送行我
請用我的文紀念我

請不要為我佈置靈堂
請不要為我佈滿鮮花
請不要為我奏出輓歌
請不要為我哀哭不起

感謝你對我的真愛
感謝你對我的付出
感謝你陪我到最後
我滿是美好的回憶

我即將離開
從此拋開人生的一切
迎向原鄉的靈界
我依然是我，我仍會回來

44 死之幻 2019/5/20

有一天，我的器官不再運作
有一天，我的肢體不再活動
有一天，我的感官不再知覺
我知道，我即將離開這世界

這是上帝的旨意，無法抗拒
請幫我換上我最喜愛的服飾
請幫我拔掉臉上的維生儀器
讓我默默地向妳道謝與道別

有一天，我的靈魂不再有真
有一天，我的靈魂不再有愛
有一天，我的靈魂不再有美
我知道，我將離開這個世界

這是我的意志，我心甘情願
我會在一個鳥語花香的地方
讓瓦斯的氣體流入我的身體
我會靜靜地凝視靈魂的出竅

當你看到我冰冷的身體
當你看到我腐爛的肉體
請將它火化放進墓穴裏
請不要為我不捨或哭泣

我的靈魂將化作幽靈，脫離肉體
我的肉體將化作骨灰，埋入土裏
我的幽靈將踏上未知的靈界之旅
我將探索和解開神祕境地的奧祕

靈界沒有天國，也沒有地獄
靈界沒有金錢，也沒有物質
靈界沒有時間，也沒有晝夜
靈界只有等待神的最後審判

我會向上帝訴說我的過去
我會向上帝懺悔我的罪過
我會向上帝爭取我的榮耀
我要上帝賜我公正的判決

相信我會獲得赦免
相信我會重返人間
走過忘川洗淨一切
我將重新展開人生

肉體會死亡，靈魂永不滅
生與死是永不止息的輪迴
活過始知生，死過始知死
我將在生與死中追求永恆

45 **碑前**　　　　　　　　　　　　　　　　　　　　　　2022/9/28

或許有一天
你會來到我的碑前
懷念著我恩念著我
甚至還會為我哭泣

我或許會化成一陣微風
我或許會化成一片彩雲
我或許會化成一隻飛鳥
與你一起訴說從前往事

我就在你的面前
我已是過去的我
你仍是現在的你
我們相聚在此刻

我們心心相連
你可以看到我的笑容
你可以聽到我的歌聲
你可以分享我的思想

這裏有我的父母
這裏有我的親友
這裏有寧靜的日子
這裏有無盡的永恆

這裏沒有虛假與嫉妒
這裏沒有痛苦與恐懼
這裏沒有戰爭與死亡
這裏沒有世間的苦惱

感謝你來我的碑前
感謝你贈送的鮮花
感謝你書寫的卡片
我會深深留在心底

趁著夜幕低垂之前
我們互道一聲再見
請珍惜我們的情誼
請你帶著微笑回家

作者簡介

蔡宏昭

學歷：

國立中正大學社會福利學博士

美國西雅圖大學教育學碩士

日本早稻田大學經濟學碩士

國立政治大學法學學士

主要著作：

《醫療福利政策》，1998 年 7 月，桂冠

《勞工福利政策》，1998 年 10 月，桂冠

《老人福利政策》，1998 年 10 月，桂冠

《社會福利政策》，1998 年 10 月，桂冠

《超越福利國家》（與王順民、郭登聰合著），
  1999 年 9 月，揚智

《生活經濟學》，1991 年 2 月，遠流

《社會福利經濟分析》，2004 年 2 月，揚智

《幸福人生》，2022 年 11 月，商鼎

《愛情・婚姻・家庭》，2022 年 11 月，商鼎

《社會正義與社會評論》，2022 年 11 月，商鼎

《公共福利最適原理》（出版中）

國家圖書館出版品預行編目（CIP）資料

幸福人生／蔡宏昭作. -- 第一版. -- 新北市：商鼎
數位出版有限公司, 2022.11
　面；　公分
ISBN 978-986-144-214-3(平裝)
1.CST：幸福　2.CST：人生哲學

176.51　　　　　　　　　　　　111016996

幸福人生

作　　者　蔡宏昭

出版統籌　陳玉玟

發 行 人　王秋鴻
出 版 者　商鼎數位出版有限公司
　　　　　地址／235 新北市中和區中山路三段136巷10弄17號
　　　　　電話／(02)2228-9070　傳真／(02)2228-9076
　　　　　郵撥／第50140536號　商鼎數位出版有限公司
　　　　　商鼎數位出版：http://www.scbooks.com.tw
　　　　　網路客服信箱：scbkservice@gmail.com

編輯經理　甯開遠
執行編輯　尤家瑋
封面設計　商鼎數位出版有限公司
內文編排　商鼎數位出版有限公司

出版日期　2022年11月8日　第一版／第一刷

商鼎官網

商鼎